Charles LIAGRE

ANNALES

DE

LOOS

JUSQU'AU XIXe SIÈCLE.

ANNALES

DE

LOOS

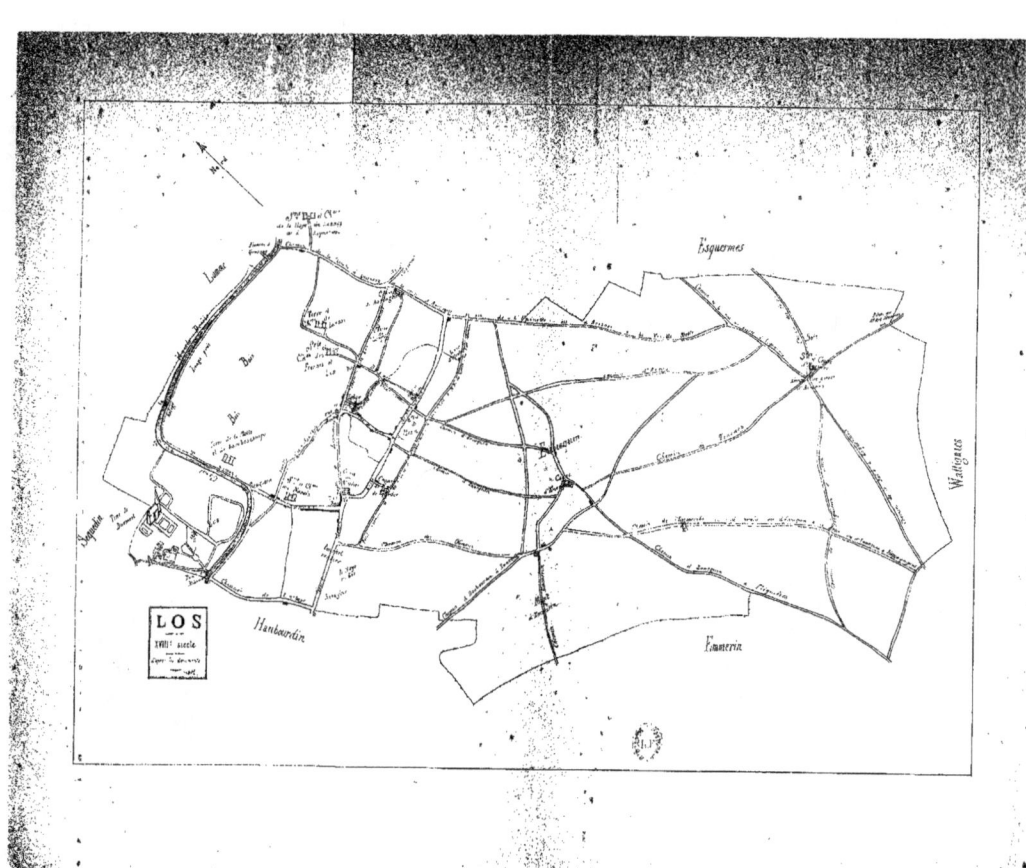

Charles LIAGRE

ANNALES

DE

LOOS

JUSQU'AU XIXe SIÈCLE.

LILLE
IMPRIMERIE LEFEBVRE-DUCROCQ
1897

INTRODUCTION

Il y a quelques années parut une histoire de Loos et de ses seigneurs, où les temps anciens, les seigneurs, les abbés, le XVIIe siècle et les temps modernes sont passés en revue en des chapitres spéciaux. Les détails qui entourent les récits révélant suffisamment les sources nombreuses auxquelles s'était recueillie la matière de l'ouvrage, toute investigation nouvelle semblait superflue.....

Or nous fûmes mis en possession de manuscrits d'une importance particulière.

Propriété de la famille de Thiennes, ces pièces, dont les plus anciennes sont datées de 1402 et de 1438, constituaient à coup sûr une partie précieuse de ses papiers. Ce sont des rapports et dénombrements; des actes de ventes; les titres en vertu desquels les seigneuries des Frennes et Loos, du Moulin, du Basinghien, du Marais, de Menin, formèrent le patrimoine des comtes de Loos; enfin des chartes qui consacrent les privilèges dont ces seigneurs se montrèrent si jaloux.

Un moyen de les mettre en valeur était d'exposer ces documents dans le cadre convenablement préparé des connaissances acquises. Ainsi avons-nous fait, en donnant année par année l'analyse de ces actes, en même temps que

VI

le résumé des auteurs qui, directement ou indirectement, ont relaté ce qui s'était passé à Loos.

*
* *

En certaines occasions, le seigneur recevait de ses vassaux un écrit, notarié ou non, par lequel ses droits sur les terres occupées étaient reconnus et énumérés ; pour ce rapport qu'on lui servait, on employait généralement l'une des formules que voici :

I.

Cest le rapport et denombrement que je Nicollas Le Mesre, fils de feu Nicollas, laboureur, dem¹ au villaige de Los faict et baille a messire Jean Bapᵗᵉ de Thiennes, chlʳ, sʳ du Mollin, des Frennes, la Haury, des Plantis etcᵃ d'ung metz [1] contenant deux cens et demy [2] d'herit. ou environ seant en la rue de Croix haboutant a lheritaige de Nicollas Rogier, daultre alheritaige de la vefve Anthoine Le Roy, et parderiere aux heritaiges de Pierre Verare tenu de ladte sʳⁱᵉ des Frennes et chargé vers icelle de rente sᵗⁱᵃⁱˡᵉ par ch[ac]un an au terme de Toussains de deux solz [3] de herbegaige et au Noel demy chappon et l'obol des plaids generaulx [4]. Lequel heritaige jadvoue tenir en

---

[1]. Une ferme.

[2]. Le bonnier représentait 16 cents, soit 1 hectare 41 ares 77 centiares.
Le cent valait 100 verges ou 8 ares 86 centiares.
Le quartier, c'est-à-dire le quart du bonnier, équivalait à 4 cents.
Le quarteron était le quart du cent de terre.
A la fin du XVIᵉ et au commencement du XVIIᵉ siècle, la valeur de la terre en Flandre, Artois et Picardie était d'environ 260 francs l'hectare.

[3]. Les redevances en nature étaient livrables en espèces, en prenant pour base le prix payé au marché de Lille, à des jours déterminés.
La monnaie de compte la plus souvent employée était la livre de 40 gros, qui valait 25 sous tournois ou 20 patards flamands ; on l'appelait aussi carolus, florin de Brabant, livre d'Artois, livre parisis de Paris. Il y avait, de plus, la livre de gros de Brabant, de 4 florins ; la livre de gros de Flandre, de 6 florins ; la livre de 20 gros, ou livre de Flandre, ou livre parisis de Flandre, de 12 sous 6 deniers tournois. On voyait encore, mais très rarement, la livre de 30 gros, contenant 18 sous 9 deniers tournois.
Deux mailles formaient un denier, douze deniers un sou. Le patard était de cinq liards.
Le marc d'argent pesait 245 grammes.
Le prix des espèces ayant subi de nombreuses variations du XIIIᵉ au XVIIIᵉ siècle, nous avons placé aux annexes un tableau indiquant pour différentes périodes la valeur moyenne de la livre tournois (20 sous tournois) en monnaie actuelle.
Ces détails nous sont donnés par le savant ouvrage de M. le vicomte G. d'Avenel, *Histoire économique de la propriété, des salaires, des denrées et de tous les prix en général depuis l'an 1200 jusqu'en l'an 1800*. Paris, Imprimerie nationale, 1894, 2 vol.

[4]. C'est-à-dire la redevance payable le jour où le seigneur remplissait ses attributions de juge pour ce qui concernait ses propriétés.

VII

cotterie [1] de Dieu et de ladte srie des Frennes aux charges des rentes stisltes cydessus exprimees, et oultre ce de double rente de relief a la mort de lheritier, et du dixiesme denier a la vente don ou transport et service en court [2] quant le cas y eschiet, ce present rapport et denombrement faict sans prejudice a mondt seigneur ny a moy, ores ny en temps advenir, ains par amendement et correction soubz mon seing manuel le XXIIe de juillet XVIc septante trois.

Marcq dudt Nicollas ⊠ Le Mesre.

II.

Rapport et denombrement qu'à Messire Cajettan comte de Thiennes seigneur des Frennes et Los, de la Haucrie, du Moulin et autres lieux, fait et bail par escrit Philippes Antoine Legrand marguillier moderne de l'eglise paroissiale de Los de cincq cens de terres à labour seants audit lieu, aboutissants aux terres des pauvres du même lieu, des héritiers de Philippes Dupont et sa femme et a la piedsente menante de la rue Marais à l'Eglise, qu'il avoue en sa ditte qualité tenir de Dieu et en cotterie de la ditte seigneurie des Frennes et Los, chargés de rentes seigneurial vers ladite seigneurie a la saint Jean Baptiste de six deniers, du dixieme denier a la vente, don, ou transport quand le cas y eschiet, de double rente de relief a la mort du responsable qu'il a nommé Gilles-Joseph Cardon, fils de Gille et des obligations des plaids genereux, fait et donné à Los le vingt trois de septembre mil sept cens vingt huit devant Antoine-Richard Lesaffie, nottaire royal de la residence d'Ennetières es presences de Jean Bapte Dupont praticien demeurant aud. Ennetières et de Pierre Carlier, sergeant demeurant aud. Los temoins requis.

Philippe Antoine Legrand.   J. B. Dupont.
Pierre Carlier.   A. R. Lesaffre.

III.

Rapport et denombrement que Nous Frere Michel Archange Cuvelier Prieur de la Chartreuse de Nre Dame des douleurs au Hamel de la Boutillerie [3] et Frere Denis Druon de le Court Procureur faisons et donnons a Messire Jean Baptiste de Thyennes chevalier, seigneur du

---

1. La cotterie était la réunion des paysans tenant les terres d'un même seigneur.
2. Il consistait à siéger dans la cour du seigneur comme homme de fief, échevin, juge rentier.
3. Les Chartreux de la Boutillerie, près Fromelles, furent fondés vers 1622 par Jean Le Vasseur, mayeur de Lille, qui mourut en 1644. Il fut enterré dans l'église de son couvent; le cadavre, exhumé en 1793, était encore dans un état de conservation parfaite.

Molin d'Effrennes, Loz, la Havery, etc., de six cents de terres a labeurs seans au terroir dud. Loz chargez par chacun an pour rente seigneurialle de deux havotz de bled Lille [1] au terme de St Remy et a celuy de Noel d'une poulle trois parties.

Item de quatorze cents de pareille terre a labour chargez aud. terme de St Remy d'une rasiere de bled Lille et d'une poulle et demie et trois deniers au Noel, tenans aux susdits six cents et ne faisant ensemble qu'une seule pièce de vint cents haboutans du costé du soleil levant a la terre du Sr Miroul sr de Monchy, de midy a Gilles Grenon et a huit cents de terres appartenans a lad{te} Chartreuse, de couchant a Catherine Favrée et de septentrion aux pauvres d'Emmerin.

Lesquels vint cents nous tenons et avouons de tenir en cotterie dud{t} seigneur du Molin a cause de sa d{te} s{rie} d'Effrennes a la charge des susd{tes} rentes fonsières et du dixieme denier en cas que lesd{tes} terres vinssent à sortir de nos mains par ventes transports ou autres alienations, et du double desd{tes} rentes a la mort de n{re} homme vivant et mourant que nous denommons ettre Dom Louis Roussel Religieux profes de n{re} d{te} Maison, pour apres son deces payer led{t} relief a mond{t} seigneur [2] que nous prions d'aggreer et de nous donner lettres de recepisse de ce present rapport et denombrement qui fut fait et donné en lad{te} Chartreuse le septieme de juin seize cents quatre vingt quinze sous protestation de l'augmenter ou diminuer autant que de besoin.

Fr. Michel Archange Cuvelier, humble prieur.
Fr. Denis Druon de le Court, procureur.

Cachet en cire rouge représentant la Vierge au cœur percé d'un glaive, avec l'inscription: Mater dolorosa.

Nous ne croyons pas inutile de reproduire également un contrat de vente :

Seigneurie de Menin.

A tous ceux qui ces présentes verront, Me Philippes Louis Joseph Macquart, écuyer, conseiller du roi, sr de Terline, Caudécure, Escague, Opove, Soissevalle, la Gauguerie, etc., controlleur ordinaire des

---

1. Le quarel de blé, à la mesure de Lille, était de 4 litres 382. Quatre quarels formaient un havot, soit 17 litres 528 ; quatre havots une rasière, soit 70 litres 114 ; douze rasières un muid. Les mesures d'avoine étaient un peu plus grandes.

2. Cette personnification des communautés permettait de les soumettre aux mêmes droits que les particuliers. On choisissait de préférence, cela va sans dire, pour « responsible » ou « homme vivant et mourant », un homme de forte constitution et présentant toutes chances de longue vie.

guerres, tabellion, garde-notte héréditaire, établi par le Roi pour recevoir, garder, grossoyer, sceller du scel de Sa Majesté, et signer tous contrats, testamens, obligations et tous autres actes qui se font et passent pardevant notaires, dans toute l'étendue des ville et châtellenie de Lille en Flandre, salut : scavoir faisons que pardevant Me Pierre Joseph Le Leu notaire royal de la résidence de Lille, presens Luc Joseph Bresout et Philippes Louis Willant, praticiens audit Lille, temoins requis, est comparue d^{lle} Marie Catherine Ernestine Pottier, epouse procuratrice et receveuse generalle et speciale du sieur Jean Baptiste Defaucompret, conseiller au mont de piété de cette ville, duement fondée de sa procuration, passée devant Me Pierre Joseph Le Leu, notaire royal de la residence de cette ville, presens temoins, le quatorze de novembre mil sept cent soixante douze, dont copie autentique sera jointe à la grosse des presentes, laquelle comparante, tant en son nom qu'en sa qualité susditte, a declaré d'avoir vendu, par forme de mise a prix et encheres, en la maniere accoutumée, à Louis Beauvin, fermier à Los, lequel icy aussi present a declaré d'avoir acheté pour lui ou son comand, duquel il repond, onze cent septante neuf verges ou environ de terre a labour, a prendre en quinze cent et demy ou en quinze cent septante neuf verges du côté d'un bonnier onze cent appartenant au sieur Nicole, tenus en cotterie de la seigneurie de Menin, aboutissant la totalité de levant aux terres du sieur Chuffart, fermier à Los, et au sieur Blondeau, négotiant à Haubourdin, sentier entre deux, de midy au sieur Nicole et à monsieur le comte de Thiennes, de couchant aux pauvres de Los, et de nord aux terres de l'abbaye de Los et a la vendresse, sentier entre deux, pour desdits onze cens soixante dix neuf verges ou environ de terre à labour, ainsi qu'ils gissent, s'extendent et comprennent, sans autrement les livrer par mesure, demeurant le plus ou moins au profit ou perte de l'acheteur, dernier encherisseur ou comand, en jouir, user et disposer par icelui, depuis le jour du werp [1] en avant proprietairement et a toujours, à charge de toutes rentes fonsieres seigneurialles, sousrentes et autres anciennes redevances et servitudes que lesdits heritages peuvent devoir et être assujettis d'anciennoté, déchargé des arrerages desdittes rentes jusqu'au jour de s^t Remy prochain, attendu qu'on se reserve le rendage jusqu'a lors, a charge aussi du bail de l'occuppeur, si avant qu'il se fasse apparoître et qu'il soit d'entretient.

La ditte vente faite moyennant deux florins de denier à Dieu aux pauvres ; de don gratuit et mediation a la vendresse quarante huit florins ; pour les affiches et affixions douze florins ; pedes envoyé sur

---

1. C'est-à-dire de l'acte consacrant l'adhéritement et le déshéritement.

les lieux compris fraix de publication sept florins ; au notaire soussigné pour devoirs rendus et a rendre a l'occasion de la presente vente trente florins ; au sergent crieur un florin ; un franc du cent de livre de carité ; trois quarts réservés emprofit du marché et l'autre a depenser entre la vendresse et le metteur a prix ; a ce dernier au cas que le marché ne lui demeure point vingt quatre florins, par-dessus la grosse a lever du tabellion et copie autentique de la procuration, et pour le prix principal du marché la somme de deux mille cent cinquante florins franc et net argent a payer comptant au jour du werp ou purger si bon semble au dit acheteur, dernier encherisseur ou comand, auquel cas de purge tous frais de port, coust d'ordonnance et des billets, sallair de procureur et autres accessoires, même les diminutions des monnoyes sil en arrivoit sur les especes consignés jusqua quinze jours apres la cause aux deniers appellés ou ordonnances d'yceux prononcée seront a sa charge, lequel jour du werp se fera dez ce jourd'hui en quarante jours ou plutôt si bon semble a la vendresse [1]; jusqu'au quel temps on poura encherir le present marché d'une ou plusieurs encheres vallables dix huit florins chacune, contournables pour les deux tiers au profit du marché et l'autre de l'enchérisseur, en tenant par la vendresse en sa qualité la mise a prix, encheres et autres droits cy dessus stipulés, bons et vallables le present marché werpy ou non ; et pour la presente vente faire sortir son plein et entier effet, laditte vendresse a substitué et établi pour ses procureurs speciaux les personnes de Jean Bte Carlier... auxquels et a l'un d'eux elle a donné tous pouvoirs de pour elle et en son nom et qualité cydessus se desheriter desdits heritages vendus et consentir que l'adheritement en soit donné à l'acheteur, dernier enchérisseur ou comand, a l'entretient, payement et garantie de tout ce que dessus. Les comparans ont obliegés leurs biens, renonçans a toutes choses contraires, specialement le dit acheteur a la coutume qui lui permet le resilement du marché cydessus en cas que le desheritement ne soit fait et a lui signifié en dedans les quarante jours quelle prescrit.

En temoin de quoy nous avons a la relation desdits notaire et temoins signé et scellé ces presentes du scel de Sa Majesté, qui furent faites et passées audit Lille le six octobre mil sept cent soixante treize. Etoient signés Pottier, Defaucompret, Louis Beauvin, P. L. Willant, L. J. Bresou et Le Leu notaire.

Lefrancq.

---

[1]. Les frais qui s'ajoutaient au principal du marché dépendaient dans une certaine mesure de la volonté des parties. Ainsi, par exemple, on fait dire des messes pour les fidèles trépassés ; l'acheteur abandonne quelque argent pour « dépenser à table » avec le vendeur ; on offre à la femme de ce dernier des objets de toilette, à ses enfants et à ses serviteurs des gratifications.

Par-devant ledit notaire, presens lesdits temoins est comparu le sieur Ignace Baucourt, negotiant en cette ville, lequel, apres avoir eu lecture a son appaisement du contrat de vente qui precede, a declaré d'enchérir le marché de trois encheres vallables et contournables, comme est repris audit contrat. Ainsi fait et enchery a Lille le ving desdits mois et an. Etoient signés J. J. Beaucourt, P. L. Willant, L. J. Bresout et Le Leu notaire.

Lefrancq.

Par-devant ledit notaire presens les memes temoins est recomparu ledit Beauvin, lequel a declaré de surenchérir ledit marché de trois encheres vallables et contournables, comme est repris audit contrat. Ainsi fait et surenchery a Lille les jour mois et an que dessus. Etoient signés Louis Beauvin, P. L. Willant, L. Bresout et Le Leu notaire.

Gros scel	3 flo 15	Lefrancq.
Droit du roy	1 10	
	5 5	

L'an mil sept cens soixante quatorze, le onze aout, est comparus ledit Jean Bapte Carlier, procureur spécial des vendeurs, lequel en vertu du pouvoir à lui donné, insceré dans la grosse du contrat de vente qui precede, s'est desherité, devesti et dessaisi des onze cens septante neuf verges repris dans le contrat de vente qui precede, tenus en conterie de la seigneurie de Menin, et a consenti que l'adheritement en fust fait et donné à Louis Bauvin fermier a Los, tant pour lui que Laurent Franchomme, Louis Franchomme et François Franchomme, fils de feu Jean-Baptiste et de Marie-Marguerite Lefebvre, aussy comparans, lesquels apres avoir affirmés que ladite acquisition est pour leurs propres et nullement pour passer à gens de mainmorte [1] directement ou indirectement, en a été adherité in formâ par moy Me Florent Joseph Platel, bailli de ladite seigneurie de Menin et des hommes de fiefs soussignés.

  J. J. Potié.   F. J. Platel.
  Adrien Brame.
  J. Labbe [2].

Il n'était possible, on le comprend, de retenir, de la plupart des actes de ventes et des rapports, que les noms de personnes

---

1. Les corps et communautés.
2. Les officiers de la seigneurie étaient choisis par le seigneur, qui pouvait aussi les révoquer.
   Le bailli était le représentant direct du seigneur.
   Le lieutenant bailli remplaçait le bailli quand celui-ci ne résidait pas dans la localité.
   Les hommes de fief ou échevins étaient pris parmi les possesseurs de terres dépendant de la seigneurie et assistaient le bailli ou son lieutenant dans la plupart de leurs actes.
   Le greffier, ordinairement clerc et maitre d'école, servait de secrétaire.
   Le sergent était chargé de faire respecter toutes les lois et ordonnances. Il pouvait même tenir par délégation la place du seigneur ou du bailli.

et de lieux ; nous les avons consciencieusement relevés, conservant même l'orthographe, rarement bien fixée, quoique toujours claire. Nous nous appesantissons sur les actes concernant les seigneuries et grosses propriétés, comme sur les pièces offrant un intérêt quelconque, si minime soit-il. Dans l'ensemble, sans compter les traits de mœurs, l'on trouvera, nous en sommes certain, plus d'un renseignement utile pour l'histoire du village, son ancienne division topographique et pour la reconstitution généalogique de nombreuses familles de Loos et des environs.

*
* *

Outre les manuscrits dont nous avons parlé, nous avons eu à notre disposition des œuvres des XVIe et XVIIe siècles, inédites ou disparues, et nous en avons fait notre profit.

Enfin, parmi les sources auxquelles nous avons également puisé, nous citerons les histoires générales de Flandre, de France et d'Europe ; la Défense nationale dans le Nord de 1792 à 1802, par MM. Foucart et Finot ; Lille en 1792, par M. Debièvre ; les œuvres de MM. Le Glay[1], Détrez[2], Cordier (de Tours)[3], Derode[4], de Rosny[5], Spriet[6], Tierce[7] et Leuridan[8] ; les notices sur le pèlerinage de Loos[9] ; et les

---

1. Le Glay, l'Église de Loos, in Revue du Nord, 1835-1836, t. v.

2. La dévotion à Notre-Dame de Grâce, honorée en l'église paroissiale de Los, près Lille, diocèse de Cambrai, par M. l'abbé Détrez, aumônier de la maison centrale de détention de Los. Lille, L. Lefort, imprimeur, 1836.

3. Chroniques flamandes, XIe, XIIe et XIIIe siècles, par Alphonse Cordier (de Tours). Lille, imprimerie de E. Reboux, éditeur, 1850.

4. Histoire de Lille, par V. Derode, 3 vol. Lille, Vanackère, 1848.

5. Histoire de l'abbaye de Notre-Dame de Loos (ordre de Cîteaux et filiation de Clervaux), depuis sa fondation jusqu'à sa suppression, par Lucien de Rosny, Lille, Lelen et Petitot, libraires ; Paris, Techner, 1837. M. de Rosny s'appuie sur les œuvres de Buzelin, de Gonzelaire et de Delefosse.

6. Loos, ses abbés, ses seigneurs, par C. S. Spriet. Lille, Lefebvre-Ducrocq, 1880. Nous nous sommes inspiré de cet ouvrage notamment pour les notes relatives à l'église et aux premiers curés et surtout pour celles concernant l'abbaye, M. Spriet ayant transcrit un certain nombre de pages du travail de dom Delefosse.

7. Notes historiques sur Haubourdin et ses seigneurs, par Tierce, juge de paix, conseiller d'arrondissement. Lille, E. Reboux, 1860.

8. Les châtelains de Lille, par Th. Leuridan, Lille, imp. L. Danel, 1873.

9. Les sanctuaires de la Mère de Dieu, dans les arrondissements de Douai, Lille, Hazebrouck et Dunkerque. Lille, Lefort, 1847. — Notice sur le pèlerinage de Notre-Dame de Grâce à Loos. Lille, Six-Horemans, 1870.

remarquables travaux de Mgr Hautcœur sur la collégiale et le chapitre de Saint-Pierre de Lille [1].

***

Pour se faire une idée nette de l'histoire de Loos, à la lecture des Annales, il ne faut pas perdre de vue que notre pays, d'abord soumis aux Romains, puis aux rois francs et aux Carlovingiens, fut ensuite gouverné par les comtes de Flandre, les rois de France et les ducs de Bourgogne et passa à la maison d'Autriche, puis à la couronne d'Espagne, à laquelle il fut soustrait par Louis XIV.

On voudra bien se souvenir de plus que l'abbaye et la commune n'avaient guère entre elles que des relations de voisinage. A l'histoire de l'abbaye se lie celle de la chapelle de Notre-Dame de Grâce ; à l'histoire de la commune se rattachent celle de l'église et celle des seigneuries, Avesnes, Basinghien, Ennequin, Frennes et Loos, la Haye, Landas, Langlée, Marais, Menin, Moulin.

Les faits sont rappelés chaque année d'après un plan déterminé : l'histoire générale de la Flandre wallonne, le territoire du village, les seigneurs et les habitants, l'église et les curés, enfin l'abbaye et la chapelle de Notre-Dame de Grâce.

Ceci posé, il ne sera pas difficile, nous osons l'espérer, de suivre dans l'ordre chronologique chacune des branches étudiées.

***

Puissent nos lecteurs, en parcourant ces histoires du temps passé *sentir se raviver en eux l'amour du sol natal :* c'est une affection qu'il est bon de se connaître au milieu des agitations de l'heure présente.

Mars 1897.

---

1. *Cartulaire de l'Eglise Saint-Pierre de Lille*, 2 vol. Lille, Quarré, 1894. — *Documents historiques et nécrologiques de Saint-Pierre de Lille*, 1 vol. Lille, Quarré, 1895. — *Histoire de l'église collégiale et du chapitre de Saint-Pierre de Lille*, tome I, Lille, Quarré, 1896.

LOOS[1]

DOMINATION ROMAINE

1er siècle. — Auguste ayant chargé Agrippa, son gendre, d'établir des chemins dans les Gaules, celui-ci prit Lyon pour centre et ouvrit quatre routes, dont l'une se dirigeait vers la Gaule belgique. Après avoir traversé la Bourgogne et la Champagne, elle arrivait à Reims, où elle se subdivisait en trois branches, dont l'une allait à Vermand, et de là à Bavai, la seconde directement à Bavai, la troisième à

---

1. *Laus*, louange en français, est le nom du village latinisé par les moines de l'abbaye et reproduit dans les anciennes chartes latines. Le P. Martin l'Hermite insiste sur cette signification :
..... « A l'arrivée de S. Bernard, c'estoit un soleil ardant de charité, le bon
» terroir des ames échauffé des raions d'une sainteté si relevée com[m]ença à éclorre et
» donna pour la premiere *fleur de la campagne* l'Abbaye de Loz. L'on treuve icy un
» parterre de louanges, (autant vaut le nom de Loz) elles montent du cœur de la Province
» à la Mere de Dieu qui est Patronne du monastere, et retourne[n]t du ciel en terre. »
(*Histoire des Saints de la province de Lille, Douay, Orchies, avec la naissance, progres, lustre de la religion catholique en ces chastellenies*, par un R. Père de la Compagnie de Jésus. Donay, de l'Imprimerie de Barthelemy Bardou, à l'image de Sainct Ignace, 1 vol., 1638.)
Ne serait-il pas plausible de faire de Loos un nom de situation ? Il dériverait alors de *locus*, dont une interprétation spéciale est lien susceptible d'être choisi comme poste en raison de l'élévation du terrain.
Une troisième explication, la plus vraisemblable, serait la suivante : *loo*, en flamand, signifie pente, déclivité ; en considérant la topographie du village, on peut se rendre compte qu'il est borné par des crêtes et par l'ancienne Deûle, derrière l'abbaye. La commune est tout le territoire situé sur la pente de ces crêtes jusqu'à cette rivière. On serait tenté de croire que cette dénomination a pu être fixée au partage des terres entre les soldats de Clodion.

Soissons, Noyon, Amiens et Boulogne. De Boulogne partait une autre route qui, à Aire, se dirigeait sur Bavai, d'un côté par Estaires, Arras et Cambrai, de l'autre par Werwicq et Tournai [1].

Des vestiges gallo-romains découverts à Wazemmes, Esquermes, Fives, Ronchin, Seclin, Loos, Lille (Palais Rameau) [2] permettent de supposer que les abords de ces voies furent habités dans nos environs, sans qu'il y eût cependant un centre de quelque importance. On y aurait même trouvé des indices de la présence de l'homme aux temps préhistoriques [3]. Le reste du pays n'était que forêts et marécages.

290. — Saint Piat, saint Chrysole et saint Eubert [4] viennent prêcher aux Nerviens la parole de Jésus-Christ.

406. — Les Alains et les Vandales quittent les rives du Danube, traversent la Germanie et entraînent après eux les Suèves et les Burgondes. Ils passent le Rhin, malgré les Francs ripuaires et les Francs saliens, et ravagent la Gaule du nord au midi.

420. — Les Francs s'avancent dans l'intérieur de la Gaule, sous la conduite de Pharamond, leurs efforts contre les envahisseurs étant devenus inutiles.

---

1. *Histoire de la ville et cité de Tournai, capitale des Nerviens, etc.*, par Pontrain, 1 vol. La Haye, 1750.

2. Spriet.

3. *Bulletin scientifique du département du Nord*, t. VI, 1874, p. 284.

4. Saint Piat était né à Bénevent (Italie) et avait été envoyé dans nos contrées par le pape saint Marcellin. Martyrisé vers 302, sous Rictins, préfet de la Gaule belgique, il fut enterré à Seclin.

Saint Chrysole, né en Arménie, vint dans les Gaules, peut-être avec saint Piat. Il résidait habituellement à Comines, d'où il allait évangéliser les environs. Il fut martyrisé à Verlinghem.

Saint Eubert vivait dans le lieu où fut bâtie plus tard la ville de Lille. On croit qu'il mourut à Seclin. En 1055, ses reliques furent transférées dans la collégiale de Saint-Pierre; elles furent perdues à la Révolution. Le culte de saint Eubert fut rétabli dans l'église de la Madeleine et son office inséré au propre du diocèse de Cambrai. (*Vie des Saints des diocèses de Cambrai et d'Arras*, par l'abbé Destombes. Cambrai, Deligne et Lesne, 1851.)

LES FRANCS

Pharamond (420-428). Clodion (428-448).

446. — Clodion s'empare de Tournai et de Cambrai, massacre les Romains qui s'y trouvent, étend ses conquêtes et occupe le pays jusqu'à la Somme. Les soldats se partagent les terres.

Mérovée (448-458). Childéric I (458-481). Clovis (481-511).

481. — A la mort de Childéric, les Francs saliens sont cantonnés aux environs de Tournai. Clovis ne commande pas à plus de cinq mille hommes.

486. — Bataille de Soissons, où Syagrius est vaincu par Clovis et son allié Ragnacaire, chef des Francs de Cambrai.

Rois de Soissons, puis de Neustrie : Clotaire I (511-561). Chilpéric I (561-584). Clotaire II (584-628). Dagobert I (628-638). Clovis II (638-656).

640 — Saint Eloi [1] fonde à Seclin un chapitre de douze prêtres ayant pour mission de garder les reliques de saint Piat et d'évangéliser les

---

1. Évêque de Noyon et de Tournai. Réunis à la mort (532) de saint Eleuthère, évêque de Tournai, en faveur de saint Médard, évêque de Noyon, ces deux évêchés ne furent séparés qu'au temps de saint Bernard.
 Saint Eloi retrouva le corps de saint Piat n'ayant subi aucune altération; les vêtements eux-mêmes avaient été préservés des ravages du temps. Le tombeau contenait aussi les clous, instruments de supplice du saint apôtre. Ce fut saint Eloi qui fabriqua la châsse où ces reliques furent renfermées.

environs. L'un d'eux érige à Loos un autel dédié à saint Pierre d'Antioche et y établit un cimetière [1]. L'église est toujours au même lieu ; le cimetière est à Ennequin depuis près de trente ans.

Quand les possesseurs de la terre des Frennes et Loos voulurent plus tard faire valoir leurs droits de seigneurs du clocher (que l'un d'eux avait probablement bâti), ils se trouvèrent en opposition avec le chapitre de Saint-Piat, qui revendiquait la possession de l'église. Ce fut, jusque dans le courant du XVIIIe siècle, une source de contestations et de procès, les privilèges de seigneur de l'endroit étant attachés à la propriété du clocher dans les campagnes, et du beffroi dans les villes.

CLOTAIRE III (656-670). THIERRY III (670-671). CHILDÉRIC II (671-674). THIERRY III (674-691). CLOVIS III (691-695). CHILDEBERT III (695-711). DAGOBERT III (711-715). CLOTAIRE IV (715-719). CHILPÉRIC II (719-720). THIERRY IV (720-737). Interrègne (737-742). CHILDÉRIC III (742-752).

---

[1]. Quelques renseignements concernant l'église, et aussi les noms des premiers curés, nous sont fournis par le travail de M. Spriet.

LES CARLOVINGIENS

Pépin le Bref (752-768). Charlemagne (768-814).
Louis le Débonnaire (814-840). Charles le Chauve (840).

840. — Dissolution du royaume par l'établissement de grands fiefs indépendants.

Charles le Chauve forme le comté de Flandre pour Baudouin Bras de Fer. Celui-ci épousa Judith, fille du roi.

LES COMTES DE FLANDRE

Baudouin I Bras de Fer (840-879).

Lille et la Flandre française demeurent sous l'autorité des comtes jusqu'après la bataille de Mons-en-Pévèle (1304).

Durant cette période, la France, administrée d'abord par les derniers descendants de Charlemagne, passe ensuite au pouvoir des Capétiens, parmi lesquels Hugues Capet, Louis VI, Philippe Auguste et saint Louis. Le régime féodal s'établit ; les Normands s'emparent de l'Angleterre ; les croisades sont entreprises et un empire latin, dont le chef est un comte de Flandre, se fonde à Constantinople ; Louis VI affranchit les communes et son pouvoir s'en accroît d'autant ; enfin Philippe Auguste et saint Louis agrandissent le domaine de la couronne et la royauté arrive à une puissance qu'elle n'avait pas eue depuis plusieurs siècles.

845-966. — Incursions des Normands en Flandre. Baudouin les met en fuite.

877. — Capitulaire de Kiersy-sur-Oise, par lequel Charles le Chauve assure aux seigneurs l'hérédité de leurs charges et dignités.

Baudouin II le Chauve (879-919).

Xe siècle. — Existence des châteaux de Loos, de Landas et de la motte du Basinghien [1].

Arnould I le Vieux (919-958). Baudouin III (958-961). Arnould II le Jeune (961-989). Baudouin IV Belle Barbe (989-1036). Baudouin V de Lille (1036-1067).

1053. — Henri III, empereur d'Allemagne, en guerre

---

[1]. La propriété de M. Crespel-Tilloy et celle de M. Albert Crespel sont à l'emplacement des châteaux ; à l'endroit de la motte, se trouve la fabrique de MM. Thiriez.

contre Godefroy, duc de Lorraine, parent de Baudouin V, envahit la Flandre et l'Artois. Lille et les campagnes avoisinantes sont livrées au pillage et à la ruine.

BAUDOUIN VI DE MONS (1067-1071). RICHILDE, VEUVE DE BAUDOUIN VI, ET SON FILS ARNOULD III (1071-1072).

1071. — La Flandre devait revenir à Arnould et le Hainaut à Baudouin, son frère, sous la tutelle le premier de Robert de Frise, et le second de Richilde. Celle-ci tenta de s'approprier la Flandre et y commit toutes sortes d'exactions. Quelques villes cependant se prononcèrent pour Robert, d'autres, parmi lesquelles Lille, pour Richilde.

La princesse avait l'intention de détruire les villes qui ne la reconnaissaient pas ; mais Gérard du Buc, châtelain de Lille, découvrit et fit connaître ces dispositions malveillantes.

Richilde et son fils Arnould, ainsi que Philippe Ier, roi de France, se firent battre à Cassel par Robert, qui devint comte de Flandre[1].

ROBERT Ier (1072-1093). ROBERT II DE JÉRUSALEM (1093-1111).

1096. — Avant de partir pour la première croisade, Robert donne à l'église Saint-Pierre de Lille le bodium[2] de Lesquin. Parmi les signataires de l'acte consacrant cette libéralité, figurent Robert de l'Arbrisseau (*Rodbertus de Arboreto*), les frères Amaury, Gérard et Etienne de Landas[3].

---

1. Derode, *Histoire de Lille*, et de Smyttère, *Robert le Frison, comte de Flandre, et les batailles au Val de Cassel (1071)*. Hazebrouck, imp. A. David, 1882.

2. L'église, divisée en deux parties, comprenait au moyen âge l'autel et le bodium. L'autel était ce qu'aujourd'hui l'on désigne sous le nom de chœur ; le bodium était le reste de l'église. Au premier étaient affectées les ressources provenant de la maison pastorale, des oblations et du tiers de la dîme ; au second revenaient les deux autres tiers de la dîme.

Peu à peu les laïques en vinrent à posséder des dîmes. Les conciles leur rappelèrent maintes fois que la propriété leur en était interdite. C'est la raison pour laquelle, au XIIIe siècle, les seigneurs les abandonnent aux églises et aux abbayes.

3. Cet acte se trouve reproduit dans l'*Album paléographique du Nord de la France*, par Jules Flammermont. Lille, Lefebvre-Ducrocq, 1896. — Jusqu'au XVIe siècle, pour les notes où se trouve mentionné à un titre quelconque le chapitre de Saint-Pierre de Lille, voir les ouvrages de Mgr Hautcœur, *Cartulaire, Documents liturgiques et nécrologiques, Histoire de Saint-Pierre de Lille*, t. I.

Baudouin VII a la Hache (1111-1119).
Charles le Bon (1119-1127).

1127. *2 mars.* — Charles le Bon est assassiné à Bruges.

Guillaume Cliton (1127).

1127. — Le comté de Flandre se trouvant vacant, Louis VI, roi de France, en investit Guillaume Cliton. Les Lillois refusent d'obéir à leur nouveau seigneur et se révoltent. Guillaume appelle à son secours son protecteur; mais, sur ces entrefaites, Thierry d'Alsace accepte le pouvoir qui lui est offert et résiste au roi de France qui l'assiège en vain dans Lille (août 1127) ; son rival meurt deux mois après devant Alost.

Thierry d'Alsace [1] (1127-1168).

1128. — Vers la fin de septembre, une violente gelée détruit les vignes et compromet la vendange ; au commencement de janvier, des pluies et des neiges continuelles font déborder les rivières ; par surcroît de malheur, les hommes se voient atteints de la maladie du feu sacré [2].

Vers 1138. — Lorsque les Normands ravagèrent la contrée (vers 850), une statue de la Vierge fut, dit la légende, cachée dans le creux d'un arbre, sur le territoire de Loos...

Trois siècles après, un jeune homme, nommé Maurice, chassant dans les bois, non loin de la route de Béthune, fut surpris par un orage et se mit à l'abri sous les branches touffues d'un vieux chêne dont le sommet était très élevé. Une main invisible l'en repoussant, il se

---

1. Petit-fils par sa mère de Robert le Frison, Thierry d'Alsace avait épousé en secondes noces Sybille d'Anjou, fille de Foulques, roi de Jérusalem. En 1134, il se rendit en Palestine ; à son retour, vers 1138, il donna à saint Bernard le terrain nécessaire pour la fondation du monastère des Dunes, dont le premier abbé fut Robert, natif de Bruges, futur abbé de Clairvaux. Dans la suite, le comte pria saint Bernard de fonder deux nouveaux monastères, l'un à Clairmarais (1140), l'autre à Loos (1146), partit une seconde fois à Jérusalem (1147) et en rapporta à Bruges la relique du Précieux-Sang (7 avril 1150), fit un troisième voyage (1671), y laissa Sybille qui succédait à sa mère, Mélisinde, comme abbesse de Saint-Lazare à Béthanie, et revint mourir dans ses États, l'année suivante.
Charles le Bon était aussi petit-fils par sa mère du vainqueur de Cassel. Son père était fils de saint Canut, roi de Danemark.

2. Spriet, d'après Jacques Le Groux, *la Flandre Gallicane*, manuscrit de la bibliothèque de Roubaix.

tint près d'un buisson d'aubépine qui parfumait le voisinage. Aussitôt la foudre tomba sur le chêne et le fendit au milieu ; mais Maurice fut tout étonné, en détournant la tête, de voir dans la partie de l'arbre qui était encore debout une statue de la Vierge, environnée d'une brillante auréole. S'étant jeté à genoux, il entendit une voix qui lui dit : « Je suis la Mère de ceux qui n'en ont plus et la consolatrice des » affligés ; ceux qui m'honoreront en ce lieu ressentiront les puissants » effets de ma protection et me donneront le nom glorieux de Notre- » Dame de Grâce. » La voix cessa de parler, l'auréole se dissipa et le jeune chasseur, après l'orage, emporta avec respect l'image dans sa demeure, en attendant de la donner à qui pourrait la recevoir [1].

1140. — Inondations dans les pays de Weppes et de Mélantois.

1146. — Les Seldjoucides avaient anéanti après la prise d'Edesse, les armées du jeune Baudouin III, frère de Sybille d'Anjou et roi de Jérusalem. Désirant une nouvelle croisade, la reine-mère Mélisinde, régente du royaume, s'adressa au grand-maître des Templiers, André, oncle de saint Bernard, pour qu'il usât de son influence auprès de son neveu, et, en même temps, elle demanda au pape Eugène III de charger l'abbé de Clairvaux — dont le pontife avait été le disciple — de provoquer l'enthousiasme des populations.

Le saint religieux prêcha la croisade à Vézelay (Pâques 1146), donna la croix à Louis le Jeune, roi de France, puis se rendit en Allemagne pour décider l'empereur Conrad à prendre part à l'expédition.

En reconnaissance, le comte et la comtesse de Flandre offrirent un nouveau monastère à saint Bernard. Celui-ci choisit le lieu où quelques années auparavant la statue avait été découverte par Maurice et, accompagné de Sybille, il vint à Loos pour en voir l'emplacement.

Suivant la légende, saint Bernard alla vénérer la Vierge chez Marguerite, mère de Maurice, aveugle depuis plusieurs années. Elle recouvra la vue après avoir reçu la bénédiction du saint abbé, et c'est à lui qu'elle confia la précieuse trouvaille de son fils.

Mais la proximité des routes entraînait une difficulté d'extension du monastère, et on suivit le parti de s'écarter un peu. La statue de la Vierge demeura sur le tilleul où saint Bernard l'avait placée.

Loos, à cette époque, était le triste refuge de quelques pauvres familles chassées de leur pays par les tempêtes et les inondations des années précédentes; aussi les paysans éprouvèrent-ils une grande

---

1. Cette pieuse légende et les premiers temps de l'abbaye constituent en partie le récit romanesque, mais gracieux, de M. Cordier, les *Chroniques flamandes*.

joie quand ils entrevirent la perspective d'un soulagement à leur misère.[1]

L'abbé de Clairvaux avait été reçu par Thierry d'Alsace et un grand concours de peuple aux portes de Lille, où il visita notamment la collégiale de Saint-Pierre.

1147. *7 juin*. — Charte de Thierry d'Alsace constatant l'achat par les moines de Clairvaux[2], pour les besoins de l'église Sainte-Marie de Loos, de la terre et seigneurie de Bernard d'Ennequin (89 bonniers). Celui-ci tenait ce fief de Pierre de Bargues, qui lui-même l'avait reçu du comte. Témoins : Roger de Wavrin; Pierre du Maisnil : Hugues de Loos ; Derbald, son frère ; Lambert, son fils ; Jean Pulcher.

En voici le texte :

In nomine Patris et Filii et Spiritus Sancti. Ego Theodoricus, Dei gracia Flandriæ comes, notum fieri volo, tam præsentibus quam futuris, quod monachi de Clarevalle emerunt ad opus ecclesiæ sanctæ Mariæ apud Los, terram Bernardi de Annekin, quam ipse tenuit in feodo de Petro de Bargas, et idem Petrus eamdem terram tenuit de me. Et ut hoc stabile et inconvulsum præfatæ ecclesiæ in perpetuum permaneat, sigilli mei impressione et scripto assignans confirmavi in remissionem peccatorum meorum et sub testimonio sufficienti. Signum Rogeri de Vafrin et Petri de Maisnil et Hugoni de Loz, et Derbaldi fratris ejus et Lamberti filii et Joannis Pulchri. Actum Insulis anno MCXLVII, in vigilia Pentecostes, dum secunda vice pergerem ad sanctam Hierusalem.

En prenant possession de leur fonds, les religieux plantèrent une croix. Les limites de leur domaine furent marquées dans la suite par d'autres croix, dénommées la croix de l'abbaye à la route de Béthune, la croix du Temple vers Lomme et la croix d'Avesnes au-dessus d'Ennequin.

Roger de Wavrin mit la première pierre aux édifices, qui furent construits près de la haute porte actuelle ; en posant la seconde, Pierre du Maisnil céda au couvent tous ses revenus et hôtes sur Esquermes. Jean Le Bel, de son côté, fit bâtir en la chapelle l'autel de Saint-Marc, le premier où fut célébré l'office divin.

1148. *15 décembre*. — Jean Le Bel, Samuel et leurs dix compagnons entrent à l'abbaye. *18 calend. jan. 1149 solemniter ingressi sunt monachi, huicque diei fundationem ascribendam esse asserimus*[3].

---

1. Le Glay.
2. Les Cisterciens devaient porter la robe blanche et le scapulaire noir, si l'on en juge par les vitraux de couleur de chapelles abbatiales.
On peut néanmoins citer plus d'un exemple avec la robe noire.
L'hiver, à l'origine, ils avaient des plichs ou chapes fourrées. (Cordier.)
3. Leopoldus Janauschek. Vindobonæ, 1877. *Origines Cisterceusium*, p. 116. Laus B. Mariæ, Loos. — E. Vacandard, *Vie de S. Bernard*, Paris. 1895, 2 vol.

La chapelle primitive, dédiée à Notre-Dame, comme toutes celles de l'ordre de Cîteaux, passa, après l'érection de l'église, sous l'invocation de saint Piat ; le cimetière conserva le nom du martyr.

« S. Bernard chérit tant l'abbaye qu'il s'y porta pour prélat présent » et absent et ne laissa le gouvernail es mains de Jean Bellus, sinon » un peu devant mourir, l'an 1149 ».[1]

1149. — Jean, 1er abbé. Plusieurs jeunes étudiants étant allés à Clairvaux rendre visite à saint Bernard avec d'autres seigneurs flamands avaient pris la résolution, à peine sortis du cloître, d'y retourner et de s'y faire religieux. Parmi eux se trouvait Jean Le Bel[2], qui gouverna douze ans le monastère.

Vivaient au temps du premier abbé :
Étienne de Prémecque, f. Everard Botteri, Bauduin de Frevilers[3].

1152. — Les frères de Loos achètent d'Étienne de Prémecque, qui se retire au couvent, une terre qu'il tient en fief de Gautier de Durmort. Le comte de Flandre confirme cet achat et, pour le salut de son âme et de celle de son épouse, assure les libertés et franchises de l'église de l'abbaye contre tout pouvoir séculier.

Dans une autre charte, Thierry exonère les moines des rentes qu'ils ne peuvent payer, la disette de l'an 1149 et la construction des premiers édifices les ayant réduits à une extrême pauvreté[4].

1153. — Guillaume de Loos[5], qui s'est fait religieux, laisse en mourant de grands biens à l'abbaye.

1159. — Thierry d'Alsace donne en alleu[6] aux moines de Loos quatre bonniers situés à Ennequin.

1161. — André, évêque d'Arras, confirme et approuve des donations en faveur des religieux.

20 juin. — Mort de Jean Le Bel. L'obituaire de l'abbaye lui consacre cette mention : *Obiit Johannes Bellus, fundator ecclesie de Laude*. Plus tard on prit la coutume de faire inscrire au bas du

---

1. P. L'Hermite.
2. De Rosny.
3. On ne pourra s'empêcher de remarquer, dans la suite, le nombre relativement peu considérable de religieux admis au couvent par les abbés. L'on trouvera que ce ne fut pas une des moindres causes de la décadence de l'abbaye, si l'on songe aux biens immenses possédés par ces quelques personnes.
4. Voir l'ouvrage de M. Lenridan, *les Châtelains de Lille*, pour les actes et les détails relatifs aux rapports de l'abbaye avec les comtes de Flandre et les châtelains de Lille pendant le XIIe siècle et les suivants.
5. De Rosny. Quelques auteurs le disent fils de Robert le Frison.
6. C'est-à-dire à titre héréditaire et sans obligation féodale.

cierge pascal : *Fundator hujus ecclesiæ Johannes Bellus*. Les Cisterciens Trappistes font encore mémoire du premier abbé de Loos, qui se trouve inscrit comme vénérable au ménologe de l'ordre. — Dom Samuel, l'un des douze premiers frères, 2ᵉ abbé.

Parmi ceux qui embrassèrent la vie monacale sous Samuel, dont la direction dura vingt-six ans, il faut citer :

Theobaldinus, Hugues de Baisin (1164) et Hugues de Tenques (1167), fils de Godefroy (ces deux derniers apportèrent à la communauté des biens considérables 1), d. Fremaut, cellerier 2, f. Renier, f. Etienne, f. Robert (1174) ; f. Rogier, f. Amand, f. Hugues Blistard, f. Jean Divart (1176), convers, d. Odon, prieur, d. Arnold (1178).

Pierre de Bargues donne une de ses terres au couvent 3.

1164. — Le pape Alexandre III prend l'abbaye sous la protection du Saint-Siège et confirme ses possessions.

1165. — Robert de Basinghien échange avec le monastère un fief sis à Ennequin.

1166. — A l'occasion d'une contestation entre l'abbé des Dunes et celui de Bergues, soumise à l'arbitrage de Milon, évêque de la Morinie, l'abbé Samuel est pris comme témoin dans la transaction qui termine le différend 4.

1168. *17 janvier*. — Mort de Thierry d'Alsace.

L'obituaire de l'abbaye le mentionne ainsi : *XVI cal. febr. O. Theodoricus, comes Flandriæ, qui dedit sedem ecclesiæ*.

Philippe d'Alsace (1168-1191).

1168. — Sarah de Loos, épouse de Gérard de Faches, cède aux religieux, en présence de Walter de Loos, la terre qui lui appartient devant la porte du couvent. Philippe d'Alsace approuve la donation comme seigneur.

1169. — Walter de Loos, chevalier, et Clarbaut de Loos sont cités comme témoins dans une cession de 7 bonniers entre Loos et Ennequin, faite par le comte Philippe à l'abbaye. Cette terre relevait du fief de Dergnau 5 à Lille.

---

1. De Rosny.
2. Le cellerier était chargé de l'administration du temporel. Les comptes des différents services lui étaient rendus ; après quoi, il en instruisait l'abbé.
3. De Rosny.
4. Id.
5. Ce fief était situé aux environs de la place actuelle « des Reignaux ».

1171. — L'abbaye reçoit des libéralités de la maison de Saint-Pol.

Pierre de Bargues, d'accord avec son épouse Marie, et leurs enfants Gilles, Thierry et Gilla, dote le monastère de plusieurs terres sises sur les territoires d'Ennequin et de Bargues [1]. Témoins, parmi tous les seigneurs d'alentour : Almaric de Landast, Gérard de Landast.

1174. — Philippe d'Alsace approuve la possession par l'église de l'abbaye d'une terre de 4 bonniers cédée par Baudouin de Marcq et son frère Olivier.

1176. — Se disposant à partir pour la croisade, le comte de Flandre tient à confirmer toutes les donations faites aux religieux de Loos par son père et sa mère. Il les exempte de tous droits de tonlieu [2] et de péage sur les voies de terre et d'eau dans l'étendue de son comté. Il leur donne le pain et le vin de la messe et leur concède le droit de pêche depuis le pont d'Haubourdin jusqu'au moulin de Chenest [3], près de Loos, et du pont-levis à la porte de Durmort. L'abbé Samuel et les frères sont institués possesseurs des prés et marais d'Englos le long des eaux et prairies du monastère jusqu'au pont d'Haubourdin et de 3 bonniers 1/2 du fief d'Ancoisne. Ils sont, de plus désignés pour recevoir 20 livres de rente sur le tonlieu de Lille, tous les ans, à la foire de Thourout [4].

La sœur du comte, Gertrude, usa largement de son influence près de lui en faveur du couvent.

Septembre. — Alexandre III confirme solennellement, en présence des cardinaux, la fondation de l'abbaye et la jouissance de ses biens et privilèges [5].

1177. — Le comte de Flandre et Hugues de Lomme avaient par moitié la rivière qui coulait entre le vivier du premier et les terres du second, du pont d'Haubourdin aux Obeaux de Beuvrekes. De là jusqu'au moulin de Quesnoy, par le pont dormant de Durmort, la rivière appartenait au comte. Celui-ci donne le tout à l'abbaye ; Hugues lui vend sa part.

Au moulin, cette eau rejoignait la « viese navie », qui devenait le filet de Canteleu et l'Arbonnoise.

---

1. Au midi d'Ennequin, entre l'Arbrisseau et Fléquières, commune de Wattignies.
2. Droits sur la vente dans les marchés. Il leur constituait un privilège de foire franche et l'exemption de toute juridiction du magistrat.
3. Chenest, Caisnoit, Kaisnoit, lieu planté de chênes.
4. De Rosny.
5. Id.

1178. — L'évêque d'Arras, Frumauld, approuve la possession de toutes les terres qui ont été cédées aux religieux dans son diocèse.

1182. — Philippe d'Alsace livre aux frères de Loos 40 mesures de moëres au territoire de Gand, près d'Artevelde, et, l'année suivante, 5 bonniers de son fief à Lille, héritage de Jean d'Esquermes.

1184. — Le roi de France et Philippe d'Alsace se disputent le Vermandois, que celui-ci détenait du chef de sa première femme et que Philippe Auguste réclamait comme devant retourner à la couronne. Le comte de Flandre demande le secours de l'empereur d'Allemagne et des princes de l'Empire, qui lui envoient l'archevêque de Cologne et le duc de Brabant, dont l'armée ravage le Hainaut ; mais la paix est conclue et Philippe d'Alsace conserve le titre de comte de Vermandois après avoir rendu quelques villes.

1186. 1er *mai*. — Evrard, évêque de Tournai, confirme une donation faite au monastère.

1187. — Le pape Clément III reconnaît les chanoines de Seclin comme possesseurs de l'autel de Loos avec le droit de nommer le desservant.

25 *juin*. — Mort de dom Samuel. — Dom Simon, 3e abbé.

1188. *Février*. — Philippe d'Alsace prend la croix et part avec Philippe Auguste et Richard Cœur de Lion, roi d'Angleterre.

Dom Simon les accompagne en Palestine, où il assiste au siège de Ptolémaïs ; à son retour, pour avoir quitté son abbaye sans permission, il est réprimandé par le chapitre de Cîteaux, qui lui inflige une pénitence de trois jours au pain et à l'eau : « *Abbas de Laude, eo quod inconsulto patre abbate domum suam deseruit, seque deposuit ab abbatis officio, tribus diebus sit in levi culpâ* ». 1

Pierre, évêque d'Arras, approuve des dons faits aux moines.

1191. 1er *juin*. — Siége de Ptolémaïs, où meurt Philippe d'Alsace, atteint d'une maladie pestilentielle.

---

1. De Rosny.

Baudouin VIII et Marguerite d'Alsace, sœur de Philippe[1] (1191-1195).

La Flandre est sous le douaire de Mathilde de Portugal[2], épouse de Philippe d'Alsace.

1193. — Etienne, évêque de Tournai, approuve le legs aux religieux d'un fief situé à Obigies[3].

1194. — Du consentement de Baudouin, son mari, et de Baudouin son fils aîné, la comtesse Marguerite assure à l'abbaye la perception annuelle sur les « briefs » à Bruges de 60 sols, dont 20 sols pour le réfectoire, le jour de son anniversaire[4].

Jacques de Culos donne aux religieux une maison qu'il possède à Tournai. Le revenu sera partagé en une rente pour le luminaire de leur église, une pour l'infirmerie, le reste pour acheter aux pauvres habits, bas et souliers[5].

Baudouin IX de Constantinople (1195-1203).

1195. — Bernard de Roubaix donne aux frères de Loos sa propre maison sise à Lille, près du rivage, avec tous les droits dont lui-même avait joui, et particulièrement le droit de tonlieu.

Roger d'Englos se désiste solennellement des prés et marais d'Englos appartenant au monastère, qu'il détient injustement. En réparation, il se met à genoux et prie l'abbé de lui accorder son pardon.

1196-1200. — Années de guerres et de calamités, pendant lesquelles Baudouin IX dispute au roi de France la possession de l'Artois.

1196. — Fondation de l'abbaye de la Brayelle d'Annay-sous-Lens, dont les abbés de Loos sont institués supérieurs commissaires. Ils certifient les actes principaux de l'abbesse.

Les abbés eurent sous leur direction plusieurs couvents de femmes : Notre-Dame du Saulchoir, à Kain, près Tournai, comme la Brayelle

---

1. Derode fait de Marguerite d'Alsace la fille de Philippe; mais des historiens plus autorisés, entre autres M. Kervyn de Lettenhove (*Histoire de Flandre*, Bruges, Beyaert-Defoort, 1853, 4 vol.), la regardent comme la sœur du comte.
2. Fille de roi, on lui donnait le titre de reine ; c'était l'usage de son pays. Elle mourut le 7 mars 1218.
3. De Rosny.
4. Id.
5. Id.

d'Annay, de la filiation de Cîteaux ; Notre-Dame du Mont-d'Or, à Wevelghem, près Menin ; le repos de Notre-Dame à Marquette, près Lille ; l'Honneur Notre-Dame à Flines, près Douai ; Notre-Dame du Verger, entre Douai et Cambrai. Ces derniers étaient de la filiation de Clairvaux.

Ils furent aussi proviseurs des hôpitaux Comtesse à Lille et à Seclin, conservateurs délégués du Saint-Siège des dominicaines de l'Abbiette à Lille 1.

1197. — Durant l'automne et l'hiver, pluies et ouragans qui renversent une quantité considérable d'arbres et de maisons.

Dom Simon signe comme témoin des lettres du comte Baudouin à l'abbaye de Saint-Bertin 2.

La reine Mathilde attribue aux religieux la possession, à Fourmestraux 3, d'hommes de fief que leur disputait Urson de Fretin 4.

1199. — Dom Simon assiste comme témoin dans une donation du comte Baudouin à l'abbaye de Clairmarais.

Gilles de Berlettes cède au monastère une terre située au Tirlet en Artois 5.

1201. — Dom Simon, après permission du chapitre général 6, et un grand nombre de seigneurs flamands, parmi lesquels Thierry et Guillaume de Loos 7, Jacques d'Avesnes et Gilles de Landas prennent la croix à Saint-Donat de Bruges avec Baudouin, futur empereur de Constantinople.

---

1. Le couvent de ces religieuses, fondé en 1274, d'abord en dehors de la ville, fut détruit par les armées en 1297 et 1348. Les religieuses voulant se mettre à l'abri derrière les remparts achetèrent l'hôtel d'Auberchicourt, rue de la Hamerie, qui devint rue de l'Abbiette, puis de Tournai ; c'est l'emplacement occupé par la gare des voyageurs et le cercle ouvrier de Saint-Maurice.
Buzelin, *Gallo-Flandria*. — P. Richard, *Histoire du couvent des dominicains de Lille en Flandre, et de celui des dames dominicaines de la même ville, dites de Sainte-Marie de l'Abbiette*. Liège, 1782. — Mgr Hautcœur, *Histoire de Saint-Pierre*, t. 1.
2. De Rosny.
3. Au territoire de Lesquin, près d'Avelin.
4. De Rosny.
5. Id.
6. *Ad mandatum summi pontificis et ad preces Flandriæ et Blesensis comitum conceditur ut abbates de Sarnayo et Peronia et de Laude et de Sacra Cella proficiscantur cum cruce signatis.* — De Rosny.
7. Les armes de la commune, de gueules à trois croissants d'or, proviennent selon toutes probabilités des anciens seigneurs, qui les auraient adoptées en souvenir de la prise d'un étendard musulman aux croisades. Il se trouve à Notre-Dame de Bon-Secours, près Nancy, un étendard enlevé aux Turcs vers le XIIe siècle par les Polonais et apporté en Lorraine par le roi Stanislas de Pologne. Cet étendard est de tous points identique aux armes de Loos.

Les croisés étant à Venise partirent pour Zara, en Dalmatie. Après s'être emparés de cette ville, la désunion se mit dans leur camp, les uns voulant aller à Jérusalem, les autres à Constantinople. « Ensi ere l'oz
» en discorde con vous oez. Et ne vos merveilliez mie se la laie genz
» ere en discorde ; que li blanc moine de l'ordre de Cistians erent
» altressi en discorde en l'ost. Li abes de Loz, qui mult ere sainz hom
» et prodom, et altre abbé qui à lui se tenoient, prechoient et crioient
» merci à la gent, que il por Dieu tenissent l'ost ensamble, et que il
» feissent ceste convenance ; « car ce est la chose par quoi on puet
» mielz recovrer la Terre d'oltremer. » Et l'abbes de Vaus, et cil qui à
» lui se tenoient, repreechoient mult souvent, et disoient que tot ce ere
» mals; mais alassent en la terre de Surie, et feissent ce que il porroient [1]. »

Le conseil de dom Simon fut suivi, car l'armée se rendit à Constantinople.

Avant de partir, Baudouin avait confirmé aux religieux l'affranchissement du droit de péage [2] accordé par Philippe d'Alsace en 1176. Il leur avait assigné une rente annuelle de 8 muids de froment, à déduire des redevances de l'abbaye au comte, dans les prairies et terres qu'elle possédait à la Haye en Loos et Esquermes.

Philippe de Namur, tuteur de Jeanne et de Marguerite, filles de Baudouin IX (1203-1211).

1203. — Pierre du Maisnil confirme la donation faite aux frères de Loos, par son père, lorsque celui-ci posa la seconde pierre du couvent.

1204. *10 avril.* — Le lion de Flandre du comte Baudouin flotte sur les murs de Constantinople.

Dom Simon donna sa voix au comte quand il s'agit de choisir un empereur.

8 juillet. — Mort de dom Simon, après dix-sept ans de gouvernement. — Dom Etienne, 4e abbé. Le peu de temps qu'il passa à la tête du couvent, il l'employa à mettre Thomas de Savoie et Innocent III dans ses intérêts. Celui-ci confirma les privilèges et possessions de l'abbaye et l'affranchit de la juridiction de l'évêque diocésain [3].

---

[1]. Geoffroi de Villehardouin, *Conquête de Constantinople*, édition Natalis de Wailly, Paris, Firmin-Didot, 1874; 1 vol.
[2]. De Rosny.
[3]. Id.

1205. — Baudouin, empereur de Constantinople, est vaincu et fait prisonnier à la bataille d'Andrinople.

Hildebaut, maître du Temple au pays de Flandre, reconnaît que les moines de Loos lui ont cédé des terres voisines de son domaine, en échange de 17 cents de prés entourés par leurs fossés. Témoins : Jean, prieur; Henri, cellerier; Jean Villanus, moine; Roger, le pêcheur; Hugo, maître de Durmort, convers de Loos, et des frères du Temple.

Dom Etienne est choisi comme arbitre dans un litige entre l'abbaye de Clairmarais et celle des Dunes [1].

1206. 24 janvier. — Mort de Gérard, fils de Thierry d'Alsace, prévôt de Saint-Donat de Bruges et de Saint-Pierre de Lille, qui, ayant pris à Loos l'habit de novice, a fait au monastère d'importantes libéralités. L'obituaire de l'abbaye lui consacre cette mention : *O. Gerardus prepositus, novitius, frater Philippi, comitis Flandrie. Dedit C libras.*

1207. 7 mars. — Mort de dom Etienne. Son épitaphe portait ces mots : *Hic jacet dominus Stephanus hujus loci abbas quartus.* — Dom Jean de Warneston, 5e abbé.

Les religieux qu'il reçut furent, en seize ans :

Willem, maître des jardins (1210); Jean Brisart (1212), qui céda à la communauté les droits qu'il avait sur le fief d'Avesnes, acte qu'approuva la reine Mathilde; Willem, portier (1220).

1210. — Siger de Quesnoy, prévôt de Frelinghien, Jeanne, sa femme, Mathilde, sœur de sa femme, engagent au profit du couvent leur dîme de Quesnoy, le droit d'Usilie, dame de Spang, étant réservé [2].

JEANNE DE FLANDRE ET FERNAND DE PORTUGAL, PUIS THOMAS DE SAVOIE (1211-1244).

1211. — Jeanne de Flandre épouse Fernand de Portugal, neveu de la douairière Mathilde. En secondes noces, elle s'unit à Thomas de Savoie.

A cette époque, les seigneurs de Loos payaient aux prêtres de Seclin une dîme de reconnaissance pour le service religieux qu'ils assuraient au village.

---

1. De Rosny.
2. *Cartulaire de Saint-Pierre.*

11 novembre. — Bulle du pape Innocent III, transmise par l'archevêque de Reims, renouvelant les privilèges accordés à l'abbaye depuis son origine [1].

Cette année et les suivantes, divers seigneurs continuent les largesses aux religieux : parmi eux, Hellin de Wavrin, l'Oncle, donne Jean Gobin, d'Hallennes, son serf ; Hellin le Neveu cède la dîme de Wattignies [2].

Le pape approuve la vente que Gerriee de Bosco et Robert de Gamans ont faite au monastère sur le territoire de Wicres.

A la suite d'une enquête sur les droits de l'abbaye relatifs à l'écluse et au moulin de Caisnoit, la reine Mathilde constate que les hommes de fief ont reconnu que l'écluse dépendait du moulin depuis « l'aubel » de Basinghem jusqu'audit moulin, et que celui-ci avait été donné au couvent par le comte Philippe [3].

1213. — Philippe Auguste, afin de ne pas perdre le fruit de préparatifs qu'il avait faits pour porter la guerre en Angleterre, tourne ses armes contre le comte de Flandre et saccage Dam, après y avoir vu sa flotte détruite par une flotte anglaise. Il s'empare ensuite de la Flandre jusqu'à Gand et met garnison dans Cassel, Lille (forteresse de Dergnau) et Douai. Les Lillois ayant rappelé leur comte Fernand, le roi de France, furieux, met le feu à la ville.

Le but de Philippe était de paralyser les efforts d'une ligue composée du roi d'Angleterre, Jean sans Terre, de l'empereur d'Allemagne, Othon IV, des comtes de Boulogne, de Hollande, de Flandre et de Brabant.

1214. *26 juillet.* — Philippe Auguste passe la Deûle à Pont-à-Vendin, place son camp devant Tournai, mais ordonne aussitôt un mouvement de retraite, l'armée ennemie se disposant à lui couper le pont de Bouvines.

27 juillet. — Bataille de Bouvines.

Sont faits prisonniers, entre autres, avec le comte Fernand [4] Hellin de

---

1. De Rosny.
2. Id.
3. Il s'agit ici d'une branche de la Deûle qui se réunissait à la rivière, à la Planche à Quesnoy.
4. Sa captivité dura jusqu'en janvier 1227.

Wavrin, Laurent de Portugal, Urson de Fretin, Évrard d'Iske, Arnould de Landas, Pierre du Maisnil [1]. Sans le courage d'Hellin de Wavrin et de Bernard d'Oostmar, l'empereur d'Allemagne était enlevé par deux chevaliers français ; aussi la rançon d'Hellin fut-elle la plus forte de toutes celles qui furent exigées : elle dépassa six mille livres.

A la suite de la bataille, l'abbaye est mise au pillage.

Nicolas d'Escobecques vend à l'abbaye la dîme d'Escobecques qu'il tient de Pierre du Maisnil. A sa sortie de captivité, celui-ci confirma la vente.

1215. — Le IVe concile de Latran prescrit la restitution de toutes les dîmes à l'Église, à laquelle elles appartiennent en réalité.

29 mars. — Robert, cardinal et légat du Saint-Siège, informe l'abbé de Loos et les prieurs de Fives et de Wavrin, qu'il approuve deux donations faites à l'église de Saint-Pierre et les charge de veiller à ce que toutes les conditions exigées soient remplies.

1er mai. — Dom Jean de Warneston, le prieur de Fives et celui de Wavrin signifient au chapitre de Saint-Pierre les ordonnances du légat relatives aux susdites donations.

1217. — Honorius III, en renouvelant les privilèges accordés aux religieux, s'étonne qu'on ne tienne pas compte des ordres émanant du Saint-Siège [2].

1218. *Mars*. — Robert d'Ennetières et sa fille donnent à l'église de l'abbaye, pour le salut de leurs âmes, deux parts de la dîme sur 22 bonniers qu'ils possèdent à Loos.

Avril. — Alard de Loos vend au couvent le sixième de la dîme de Loos, qu'il avait eue de Robert, fils d'Heldiard, à son départ pour Jérusalem (5e croisade). Roger, châtelain de Lille, confirme cette vente [3].

Octobre. — Hugues de Loos cède ses dîmes au monastère.

1219. — Daniel de Wambrechies donne à l'abbaye la dîme sur un pré sis à Hasnon. Bernard, son frère, approuve la vente comme seigneur du fief.

1220. *Janvier*. — Dom Jean de Warneston et le couvent reçoivent de Daniel, avoué d'Arras et seigneur de Béthune, une maison sise à

---

1. *Mémoire sur la bataille de Bouvines en 1214*, par Lebon. Paris, Téchener ; Lille, Vanackère, 1835.
2. De Rosny.
3. Id.

Béthune, sur le rivage. Le cessionnaire se réserve une rente annuelle de 5 sols, et 10 sols de relief à la mort de l'homme nommé par l'abbaye. La maison avait appartenu à Eustache ad Barbam [1].

Janvier. — Du consentement de l'abbé et des frères de Loos, qui la tenaient en fief, Pierre, seigneur du Breucq, transfère au chapitre de Saint-Pierre la dîme de Ronchin.

Everard, doyen de chrétienté à Lille, constate qu'Olivier et Berthe Lipenaud, son épouse, ont donné en aumône et droit héréditaire à l'abbaye leur manoir et la maison qu'ils possèdent à Lille, avec toutes ses dépendances.

De concert avec son fils Hellin II, Sybille, épouse de Robert de Wavrin, abandonne au monastère la dîme de Wattignies.

Accords entre le chapitre de Saint-Pierre et les moines de Loos au sujet de terres que ceux-ci tiennent des premiers et concernant des acquisitions de dîmes.

1222. — Addition à l'acte par lequel Siger de Quesnoy et son épouse engagent au profit des religieux de l'abbaye la dîme qu'ils possèdent à Quesnoy [2].

1223. *25 novembre.* — Mort de dom Jean de Warneston. — Dom Guillaume de Carnin, 6e abbé. Pendant les vingt-huit années qu'il passa à la tête du couvent, il bâtit un réfectoire de cent trente pieds de longueur sur trente de largeur; fit construire le vaisseau de l'église; acquit la cense de Varloy, la moitié de la dîme de Loos, une dîme près de Dixmude, qui fut nommée dîme de Fraterloo, d'autres dîmes et différents biens, parmi lesquels ceux laissés par dom Laurent de Portugal, ancien seigneur de Dunkerque, moine de l'abbaye [3].

Il reçut au monastère :

N. des Fontaines, fils d'Enkenraid ; Laurent de Portugal.

1225. — L'empereur Baudouin, fait prisonnier chez les Bulgares, ne supporta pas longtemps sa captivité. Il mourut la même année (1205). Afin d'abuser le peuple, qui ne voulait point croire à cette mort, l'ermite du bois de Glançon, près Mortagne, Bertrand de Rains, entreprit de se faire passer pour le comte. Jeanne de Constantinople, effrayée des dispositions malveillantes des Lillois, s'enfuit au Quesnoy. Mais l'imposture fut découverte et Bertrand fut étranglé et pendu à

---

1. Cette pièce est reproduite dans l'*Album paléographique du Nord de la France*.
2. *Cartulaire de Saint-Pierre*.
3. De Rosny.

Lille. Son corps, traîné hors de la ville, fut exposé, près de l'abbaye, à la justice de Durmort [1].

Aélide, dame de la vicomté d'Haubourdin, et Roger, son mari, cèdent, pour faire des aumônes à la porte de l'abbaye, la dîme d'Haubourdin, tenue en fief de Roger, châtelain de Lille [2].

Hugues de Lomme vend à l'église du couvent 8 bonniers de labour, prés et marais.

1226. 15 février. — A la prière de dom Guillaume, Honorius III consent à ne plus soumettre un aussi grand nombre de causes religieuses à l'arbitrage des abbés, ces affaires troublant la vie contemplative du cloître [3].

Construction d'une église à l'abbaye, à l'endroit de la première. Elle fut dédiée comme celle-ci à Notre-Dame. Dom Jehan et les premiers abbés ayant été inhumés dans la primitive église, toute trace de leur sépulture disparut.

Hellin de Wavrin, dit l'Oncle, vend au couvent la dîme d'Erquinghem le Sec et prie l'évêque de Tournai de ratifier cet acte.

L'abbé achète 6 bonniers de terre situés à Obigies [4].

1227. — Existence à Loos du moulin à vent, importé d'Orient. Deux moulins appartenant au monastère étaient situés l'un dans l'enclos, à l'endroit le plus retiré, nommé le Bois des Loups, le second à Esquermes. Un autre, possédé par Joveniel, se trouvait près du chemin de Loos à Avesnes, séparant le dîmage de Loos de celui d'Esquermes [5].

Roger, châtelain de Lille, donne à l'abbaye le droit qu'il possède sur le fief de la Haye, que le comte et la comtesse de Flandre ont cédé aux religieux en échange de la cense de la Vieille-Court.

Sur l'emplacement de cette cense s'éleva l'abbaye de Marquette.

1229. — Roger, châtelain de Lille, déclare que Sara Viane et ses sœurs ont, en sa présence, donné à l'abbaye leur manoir et 14 cents de terre, tenus d'Aélide, femme de Bernard du Bois, chevalier, et de Jean, dit Roussiel, fils d'Aélide. Il consent que l'abbaye tienne cette terre à tels us et coutumes qu'elle tient de lui la terre d'Ennequin que possédait jadis Walter de Lesquin.

---

1. Faisons remarquer que ce nom de Durmort ne viendrait pas des souffrances des condamnés en cet endroit, mais plutôt de la situation, *thur-moer*, en flamand, signifiant porte des marais. — Derode.
2. De Rosny.
3. P. Lhermite. — De Rosny.
4. De Rosny.
5. Spriet.

1230. 11 février. — Walter, évêque de Tournai, ouvre la châsse de saint Eubert, en présence de dom Guillaume et du chapitre de Saint-Pierre. Il y dépose des lettres de constat.

8 mars. — Mort de Roger, seigneur de Pontrohart et de Blaringhem, châtelain de Lille. Il légua aux moines environ 13.000 florins, plus 1.500 florins pour l'acquisition d'un calice d'or. Il fut inhumé à l'abbaye. En reconnaissance de ses libéralités, dom Guillaume s'était engagé à attribuer la chapelle de Saint-Piat, *pro animâ nobilis castellani*.

1231. Février. — Simon de Seclin, bourgeois de Lille, donne à la communauté six bonniers de terres et prés à Seclin.

Jean, chevalier, seigneur de Genech, fait au couvent donation des droits de pâturage et de parcours sur la terre de Genech, qu'il tient en fief de Baudouin, dit Karons, sire de Raux, chevalier. Celui-ci approuve la donation.

1233. Août. — Sentence arbitrale, où l'abbé de Loos avec plusieurs autres règlent la question d'indemnités dues au prévôt de Saint-Pierre, quand il s'absente pour le bien du chapitre.

Octobre. — La comtesse Jeanne décide que l'abbaye de Loos occupera comme celle de Marquette les terres de Jean de Durmort.

1234. 1er *janvier*. — La gelée est si forte qu'elle compromet les moissons. La disette de grains amena une horrible famine. Pour comble de maux, la peste exerça ses ravages en Flandre et en France [1].

1235. — Nicolas, desservant de Loos.

Hugues des Frennes et Los et Tiberge, son épouse, fondent une chapellenie en l'église de l'abbaye.

Vers cette année, Guillaume, châtelain de Lille, est inhumé au cloître de l'abbaye, près de la porte de l'église. Dom Delefosse rapporte son épitaphe : « Chi gist Willames, provost de Lille et castelains. Proiiez » pour s'ame. » Il ajoute : « On voit encore sa tombe avec son effigie, » où il est représenté en habit de sous-diacre, avec un fort long » manipule au bras. Il porte à la main un livre fermé, qui est la » marque de chanoine et de prévôt, par laquelle il avoit été mis en » possession de son bénéfice. *Episcopus per annulum, abbas per* » *baculum, canonicum per librum*, dit S. Bernard. Il porte aussi une » tonsure beaucoup plus grande que les prévôts et les chanoines ne

---

1. Spriet.

» la portent aujourd'huy, et elle est assez semblable à celle des moines,
» et à peu près comme les évêques la portent encore à présent »[1].

1236. — Marie, abbesse des dames de Denain[2], vend aux religieux le fief de Tressin. D'après un autre document, ce fief leur appartenait depuis 1223[3].

1237. — Guillaume du Mortier, cède à l'abbaye neuf rasières de terres, tenues de « le conteit ». Le châtelain de Lille approuve la vente.

1238. *13 avril.* — Dom Guillaume et le couvent de Loos laissent au chapitre de Saint-Pierre la moitié de la dîme de Quesnoy que leur a donnée Siger.

Mai. — Le chapitre de Saint-Pierre verse la somme due aux frères de Loos pour la vente ci-dessus.

1239. *Septembre.* — Le comte Thomas et la comtesse Jeanne établissent que le maître de l'hôpital Comtesse sera nommé avec le consentement de l'abbé de Loos ; celui-ci devra faire la visite de l'établissement et entendre les comptes avec les proviseurs une ou deux fois l'an[4].

1240. *Janvier.* — Etienne de Marquette, chapelain de Saint-Pierre, donne à l'abbaye une rente sur sa maison. Cette rente pourra être rachetée par le chapitre.

1243. *19 mai.* — Par lettres patentes, la comtesse Jeanne octroie de nouveaux privilèges au monastère, avant de prendre l'habit monacal[5].

MARGUERITE DE FLANDRE, SŒUR DE JEANNE (1244-1279).

1244. *5 décembre.* — Jeanne de Constantinople meurt à l'abbaye de Marquette.

Mai. — Jean de Verlenghehem vend aux moines son cours d'eau d'Esquermes. Il laisse en garantie devant ses pairs, les bailli et hommes du comte, son moulin de Canteleu.

1245. — L'abbaye achète de Robert du Maisnil 4 bonniers 8 cents, sis à Avesnes et à Ennequin, qu'il tient de Robert de la Warewane.

---

1. *Documents liturgiques et nécrologiques de Saint-Pierre.*
2. Château de Beaupré, à Haubourdin.
3. De Rosny.
4. *Cartulaire de Saint-Pierre.*
5. De Rosny.

1246-1255. — En premières noces, la comtesse Marguerite avait épousé Bouchard d'Avesnes, que l'on découvrit avoir reçu le sous-diaconat. Le mariage fut annulé, mais, la comtesse ayant agi de bonne foi, les enfants qu'elle eut furent déclarés légitimes. De son second mariage avec Guillaume de Dampierre (mort en 1241) naquirent trois fils.

Quand il s'agit du partage des possessions, Jean d'Avesnes en réclama la totalité ; cette prétention suscita une querelle, que Marguerite soutint avec les Dampierre.

En 1246, saint Louis fut appelé à trancher le différend : il attribua le Hainaut à Jean d'Avesnes et la Flandre à Guillaume de Dampierre. Cette décision mécontenta Jean, qui ouvrit les hostilités et s'empara de terres placées sous la dépendance de la Flandre. Le roi de France, une seconde fois saisi de l'affaire, confirma sa première sentence et fit intervenir le pape ; celui-ci, en juillet 1249, reconnut la légitimité des enfants du premier lit.

C'est vers cette époque que saint Louis entreprit une croisade. Guillaume de Dampierre, déjà connu sous le nom de comte de Flandre, l'y accompagna ; au retour il fut tué dans un tournoi. Sa mère chercha à voir dans ce malheureux événement l'intervention des d'Avesnes, et, comme le pape venait de ratifier son premier décret, elle s'adressa à lui pour le prier de recommencer l'examen de cette question compliquée.

Sur ces entrefaites, Jean et Baudouin d'Avesnes exposèrent au roi des Romains le trouble dans lequel ils vivaient ; la Flandre impériale fut confisquée et la guerre commença, après de nouvelles négociations à Rome.

Enfin, au mois d'octobre 1255, saint Louis vint lui-même en Flandre pour rétablir la paix ; on se rangea à la décision arbitrale de 1246.

A la suite de propos déplacés contre sa mère, Jean d'Avesnes avait reçu de saint Louis l'ordre de représenter désormais sans langue et sans griffes le griffon qu'il avait dans ses armes.

1247. — Marguerite, comtesse de Flandre, fonde l'hospice de Seclin et en confie l'administration à Guillaume de Carnin et à ses successeurs [1].

1248. — Mort de dom Laurent de Portugal, retiré à l'abbaye. Il était proche parent du comte Fernand et en avait reçu en récompense de ses services la seigneurie de Dunkerque. Il la vendit à Godefroy de Condé et de Fontaine, évêque de Cambrai.

1249. *Août*. — Hugues de Durmort et sa femme reconnaissent qu'au mois de juin précédent ils ont vendu par nécessité au chapitre de Saint-Pierre une dîme qu'ils tenaient de Sara de Quesnoy.

1250. *Avril*. — Jean Dumoulin, chanoine de Saint-Pierre, donne les 5/6 de la somme nécessaire à l'achat de la dîme possédée par Hugues de Durmort, sous certaines conditions reconnues par le chapitre.

Robert, chevalier, seigneur de Basinghien, est inhumé au cloître vers cette époque. La pierre le représentait tout armé, avec un lion sous ses pieds, sa femme à son côté. Il avait pour épitaphe : « Chy gist monseigneur Robiers, chevalier ».

Les marais sont devenus de « communes pastures » où les habitants ont la faculté d'envoyer leurs bestiaux. Les porcs que les religieux envoient dans les marais de Seclin et d'Emmerin se multiplient au point que les co-propriétaires font entendre leurs protestations et forcent les frères à conclure un traité leur interdisant plus de 120 porcs [2].

1251. *Mars*. — Marguerite, comtesse de Flandre, en tant que dame du lieu, approuve les actes passés entre le chapitre de Saint-Pierre et l'abbaye au sujet de la dîme de Quesnoy.

La comtesse donne au couvent dix bonniers de terre situés sur la paroisse de Mendonck [3].

30 décembre. — Mort de dom Guillaume de Carnin. — Dom Laurent de Thoralt, 7ᵉ abbé, qui gouverna pendant dix-huit ans. Il acheva l'église, bâtit une infirmerie et des quartiers pour les tisserands et les ouvriers en cuir. Les frères convers y travaillaient ; c'étaient eux aussi qui moissonnaient, tondaient les brebis, nettoyaient les étables [4]. En 1266, il reçut Baudouin de la Bassée au nombre des religieux. Arnulph de Villers, moine de l'abbaye, fut nommé la même année abbé de Clairmarais.

---

1. De Rosny.
2. Id.
3. Id.
4. Id.

1252. *Juin.* — Nouvel acte des doyen et chapitre de Saint-Pierre, par lequel le chanoine Jean Dumoulin est autorisé à disposer des fruits de la dîme de Durmort.

Arrangement entre les religieux et Robert, dit Viot de Langlée, touchant leurs droits sur le vivier d'Esquermes.

1256. — Renier de Durmort, fils de Jean, chevalier, mort en 1249, donne à l'abbaye 5 bonniers gisant au lieu dit Canteleu, à Esquermes.

1257. — Température d'une clémence extraordinaire : en janvier, il ne gela que deux jours ; on trouvait des violettes et l'on voyait les fraisiers et les pommiers en fleurs[1].

1258. *28 mars.* — La comtesse Marguerite fait des legs en faveur de divers monastères, parmi lesquels celui de Loos. Elle nomme l'abbé l'un de ses exécuteurs testamentaires[2].

1260. — 35 bonniers à la mesure de Lille, à Wez près Tournai, bois, terres, prés et rivières, tenus du châtelain de Tournai, sont achetés par l'abbé de Loos.

1262. *Juin.* — Gauwain de Langlée donne acte qu'il a reçu la jouissance viagère de revenus appartenant à Saint-Pierre de Lille.

Willem d'Haubourdin, *dictus viduus*, et sa femme, n'ayant pas de postérité, font une donation à l'abbaye.

1264. *Mai.* — La comtesse Marguerite cède à l'abbé et au couvent 124 bonniers de wastine en une pièce, moyennant 40 sols monnaie de Flandre par bonnier.

1266. — Dom Laurent de Thoralt achète 4 bonniers du seigneur d'Houvelin en Artois[3].

Robert de Verlinghem donne aux moines toutes les rentes qu'il possède à Thumesnil[4].

1267. *Septembre.* — Accord entre l'abbaye et le chapitre de Saint-Pierre au sujet d'une dîme sise à Prémesques.

Renier de Durmort et Mabe, son épouse, font une donation à l'abbaye.

---

1. Spriet.
2. De Rosny.
3. Id.
4. Id.

1269. *16 novembre*. — Mort de dom Laurent de Thoralt. — Dom Jean de Fresnoy, 8ᵉ abbé. Il prend à cœur l'accroissement des possessions territoriales de sa maison. Sous sa prélature, Nicolas de Saint-Brice, abbé de Cysoing, vint à Loos se mettre au rang des novices. Son gouvernement dura neuf ans.

1270. — Saint Louis meurt devant Tunis.
Gui de Dampierre faisait partie de son expédition.

10 octobre. — La comtesse Marguerite accorde au couvent exemption de paiement pour la voiture de ses denrées sur la basse Deûle 1.

1271. *31 octobre*. — Lettres patentes de Jean, châtelain de Lille, seigneur d'Haubourdin, par lesquelles il s'engage envers les huit-hommes et jurés 2 de la ville, moyennant 1500 livres d'Artois, à canaliser à ses frais et dépens la rivière et le « fosse mouvant qui viegne de la » Bassee treschi a Haubourdin » 3.

1272. *Septembre*. — La comtesse et le sénéchal de Flandre, Robert de Wavrin, exemptent de tout impôt le canal, dont les travaux sont commencés 4.

15 octobre. — Sentence portée par l'official de Tournai au profit du chapitre de Saint-Pierre, contre Jean de Menin, chevalier, et sa femme, à cause de trois années de retard d'une rente à payer, consistant en deux rasières de blé, pour une pièce de terre sise à Loos.

1273. *Juin*. — Jean, châtelain de Lille, et Watier de Villers, commandeur du Temple, lequel possède une cense 5 sur le territoire de Lomme, abandonnent les droits qu'ils peuvent avoir sur la navigation du canal.

31 octobre. — La comtesse autorise le chapitre de Saint-Pierre à accepter un héritage, à condition qu'il servira en rente « al eglise » Nostre Dame de Los hyretaulement à tous jours chascun an trente » et chiuncq sous de nostre mounoie de Flandre... pour pitance » achater... au jour del anniversaire » du donateur.

---

1. De Rosny.
2. Choisis par les curés, deux pour chacune des quatre anciennes paroisses (Saint-Pierre, Saint-Etienne, Saint-Maurice et Saint-Sauveur), les huit-hommes avaient à surveiller l'emploi des deniers de la ville et à recevoir les nouveaux bourgeois.
Les voir-jurés, au nombre de quatre, étaient nommés par les échevins et avaient pour mission de sauvegarder la loi et les franchises de Lille ; ils pouvaient quelquefois remplir les fonctions d'échevins.
3. Cette pièce est reproduite dans l'*Album paléographique du Nord de la France*.
4. Spriet.
5. La ferme du Temple.

La comtesse Marguerite donne au monastère soixante livres monnaie de Flandre, pour « akater rente dont on fera pitance au couvent » chascun an » le jour de son obit.

1274. *Janvier.* — Lettres par lesquelles Jean, châtelain de Lille, la comtesse ayant permis l'établissement du canal, règle les droits des abbés de Loos, en raison des terrains pris sur leur domaine.

L'ancien cours d'eau qui passe par l'abbaye leur est conservé; leurs moulins de l'abbaye et de Kesnoit seront toujours suffisamment pourvus d'eau; leur droit de pêche reste entier. De leur côté ils auront à construire un pont[1] qui leur appartiendra, comme celui placé à l'endroit où le canal coupe l'écluse qui va du Kesnoit à Basinghem.

La voie de trait depuis Haubourdin jusqu'au moulin de Kesnoit, large de sept pieds, sera du côté Mélantois[2] jusqu'au pré Rambaut le Noir, où la voie doit passer de l'autre côté[3], jusqu'à Canteleu.

La rivière est creusée au milieu de prés cédés par l'abbaye, Jean de Menin, les pauvres de Loos et Jean de Landas. Ces prés sont situés vers la planche à Quesnoy.

1275. — Philippe Hochpied, habitant de Loos[4].

Avril. — La comtesse approuve la prisée, faite par Baudouin, sire de Comines, Michel de le Deusle, bailli, et Paul de Beaufremez, bourgeois de Lille, des terres cédées pour le canal depuis le pont de Canteleu jusqu'à la Gaukerie[5] de Loos. André de Landas et Jean de Menin cités[6].

Dom Jean de Fresnoy fait construire un pont en grès pour conduire à l'abbaye. Ce pont, très beau, était garni d'une double balustrade en fer[7].

L'abbaye achète de Pierre des Marets une rente de 4 muids de blé et 3 muids d'avoine qu'il tient de Robert d'Haubourdin, dit de Lassus.

Un compte de cette année donne 2500 petites livres argent comme produit de toutes les fermes possédées par les religieux.

1276. *24 octobre.* — Jean, châtelain de Lille, est inhumé au couvent près de son père et de ses grands-oncles Roger et Guillaume; Sa tombe était élevée; il y était représenté avec sa femme et leurs

---

1. On l'appela plus tard le pont aux Ribauds.
2. Rive droite, où elle est encore.
3. Rive gauche, pays de Weppes.
4. Spriet.
5. Lieu planté de noyers.
6. Spriet.
7. De Rosny.

quatorze enfants. Le père de Jean avait pour épitaphe : « Chi gist » Jehans ki fut castellains de Lille et de Perone, pryez pour s'ame. » Quand mourut Mahaut, femme de Jean, on inscrivit son épitaphe sur le mausolée de son mari ; son corps ne fut pas enterré à Loos.

1279. 10 février. — Mort de la comtesse Marguerite. Elle est inhumée à Flines.

GUI DE DAMPIERRE (1279-1300).

1280. 5 janvier. — Mort de dom Jean de Fresnoy à l'abbaye de Cambron, où il s'était retiré depuis deux ans. — Dom Nicolas d'Auchy, 9e abbé. Il fit construire les chapelles de Saint-Jean-l'Évangéliste et de Sainte-Élisabeth, employant pour ces travaux des carreaux de pavement fournis par les carrières d'Ennequin et cuits à l'abbaye ; il édifia, de plus, un local destiné à faire sécher les draps. On lui doit le peu de documents que l'on possède sur lui et ses prédécesseurs [1].

3 mai. — Dom Nicolas d'Auchy achète diverses dîmes de Jean, châtelain de Loos [2], et d'autres. En août, il renonce au droit que devaient payer les bateaux qui s'arrêtaient devant la porte du refuge [3].

1282. — Le châtelain de Lille accorde aux religieux, moyennant 20 livres parisis, l'éclusette entre Kesnoit et les eaux de l'abbaye. Cette éclusette, avec le fonds, était devenue sa propriété, le prix en ayant été remboursé par lui à Jean de la Haye, chevalier, et à plusieurs autres dont les terres avaient été prises pour le canal.

1286. 29 juillet. — Un débat s'étant élevé entre « l'abbeie de Nostre » Dame de Los, le chapitre de Saint-Pierre » et d'autres, parmi lesquels Simon de Langlée (probablement de la maison de Wavrin), le bailli de Lille établit le régime des eaux en ce qui concerne les moulins d'Esquermes et de Canteleu.

1289. 6 février. — Mort de dom Nicolas d'Auchy, *consilio vir et arte* [4]. — Dom Robert d'Englos, 10e abbé. Il continue l'œuvre de ses devanciers. Il érige les fourches patibulaires du couvent. Un certain relâchement commence à se faire sentir dans la vie des religieux.

---

1. De Rosny.
2. Cette famille disparaît après les croisades. Dom Delefosse croit que les seigneurs de Loos, pour avoir cette dénomination de châtelains, devaient sortir de très noble famille et que le village devait avoir une importance plus grande que celle qu'il avait de son temps.
3. De Rosny.
4. Id.

Il occupa la prélature pendant quinze ans et reçut au monastère :
Henri de Tournai, procureur (1292), Nicolas de Fresnoy, Nicolas de le Val,
Jacques d'Englos (1294).

Déjà à cette époque, le pèlerinage de saint Corneille à Englos était
fréquenté par les fidèles des environs.

1293. — Gui de Dampierre est retenu prisonnier à Paris par Philippe le Bel, mécontent de ce que le comte avait fiancé sa fille au fils du roi d'Angleterre. La cour des pairs, devant laquelle Gui fut traduit, le fit remettre en liberté ; la princesse, qui avait accompagné son père, fut retenue comme ôtage.

1294. *29 juin*. — Sentence rendue par vingt juges (neuf chevaliers et onze gentilshommes) déboutant les Templiers de leur prétention de passer par le vivier d'Esquermes appartenant à l'abbaye.

1296. *14 septembre*. — Guichard de Vienne fait dans son testament des legs aux abbayes de Loos et de Marquette, entre autres.

1297. — En conséquence de l'affront fait à Gui de Dampierre par Philippe le Bel, la guerre éclate entre la France, alliée de l'Ecosse, et la Flandre, alliée de l'Angleterre.

Prise de Lille par les Français *(29 août)*. On vint à bout des Lillois par la faim. Les villages environnants furent pillés et dévastés ; mais les soldats furent décimés par la dysenterie, suite des excès auxquels ils s'étaient livrés[1].

Trêve de deux ans, motivée par l'espérance d'une paix définitive, dont le pape Boniface VIII fut chargé de déterminer les conditions.

1300-1302. — Le pape avait d'abord jugé que le comte de Flandre devait se soumettre à Philippe le Bel. Mais celui-ci, ayant fait alliance avec l'empereur Albert d'Autriche, s'aliéna Boniface VIII. C'est le commencement de ces fameux démêlés qui se terminèrent par la scène d'Anagni.

---

1. Derode.

Charles de Valois, frère du roi de France, s'avança en Flandre avec une armée et contraignit Gui de Dampierre à lui demander grâce. Il l'engagea à se rendre à Paris, en lui faisant compter sur la clémence du roi ; mais ce dernier retint Gui prisonnier, déclara la Flandre confisquée et y envoya comme gouverneur Jacques de Châtillon.

A l'obit de Jean de Prémesques, à Saint-Pierre de Lille, était affectée une rente de deux sols sur six cents et demi d'une terre, gisant près de la Gaucherie de Loos, qui appartint à Jean d'Anstaing, maçon, et qui est tenue par les héritiers de Menin.

Un bref signé de trois archevêques et sept évêques, donné à Rome par Boniface VIII, accorde des indulgences aux fidèles qui viendront honorer la Vierge, mère de Dieu, au monastère de Loos, les jours de Noël, de Pâques, de l'Ascension, de la Pentecôte, aux fêtes particulières de Notre-Dame, de saint Michel, de saint Jean-Baptiste, de saint Pierre, de saint Paul et de tous les apôtres, des martyrs Etienne et Laurent, des pontifes Martin et Nicolas, des vierges Catherine et Marguerite.

1301. *Septembre*. — Maître de Lille, Philippe le Bel projette d'y bâtir une forteresse. La maison que Bernard de Roubaix avait donnée aux religieux en 1195, près de l'hôpital Comtesse, — et qui servait de refuge — se trouvait sur l'emplacement que le monarque convoitait; celui-ci conclut un accord et donna en échange, rue Grande-Chaussée, un local qu'il affranchit [1].

1302. *11 juillet*. — Bataille de Courtrai, où les Français sont défaits par les Flamands, que les léliarts [2] avaient poussés à bout par leurs exactions.

Jean de Namur, deuxième fils de Gui de Dampierre, s'empare de Lille. Son aîné, Robert de Béthune, est conduit, par ordre de Philippe le Bel, au château de Chinon.

Jean de Warenghien succède aux seigneurs de Loos, dans la seigneurie des Frennes et Loos.

Il eut deux filles et un fils ;

1º Isabelle. Elle épousa en 1306 Henri de Landas. André de Landas

---

1. De Rosny.
2. Hommes du lis, c'est-à-dire partisans du roi de France.

(second fils de Jean de Landas, seigneur de Warlain et de Sainghin, mort vers 1281) capitaine du château de Wavrin en 1302, mort rue des Malades à Lille, en 1309, était le père d'Henri de Landas.

2º Marie. Elle fut femme du frère aîné de celui-ci, Jean de Landas.

3º Gérard. En 1318, il relevait sa bourgeoisie de Lille [1] ; il fut échevin de cette ville en 1331, 1336, 1341, 1346, voir-juré en 1338, 1347, comte de la hanse [2] en 1337, 1342, 1344, 1345. Il mourut avant 1364, laissant :

Jean (1344?-1367?), qui occupa les mêmes dignités que son père. Il était présent à la délibération du Magistrat qui, en 1364, supprima le roi des Ribauds.[3]

Florent (1347?-1394), seigneur du fief des Frennes, qui fut chargé d'emplois aussi importants que son frère.

Le Bègue de Warenghien, qui mourut avant 1378.

Jaquemon, qui eut une fille, Mathilde [4].

1304. *Juillet*. — Les Flamands font le siége de la Bassée, que les Français avaient pourvue d'armes et de munitions, et s'en emparent.

Bataille de Mons en Pévèle (août). Philippe le Bel venge lui-même sa défaite de Courtrai. Il reçoit pour prix de sa victoire la partie de la Flandre où l'on parle français ; le reste est conservé par Robert de Béthune.

Mort de dom Robert d'Englos. — Dom Eustache, 11ᵉ abbé.

---

1. A Lille, les fils de bourgeois devaient relever leur bourgeoisie la première année de leur mariage, et cela sous peine de perdre leurs franchises communales.

2. C'étaient quatre membres du magistrat, chargés de la gestion des finances de la ville. Ils en rendaient compte aux commissaires du souverain.

3. Le roi des Ribauds avait la surveillance des maisons mal famées, sur lesquelles il prélevait un impôt, ce qui ne devait pas le porter à en restreindre le nombre. Il avait aussi la charge de mettre le feu, lors de l'exécution d'un arsin. La suppression de cet office laisse croire qu'à cette date l'arsin n'était plus mis en pratique.

Le droit d'arsin (*ardere*) était le privilège qu'avait la commune de brûler la maison de celui qui, ayant blessé un bourgeois, refusait de se soumettre au jugement des échevins.

4. Pour la succession et les généalogies des différents seigneurs, nous avons pris pour guides l'ouvrage de M. du Chastel de la Howardries (*Notices généalogiques tournaisiennes*, Tournai, Vasseur-Delmée, 1881-1887, 3 vol.) ; l'*Armorial de Flandre, du Hainaut et du Cambrésis*, par M. Borel d'Hauterive, 2 vol. Paris, 1856 ; les travaux de M. Goethals (*Miroir des notabilités nobiliaires de Belgique, des Pays-Bas et du nord de la France*, 2 vol. Bruxelles, 1857 et 1862, et *Dictionnaire généalogique et héraldique*, 4 vol. Bruxelles, 1849-1852) ; différents nobiliaires de France, de Flandre, d'Artois et des Pays-Bas, le travail de M. Spriet et les actes que nous avons reproduits.

Les mêmes sources nous ont servi, aux annexes, pour l'établissement des tableaux des familles, l'indication des blasons et la description des fiefs dont une désignation suffisante n'était pas donnée dans les documents.

LES ROIS DE FRANCE

Philippe le Bel (1304-1314).

1305. *10 septembre*. — Mort de dom Eustache.

1306. — Dom Jean IV, 12e abbé. Les frères convers ne sont plus admis à cause de désagréments qui survinrent : les emplois qu'ils occupaient leur permettaient souvent d'en tirer profit, ce qui les amenait à prendre une autorité qu'ils ne devaient pas avoir.

1308. *5 avril*. — Acte dressé par Jean de Relenghes, notaire, terminant un compromis en suite d'un long procès entre le chapitre de Saint-Pierre et l'hôpital Notre-Dame, dont l'abbé de Loos, un frère prêcheur et le prévôt de Soignies étaient visiteurs. Il s'agissait d'un moulin construit par le chapitre sans l'autorisation de la partie adverse. Robert de Villeneuve, gardien du bailliage de Lille, pour le roi de France, arbitre, décide en faveur des chanoines. Intervient comme témoin, entre autres, Pierre de la Haye.

Inhumation, en l'église du couvent, au bout de la nef, près du portail, de Robert de Wavrin, chevalier, sire de Saint-Venant. « Il est » cestuy qui fort aima l'abbaïe de Los ».

1310. — Le gouverneur de Lille et des villes frontières, Bernard de Choiseul, s'étant permis de chasser avec un chien dans l'enclos de l'abbaye, s'en croyant le droit comme officier royal, délivre des lettres de non-préjudice.

Mort de dom Jean IV.

1312. — Concile de Vienne, où l'abolition de l'ordre des Templiers est décrétée par le pape Clément V, de concert avec Philippe le Bel.

La commanderie du Temple, dite de la Haye, passe entre les mains des chevaliers de Saint-Jean de Jérusalem.

13 janvier. — Dom Hugues Li Pers d'Englos, 13e abbé, neveu de l'abbé Robert, comme Jacques d'Englos, autre religieux de Loos ; fils de Jean Li Pers d'Englos et de dame Julienne, inhumés tous deux au cloître de l'abbaye. Il acquit la cense de la Moutarderie, à Houplines sur la Lys.

Sous sa prélature, qui dura vingt ans, le seigneur des Frennes, Jean de Warenghien, suscitait mille tracasseries aux moines qui ne voulaient point lui donner un « homme responsible » pour une pièce de terre près de l'abbaye. Charles le Bel, saisi d'une plainte des religieux, leur fit rendre justice[1].

1313. — L'armée française, ayant établi ses quartiers entre Lille et Armentières et ravagé les environs, les doyen et chapitre de Saint-Pierre refusent de payer au monastère la dîme de Prémesques. Ils obtiennent concession de la moitié pour l'année suivante, qui ne fut pas meilleure.

1314. *29 novembre.* — Mort de Philippe le Bel.

La bienveillance qu'il montra pour l'abbaye lui valut l'établissement d'une messe chantée tous les jours pour le repos de son âme et son nom inscrit à l'obituaire du couvent[2].

Louis X le Hutin (1314-1316).

1315. — Les Flamands voulant se soustraire aux impôts, le roi vient en Flandre tenter le siège de Courtrai à la tête d'une armée formidable ; mais les pluies qui survinrent contrarièrent ses desseins et le forcèrent à se retirer.

Jean Ier. Philippe V le Long (1316-1322).

1316. — Jeanne de Durmort épouse Jean, sire d'Emmerin.

1317. — Expédition en Flandre, terminée par l'intervention du pape. Aucun événement important.

Jean de la Haye à Loos cède à Pierre de le Barre, demeurant à

---

1. De Rosny.
2. Id.

Wambrechies, le droit qu'il a sur deux maisons sises à Esquermes et à Loos ; il donne à Jean Graindor, de Loos, 9 cents d'héritage à Loos, moyennant une rente annuelle [1].

1319. *24 mai*. — Wallerand de Luxembourg, sire de Ligny, seigneur d'Haubourdin, et sa femme, se déclarent redevables envers les religieux d'une rente de 6 livres parisis sur la vente des bois du Plouich, pour l'obit anniversaire de Jean, châtelain de Lille. Ils échangent cette rente contre une autre et exemptent de tout péage l'abbaye sur les quatre ponts du Mélantois : Marcq, Tressin, Bouvines, l'Emponpont.

CHARLES IV LE BEL (1322-1328).

1322. — Charles le Bel s'attache à réconcilier le comte Louis avec les communes flamandes.

1324. *8 septembre*. — Wallerand de Luxembourg et Guyote, sa femme, donnent une terre en fief et en hommage à Guillaume du Ploïch de Aubierch. Homme de fief témoin, entre autres, Jehan dou Mortier, de Loos.

1327. *Juillet*. — Taxation des personnes de l'abbaye de la Brayelle d'Annay par l'abbé de Loos, visiteur de ladite abbaye, « ensuite du » commandement du pape Clement et du chapitre général ».
Elle est conforme à celle établie précédemment par Jean Li Pers d'Englos.

PHILIPPE VI DE VALOIS (1328-1350).

1328. — Le comte de Flandre Louis de Nevers, étant venu faire hommage au roi de France, son suzerain, réclame du secours contre ses sujets révoltés. Bataille de Cassel, à la suite de laquelle le comte est rétabli dans tous ses droits.

1330. — Philippe de Valois décharge l'abbaye d'une rente hypothéquée sur des terres à Frelinghien [2].

1332. — Mort de dom Hugues Li Pers. — Dom Guillaume Le Toilier, 14e abbé, qui meurt la même année. — Dom Jean Li Cuviller, 15e abbé. Les religieux, sous son gouvernement, continuent à s'affranchir

---

1. Spriet.
2. De Rosny.

des sévérités de la règle. Il reçut à profession pendant ses dix-huit années de gouvernement :

En 1334, Jean, prieur ; Jean de Fourdinoy ; Walter, de Douai ; Anselme, d'Annœullin ; Jean de Fiez ; Nicolas Papeleur ; Jacques Orques ; Pierre Flamens ; Jean, de Paris ; Jean Houke ; Jacques Mariès ; Anselme Meure ; Thomas, d'Orchies ; Jean Tourteleuze.

En 1335, Gilles de Gamans ; Jean, de Douai, prieur.

En 1337, Pierre d'Orchies, cellérier ; Thomas, de Tressin ; Guillaume de le Ruyelle, de Loos, confesseur de l'abbaye de Marquette, inhumé au cloître (5 février 1357).

Dom Jean de Wattrelos, un des religieux, est nommé au siège épiscopal de Viseu (Portugal). Il fit une fondation à l'abbaye, une à Marquette, une à Saint-Pierre de Lille.

1333. *5 mars.* — Première visite de l'abbé de Clairvaux au monastère. La charte de visite témoigne de l'appauvrissement du couvent[1].

L'abbé fait installer dans le cloître des armoires pour les livres et deux grands œufs d'autruche cerclés d'argent pour la conservation des reliques.

1336. — Florent de Menin. Une terre lui appartenant est citée dans un acte indiquant les limites de Loos et d'Esquermes[2].

1337. — Les cruautés de Louis de Nevers irritent les Flamands : ils se révoltent sous la conduite de Jacques d'Artevelde et se placent avec le roi d'Angleterre Édouard III, qui commence dans nos régions la guerre de Cent ans, en pénétrant en Flandre et en Hainaut et en assiégeant en vain Cambrai. Les armées française et anglaise se rencontrent à Vironfosse, mais un accord des souverains empêche la bataille (1339).

Incursions de troupes dans le pays, qui est entièrement ravagé.

1340. — Un détachement français vient camper à Noyelles-lez-Seclin. Dom Jean Li Cuviller voit sa ferme de Durmort impitoyablement saccagée par la soldatesque. Les fermes de Huquin, Wez, Obigies, subissent le même sort. Le roi fit faire l'évaluation des pertes et déchargea les religieux de redevances, à condition qu'il fût dit à

---

1. De Rosny.
2. riet.

l'abbaye à perpétuité une messe pour lui, la reine de France et leurs enfants. Cette convention fut toujours scrupuleusement observée [1].

L'abbaye vers cette époque occupait 1015 animaux domestiques, se décomposant en 67 de la race chevaline, 88 de la race bovine, 700 de la race ovine et 160 porcs.

1341. — L'abbé de Loos figure comme témoin avec ceux de Clairvaux et des Dunes dans un reçu de rentes de l'abbesse de Marquette.

Alexandre de Valenciennes, doyen du chapitre de Saint-Pierre, quitte sa dignité et ses prébendes et se retire au monastère.

1343-1349. — Antoine de Langlée, dit du Moliniel, bailli du chapitre de Saint-Pierre, Gauwain de Langlée, son lieutenant, sont arbitres, juges ou témoins en diverses affaires concernant ce chapitre.

1345. — Mort de Gui de Flandre, fils naturel du comte de Flandre. Sur son lit de mort, il demanda comme une faveur que son cœur fût déposé en l'église du couvent. Il fut enterré à Flines.

L'inscription de Loos portait ces mots : « Chy gist le cuers de haut,
» noble et puissant homme, monseigneur Gui de Flandre, seigneur de
» Richebourg et d'Arckinghem sur la Lys, qui trepassa en l'an de grace
» 1345, le nuict de St Pierre et St Pol, priez pour s'ame. »

1346. — Philippe VI est vaincu par Edouard III à la bataille de Crécy (26 août); Louis de Nevers y trouve la mort. Le roi d'Angleterre met ensuite le siège devant Calais, que le roi de France est forcé d'abandonner. La rivalité des deux princes, soutenue avec animosité par leurs partisans, fait de la France un vaste champ de carnage.

Toute la vallée de la Deûle est inondée, les écluses de Don et d'Haubourdin étant rompues.

22 avril. — Un différend s'était élevé entre Jean de Luxembourg, fils de Wallerand, châtelain de Lille, et l'abbaye, au sujet d'un pré que Pierre d'Illies avait vendu aux religieux, sans avoir fait connaître ce démembrement à Jean, son seigneur. Celui-ci accorde le fief, à charge d'un éperon doré de relief à chaque changement d'abbé [2].

1348-1349. — Peste noire, guerre et famine.

---

1. De Rosny.
2. Id.

Jean II le Bon (1350-1364).

1350. — Le fief du Basinghien est possédé par Hubert Escarlatte, du magistrat de Lille[1].

Vers cette date, reconstruction de l'église paroissiale avec les anciens matériaux et sur le même emplacement que la précédente, qui remontait à une époque reculée[2].

Les seigneurs de la Haye à Esquermes fondèrent, en l'église, à certaines conditions, la chapellenie de Notre-Dame de la Haye. Vingt-sept cents de prés, aux Longs prés de Loos, lui étaient constitués en dotation ; douze cents de jardin « auquez et plantez d'arbres fruitiers » et bois montans », tenus de la seigneurie de la Haye, étaient « chargez » par an à l'Ascension d'un agnel de vingt deniers douze sols à la » chapelle de la Haye, et huit sols à l'église de Los. »

Le chapelain, vicaire de Loos, et nommé par le chapitre de Seclin, devait dire trois messes par semaine.

Une autre chapellenie, celle de Saint-Nicolas, fut fondée par Athanase Segon.

Le maître-autel était à l'invocation de saint Pierre d'Antioche, comme nous l'avons vu déjà.

La chapelle de Notre-Dame se trouvait probablement du côté de l'évangile, celle de Saint-Nicolas du côté de l'épître.

Lors de la reconstruction de l'église, en 1833, on découvrit dans les fondations : une tête coloriée, en pierre d'Hordaing, ornée de couronnes dorées ; la partie inférieure d'une statue de même matière ; des cercueils en bois de chêne, entourés de dalles en pierres blanches, et contenant un vase et différentes monnaies ; la pierre tumulaire de Catherine Le Preudhomme, épouse de Gérard de Warenghien[3].

1351. *16 mars.* — Mort de Jean Li Cuviller. — Dom Thibault, 16e abbé. Voulant rendre son ancienne ferveur à l'abbaye, il ne réussit qu'à mécontenter les religieux. Sous son gouvernement, un incendie consuma à Tournai trois mille maisons, parmi lesquelles se trouvaient celles que possédait le monastère[4].

---

1. Spriet.
2. Pour l'intelligence des actes, où les chemins conduisant à l'église, et l'église elle-même, sont donnés comme tenants et aboutissants, il est nécessaire de se rappeler que l'édifice était moitié moins grand qu'aujourd'hui : il comprenait, dans l'église actuelle, depuis le banc de communion jusque et non comprise la tombe de M. Détrez. Le portail était à l'ouest, le chœur à l'est, et derrière se trouvait la tour, à laquelle on accédait par une porte s'ouvrant au nord. La sacristie était au sud, près du clocher. — *Revue du Nord*, 1833, t. I ; 1835-36, t. v. L'article de M. Le Glay dans ce dernier volume a été tiré à très petit nombre, et il est devenu impossible aujourd'hui de s'en procurer un exemplaire.
3. *Revue du Nord*, 1833. Brun-Lavainne.
4. De Rosny.

21 avril. — Les échevins de Lille et les religieux conviennent de s'en remettre à la décision de Jean de Luxembourg pour terminer un différend qui s'était élevé entre eux au sujet d'une planche mise sur la Deûle. Le seigneur accepte l'arbitrage.

2 septembre. — Jean de Luxembourg, châtelain de Lille, adoptant l'avis des échevins, qui ne voyaient dans cette question que le bien commun, décide que la planche, située au lieu dit la Gauquerie, au bout de la rue du Marcs, y sera maintenue malgré la plainte des religieux, et bien qu'elle se trouve sur leurs terres.

1355. — Jean le Bon, ayant besoin d'argent, convoque les États généraux pour qu'ils lui accordent des secours. Il réunit les « prélats, chapitres, barons et villes de France », en la chambre du Parlement et leur fait exposer l'état des armées. Tous les subsides nécessaires à la défense du royaume sont accordés.

Mort de dom Thibault. — Dom Gilles de Gamans, 17e abbé. D'illustre naissance, il mit à profit ses dix-neuf années de direction en ramenant, avec les biens de sa famille, la prospérité au monastère, qu'il trouva endetté, sans argent ni provisions. Roger de Courtrai, moine de Loos, fut, de son temps, procureur général de l'ordre.

1356. — L'abbé de Loos et celui de Saint-Bertin sont chargés des recettes à Lille pour la rançon du roi Jean, vaincu et fait prisonnier à Poitiers [1].

1359. *26 septembre.* — La demoiselle de Langlée et Antoine, son fils, possèdent une pairie et seigneurie en la paroisse Sainte-Catherine. Leur bailli reconnaît une vente faite par Antoine Li Brikieres et sa femme aux doyen et chapitre de Saint-Pierre représentés par Jehan de le Faleske.

1360. — Hiver très rigoureux ; la gelée amène la perte du blé.

1361. — Dom Gilles de Gamans intente un procès à l'abbaye de Saint-Saulve, à propos de redevances dues au monastère.

L'abbaye de Saint-Saulve est condamnée à payer une rente perpétuelle de 3 sols 6 deniers [2].

---

1. De Rosny.
2. Id.

1363. — Jean le Bon donne la Bourgogne à son fils Philippe.

Dom Jean, abbé de Clairvaux, fait la visite du monastère, qu'il trouve en triste état.

Charles V le Sage (1364-1369).

1366. *Mars*. — L'abbé et le couvent de Loos reconnaissent avoir reçu une lettre du bailli de l'abbaye de Marquette dans laquelle sont exposés leurs droits relatifs à une rente qu'ils avaient achetée à la Madeleine, à Wadringhehem [1].

---

1. *Cartulaire de Saint-Pierre.*

LOUIS DE MALE, LES DUCS DE BOURGOGNE

LA MAISON D'AUTRICHE

ET

LES ROIS D'ESPAGNE

Louis de Male (1369-1383).

Jean II avait commis une lourde faute en détachant la Bourgogne de ses États pour en constituer l'apanage de son fils Philippe le Hardi. Celui-ci épousa en 1369 l'héritière de Flandre, et ces provinces réunies sous un même gouvernement firent de leurs possesseurs les vassaux les plus puissants du roi. Sous Jean II, Charles V, Charles VI et Charles VII, la France est en proie aux calamités de la guerre et des factions. Louis XI, après la mort du Téméraire, son ennemi, recueille une partie de son héritage.

1369. — A l'occasion du mariage de Philippe le Hardi de Bourgogne, son frère, avec Marguerite de Male, fille et héritière du comte de Flandre, le roi de France remet Louis de Male en possession des villes de Lille, Douai et Orchies.

1373. — Jacques de Langlée, échevin de Lille.

Jean d'Emmerin, chevalier, sert au comte de Flandre le relief de Durmort. Ce fief consiste, à cette époque, en « 13 bonniers 14 cents » en manoir, prés, bois, haies, terres ahanables, aboutissant de bize à la

» terre de la commanderie du Temple, de sud et d'Écosse aux terres
» de l'abbaye de Loos ». Il comprend en outre une rente d'une
rasière de blé[1].

1374. *11 septembre*. — Mort de dom Gilles de Gamans. — Dom Nicolas Maloen, de l'abbaye des Dunes, 18e abbé (treize ans).

1378. — Mort du Bègue de Warenghien, fils de Gérard.
Il laisse trois enfants : Gérard, Mahaut et Jean.
    Gérard de Warenghien, bourgeois de Lille, seigneur des Frennes, épousa Catherine Le Preudhomme, sœur d'Alard, fille de Pierre, prévôt de Lille. Il en eut :
        Renault, seigneur des Frennes, mort avant 1415 ;
        Florent, seigneur des Frennes après Renault, mort à Azincourt le 25 octobre 1415 ;
        Gérard, mort avec son frère.

1379. — Des hordes de Flamands rebelles au comte, bientôt dispersées, mettent la contrée à feu et à sang.

1381. — Gérard de Rassenghien, seigneur de Basserode, gouverneur de Lille, entre à Haubourdin à main armée, bat le geôlier du châtelain de Lille et brûle les prisons, où sont enfermés Enguerrand de Bimay et sa suite, qui jetaient la terreur dans le pays.
Il s'empare des prisonniers, les fait décapiter et exposer à des fourches dressées au hameau d'Ennequin, le plus près possible de la juridiction d'Haubourdin, comme par dérision.
Le duc de Bourgogne envoya à Wallerand de Luxembourg, seigneur d'Haubourdin, des lettres de non-préjudice. Haubourdin, en effet, terre de franc empire, n'était pas soumis à la salle de Lille[2].

1382. — La châtellenie de Lille est dévastée par Philippe d'Artevelde. Philippe le Hardi de Bourgogne conduit en Flandre le roi Charles VI. L'armée, qui est campée à Seclin, après avoir traversé Arras, Lens, Pont-à-Vendin, met tous les environs à contribution. Le 27 novembre, le roi, qui de Marquette s'est rendu à Warneton, où il a passé la Lys, met les Flamands en déroute à Roosebeke.

---

1. Spriet.
2. *Les Châtelains de Lille.*

1383. *23 janvier*. — Les corps de Louis de Male, mort à Saint-Omer le 10 janvier, et de Marguerite, son épouse, morte cinq ans auparavant, sont portés à l'abbaye, où ils passent la nuit veillés par les moines.

Le lendemain, on les conduit à Lille ; divers évêques et abbés, parmi lesquels celui de Loos, la noblesse et les échevins viennent les recevoir à la porte des Malades pour les conduire à la collégiale de Saint-Pierre, où ils sont inhumés. L'élite des chevaliers flamands marchait en tête du cortège.

Philippe le Hardi de Bourgogne (1383-1405).

1383. *14 mai*. — Jeanne de Langlée, épouse de Mahius de Five, vend deux pièces de terre au chapitre de Saint-Pierre.

1384. — Mort d'Antoine de Langlée, qui fut inhumé en l'église d'Esquermes.

Il eut trois fils :

1º Robert, mort le 13 octobre 1426, inhumé à l'entrée du chœur, devant l'autel de la Vierge, en l'église des religieux. Il était représenté en cotte d'armes. Il avait pour épitaphe : « Chy dessous ceste lame » gist Robert de Langlée, fils de feu Antoine, qui trespassa l'an de » grace mil CCCC et XXVI, le XIII octobre ». Sa femme, Laurence de Rocques, mourut le 14 octobre 1441, et fut enterrée à l'église paroissiale. Ils eurent pour enfant :

   Pierre de Langlée.

2º Bauduin de Langlée. Il eut pour fille :

   Saincte de Langlée, qui devint l'épouse de Renault de Haverskerque de Raisse, chevalier, seigneur de Bailleul le Val.

3º Hue de Langlée.

1387. *21 novembre*. — Mort de dom Nicolas Maloen. Il est inhumé à l'entrée du chapitre. — Dom Jacques de Crissembien, 19º abbé. La pénurie d'argent commençant à se faire sentir au monastère, il se trouve forcé de vendre certaines dîmes (Ennetières, Wattignies, Lomme) pour un temps donné et d'engager pour 400 écus d'or les maisons que possédaient les religieux dans la rue de la Grande-Chaussée. Il éleva d'abord un petit clocher, puis en commença un grand [1].

---

1. De Rosny.

Il gouverna quarante-six ans et reçut comme religieux :

Pierre Dubois (1392), procureur, puis abbé ; Jean de Neufchâtel (1400) ; Jean Becquet (1401), procureur ; Pascal Prince (1404), prieur ; Gui le Candelier (1407) ; Jean Ricoul (1420) ; Olivier le Micquiel (1420), procureur, cellerier, puis abbé ; Arnold Daré (1427), plus tard abbé de Vaucelles ; Jacques Becquet (1427) ; Gérard, prieur (1428) ; Jean Bourré (1428).

1389. — Guillaume de Warenghien, bourgeois de Lille, seigneur de la Fontaine à Croix, fait le rapport du fief de Durmort[1]. Sa femme était Jeanne de Thumesnil.

Ils eurent une fille, Marguerite de Warenghien.

Le fief de Basinghien passe dans la famille Gomer par le mariage de Bauduin Gomer avec Laurence Escarlatte[2] ; celle-ci meurt en 1391. Bauduin occupa à Lille les charges les plus importantes.

1392. — Florent de Warenghien vend à Alard le Preudhomme la seigneurie des Frennes et Loos. Gérard de Warenghien, fils du Bègue, en fait le retrait lignager. Les revenus du fief des Frennes sont cette année de 120 livres monnaie de Flandres[3].

L'abbé Jacques de Crissembien, ayant négligé d'envoyer à Paris un de ses religieux pour étudier au collège des Bernardins, est frappé d'excommunication par le chapitre général. On ignore s'il en fut relevé[4].

1394. *Novembre*. — Mort de Florent de Warenghien.

1398. — Sous prétexte que l'abbaye n'avait pas fait hommage pour le fief du Burique qu'elle tenait de lui, Hugues de Melun, seigneur d'Epinoy, le fait saisir et n'en donne main-levée qu'après l'accomplissement des formalités légales[5].

1402. *13 octobre*. — Jugement rendu par Robert Petitpas, bailli de Gérard de Warenghien, contre Bauduin Gomer. Celui-ci, en compagnie de Jehan Gomer et Jehan Barbery, avait arraché de jeunes arbres plantés sur les propriétés de Gérard, « au coin du weiz » de Menin ». Il est condamné à remettre le tout en état et à soixante sols d'amende ; ses complices sont mis hors de cause. Témoins du jugement : Bauduin de Langlée, Huc de Langlée, Robert de Langlée, Jehan Blanque, Franchois de le Croix, Jacquemart du Marcs.

---

1. Spriet.
2. Id.
3. Id. — Quand un bien était vendu, les parents avaient la faculté d'en opérer le retrait lignager, c'est-à-dire de le reprendre à l'acheteur, moyennant le versement d'une somme représentant le prix du marché, plus les frais.
4. De Rosny.
5. Id.

Janvier. — L'abbaye reçoit de Jean de Luxembourg un bonnier situé près du moulin mouvant du château d'Emmerin. En retour, il sera célébré un obit annuel pour les âmes des père et mère du donateur.

Jean sans Peur (1405-1419).

1406. *6 mai.* — Hubert Gomer, fils de Bauduin, épouse Jeanne de Tenremonde. Il y eut à Lille des joutes sur le grand marché à cette occasion. Hubert Gomer fut roi de l'Epinette[1] et remplit les fonctions d'échevin, voir-juré, garde-orphène[2], comte de la hanse[3].

1412. — Après la mort de son père, Marguerite de Warenghien, dame de Durmort, vend le fief à Lotard Fremault. Comme la famille Gomer, la famille Fremault faisait partie de la haute bourgeoisie lilloise. Lotard, roi de l'Epinette, et, plus tard, rewart[4], maïeur, conseiller du duc de Bourgogne, fut anobli en 1426 moyennant finance.

1413. — Mort de Jacques de le Cambe, dit Ganthois, qui eut pour fils Jean de le Cambe. Celui-ci occupa les charges importantes de Lille : échevin, voir-juré, huit-hommes. Son commerce de marbrerie lui fit acquérir une immense fortune qu'il consacra en partie à de nombreuses œuvres charitables, parmi lesquelles il faut citer la maison des Repenties et l'hôpital Saint-Jean-Baptiste, dit Ganthois. Il se rendit propriétaire de plusieurs seigneuries provenant des anciennes familles du pays, les seigneuries de la Haye à Loos et à Esquermes, d'Ennequin, du Basinghien (2ᵉ fief). Il mourut vers 1482. De Jeanne du Bosquiel, dame de la Haye à Loos, il eut :

    Bauduin de le Cambe, qui épousa Jeanne du Bois et en eut :

        Roger de le Cambe, seigneur de la Haye et du Basinghien, lequel prit pour femme Marie Regnier, qui lui donna :

            Bertrand de le Cambe, époux de Jeanne d'Ollehain et de Marie de Lannoy.

---

1. Les rois de l'Epinette étaient pris parmi les plus riches habitants de la ville. Ils présidaient les fêtes annuelles que la bourgeoisie offrait à la noblesse.

Le jeudi avant le premier dimanche de Carême, un héraut présentait une branche épineuse au roi choisi, que la foule reconduisait ensuite chez lui en triomphe. Le lendemain, le roi de l'Epinette allait honorer saint Georges à Templemars, avec un brillant cortège de dames et de cavaliers. Une revue et un mystère remplissaient la journée du samedi. Le dimanche, avait lieu le tournoi.

A l'origine, ces fêtes étaient données en l'honneur d'une relique de la sainte épine, laissée par la comtesse Jeanne, en 1244, au couvent des frères-prêcheurs de Lille, où on allait la vénérer solennellement. — P. Richard, *Histoire du couvent des dominicains de Lille en Flandre :* Derode, *Histoire de Lille.*

2. Ils avaient pour attributions de veiller sur les biens des orphelins et de vérifier tous les ans la gestion des intérêts de ces enfants, pauvres comme riches.

3. Spriet.

4. Le rewart était chargé de l'exécution des ordonnances de l'échevinage, qu'il représentait en toutes circonstances en dehors des réunions.

Le maïeur était le président de l'assemblée.

1415. — La guerre civile (Armagnacs et Bourguignons) ne cesse que pour faire place à la guerre étrangère. Henri IV d'Angleterre étant mort, son fils Henri V fait revivre les prétentions d'Edouard III sur la couronne de France et débarque en Normandie avec 50.000 hommes. De là, il veut se rendre à Calais, mais sa marche est coupée à Azincourt (25 octobre) par les Français, qui sont mis en déroute. Les Anglais ne purent profiter de leur victoire et se rembarquèrent à Calais.

Parmi les morts, on trouva le seigneur de Thiennes et Florent et Gérard de Warenghien.

1418. — Guerrin Fucquet, maître de la Chambre des comptes nouvellement établie à Lille, chassant dans l'enclos de l'abbaye avec ses chiens, y tue un cerf.

1419. *10 septembre*. — Assassinat de Jean sans Peur au pont de Montereau.

PHILIPPE LE BON (1419-1467).

1419. *31 octobre*. — Gilles de la Haye vend à Jehan Viellart, prêtre, chanoine de Saint-Pierre, 26 sols 8 deniers de rente « sur la maison » et hiretage que Jehan de Los a seans en le rue Saint-Sauveur, faisant » le touquet de le rue des Roblées ».

1421. *7 mars*. — Au décès de Jacques de Thieffries, Martin, son fils, fait rapport d'un fief contenant 6 bonniers 11 cents gisant à Loos, en plusieurs pièces : 3 bonniers 1/2, bois et prés, situés au Ponchel rentier, aboutissant au chemin des Oliveaux ; le reste se trouve au Renaufosse, près de la chaussée du moulin de l'abbaye et de la piedsente de Loos à Ennequin [1].

Philippe le Bon ordonne de nettoyer aux frais des riverains et des villes intéressées, le canal abandonné de la navigation et à peu près comblé par les atterrissements [2].

1422. *8 janvier*. — Acte passé devant le chapitre de Saint-Pierre, par lequel Lotard Fremault « le fil » reconnaît avoir vendu à Isabelle de Cuienghien, dame de Sailly, veuve de Robert de Ligny, une maison

---

1. Spriet.
2. Id.

qu'il tenait dudit Robert, de sa pairie de Verlinghem, et située rue d'Angleterre.

1423. 6 juillet. — Willaume de Neuville, sergent du roi, reconnait avoir reçu de Lotard Fremault « le joesne » une somme de 2541 livres 6 sols 8 deniers monnaie de Flandre, prix du « lieu de le Porte » et de 9 bonniers au « lieu de le Heute » vendus par exécution des clauses d'un contrat de mariage après la mort de l'époux.

24 juillet. — *Henricus, Dei gracia Francorum et Anglie rex*[1]... En son nom, le Parlement ratifie l'achat d'*Egidius, sive Lotardus, Fremault*, du 6 du même mois.

1424. 12 mars. — « Lotard Frumault le jone, fil Lotard, bourgois » de Lille ». Acte par lequel il se désiste de biens acquis en 1423 en faveur du chapitre de Saint-Pierre. Une cédule en date du 18 août 1426, y jointe, sous le scel du souverain bailliage de Lille, constate l'authenticité du scel de Lotard Fremault.

L'épouse de Gérard de Warenghien, Catherine Le Preudhomme, soutient au Parlement de Paris un procès contre Jean de Warenghien, son beau-frère, au sujet de la seigneurie des Frennes, laquelle fut adjugée à Jean (avril 1424). Un autre procès lui est suscité (mai 1424), par Mathilde de Warenghien, fille de Jaquemon, veuve de Jacques de Caumont et de Thomas Le Prévost ; celle-ci réclamait une partie des revenus sur le fief des Frennes, qui avaient été aliénés par Florent de Warenghien, son oncle, en faveur de Thomas Le Prévost. Mathilde eut gain de cause[2].

1425. — Des bourgeois de Lille, magistrat en tête, se rendent à Haubourdin, au-devant de Jean de Luxembourg, seigneur d'Haubourdin, sortant de Saint-Pol avec des levées d'hommes pour le duc de Bourgogne. Des habitants des environs s'enrôlent dans les armées du duc[3].

1426. — Jean de Langlée vend au chapitre de Saint-Pierre une terre sise à Marcq-en-Barœul.

1429. 10 avril. — « Hubert Ghommer, escuier, bailli de Lille », constate que Lotard Fremault se déshérite en faveur de Jean de

---

1. On sait que le traité de Troyes (1420), signé d'Isabeau de Bavière et du duc de Bourgogne, désignait Henri V d'Angleterre pour succéder à Charles VI sur le trône de France, et qu'à la mort de ce dernier, le monarque anglais se considéra comme souverain effectif. Depuis Édouard III, les rois d'Angleterre ajoutaient à leur titre celui de roi de France. Cette ridicule prétention s'est maintenue jusqu'au XIXe siècle ; la reine Victoria, la première, y renonça.
2. Spriet.
3. Tierce.

Fierieres « prebstre, chantre et chanonne de l'eglise Saint-Pierre », moyennant compensation convenue, de deux petits fiefs à Ascq et Annappes.

15 avril. — Guillaume du Bos, bailli du chapitre de Saint-Pierre, constate que Jean de Fierières, chantre et chanoine de Saint-Pierre, cède à Lotard Fremault, pour les bons services qu'il en reçoit et à certaines conditions le fief de la mairie de Deûlémont.

21 août. — Jacques de Langlée, bourgeois de Lille, possède un fief en la ville et châtellenie, paroisse Saint-Pierre. Son bailli reconnait qu'il n'existe aucune charge sur un terrain appartenant à Jean Pochon, chapelain de Saint-Pierre.

1431. 1er octobre. — Mariage de Philippe Fremault avec Péronne de Croix, dame du Petit-Wasquehal, à Flers, près Lille.

Philippe avait été roi de l'Épinette l'année précédente; en 1432, il releva sa bourgeoisie de Lille. Il fut plusieurs fois rewart ou maïeur.

Péronne était fille de Gérard, écuyer, de la maison des seigneurs de Croix, et de Jeanne Le Nepveu.

Ils eurent trois filles : Marguerite, Jeanne, Philippine.

1433. — Un prêtre du nom de Jean Dufour et deux frères, Robert et Michel Becquet, pénètrent armés de bâtons dans l'enclos du couvent et blessent un domestique, Jeannin Riart. La gouvernance de Lille, à laquelle l'abbé avait porté plainte, condamna les agresseurs à se rendre à la communauté le jour de Pâques-fleuries, à y assister à la procession, tête nue, sans ceinture, tenant un cierge éteint du poids de deux livres, derrière le porte-croix. Ils devaient, en outre, avouer leur crime à haute voix et entreprendre un pèlerinage [1].

29 mai. — Mort de dom Jacques de Crissembien. — Dom Olivier le Micquiel (le moine), 20e abbé. Il acheva les travaux entrepris par son prédécesseur, le grand clocher et la nouvelle église, fit diverses acquisitions et quelques échanges, dont un malheureux. Le relâchement des religieux continue à s'affirmer [2].

En 1440, il admit au nombre des religieux dom Philippe de Fontaines, qui fut docteur en théologie, procureur général de l'ordre en cour de Rome, abbé de Maroilles et de Clairvaux.

1435. — Congrès d'Arras. Le duc de Bourgogne se

---

1. De Rosny.
2. Id.

détache de l'Angleterre pour se réconcilier avec la France. Cette défection ruine le parti des Anglais.

Dom le Micquiel achète de Robert de la Vacquerie 14 cents sis à Sequedin, qui, joints à l'enclos, furent appelés les Bois de la Vacquerie.

1436. — Jean Abbonnel, ancien receveur des finances, maître de la chambre des comptes, possède le fief du Moulin. Il avait été anobli en 1433, sans aucun frais, à cause de sa brillante conduite à la guerre.

Sa fille Philippote épousa Antoine de Lannoy, seigneur de la Motterie à Leers. Leur fils fut :

>Antoine de Lannoy, qui eut pour enfant :
>>Louis de Lannoy, lequel eut :
>>>Claude de Lannoy, seigneur du Moulin, à Loos, des Plantis, Lestocquoy, à Leers. Il épousa Hélène de Bonnières, dite de Souastre, dame de Loos et des Frennes, qui était fille de Jacques et de Barbe de Landas.

1438. — Catherine Le Preudhomme fait placer une verrière dans l'église de Loos, à la mémoire de son mari et de ses trois fils, dont deux étaient morts à Azincourt.

On y voyait les armes des familles de Warenghien et Le Preudhomme et la légende suivante :

« Chi devant gist Grard de Warenghien et ses deux fieux Grardin
» et Regnault, priez pour eux; et aussi la representation de Florent de
» Warenghien, son filz, qui morut a Ruisseauville[1]. En l'an
» MCCCCXXXVIII fit faire ceste verriere damoiselle Catherine
» Le Preudhomme, qui fut femme dud. Grard, lequel gist dans
» la chapelle Nostre Dame, en ceste eglise. Priez Dieu pour s'ame »[2].

31 décembre. — Jehan de le Saulz, de Lille, tient de Philippe Fremault, seigneur des Frennes, un fief divisé en trois parties : la première aboutit au chemin qui mène « de le Cambe à Lille », au chemin qui mène « au ponchel le rentier », à la terre de Jehan de de le Croix, maçon, et à la terre de Jehan de le Croix, fils de feu François ; la seconde à la rue des Oliveaux, à la terre de Jehan Artut,

---

1. On désigne ainsi quelquefois la bataille d'Azincourt. Ruisseauville était une abbaye de chanoines réguliers de l'ordre de Saint-Augustin, située près du champ de bataille. Ce fut l'abbé de Ruisseauville qui fut chargé avec le bailli d'Aire, par Philippe, comte de Charolais, plus tard duc de Bourgogne, d'enterrer les corps des Français laissés sans sépulture; il les fit inhumer dans un endroit que bénit comme cimetière l'évêque de Guines, délégué de l'évêque de Thérouanne. On planta tout autour des haies d'épines. (Enguerran de Monstrelet, *Chroniques*. A Paris, chez Pierre l'Huillier, rue Sainct-Jaques, à l'Olivier, 1572.)

2. Spriet.

aux pauvres de Loos, à Hubert Gomer ; la troisième au chemin « devant le Cambe », à la « voyette » qui mène « de le Cambe » à l'église de Loos et à la terre des héritiers de feu Jehan Flannel, située près de la propriété de feu Florent de Warenghien.

1439. 21 septembre. — Après le décès de sa mère Saincte de Langlée, fille de Bauduin et de Jeanne d'Oignies, Antoine de Haverskerque possède le fief de Langlée. Il meurt avant 1473, laissant :

1° Wallerand de Haverskerque, mort en 1536 sans héritier.

2° Antoinette, dame de Langlée après Wallerand. Elle épousa Jacques de Thieulaine et en eut une fille :

Antoinette, qui épousa Arnould de Harchies, seigneur de Milomez. Leur fille fut :

Michelle de Harchies, qui vendit Langlée à Guillaume Delyot, fils d'Hubert, de Lille. Après Guillaume, le fief passa à sa fille Marie, puis à Jeanne Dragon, que Marie eut de Jean Dragon.

1440. — Le fief des Marets est possédé par Claude Muissart. Successivement il fut la propriété d'Antoine Muissart, d'Agnès du Bus, veuve d'Hubert le Bateur, de Jean Le Bateur, trésorier et chanoine de Saint-Pierre, de Jacques Muissart.

1441. 7 août. — Hubert Gomer fait au comte de Saint-Pol, seigneur d'Enghien, châtelain de Lille, le rapport du fief du Basinghien (1er fief), qu'il tient de sa mère [1].

1442. 1er octobre. — Jacquemon Wautremé, bailli d'Agnès du Bus, veuve d'Hubert Le Bateur, demoiselle du Mares, constate que par-devant lui et en présence de Franchois de le Croix, Hubert de le Croix, Jehan Le Bateur, fils de feu Rogier, a comparu Gilles Le Bateur, dit du Mares, lequel a déclaré avoir vendu sous certaines conditions à Jehan du Mares 4 cents de manoir et 2 cents de labour tenus du Mares. Ce bien tient à Jehan Delattre, aux héritiers de Jehan Le Simon, au bois du Mares et à « le navie ».

1er décembre. — L'abbaye de Loos est mise en possession d'un héritage de Jacques Tancqueré, jusqu'à extinction de la dette de 200 livres parisis qu'il lui doit [2].

1445. 24 mai. — Mort de dom Olivier le Micquiel après douze ans

---

[1]. Spriet.
[2]. *Cartulaire de Saint-Pierre.*

de prélature. — Dom Jacques Six, de Frelinghien-sur-Lys, 21e abbé. Il construisit une brasserie, une boulangerie, un parloir [1].

L'église fut entièrement achevée : au frontispice, l'abbé fit placer sur les contreforts, à droite les armes de France, à gauche celles de Flandre. Pour table d'autel, on prit la grande pierre qui avait servi de monument au cœur de Gui de Flandre. L'aigle de cuivre massif dont on se servait pour les leçons de matines est de cette époque. On y pouvait voir l'inscription : « Olivier de Anquennes me fit faire » l'an 1448, priez pour son âme. »

Vivaient sous sa direction (1445-1460) :

Pierre Dubois ; Arnould Carpentier ; Olivier de le Croix ; Jean Chrétien ; Bauduin Caullier ; Jean Gryp ; Jacques Brodeur ; Pierre de Bourguignon ; Jean Despinoy, prieur; Jean Le Fel; Pierre Hus ; Jacques Hennery; Guillaume Manticl; Hubert de Ronchin; Jean Melisite; Liévin Lemesre; Mathieu Lachier; Jacques Meurville ; Martin Lefebvre, Razon de Clesmes ; Jean Machon ; Arnould Douez ; Antoine du Sautoir.

1446. *10 novembre*. — Henri de Tenremonde, lieutenant du gouverneur, reconnaît que des droits de seigneurie sur 4 cents de terre « au hamel » d'Anekin » n'existent pas en faveur du chapitre de Saint-Pierre, mais en faveur de l'abbé et des religieux de Loos, demandeurs, « a cause » de leur seigneurie et justice d'Anekin... » et que les défendeurs » doivent être fourclos et deboutés de la seigneurie reelle ».

Le chapitre de Saint-Pierre tint toujours cette terre, que l'on verra rappelée par intervalles. Le revenu que les chanoines en tiraient se divisait en trois parts, dont l'une était affectée à l'obit de Gérard d'Alsace, mort en 1206, la seconde à celui de Philippe d'Alsace, comte de Flandre, mort en 1191, et la dernière à celui de Gérard de Messines, prévôt de Saint-Pierre, mort en 1190.

1447. — Louis d'Isque, écuyer, seigneur de la Haye de Lannoy, à Esquermes, d'Arquebronne et de Saint-Romain, occupe la seigneurie des Frennes. Il était le second fils de Jean, seigneur d'Isque et d'Arquebronne, chevalier, maître d'hôtel du roi Charles VI, et de Catherine de Bais, dame de la Haye de Lannoy. Le 10 août de cette année, il fait rapport de ce dernier fief au duc de Bourgogne [2].

7 septembre. — Loys de le Walle, bailli de Loys d'Isque, écuyer, seigneur d'Arquebronne, de la Haye et des Frennes, constate que par-devant lui et en présence de Pierre de Langlée, homme de fief des Frennes, Hubert Gomer, Jehan d'Escaubeke, Henry de Tenremonde,

---

1. De Rosny.
2. Spriet.

Jehan Markant, hommes de fief de la halle de Phalempin, de laquelle sont tenus les Frennes par le seigneur de Roubaix, Philippe Fremault, fils de Lotard, a déclaré que son père lui avait donné le fief des Frennes en avancement d'hoirie, lors de son mariage avec Péronne de Croix, le 1ᵉʳ octobre 1431. Cette donation avait été faite pour en jouir après la mort de Catherine le Preudhomme, veuve de Gérard de Warenghien, en présence d'Hubert Gomer, Jehan Markant et des hommes de fief du seigneur de Roubaix, Jehan Héroucq, notaire assistant.

1448. — Jehan Didier, desservant de Loos.

1449. *Novembre*. — Vivent à Loos : Jacquemart Robillart, Roger et Jehan Le Bateur, Romain, Martin, Gui, Thomas, Jehanne et Belotte de le Croix, Hanequin, Franchois et Jehanne Delatre, Josse Le Maire, Jehan Bassée, Franchois et Lotard Havrelant, Jehan Houseman, Jehan Clément, Jacquemart Waucrenie, Bauduin Gilles, Jehan de le Croix, maçon. Il y avait une vingtaine de ménages, comprenant environ 100 personnes [1].

1451. — Jean Fremault, mayeur héréditaire de Deûlémont.

Le canal est tellement envasé qu'il n'y a plus que deux pieds d'eau. Un procès s'engage entre les religieux et les échevins de Lille ; il ne se termine par un accord que dix ans plus tard. Les moines prétendaient rentrer dans leurs anciennes possessions. On leur laissa tout ce qui ne regardait pas la navigation, c'est-à-dire le droit de pêche, les droits de seigneurie sur les crêtes ; le magistrat de Lille, de son côté, était chargé du draguage du canal et percevait les droits de passage pour les bateaux ; il pouvait faire élargir la rivière jusqu'à quarante pieds.

Dom Jacques Six achète un bonnier de terre situé près de la cense d'Avesnes. Le prix en est le triple de ce qu'il aurait coûté trente ans auparavant.

1452. *Février*. — Guillaume Gomer, fils d'Hubert, échevin de Lille.

Le pape Nicolas V accorde des indulgences aux fidèles qui accompliront le pèlerinage de Loos.

1454. *27 février*. — Pierre de Langlée achète le fief que possède à Ennequin Martin de Thieffries [2].

12 décembre. — Guy de le Croix, bailli de demoiselle du Bus, dame du Mares, veuve d'Hubert Le Bateur, constate que, le 30 novembre 1454, en présence de Romain de le Croix, Jehan Le Lambert, Haquinot

---

1. Spriet.
2. Id.

de le Croix, fils de Jehan, et Haquinot Le Bateur, fils de Thomas, Jehan Clément, fils de feu Jehan, sergent de la gouvernance, a vendu à Jehan de le Cambe, dit Ganthois, deux bonniers de terre tenant au chemin qui mène de Lille à Haubourdin, au chemin par lequel on peut aller de Loos à Ennequin, à la terre de Philippe Fremault et au chemin de Loos à Avesnes. Présents à l'adhéritement : Pierre de Langlée, Jehan de le Bonnevoie, Jehan le Lambert, Romain de le Croix, Franchois Havrelant. Philippe Fremault ayant versé la somme demandée, Jehan de le Cambe lui remet les deux bonniers pour en jouir, ainsi que sa femme Péronne de Croix et leur fille Marguerite.

1455. *4 juin*. — Mort d'Hubert Gomer, seigneur du Basinghien (1er fief). Il fut inhumé en l'église Saint-Étienne, à Lille. On lisait sur sa tombe et celle de sa femme l'inscription suivante : « Chy devant gist Hubert Gomer, escuyer en son temps, conseiller de Monsieur le » duc de Bourgogne et XXXVIII ans son bailli a Lille qui trespassa » l'an mil CCCC et LV le IIIIe jour de juing, et emprès lui gist » Dlle Jenne de Tenremonde, sa femme, qui trespassa le IIIIe jour » de fevr. MCCCC et cinquante, lesquels conjoints eurent XIX enfants. » Priez Dieu pour leurs ames » [1].

1456. — Jean Fremault, fils de Lotard, relève le fief de Durmort et le transmet à sa fille Jeanne, qui épouse Gérard du Mez.

1er décembre. — Louis de Luxembourg, comte de Saint-Pol, châtelain de Lille, sert au duc de Bourgogne le rapport du fief des Frennes, tenu par Philippe Fremault. Celui-ci le tient lui-même de Pierre, seigneur de Roubaix. On le « dist aussi le fief de Warenghien » ; il comprend plusieurs terres et rentes justiciables et est à justice de vicomté [2].

1457. — Mariage de Marguerite Fremault, fille de Philippe, avec Philippe de Bonnières [3], seigneur de Souastre et de la Thieuloye, qui fut conseiller et chambellan du duc de Bourgogne. Ils eurent dix-sept enfants, dont :

    Jacques, qui mourut avant son père, laissant :

        Charles de Souastre, lequel eut :

            Jacques. Celui-ci épousa Barbe de Landas, fille d'Arnould. De leur mariage naquit Hélène de Bonnières, dame des Frennes et Loos, laquelle, en secondes noces, épousa Claude de Lannoy, chevalier, seigneur du Moulin à Loos.

---

1. Spriet.
2. Id.
3. Guillaume de Bonnières, son aïeul, bailli de Hesdin, descendait des comtes de Guines.

1458. *17 janvier*. — Le pape Calixte III charge l'abbé de Loos de supprimer une chapellenie à l'église de Saint-Pierre au profit de la maîtrise des enfants de chœur. La suppression en est opérée le 20 juin.

Dom Jacques Six assiste à l'ouverture du sarcophage de saint Piat. Il obtient une dent du saint comme relique.

1459. — Mort à l'abbaye de Marquette du confesseur de ce couvent dom Antoine du Sautoir, religieux de Loos.

1460. *15 septembre*. — Mort de dom Jacques Six. — Dom Liévin Le Mesre, 22e abbé, qui dirige le monastère pendant quatre ans. Le chapitre général de l'ordre fait parvenir aux moines, au sujet de leur relâchement persévérant des objurgations qui demeurent inutiles ; il leur enjoint de ne plus se servir de chemises de toile, ni de coucher sur la plume, dans des draps de lin [1].

Sous dom Le Mesre vivaient :

Jacques Caudron ; Pierre Maugré ; Olivier Platel ; Jean de Strasbourg ; Michel de Beaucamps ; Jean Le Vasseur ; Pierre Despiers ; Philippe de Langlée ; Arnoul Carlier ; Toussaint de la Bassée, prieur ; Michel Requillatre.

1462. *3 juillet*. — Jean de le Cambe reconnaît qu'il ne pouvait ériger l'hôpital qu'il a fondé à Lille, rue des Malades, sous le titre de Saint-Jean-Baptiste, sans le consentement du chapitre de Saint-Pierre, comme patron, et du curé de Saint-Sauveur. Un arrangement est conclu pour sauvegarder les droits des deux autorités.

L'acte de fondation de l'hôpital est du 22 novembre 1466.

1463. *Février*. — Le roi de France, Louis XI, voyage en Artois et en Flandre.

A son passage à Lille, le premier dimanche de Carême, il assiste aux fêtes de l'Epinette et y prend une part active en joutant contre Bauduin Gomer, bourgeois de Lille, roi de l'Epinette, alors âgé de vingt ans [2].

1464-1465. — Ligue du Bien public, organisée par le comte de Charolais, plus tard Charles le Téméraire, irrité contre Louis XI qui avait su retirer à Philippe le Bon les villes de la Sômme. Les principaux seigneurs de France en faisaient partie, ayant à leur tête le duc de Bourbon.

Louis XI vainquit le duc de Bourbon et les seigneurs du

---

1. De Rosny.
2. Derode.

midi et livra au comte de Charolais la bataille indécise de Montlhéry (16 juillet 1465). Il s'attacha ensuite à semer la division parmi ses adversaires ; il arriva à traiter à Conflans avec le comte de Charolais (5 octobre 1465) et à Saint-Maur (29 octobre) avec les autres princes. Les villes de la Somme restaient en possession du duc de Bourgogne.

1464. *12 mai*. — Mort de dom Liévin Le Mesre. — Dom Pierre du Bosc, de Sequedin, 23e abbé. Il remplace, vers 1473, la crosse de bois primitive par une crosse d'argent.

Vécurent au monastère pendant ses vingt-six ans de gouvernement : Jacques Marchant, Martin Fourbet, Jean Bernard, de Lille ; Jean Robart, de Sequedin ; Denis de Bauvin ; Arnoul Caulier ; Gilles Baudart ; Everard Pontrohart, de Cysoing ; Jacques de Bailleul ; Jean Platel ; Pierre d'Achy ; Jacques de Carnin ; Jean de Beauvoir ; Guillaume Dumont ; Jean de Lattre ; Jacques Marischel ; Jean de Tournai ; Mathieu Wattepatte ; Guillaume de Carvin ; Philippe Monnier ; Arnoul le Wauthier ; Nicolas Blomme ; Hugues le Marissal, de Wambrechies ; Robert Haze, de Sequedin ; Cyriaque Cordier ; Robert du Fay ; Robert de la Haye ; Jean de Tressin. Frères convers : frère Chrétien, frère Jean.

CHARLES LE TÉMÉRAIRE (1467-1477).

1467. *7 avril*. — Dom du Bosc, en habits pontificaux, se rend avec l'abbé de Phalempin au-devant du nouveau duc de Bourgogne à sa première entrée à Lille. Charles le Téméraire prête entre ses mains le serment de maintenir les droits et privilèges de la cité.

L'abbé, invité, comme tous les ans, par un exprès, à assister à la procession solennelle de Bruges, s'y rend accompagné de son chapelain et de quatre serviteurs [1].

1468. — Entrevue de Péronne, où Charles le Téméraire ayant appris que Louis XI — qui venait pour aplanir des difficultés toujours pendantes entre eux — avait sournoisement excité les Liégeois à la révolte, fait enfermer le roi et le force à signer un traité humiliant.

« Un feu de meschef détruit à Lille le quartier qui s'étend contre
» l'hôpital Comtesse et l'hôtel Saint-Pol et la place Saint-Martin
» jusqu'au cimetière Saint-Pierre. Nous y perdons quelques maisons » [2].

---

1. De Rosny.
2. Dom Delefosse, in Spriet.

10 juillet. — L'évêque de Tricarico, légat du Saint-Siège, délègue l'abbé de Loos pour examiner et approuver les statuts de la charité de Saint-Jean l'Evangéliste établie à l'église Saint-Pierre. Dom Pierre du Bosc approuve lesdits statuts le 15 novembre suivant.

1469. — L'abbé Pierre du Bosc, en sa qualité de vicaire général de Citeaux, assiste au chapitre général dont certaines décisions prescrivirent aux religieux l'interdiction de porter des armes, de s'exercer au tir à l'arc ou à l'arbalète.

L'accès du monastère n'est plus si sévèrement interdit aux femmes, ainsi que le prouve un compte de cette année: un charpentier est payé pour divers arrangements à la chambre des dames [1].

1470. — Louis XI ayant voulu éluder le traité de Péronne, le Téméraire irrité lui déclare la guerre.

Pierre Gomer, échevin de Lille.

5 bonniers sis à Haubourdin et Loos, près de la chaussée et du moulin de l'abbaye sont vendus 800 livres parisis par Bauduin Gomer, fils de feu Bauduin.

« Le sire prélat fut mandé par Mess. de la Capelle pour faire le
» service, le jour de la Pentecoste, devant mon très redouté seigneur
» M. le duc de Bourgogne ; le jour de la Purification Notre-Dame le
» sire prélat a fait le service devant madame la ducesse » [2].

1472. — Le duc de Bourgogne passe la Somme, s'empare de Nesle, dont il fait égorger les habitants, et met le siège devant Beauvais (27 juin). Il est repoussé par Jeanne Hachette [3].

1474. *8 mars* [4]. — Roland de Raisse, chevalier, seigneur de Bailleul le Val et le Cauchie, Jean de Langlée, fils de feu Pierre, en leur nom et au nom de Wallerand de Raisse, fils de feu Antoine, en son vivant seigneur de Langlée, font rapport au seigneur des Frennes d'un fief consistant en 4 bonniers 2 cents de terre, dont les occupants sont la veuve de feu maistre du Bosquiel, Charles Deffontaines, Jehan

---

1. De Rosny.
2. Fonds de l'abbaye, in Spriet.
3. En souvenir de ce fait d'armes, Louis XI ordonna que chaque année, le 10 juillet, il y aurait une procession solennelle, où les femmes auraient le pas sur les hommes.
4. L'acte porte la date du 8 mars 1473 ; dans les Pays-Bas jusqu'en 1583 et en France jusqu'en 1590, l'année commençait à Pâques. Cet usage ne s'établit que vers le XIIe siècle.

Fandu, les héritiers de feu Thomas de Boulogne, Franchois Havrelant, les héritiers de Jehan Le Bateur, Jehan Cardon, Jacques Le Bateur.

1475. *13 septembre*. — Trêve de Soleure entre Louis XI et Charles le Téméraire.

1477. *5 janvier*. — Mort de Charles le Téméraire à la bataille de Nancy, contre le duc de Lorraine.

MARIE DE BOURGOGNE ET MAXIMILIEN (1477-1482).

En France, les successeurs de Louis XI, Charles VIII, Louis XII et François Ier, vont tenter la fortune en Italie. Ce dernier et son fils Henri II auront pour adversaires les puissants Charles Quint et Philippe II. Les progrès de la Réforme amèneront ensuite les guerres de religion, qui ensanglanteront les règnes des derniers Valois.

1477. *18 août*. — Mariage de la princesse Marie de Bourgogne avec Maximilien d'Autriche, fils de l'empereur Frédéric III.

3 septembre. — Louis XI, faisant la guerre en Flandre, les Français de la garnison de Tournai viennent brûler le hameau d'Ennequin et se jettent dans l'abbaye, où, après avoir commis toutes sortes de déprédations, ils vont jusqu'à dépouiller les religieux de leurs vêtements. Les moines n'eurent pas seulement à déplorer la destruction de leurs censes d'Avesnes, d'Ennequin, de Durmort et du moulin de la haute porte; leurs propriétés de Tressin (11 juillet), Wez, Obigies et Orchies devinrent aussi la proie des flammes [1].

1479. *7 août*. — Bataille de Guinegate, où les Français sont battus par Maximilien, qui réclamait de Louis XI l'exécution du traité de Soleure.

1er décembre. — La garnison française de Béthune se jette la nuit dans le monastère et en enlève chariots, meubles, literies, bétail. Huit domestiques sont faits prisonniers. Le brasseur, qui se trouvait parmi eux, meurt à Béthune de ses blessures [2].

1480. *1er février*. — Sixte IV ordonne aux abbés de Loos et de Saint-Bertin d'examiner un cas du chapitre de Saint-Pierre, empêché de faire appel et de citer des témoins.

---

1. De Rosny.
2. Id.

16 décembre. — Dom Pierre du Bosc rend compte que l'empêchement était légitime et fait citation des témoins qui ne se sont pas présentés.

1481. — Les dégâts occasionnés par les récentes incursions des soldats sont réparés ; la chapelle est embellie. L'abbé s'occupe d'acquisitions, à Illies et à Prémecques : à Lille, la pauvreté Sainte-Catherine lui cède une maison dans la rue de Wez [1].

1482. *25 mars*. — Mort de Marie de Bourgogne.

Philippe le Beau (1482-1506).

1482. *23 décembre*. — Paix d'Arras, entre Maximilien, les villes des Pays-Bas et le roi de France. Les deux enfants, Philippe et Marguerite, que Maximilien avait eus de Marie de Bourgogne, héritent de la Flandre ; les autres provinces de la maison de Bourgogne retournent à la couronne de France.

1483. — Catherine du Tertre donne aux moines, à l'occasion de l'entrée en religion de son fils, une maison située rue Grande-Chaussée, près de leur refuge [2].

1486. — Commencement de l'usage des orgues dans les monastères [3].

1488. *14 décembre*. — Comme complément au traité d'Arras, un pacte de neutralité est conclu à Wavrin entre la France et la Flandre wallonne. Des députés des différents ordres de la châtellenie représentent la Flandre wallonne, le maréchal d'Esquerdes signe pour la France [4].

1490. — Guillaume Delyot achète de Jean et Jacques Gomer, fils de feu Bauduin, 15 cents d'héritage, de 30 cents, dont les quinze autres appartiennent à Jean de Langlée. Cette terre tient au chemin qui mène de Loos au marais dudit lieu. Le prix en est de 20 deniers de denier à Dieu, 4 livres de « carité », autant au « couletier » et 200 livres parisis pour le gros du marché [5].

---

1. De Rosny. — La rue de Wez, ou de l'Abreuvoir, prit plus tard le nom de rue de l'Abbaye de Loos ; c'est aujourd'hui la rue Jean-Jacques Rousseau.
2. De Rosny.
3. Id.
4. Derode.
5. Spriet.

Robert Haze, de Sequedin, religieux à l'abbaye, artiste rubricateur, écrit un missel.

Dom Pierre du Bosc se déporte de sa charge entre les mains de l'abbé de Vaucelles. Il meurt la même année [1]. — Michel Requillatre, 24ᵉ abbé.

Vivaient vers cette époque au couvent :

Jean Landas ; Mathieu du Plouich ; Raymond d'Hont ; Gilles Desplancques ; Toussaint Lescoufle ; Pierre Lefebvre ; Jean Ramée ; Thomas de le Deule ; Antoine Caille ; Paul Labe, prieur ; Philippe Baillet ; Alard Raoult, maître des bois [2] ; Antoine Ardenius ; Gérard Blanquart ; Jean Willem ; Pierre de Wasquehal ; Jacques l'Oncle ; Jacques de le Saulch ; Pierre de Louvre ; Michel Fourmestraulx ; Jacques Thomas. Convers : frère Charles et frère Pierre.

1492. — Les mœurs monacales ne sont plus empreintes ni de simplicité, ni de ferveur. Le couvent de Loos, comme d'autres, prête à critiques et le public se fait un malin plaisir de l'appeler la Pieuse taverne [3].

Désireux d'opérer une réforme sérieuse des Bénédictins, le pape fait réunir à Paris quarante-cinq abbés pour aviser à cette question importante. Charles VIII, à la connaissance duquel étaient parvenues la haute valeur et l'érudition de l'abbé de Loos, y invite dom Michel Requillatre [4].

1493. *12 janvier.* — L'abbé de Saint-Aubert à Cambrai, conservateur des privilèges des chanoines de Saint-Pierre, ayant appris que ceux-ci se voyaient troublés dans leurs possessions et leurs droits et ne pouvant lui-même se porter à leur défense, à cause du peu de sûreté des routes, délègue des pouvoirs aux abbé de Loos et prieur de Saint-Nicaise de Fives.

1498. *2 mai.* — Jehan Le Bateur, prêtre, trésorier et chanoine de l'église Saint-Pierre de Lille, reconnaît avoir vendu à maître Jacques Muissart, docteur en médecine, les fief, terre et seigneurie du Mares, situés sur les paroisses d'Esquermes, Loos, Haubourdin et environs : lieu manoir, maisons manables, grange, porte, étables, fournil, jardins, bois, arbres plantés sur les « rietz » du fief et ailleurs, terres, redevances diverses. Le fief est à justice de vicomté. Cette vente est faite pour quatorze cents livres parisis, monnaie de Flandre, en présence de Jacques Le Canonne, lieutenant général de messire Jehan de Luxembourg,

---

1. De Rosny.
2. En 1833, l'on découvrit à l'abbaye la margelle d'un puits, formée d'une seule pierre, avec l'inscription : « L'an XVᵉ me fist chy mettre dan Allard Raoust, maître des bois de cheens ». La pierre est ornée de huit figures, marquées d'un simple trait, et entourées d'ogives. On y voit un moine, des paysans et des paysannes. — *Revue du Nord*, 1833. Bron-Lavainne.
3. On en était venu à y débiter de la bière.
4. De Rosny.

bâtard de Saint-Pol, chevalier, seigneur d'Haubourdin, Ancoin et bailli de la châtellenie de Lille, pour Marie de Luxembourg, comtesse de Vendômois et de Saint-Pol, châtelaine de Lille. Les témoins sont : maître Pierre du Pont, Nicolas Le Canone, Guillaume Hangouart et Guillaume Le Clerc.

Habitants de Loos : Hoste Buffin, curé ; Jean de le Croix, Jean et Andrieu de le Ruyelle; Arnould Combere. Le village comprend 70 feux, dont la moitié pauvres, ces derniers dans le voisinage de l'abbaye. Il y a 12 attelées de chevaux[1].

1499. 8 avril. — Isabelle de Roubaix fait rapport à Marie de Luxembourg de son fief lige, consistant en « l'hommage du fief des » Frennes, autrement appelé le petit fief de le Haie, qui appartint » par devant à Louis d'Isque, depuis a messire Philippes Frumault, » chevalier, et de present par son trepas a monseigneur de la Thiculloie, » a cause de dame Marguerite Frumault, sa femme »[2].

1500. — La vigne est cultivée sur le plateau d'Ennequin[3].

16 septembre. — Rapport et dénombrement de la seigneurie du Mares faits par Jacques Muissart, docteur en médecine. Le recepisse est donné par Jehan de Luxembourg, bâtard de Saint-Pol, au nom de la comtesse de Vendômois, de Saint-Pol, vicomtesse de Meaux, dame de Beaurevoir, châtelaine de Lille, de laquelle relève le fief à cause de son « chastel du Plouich et court de Phalempin ». Le fief tient du côté de l'abbaye à Jehan de le Croix, du côté du grand chemin à la maison que Pierre Casier a de sa femme, la fille de Josse Le Mesre ; du côté du devant à « le grant rue » en partie du Mares, en partie de Rogier Ganthois, de Jehan de Langlée ou des héritiers de madame des Frennes ; par-devant à Jehan de le Crois et à Alard Le Bucq, qui habite le château de Lille.

Gérard, fils de Jean et petit-fils de Pierre de Langlée, fait rapport du fief vendu à son grand-père, en février 1454, par Martin de Thieffrics[4].

Au commencement du XVIe siècle, sans doute en remplacement d'une statue très ancienne de la Vierge, « les religieux de Los... » mirent... une de ses Images à un vieux Tilleul planté dans le lieu

---

1. Spriet.
2. Id.
3. Spriet. — Le produit s'en vendait à Lille, au marché au Verjns, non loin de la rue de Tenremonde actuelle.
4. Spriet.

» où est la chapelle pour la faire honorer du Peuple voisin et des
» passagers qui se reposoient à l'ombre de cet arbre »[1].

1504. 2 mai. — Jean de Harchies de Milomez fait le rapport du Basinghien (1er fief), reçu des héritiers de Guillaume Gomer[2].

D'Alix de Cuienghien, fille de Roland et de Marguerite de Hallennes, il eut :

    Arnould de Harchies, lequel épousa Antoinette de Thieulaine. Celle-ci donna le jour à :

        Michelle, dame de Langlée ;

        Arnould, grand prévôt de Tournai, en 1567, mort en 1580.

20 novembre. — Roger de le Cambe, dit Ganthois, fait le rapport du 2e fief du Basinghien. Il « comprend rentes justiciables, chemins, » rejets, flegards, ja piecha eclissés et qui soloient être qu'un seul fief » d'un lieu manoir et heritage compendant IX bonniers IIII c. » Il est tenu du châtelain et est échu à Roger par le trépas de Jean de le Cambe, son grand-père[3].

Dans la suite, ce fief passa à Louis Alegambe, qui était neveu de Mathias de le Cambe, fils de Bertrand. Bertrand était fils de Roger.

1505. — Le pape Jules II impose à l'abbaye une pension de 24 florins ; mais on ne satisfait pas à cette charge et le pape ne fait pas entendre de réclamation[4].

CHARLES QUINT (1506-1555).

Régence de Maximilien, qui envoie pour gouvernante sa fille Marguerite ; elle tient le pouvoir jusqu'en 1530. Charles Quint la remplace par sa sœur Marie, à laquelle succéda Philibert-Emmanuel de Savoie.

1510. — Le chapitre de Citeaux décide que les moines possesseurs de biens seront enterrés dans un fumier avec leur argent. On espérait ainsi prévenir des écarts qui se produisaient[5].

---

1. *Abrégé historique de la chapelle appelée communément Notre-Dame-de-Grâce, située au village de Los, près de Lille, avec un recueil des Miracles que Dieu y a faits par l'intercession de Marie.* Nouvelle édition. A Lille, chez Flor. J. Van Costenoble, le père, libraire, rue des Malades, coin de la rue du Dragon. — Se distribue au buffet de la chapelle de Notre-Dame-de-Grâce, au village de Los. Avec approbation et permission. — Un volume in-16 de 32 pages, par F. N. D. — Vidimus, en date du 14 septembre 1793, de M. Anselle, *pastor S. Salvatoris, decanus Christianitatis Insulensis.*

    Au frontispice, se trouve la gravure ci-contre. La plaque de cuivre qui a servi pour la reproduction de cette gravure est la même que l'on employait pour l'*Abrégé.*

    Cet opuscule est aujourd'hui très rare ; il n'existe pas à la Bibliothèque municipale de Lille.

2. Spriet.
3. Id.
4. De Rosny.
5. Id.

CHAPELLE DE NOTRE-DAME DE GRACE ÉRIGÉE AU VILLAGE DE LOS LEZ-LILLE

CAMBRAY

PRIÈRE.

Je vous salue MARIE pleine de grace le seigneur est avec vous, vous êtes bénie par dessus toutes les femmes, et jesus le fruit de vos entrailles est béni.

sainte marie mere de dieu délivrés nous de tous dangers et de maladies pestillentieuses et secourez nous à l'heure de notre mort ainsi soit-il

marchan

A LILLE, CHEZ VAN-COSTENOBLE LE PERE LIBRAIRE

1511. — Dom Michel Requillatre, chargé d'années, se retire du gouvernement de l'abbaye, après l'avoir tenu plus de vingt ans. — Dom Denis de Bauvin, 25ᵉ abbé, qu'il avait choisi pour lui succéder, s'efforça par différents moyens de relever les finances du monastère.

Furent reçus au couvent par dom Denis de Bauvin:

En 1513, Jacques du Vrelier, de Lille.

En 1515, Jean Mariage, de Lille ; Antoine Venant, de Lomme ; Guillaume Lachier, de Sainghin ; Jean Quoquet, de Lille ; Olivier de Noyelle, de Lille.

En 1518, Jean de Lattre, procureur ; Pierre Leblanc ; Vincent de Bauvin.

En 1521, Jean Becquart, de Frelinghien ; Jean Petipas, de Lille.

En 1523 (1ᵉʳ oct.), Pierre Pollet, de Lille ; Remi Desmaziers, de Lomme ; Josse Lemesre, de Sequedin.

En 1528 (7 mars), Noël Waymel, d'Esquermes ; Barthélemy Blanquart, de Sequedin.

En 1533 (29 juin), Denis Watrelos, de Loos.

1512. — Philippe Pennel, curé de Loos.

1513. — Défaite des Français à Guinegate.

12 janvier. — Pierre, seigneur de Sowastre, écuyer, fils de feu Philippe, et Charles de Sowastre, écuyer, fils de feu Jacques, qui fut fils dudit Philippe, comparaissent devant Allard Delapsus, bailli du gouverneur du souverain bailliage de Lille, Douai, Orchies et appartenances. Charles reconnaît la donation à lui faite deux ans auparavant par feu Philippe de Sowastre et Marguerite Fremault, ses grand-père et grand'mère, de la terre et seigneurie des Frennes et autres héritages, pour en jouir lui et ses successeurs à titre de mortgage et sans décompte au rachat de 12000 livres, monnaie de Flandre. Il renonce au profit de Pierre, son oncle, aux autres biens de ses grands-parents ; Pierre renonce au rachat du fief.

1515. Août. — Lettres d'anoblissement délivrées, moyennant finance, par « Mgr le prince d'Espagne, archiduc d'Autriche », plus tard Charles V, à Bertrand de le Cambe, dit Ganthois, fils de Roger, « pour consi- » dération de ses vertus, bonnes mœurs et honnête conduite et en » faveur d'aucuns espéciaux serviteurs du prince qui l'en avoient » instamment requis ».

Bertrand de le Cambe, seigneur de la Haye, d'Ennequin et du Basinghien (2ᵉ fief), avait épousé Jeanne d'Ollehain, puis Marie de Lannoy.

De Jeanne d'Ollehain, Bertrand laissa :

1º Denis, seigneur de la Haye à Loos et Esquermes, seigneur d'Ennequin, né en 1513 ; il eut pour parrain dom Denis de Bauvin.

Il eut d'Anne de Massict, sa deuxième femme :

Marie, dame de la Haye à Loos et à Esquermes, dame d'Ennequin, épouse de Jean de la Haye, à Flers. Ils eurent huit enfants, dont :

    A. Arnould, seigneur de la Haye à Loos et à Esquermes, seigneur d'Ennequin, qui, de Marie Bernard, dame de Jolain et d'Aire à Baisieux, eut quatre enfants, dont : Charles de la Haye à Loos et à Esquermes, seigneur d'Ennequin, époux d'Anne de Kessel, dont il eut : Philippe-Charles, seigneur de la Haye à Loos et à Esquermes, seigneur d'Ennequin, lequel, de Marie-Anne-Eugénie-Florence de Cassine, eut :

        a. Robert-François, né à Loos, le 3 mai 1666.

        b. Jean-André-François, baptisé à Saint-Maurice le 3 août 1667, à cause de la guerre (Louis XIV était à cette date au château de Landas, habité avant le siège par cette famille [1]).

        c. Ernestine-Isabelle, née à Loos le 17 septembre 1670.

    B. Antoine, seigneur d'Ennequin, qui laisse son fief à sa mort (1640), à Charles Alegambe, seigneur du Basinghien.

2° Mathias de le Cambe, seigneur du Basinghien, qui laissa sa seigneurie à Louis Alegambe, son neveu.

De Marie de Lannoy Bertrand de le Cambe eut :

3° Marie de le Cambe, épouse (10 novembre 1541) de Quentin Alegambe, dont elle eut :

    Louis Alegambe, auquel Mathias de le Cambe, seigneur du Basinghien, laisse son fief le 16 août 1572. Il fut prévôt de Tournai, bailli et châtelain de Lille par lettres de Henri IV données au camp devant Epernay, le 27 juillet 1592. Il mourut d'apoplexie à l'abbaye de Saint-Amand et y fut enterré (1617). Il eut pour héritier :

    Charles, seigneur du Basinghien et héritier d'Ennequin, par Antoine de la Haye. De Marie de Cambry, il eut : Antoine, seigneur du Basinghien et d'Ennequin, qui laissa sa terre d'Auweghem et ses autres terres à son neveu, Charles Alegambe, lequel mourut le 21 janvier 1758, à 84 ans.

---

1. A la fin du XVIIe siècle, Landas est occupé par la famille Delyot.

4° Arnould de le Cambe, abbé de Marchiennes en 1563. On lui doit le collège élevé à Douai sous Philippe II. Il mourut en 1582[1].

L'abbé se rend au chapitre de Cîteaux. Son équipage se composait de cinq chevaux et d'un cheval de bât; il avait cinq personnes à sa suite.

1517. *5 novembre*. — Allard de la Porte, seigneur de la Hatterie, conseiller du roi catholique, archiduc d'Autriche, duc de Bourgogne, comte de Flandre, lieutenant de M. le gouverneur du souverain bailliage de Lille, Douai, Orchies et appartenances, et gardien commis aux prévôt, doyen et chapitre de l'église collégiale de Saint-Pierre de Lille, constate que le seigneur des Frennes a eu de temps immémorial le droit de faire danser le jour de la « dedicasse » de Loos, sur la place seigneuriale; de faire payer un droit aux marchands et de leur permettre de s'installer ailleurs que sur la place. Quelques vendeurs, Noël Garnier, Gérard Plancquielle, Charles Makart et Jacques Caisart « merchiers » ayant méconnu ces droits, un procès leur est intenté. Le seigneur de Loos le gagne et ses privilèges se trouvent ainsi sauvegardés et maintenus.

1519. *Janvier*. — Mort de l'empereur Maximilien, auquel succède Charles Quint (28 juin). Son élection détermine le commencement de sa rivalité avec François 1er.

Mort de Michel Requillatre, ancien abbé.

1520. — Elévation d'une muraille, à l'abbaye, depuis le pont des Moines (pont-levis du nord) jusqu'à la grange, pour renfermer la basse-cour.

Plantation d'une allée d'arbres de ce pont-levis au pont-dormant et d'une allée de l'autre pont-levis à la haute porte. Toutes les terres, prairies, vergers et bois au-delà de la petite rivière où se trouvait le pont-dormant dépendaient de la cense de Durmort. Longtemps après on ouvrit une porte de ce côté.

Agrandissement du refuge des religieux, à Lille, jusqu'à la rue « d'Houdain ».

1522. Après avoir assiégé Mézières, les Impériaux sont refoulés au-delà de l'Escaut par les Français.

---

[1]. On remarquera que les fiefs du Basinghien et d'Ennequin cessent d'appartenir à la même branche dès la naissance de Mathias de le Cambe, et que le fief d'Ennequin se dédouble à la naissance d'Antoine, fils de Jean de la Haye. Mathias et Antoine étant morts, leurs seigneuries sont attribuées à la branche des Alegambe. — Voir aux annexes.

Décembre. — Mort de Gérard de Langlée, qui, d'Eléonore de Wulfsberghe, de Pecq et de Pumbeke, avait eu :

Jean de Langlée, mort en 1570 et inhumé à Pecq avec son épouse, Gabrielle d'Oignies, qui lui avait donné :

Jacques, baron d'Heyne et de Pecq, créé chevalier le 20 septembre 1585. Il épousa Jacqueline de Recourt de Lens et de Licques et en eut :

Alexandrine, mariée à Charles de Lallaing.

1525. — Après la bataille de Pavie, où François Ier avait été fait prisonnier, Charles Quint fit conduire le roi de France en Espagne et l'y retint jusqu'au traité de Madrid. Ce traité, par lequel l'empereur enlevait au roi tout ce qu'il pouvait, portait dans ses clauses le renoncement par celui-ci à ses droits de propriété sur l'Artois, le Tournaisis, Lille, Douai et Orchies ; de plus Charles Quint se déclarait quitte de l'hommage dû à la France pour la Flandre et l'Artois.

Aux traités de Cambrai (1529) et de Crépy (1544), ces conditions furent renouvelées.

1er février. — Par devant Willaume Lamhome, bailli de la seigneurie des Frennes et lieutenant du bailli du fief d'Adrien Thieulaine, que celui-ci tient des héritiers de Gérard de Langlée, en présence de juges rentiers des deux seigneuries, maître Jean Labe, Jehan Deleruielle et Jean de Watines, comparaît Jean Cecquet, de Lille, qui déclare avoir vendu à Hubert Garce des terres tenues des Frennes, entré les deux chemins allant d'Haubourdin à Lille, près du moulin à wedde[1], tenant à Jehan du Boys, à la veuve et aux héritiers de Jacques Bosquet.

1527. 24 juillet. — Marc Meurisse, sergent des doyen et chapitre de Saint-Piat à Seclin, reconnaît que le jour de la « dedicasse » de Loos, de l'an 1525, chargé par le lieutenant de leur bailli, il a pris deux « estrelins » pour le droit « d'estaplaige » des boutiques et pains d'épices installés sur la place près du plantis de Charles de Souastre, écuyer, seigneur des Frennes, en quoi il a empiété sur les droits du seigneur. Il rembourse les deux « estrelins » perçus à tort. A signé Loys *de Cruce*, prêtre, en présence de maître Wallerand Beaufremez, écuyer, seigneur de Calonne, maître Josse Labbe, clerc paroissial de Loos, Jehan Le Mahieu et Josse Bomier.

---

1. La wedde était une plante tinctoriale qui donnait une couleur bleue. La rue Ban de Wedde, à Lille, rappelle l'endroit où se vendait cette denrée.

Dom Denis de Bauvin autorise à Haubourdin les représentations de la Passion [1].

Dom Denis de Bauvin bénit la cloche d'Erquinghem-le-Sec :
    « Denise suis nommée et baptizée
    » Par domp Denis, surno[m]mé de Bauvin
    » Abbé de Los, icelle meisme année
    » Que Bourbon prit pape et Rome en butin » [2].

1529. — Toussaint Muissart, fils de Jacques, possède le fief des Marets. Il le laisse en 1554 à son frère Baude, l'un des quatre baillis hauts justiciers de la châtellenie [3].

9 juin. — Sentence rendue par Jean Gomer, écuyer, licencié ès lois, seigneur des Plancques, conseiller de l'empereur, lieutenant du gouverneur du souverain bailliage de Lille, Douai, Orchies, etc., en faveur de Charles de Souastre, seigneur des Frennes, qui s'était plaint d'empiètements sur les droits qu'il avait de par sa seigneurie, tenue en justice de vicomté du fief du Breucq et en souveraineté de la salle de Lille.

Il avait le droit d'autoriser, le jour de la ducasse, la fête, danse et « esbatement » sur sa seigneurie et la place près de l'église ; de donner une épinette ce jour-là, et personne d'autre ; de faire porter la Vierge le même jour à la procession par son bailli ou le lieutenant; d'avoir un siège au chœur de l'église; d'aller au chœur à sa place pour le service divin ; d'assister à la reddition des comptes des marguilliers ; de faire tels actes d'autorité que les seigneurs de village font d'ordinaire ; de faire réparer tous les torts qu'on aurait eus à son égard. L'impétrant ou ses prédécesseurs ont joui de ces droits depuis un temps immémorial, au vu et su de Pierre Le Febvre, Jehan Plancques, Bernard Cambelin, marguilliers, et de tous autres. Ces marguilliers, sans prévenir le seigneur, s'étaient permis de vérifier leurs comptes en son absence et n'avaient pas voulu réparer leur manque de déférence. Hugues de la Rue, sergent de la gouvernance, ayant été prévenu, se transporte le samedi 22 mai 1529, au domicile des marguilliers et les assigne par-devant lui pour le mercredi 26 mai au-devant de l'église, entre six et sept heures du matin. Ils s'y rendent, ainsi que Rogier Artus, procureur du seigneur. Mais les marguilliers refusent toute réparation. Le sergent constate et les ajourne de nouveau au jeudi 3 juin en la salle de Lille, pour faire connaître les causes de leur opposition.

---

1. De Rosny.
2. Id.
3. Spriet.

L'accord n'ayant pu se faire entre les procureurs des marguilliers et du seigneur, Jehan Le Mahieu et Jehan Lomme, on décide de procéder et la cause est ajournée à quinzaine. Enfin, le 9 juin, les marguilliers reconnaissent les droits du seigneur. Ils sont condamnés aux dépens, au taux de la cour.

« Nous fismes publier en 1529, à Radinghem, Escaubecq, à Loos et
» dans d'autres villages, une commission de commandemens que nous
» avions obtenue de la gouvernance de Lille pour obliger les labou-
» reurs de mettre leurs advestures, en monts et cogeaux égaux, afin
» d'en percevoir nostre juste portion de dismes »[1]. Ceux qui n'obéirent pas se virent condamnés à l'amende.

1530-1560. — La suerie ou suette, maladie contagieuse, fait dans les environs un grand nombre de victimes[2].

1530. — Au refuge de l'abbaye, dom Denis ajoute une nouvelle acquisition, qui s'étendait de la rue « d'Houdain » à la rue d'Angleterre et à la rue Saint-Paul, dite plus tard du Pot d'Etain.

Les propriétés du monastère étaient devenues en cet endroit si considérables que la place de la Croix Sainte-Catherine n'avait plus d'autre désignation que place de l'Abbé à qui tout faut.

1531. *13 décembre.* — Jean Labbe, lieutenant de Jean Lomme, bailli de Charles de Souastre, seigneur des Frennes, constate que Pierre de le Croix, fils de feu Jehan, par-devant lui et juges rentiers, Jehan du Boys, Jehan Deswatines, Jacques Watrelos, a reconnu avoir vendu à Toussaint Muyssart, docteur en médecine, également présent, une terre tenant à l'héritage dudit Toussaint, à maître Rogier de le Croix, à la ruelle menant du moulin de l'abbaye à l'église de Loos.

Dom Denis de Bauvin termine à l'abbaye une chapelle en l'honneur de saint Bernard[3].

Un jour huit pauvres viennent mendier à la porte du monastère ; ils étaient sous le coup d'un édit impérial contre le vagabondage. Le sergent du prévôt de Lille étant venu les arrêter sur le pont des Ribauds, le bailli de l'abbaye parvient à les retirer de ses mains et les fait interner dans la prison du couvent.

Cinq furent bannis ; les autres furent tondus à pilette[4] et renvoyés[5].

---

1. Gouselaire, in de Rosny.
2. Derode et Tierce.
3. De Rosny.
4. C'est-à-dire en laissant des touffes de cheveux, ce qui était une marque d'infamie.
5. De Rosny.

1532. — Pour venir en aide à la Hongrie et à l'Autriche attaquées par les Turcs, le pape se voit obligé par Charles Quint de prescrire une imposition extraordinaire sur les biens des religieux. Cette question fut débattue dans une assemblée d'ecclésiastiques tenue à Tournai et l'abbaye se vit taxée à 4500 livres, monnaie de Flandre.

Ce n'était pas la dernière fois, car les années suivantes, au moment de la guerre en Artois entre l'empereur et la France, elle dut fournir de nouveaux subsides [1].

1535. — Dom Denis de Bauvin reçoit du souverain pontife le pouvoir de réhabiliter Pierre Dobrin, prêtre du diocèse de Tournai, qui après avoir dit la messe à Saint-Sauveur de Lille, s'était rendu coupable de vol du calice et, après l'avoir mis en pièces, l'avait vendu pour subvenir aux besoins « d'un sien compagnon, prestre comme lui » [2].

1536. — Antoine de Tenremonde recueille le fief de Durmort après le trépas de Michelle du Mez, fille de Jeanne de Durmort et de Gérard du Mez [3].

1537. — Antoine de Landas, seigneur de la Vigne, à Loos, meurt devant Thérouanne. Sa fille Valentine, épouse de François Le Preudhomme, seigneur de Coisnes, mourut en 1601, sans postérité.

1538. — L'abbaye fournit à l'empereur deux nouveaux subsides, l'un de 720, l'autre de 8600 livres.

Dom Denis de Bauvin rebâtit le refuge de la rue de la Grande-Chaussée. Les matériaux provenaient de l'abbaye et un frère dirigeait les travaux.

1540. — Dom Denis de Bauvin, auquel l'âge ne permet plus une direction efficace, se fait donner un coadjuteur dans la personne de son neveu, dom Denis Watrelos (26e abbé), qui, s'il ne mourut pas avant lui, ne lui survécut pas longtemps.

1542. — Les villages voisins de Lille sont pillés et ravagés par des soldats de Charles Quint, tenus en éveil par des détachements français disséminés sur les frontières [4].

---

1. De Rosny.
2. Id.
3. Spriet.
4. Derode.

1544. — Dès cette année, on parle de miracles opérés sur la route de Béthune, au tilleul qui abrite la statue de la Vierge, et où les religieux se rendaient souvent pour prier [1].

1545. *3 septembre.* — Grand feu de Lille. Le feu avait commencé à l'écurie du Cheval d'or, rue Grande-Chaussée, et s'était propagé rue des Suaires et rue de la Clef. Deux cent douze habitations furent détruites et l'abbaye eut à déplorer la perte de six maisons. Par suite, la propriété de la rue de l'Abbaye devenait le seul refuge du monastère [2].

1546. *11 juin.* — Mort de dom Denis de Bauvin, après trente-cinq ans de prélature.

1547. *17 avril.* — Dom Jean Mariage, 27ᵉ abbé. En vertu d'un indult de Léon X à Charles Quint, la nomination des abbés devait se faire désormais au gré du souverain [3], dont le choix cependant ne pouvait s'arrêter sur d'autres religieux que sur ceux de l'ordre ; le monastère, de ce fait, ne put jamais tomber en commende. Dom Mariage demeura dix ans à la tête du couvent.

Vivaient au monastère :

En 1548, Paul Labbe, prieur; Toussaint Lescouffe, maître de la basse-cour; Alard Raoult, maître des bois; Pierre Le Blanc, sacriste ; Josse Lemaire, sous-prieur; Remi Desmaziers, procureur; Philippe Audent, grainetier; Mathieu Broiffort, boulanger ; Fréd. Doby, dispensier ; Pierre Pollet, prêtre.

Vers 1557, Guillaume de Lattre, d'Audenaerde, maître des bois ; Michel Drahans ; Pierre Grulois, prieur; Philippe Roseau, de La Bassée ; Waleran Herreng; Antoine de Lattre, de Lille; Jean Jouvenet, qui fut chapelain et receveur des abbayes d'Annay et du Vivier et maître de l'hôpital de Seclin.

1549. — « Charles V passa à Loos, a la croix de nostre » abbaye, quand avec son fils Philippe, il vint de Béthune » à Lille où il fut reçu avec pompe et magnificence. »

Le nonce du pape accorde à dom Mariage l'autorisation qu'il lui a demandée de vendre quelques maisons appartenant au couvent, sises à Lille, Tournai, Béthune et Orchies [4].

1551. — Les religieux ayant fait entendre des plaintes au sujet des aliénations de dom Mariage, Charles V ordonne à celui-ci de rendre compte de son administration aux abbés de Saint-Bertin et de Clairmarais [5].

---

1. *Abrégé historique.* — Abbé Détrez. — *Les sanctuaires de la mère de Dieu.*
2. De Rosny.
3. Id.
4. Id.
5. Id.

1552. *7 novembre.* — Par-devant Pierre du Lin, bailli du fief et de la seigneurie du Basinghien, et en présence de maître Baude Muyssart, licencié ès-lois, Rolland Le Bucq et Jehan Labbe, juges de la seigneurie, ont comparu Roger de le Croix, prêtre, et Toussaint Muyssart, docteur en médecine, tous deux de Lille. Le premier a reconnu avoir vendu à l'autre une terre tenant à Toussaint, à Rolland Le Bucq, à la piedsente menant de la terre du Marez à l'église de Loos.

1553. — Ruine de Thérouanne et de Hesdin, par Charles Quint, en guerre contre Henri II. L'année suivante, l'empereur est battu à Renty.

Gilles Lefébure, né à Illies en 1491, curé de Loos.

PHILIPPE II (1555-1598).

Furent gouverneurs de la Flandre et des Pays-Bas sous Philippe II : le comte d'Egmont (1555-1567); le duc d'Albe (1567-1573); Requesens (1573-1576 ; don Juan (1577-1578); Alexandre Farnèse (1578-1592) ; le comte de Mansfeld (1592-1594); Ernest d'Autriche (1594-1595); le comte de Fuentès (1595-1596) ; le cardinal Albert (1596-1598).

1555. *25 octobre.* — Les Etats-Généraux des Pays-Bas réunis à Bruxelles approuvent la cession des dix-sept provinces, solennellement faite à son fils par l'empereur Charles Quint.

Les différentes autorités de la châtellenie étaient représentées par leurs délégués.

Charles Quint conserva encore l'empire quelques mois, pensant pouvoir également le céder à son fils, mais cette espérance fut vaine, car ce fut à Ferdinand, roi des Romains, oncle de Philippe II, qu'échut cette succession.

Antoine Muissart, fils de Baude, possède le fief des Marets [1].

1556. *Septembre.* — Charles Quint se retire au monastère de Saint-Just.

Incendie d'Orchies. Le refuge de Loos, maison possédée par les moines dans cette ville subit le sort commun.

---

1. Spriet.

1557. — Mort de dom Mariage. — Dom François Abeel, de l'abbaye de Baudeloo, 28ᵉ abbé. Philippe II lui octroie ses lettres de nomination ; les religieux ratifient forcément cette élection. Le monastère subit une crise morale et matérielle : les moines continuent à s'écarter de leur règle [1] et voient leurs revenus se restreindre devant les dépenses et les nouvelles taxes imposées par Philippe II et le pape Jules III.

Vécurent sous la direction de dom Abeel (1557-1565) :

Guillaume Dujardin, prieur, de Lille ; Nicolas Héreng, de Sequedin ; Jean Herreng, de Lille ; Jacques Bertoul, cellerier.

1558. *21 septembre*. — Mort de Charles Quint.

Le nécrologe de l'abbaye ne fait pas mention de l'empereur, pas plus que de la princesse Marie, gouvernante des Pays-Bas. Les vexations dont l'abbaye fut maintes fois l'objet de leur part semblent être la cause de cet oubli [2].

1561. 28 mars. — En présence de Jehan des Watines, bailli de Jacques de Souastre, écuyer, seigneur des Frennes, et de Jehan de le Vallée, Hutin du Thoit, Charles Labe et Jacques Deswatines, juges rentiers, ont comparu Marguerite Billaud, veuve de Piat de Maulgré, Melchior et Cornille de Maulgré, ses enfants, qui reconnurent avoir vendu à Jacquemine Billaud, veuve de Nicolas Béghin, la moitié d'une terre dont l'autre moitié appartient déjà à « l'acheteresse ». Cette propriété aboutit au chemin menant de l'église à Basinghien, devant la maison du curé, au seigneur de Millomez, au seigneur des Frennes et au seigneur du Basinghien, à Jacquemine Billaud.

9 novembre. — Denis de le Cambe, dit Ganthois, écuyer, seigneur de la Haye, conseiller du roi, lieutenant du gouverneur du souverain bailliage de Lille, Douai, Orchies, etc., constate qu'après les publications légales faites à Loos deux dimanches à l'issue de la grand'messe et à Lille deux mercredis, à la bretesque [3], à cause du marché, personne n'a présenté de droits à faire valoir sur des propriétés achetées par le seigneur des Frennes de maître Baude Broele, procureur du sieur de Basinghehem. Il les déclare exemptes d'hypothèques et délivre des lettres de purge. Ces terres aboutissent au chemin qui mène des

---

1. Un jour, quelques jeunes gens de Lille viennent voir un religieux de leurs amis On se met à jouer de l'argent qu'on employait à boire. Un moine perd et refuse de se soumettre aux conditions générales du jeu ; le gagnant s'empare d'une tasse en argent qui était sur la table et qui appartenait au perdant. Des coups sont échangés et la querelle se termine par la mort de l'un des adversaires. — De Rosny.

2. De Rosny.

3. La bretesque était une sorte de tribune en saillie sur la façade de l'hôtel-de-ville.

Frennes à Loos, au bois du seigneur des Frennes et au bois du seigneur de Milomez, aux terres du seigneur de la Haye, à Antoine Muyssart et aux héritiers de Jacques Desmarescaux ; à la rivière qui coule devant les Longs prés.

L'abbé de Citeaux visite l'abbaye et confirme dans sa charge dom François Abeel, élu quelques années auparavant.

17 juin. — Guérison d'Angélique Dugardin, devant la statue de Notre-Dame de Grâce.

Il existe à l'église paroissiale un tableau la représentant portant un panier et accompagnée d'un petit chien. Dans le coin à droite, on remarque une sorte d'oratoire ; dans le coin à gauche, l'inscription : « Angelique Joseph Dugardin guerrie le XVII de juin MDLXI ».

1562. — Mort de Denis de le Cambe.

Jacques Bacqueville, pasteur de Loos.

1564. — Guillaume le Taciturne fait signer aux nobles mécontents le compromis de Bréda. Ceux-ci demandèrent à Marguerite de Parme, gouvernante des Pays-Bas, le redressement de leurs griefs, c'est-à-dire la fin des mesures sévères contre les réformés et le retrait des troupes espagnoles fixées dans les Pays-Bas. La gouvernante accepta. Mais le peuple ne tint aucun compte de ces concessions ; enflammé par les pamphlets calvinistes, il voulut rétablir de force le protestantisme. Les réformés se donnèrent le nom de gueux. Dans la châtellenie, les malfaiteurs qui se joignirent aux sectaires reçurent des désignations analogues : tout-nuds, hurlus (hurleurs), bocqueteaux (habitants des bois).

Derode[1] mentionne une terre des Bocqueteaux sise à Loos. C'est peut-être la même qui, en 1723, fut louée par l'abbaye à son sergent Jean-Baptiste Gillequin[2]. Elle se trouverait aujourd'hui près du sentier des Bocquiaux.

Dom Abeel fait faire un ornement en velours rouge, recouvert presque entièrement de broderies d'or fin. Cet ornement se compose d'une chasuble, d'une dalmatique, d'une tunique et de quatre chapes. On le conserve encore aujourd'hui à l'église Saint-André.

---

1. *Histoire de Lille*, t. II.
2. Spriet.

Les armes de deux abbés figurent sur les chapes ; à l'intérieur de la bourse, on lit la date 1564 [1].

1565. — L'abbé François Abeel donne sa démission après sept ans de gouvernement. — Dom François Momal, 29e abbé. Il fit faire la muraille qui entoure l'abbaye, défendit l'usage des épées et des armes à feu, interdit les jeux et les cartes et restaura les finances [2].

Sous dom Momal vivaient :

Jean Couvreur, directeur de Marquette, et plus tard de Wevelghem ; Nicolas Wanotte, directeur de Wevelghem ; Vincent Longuespée, de Lille ; André Duquesne, d'Ath ; Simon Lelièvre, d'Ath, chantre ; Julien Le Noir, maître de l'hôpital de Seclin ; Claude Wittebault, directeur de l'abbaye de Beaupré ; Simon Sohier, de Béthune, prédicateur habile, receveur de l'abbaye, prieur de Flers, près Douai.

1566. *17 août.* — Des gueux pillent les églises et monastères de la Flandre et sèment la terreur dans les environs. Le jour de l'Assomption, l'abbaye de Marquette est entièrement saccagée ; le surlendemain, sous la conduite de Vallée, ils se présentent devant le couvent, après s'être emparés de ce que pouvait contenir l'église de Sequedin, mais les moines sont partis à Lille avec leurs objets de valeur. Néanmoins les hérétiques, une fois dans le monastère, saccagent tout ce qu'ils trouvent ; une quantité de manuscrits et de livres précieux sont détruits. L'église du village n'est pas davantage épargnée. La statue de Notre-Dame de Grâce échappe cependant à leur fureur.

Ces déprédations cessèrent dans nos environs devant l'attitude énergique des habitants de Seclin, Gondecourt, Haubourdin, qui se réunirent en armes pour repousser les réformés.

L'ennemi s'étant éloigné, les religieux réintégrèrent l'abbaye et s'appliquèrent à réparer les dommages et à rendre leur église plus belle et mieux ornée [3].

1569. — Jacques de Tenremonde, seigneur de Mérignies et de Durmort, petit-fils et héritier d'Antoine de Tenremonde, laisse ses biens en mourant à sa sœur Gérardine [4].

En raison des services rendus par dom Momal, le pape Pie V lui adresse un bref qui lui permet l'usage de la mître [5].

---

1. *Le Nord monumental et artistique*, par Mgr Dehaisnes. Lille, Leleu, 1897.
2. De Rosny.
3. Id.
4. Spriet.
5. De Rosny.

1570. *17 novembre*. — Le duc d'Albe ayant imposé les octrois pour obtenir des subsides, les privilégiés lui envoyèrent une députation à Bruxelles pour protester. Le duc la renvoya, prétextant que ses pouvoirs n'étaient pas réguliers. L'abbé de Loos pour le clergé et Jean de la Haye pour la noblesse essayèrent une nouvelle tentative qui demeura infructueuse.

1573. — Guillaume Delyot, bourgeois de Lille, achète le fief de Durniort de Gérardine de Tenremonde [1].

24 juillet. — Nicolas du Bosquel, seigneur de le Barghe, époux de Catherine de Warenghien, tient de Jacques de Souastre, seigneur des Frennes, Loos, etc., une terre située sur le mont d'Emmerin, tenant à Nicolas Barge, à la terre de l'abbaye, à Jacques Roland, à Hippolyte Looz. Pierre Deleruyelle en occupe une partie.

Juillet. — Mort de dom Abeel, ancien abbé.

1575. *19 août*. — Mort de dom Momal dont la direction avait duré dix années. — Dom Pierre Carpentier, de la Bassée, 30e abbé. Homme de valeur, il sut ramener l'ordre dans le monastère et le gouverner avec douceur. Il augmenta les propriétés et ajouta au refuge de Lille notamment un quartier qui servit plus d'une fois, lors des guerres et des incursions d'hérétiques. Il acheta la ferme de la Balaterie à Lomme, ce qui rendit les religieux seigneurs de la Haye (1588) [2].

Il gouverna plus de trente ans et reçut :

François Silvius, de Courtrai ; Martin des Buissons, de Lille ; Gérard Boucher, de Tournai, chapelain et receveur d'Annay ; Pierre Carré, économe du quartier abbatial, puis maître des bois ; Mathieu Laden, d'Haubourdin, chapelain de Beaupré ; Laurent Menu, cellerier ; Artus Février, de Douai ; Jean Hennion, de Douai ; Waleran Henneron, de Comines : Christophe d'Ancoen, Lorrain ; Marc Verloin, de Douai ; Jean Foucart, d'Ath ; Maximilien Cuvillon, de Lille ; Benoît Empis, de Lille ; Bernard Cambier, de Lille ; Guillaume du Puich, d'Emmerin ; Jacques Bart, de Bruges, directeur de Marquette ; Michel Carpentier, neveu de l'abbé ; Jean de Beaufremez, de Lille ; Philippe Leroy, de Lille ; Jean de la Haye, de Lille ; Lambert Carrette, de Lille ; Jean de le Barre, de Lille, à qui l'on doit un grand nombre de documents pour l'histoire des abbayes de l'ordre de Cîteaux ; Maximilien Segon, de Loos ; Jean Rebbo, d'Ath ; Jérôme Leclercq, de Courtrai ; Robert le Sec, de la Bassée, Nicolas Parent, de Lille ; Barthélemy Barge, d'Haubourdin, maître des bois.

---

1. Spriet.
2. De Rosny.

1576. — Afin de rechercher les moyens de rendre la tranquillité au pays, constamment bouleversé par les guerres de religion, les États-Généraux se réunissent à Bruxelles. Dom Carpentier, Jean de la Haye, le seigneur du Breucq, Antoine de Muyssart, y sont envoyés par leurs différents ordres. On arriva à décider la suspension des hostilités (7 janvier 1577)[1].

24 octobre. — Par-devant Jean Deswatinnes, bailli de Jacques de Souastre, seigneur des Frennes et d'Avesnes, Jean Cornille, bailli d'Arnould de Harchies, seigneur de Milomez, et Jacques de Langlée, et en présence de Colard Destieu, Barthélemy Haze, Pierre Scollemettre, Robert Willomez, Paul Deswatines, Jean Deswatines et Jean Le Nyes, juges rentiers d'Avesnes et de Menin, Jean Creson, homme de fief de la salle de Lille, Jérôme de Cagny et Anne Briselance, son épouse, ont reconnu avoir vendu à Bauduin Scollemettue et Jeanne Garce, son épouse, une terre sise à Loos, hameau d'Ennequin, tenant aux héritiers Jean Dubois, à Jean Senart, à Hubert Béghin, au seigneur des Frennes. Cette terre venait de la grand'mère d'Anne Briselance.

1580. *6 avril.* — « Entre quatre et cinq heures après midi,
» fut fait, en la ville de Lille et alentour, un grand trem-
» blement de terre »[2].

30 septembre. — Par l'intermédiaire d'Alexandre Farnèse, duc de Parme, gouverneur des Pays-Bas, la ville de Lille fait la paix avec le roi d'Espagne. Les habitants en attribuent l'honneur à Notre-Dame de Grâce, à cause de la préservation dont la statue avait joui tout le temps que les gueux avaient tenu campagne autour de la ville.

Quand les religieux quittèrent leur refuge de Lille pour rentrer à Loos, ils retrouvèrent, près du tilleul, la petite statue dans sa niche, figurant une chapelle, recouverte d'un toit[3], et commencèrent à l'orner; ils y vinrent plus fréquemment accomplir leurs dévotions et en montrèrent ainsi le chemin aux Lillois.

1581. *23 avril.* — Premier miracle enregistré. Jacques du Bois, de Lille, impotent depuis longtemps, est guéri[4].

20 mai. — Madeleine de Haynin, dame d'Houplin, épouse du

---

1. Derode.
2. Chronique lilloise.
3. P. Lhermite.
4. *Abrégé historique.* — Abbé Dettrez. — *Les sanctuaires de la Mère de Dieu*

seigneur de Varennes et sœur du seigneur du Breucq, percluse de tous ses membres depuis un an et demi, se trouve subitement guérie devant la statue [1]. En reconnaissance, elle résolut de remplacer la niche par une chapelle.

Mgr Jean de Vendeville, évêque de Tournai, désigne des notaires chargés de vérifier et de constater les prodiges, dont le nombre commence à s'affirmer.

30 novembre. — Farnèse, auquel les canonniers et les milices lilloises prêtent leur appui, s'empare de Tournai, où les hérétiques étaient assiégés depuis le 4 octobre. Ce succès des catholiques est encore regardé comme une protection de Notre-Dame de Grâce [2].

1582. *Juillet*. — Une bande de hurlus venus pour tenter un coup de main sur Lille, est repoussée par Jeanne Maillotte.

1583. — « Le lendemain du 10 février, on compta le 21, » par ordre du roi » [3].

C'était l'application du nouveau calendrier du pape Grégoire XIII.

1584. — Dom Pierre Carpentier est nommé vicaire-général de l'ordre de Cîteaux. On lui donne en même temps le pouvoir de remédier aux maux causés par le passage des hérétiques au refuge des religieuses de Wevelghem, à Courtrai [4].

1585. *25 juin*. — Hippolyte Braem, procureur, de Lille, époux de Catherine Cardon, tient de Claude de Lannoy, seigneur du Mollin, époux d'Hélène de Souastre, dame des Frennes, un fief aboutissant au chemin qui mène de Loos à Lille, et au chemin qui mène de Lille à Haubourdin, au cheminet qui vient d'Avesnes à Basinghebem et à la terre des héritiers Roger de le Cambe, dit Ganthois.

20 septembre. — Jacques de Langlée, grand bailli de Gand, ber et souverain bailli de Flandre, est créé chevalier, en considération de ses services et de ceux rendus par ses ancêtres.

Mgr Six, évêque de Saint-Omer, ancien curé de Saint-Etienne,

---

1. Id. — Le sire du Breucq joua un rôle important à Lille, à l'occasion des troubles, suites de la Réforme. Il tenta de s'opposer au parti du prince d'Orange en se mettant à la tête de trois cents hommes, mais il fut obligé de quitter la ville ; il y rentra après la prise de Menin sur les réformés et fut nommé commissaire au renouvellement de la loi. Cependant les huguenots le firent révoquer. — Derode.
2. P. Lhermite.
3. Chronique lilloise, in Derode.
4. De Rosny.

à Lille, consacre neuf autels au monastère. Depuis 1566, à cause des troubles religieux, on ne disait plus la messe que sur des autels portatifs.

1588. — Agnès Delyot, fille de Guillaume et d'Antoinette du Hot, tient le fief de Durmort. A sa mort, sa sœur Jeanne en devient propriétaire [1].

1590. — Philippe des Mares, maître des comptes en Hollande, achète le fief des Mares, qui passe ensuite à Jean, son frère et héritier.

9 avril. — Jehan de Sains, de Lille, Rolland Parquet, demeurant au Bac à Frelinghien, mesureurs sermentés requis par Philippe des Mares, conseiller du roi, premier maître de la Chambre des Comptes de Hollande, en présence d'Antoine Muyssart, conseiller avocat, Antoine Carlier, censier, Paul Deswatines, bailli de Loos, Adrien de Sion, au nom du seigneur du Fresnoy, et Jehan Ricquier, font l'inventaire du fief des Mares :

1. Maison de plaisance, jardins, maison de censier, granges, étables, arbres montants et portant fruits, fossés, eaux (moitié de la rue du Mares).

2. Plus bas de la rue, un petit flégard.

3. Pièce de terre tenue de Claude de Lannoy, aboutissant au grand chemin d'Haubourdin à Lille, aux terres de l'abbaye, aux pauvres de Loos, au sieur du Pescq.

4. Une autre pièce de l'autre côté du chemin, en face de la piedsente, tenant à Anthoine Muyssart, aux hoirs de Jean Le Batteur, à Philippe Bécue, au sieur de Pecq.

5. Une terre tenant à la précédente, au sieur de Pecq, et à la veuve de Franchois Cambry, fille et héritière d'Alexandre de Flers.

6. Une terre tenant au sieur de Pecq, aux hoirs de Guillaume Delyot, à Robert de Fourmestrau, à Maximilien Segon, à Claude de le Cauchie, seigneur de Rocques, et Jacques Cocquet.

7. Une terre tenant à Toussaint Le Boucq, à la piedsente de la cense du Mortier à l'église de Loos, au fief du Mares et à Hutthin du Thoy.

8. Une terre tenant à ladite piedsente, à la maison et jardin du Mares, aux hoirs Jean Caudron et Guillaume Martin, aux pauvres de Loos, à Maximilien Segon et Guillaume du Thoyt.

9. Une terre aboutissant à Maximilien Segon, contre la piedsente allant de l'église à l'abbaye et à Hutthyn du Thoyt.

10. Une terre faisant d'abord partie du gros du fief, puis distraite pour Charles Petitpas, qui l'a donnée à sa fille Françoise, à son mariage avec Jehan Le Pers, ainsi que la cense du Cornet. Elle tient à Jehan Le Pers, à cause de demoiselle Petitpas, à la cense du Cornet et à Toussaint Leboucq, la piedsente de l'église à l'abbaye passant à travers.

---

1. Spriet.

Avant d'entreprendre la construction d'une chapelle, Mme de Haynin s'était entendue avec l'évêque de Tournai, l'abbé de Loos, Mathieu et Jean Meurisse : elle donna les matériaux ; l'abbé et l'évêque contribuèrent pour leur part à la bonne œuvre ; Mathieu et Jean Meurisse offrirent le champ où croissait le tilleul. Cette propriété était tenue de la seigneurie d'Ennequin que possédait l'abbaye.

Le 30 mai, Mgr de Vendeville pose la première pierre ; le fils de Claude de Lannoy, seigneur du Moulin, âgé de neuf ans, pose la seconde. Avant cette cérémonie, une messe avait été chantée sous une tente que l'on avait dressée dans une prairie voisine.

Le 28 octobre, la chapelle est terminée.

1591. *9 novembre.* — Le bailli de Lille permet de rehausser le chemin du Poncel rentier à l'abbaye et d'extraire le sablon nécessaire pour le « recauchiement » sur un chemin, sis au territoire d'Englos [1].

Des comptes de la seigneurie du Mares font mention, comme possesseurs de terres tenues de cette seigneurie, de :

Claude Blondel.
Anthoine Carlier et N... Béhagle, sa femme.
Veuve Henry Caullier.
Nicolas Cormorant.

Frédéric Descamps.
Guillaume Destien, de Lille.
Martin, messager de Gand.
Pierre Micquelo, de Ferrières.

Après la mort d'Henri III, Henri IV, pour lutter contre la Ligue, cherche des partisans dans sa seigneurie d'Haubourdin, qui lui venait de son père Antoine de Bourbon, duc de Vendôme. Les hérétiques en profitèrent pour provoquer les catholiques et commettre quelques excès. Au commencement de l'année, ils vinrent pendant la nuit mettre en pièces la sainte image et enlever le recueil des faits miraculeux constatés, « laissant dans le lieu un acte de déclaration du fait et du motif » [2].

Vers le milieu de mai, afin de donner une réparation solennelle au sacrilège des huguenots, dom Carpentier convoqua le clergé des environs et alla processionnellement chercher à l'abbaye la statue de la Vierge qui se trouvait au-dessus de la stalle du prieur ; les moines la portèrent au sanctuaire, au milieu d'une affluence considérable.

Le lendemain, l'évêque de Tournai bénit la statue et célébra la messe.

« Il exhorta le Peuple avec beaucoup de zèle à continuer sa dévotion
» envers la Sainte Vierge, quoique ce ne fût point sa première image ;
» et il l'assura que la Mère de Dieu, ayant choisi cet endroit pour y
» être servie et honorée, y répandroit la plénitude de ses grâces.

---

1. Spriet.
2. *Abrégé historique.*

» La piété se ranima: à peine cette Image fut elle mise à la place de
» la premiere (que l'on ne retrouva point), que la Ste Vierge
» recommença à faire des miracles »[1].

Dans la suite, la chapelle s'orna de tableaux, cœurs d'argent, mémoriaux de grâces obtenues.

Un ancien plan, découvert d'une manière toute fortuite aux Archives du Nord, en 1885, a permis de réédifier le premier autel et la première chapelle sur les fondations retrouvées. La chapelle était petite et ne mesurait que $3^m 45$ sur 4 mètres. Quant à la statue, il demeure incontestable et solidement prouvé que celle que l'on honore à l'église paroissiale est réellement la même que celle solennellement bénite en 1591.

1593. *19 novembre.* — Rapport et dénombrement du fief du Mares, fait par Philippe du Mares au prince duc de Vendôme, châtelain de Lille, à cause de sa cour et halle de Phalempin.

1. « 15 cents de terre et héritaiges », environnés d' « eauwes » et de « fossez » : 2 jardins ; sur la motte, une maison de plaisance, et hors de la motte, un autre manoir, amassé de maisons manables, granges, étables, etc.

2. Une terre en dehors, tenant aux fossés et aux pauvres de Loos.

3. Une terre et un pré, aboutissant aux terres du Cornet, acquis par maître Jacques Muissart, ci-devant docteur en médecine, et incorporés par lui au gros du fief.

4. Cinq lieux manoirs, sur quatorze auparavant, qui paient certaines redevances.

5. Plusieurs hôtes et tenants.

Gérard de Harchies, écuyer, seigneur du Basinghien, fils d'Arnould et de Guillemette de Clèves, fait rapport de son fief [2].

Il mourut à Tournai le 24 mai 1628. Ce fut Jean de Harchies, son neveu, qui devint son héritier.

« Les notaires et deputez des evesques, personnages judicieux, qui
» ont examiné et confronté les tesmoins, se sont lassés l'an 1591 et le
» suivant à raison de tant de merveilles qui sembloient journalieres et
» passer en coustume »[3].

L'abbé de Loos et l'évêque de Tournai sont en désaccord au sujet de la nouvelle chapelle. Le premier prétendait en avoir l'administration,

---

1. *Abrégé historique.* — Voir plus bas, 1601, la traduction d'un ouvrage flamand, où les miracles sont relatés en détail. — P. Lhermite. — Abbé Détrez. — *Les Sanctuaires de la Mère de Dieu.* — Buzelin, *Annales.*
2. Spriet.
3. P. Lhermite.

en sa qualité de seigneur temporel, la chapelle étant construite sur la terre d'Ennequin.

Le chapelain, Jean Nonclerc, ayant refusé de lui rendre ses comptes de gestion, l'abbé le dépose et nomme Nicolas Deswauquier, qui est confirmé dans sa charge par un arrêt de la gouvernance signifié à Mgr d'Esne et à Jean Nonclerc en 1597 ; mais ces derniers font opposition et s'adressent de leur côté à la gouvernance.

Un arrêt rendu en 1605 consacre les droits de l'abbé.

1595. — Jean de la Haye, à cause de son épouse Marie de le Cambe, dit Ganthois, possède le fief vicomtier d'Ennequin, tenu des seigneurs d'Allennes, et contenant 13 bonniers 1110 verges, à dix livres de relief[1].

Possesseurs de terres tenues de la seigneurie du Mares :

- Philippe Becquet.
- Hubert Béghin.
- Nicolas Béghin.
- Bauduin Beruard.
- Bottremieux.
- Guillaume Bruyel et Antoinette Dablain, son épouse.
- Hubert Caullier.
- Pierre Carlier.
- Jacques Cocquel.
- Anthoine Deflandres et Catherine Desplancques, son épouse.
- Philippe de Hayllyes, seigneur de Basinghien.
- Nicolas de le Ruelle.
- Crespin de le Ruyelle.
- Estienne de le Voe et Marie Meurisse, son épouse.
- Anthoine de le Thieffries.
- Jacques de Masinghien.
- Charles de Roullers.
- Laurent Destieux.
- Jehan du Bois.
- Denis du Hem.
- Venant du Hot, et Catherine Greaulme, son épouse.
- Jacques Flanniel et Péronne Martin, son épouse.
- Hubert Gobet.
- Jehan Gobet et Jeanne Béghin.
- Anthoine Hermand.
- Georges La Bricque.
- Bernard Laden.
- Rogier Le Batteur.
- Rolland Le Boucq et Toussaint, son fils.
- Jehan Le Clercq.
- Philippe Le Mesre.
- Jehan Lepers et Françoise Petitpas, son épouse.
- Rolland Le Roy.
- Maitre Jehan Levasseur.
- Cornille Martin.
- Jehan Marlière.
- Guillaume Martin.
- Thomas Masurel et Antoinette Marquant, son épouse.
- Mabieu Meurisse.
- Denis Noullet.
- Jehan Parmentier.
- Josse Parmentier.
- Anthoine Pennel.
- Jehan Phyllyppys.
- Estienne Plancque.
- Sébastien Prouvost.
- Maximilien Segon.
- Guillaume Villain.
- Jehan Wacquey et Marguerite de Bours, son épouse.
- Robert Willomez.

---

1. Spriet.

1596. *27 novembre*. — Lettres de purge délivrées par Jehan Viron, écuyer, seigneur de Ladepas, conseiller du roi et lieutenant du gouverneur du souverain bailliage de Lille, Douai, Orchies, etc., à Claude de Lannoy, seigneur du Mollin, qui a rempli les formalités légales, pour une terre qu'il a achetée de Clément Batteman, marchand et bourgeois d'Aire, et de Marie de Gand, son épouse. Elle est tenue de messieurs de Saint-Piat de Seclin et aboutit aux terres dudit Claude et au chemin qui mène de l'église de Loos au hameau d'Ennequin. Jérôme Morel, lieutenant du bailli de Seclin, et Jehan Fremault, chez qui les vendeurs ont élu domicile, ont reçu communication de cet acte.

1598. — Paix de Vervins.

Avant de mourir, Philippe II remet les Pays-Bas en souveraineté à sa fille Isabelle, épouse de l'archiduc Albert.

ALBERT ET ISABELLE (1598-1621), PUIS ISABELLE (1621-1633).

Grâce à la sage administration d'Henri IV (1593-1610) et de Sully, la France renaît à la prospérité; sous Louis XIII (1610-1643) et sous Louis XIV (1643-1715) jusqu'à la conquête de la Flandre, elle prend part à la guerre de Trente ans (1635-1648) et à une guerre contre l'Espagne (1654-1659).

1600. *5 février*. — Les archiducs Albert et Isabelle viennent à Lille pour s'y faire reconnaître.

Leur voyage fut l'occasion de superbes fêtes dans toute la contrée.

Après la messe, célébrée devant eux par dom Carpentier, en habits pontificaux, ils jurent sur les Évangiles que tient l'abbé — en sa qualité de premier abbé de la province après celui de Marchiennes — de maintenir les franchises, coutumes et immunités de la ville.

Le lendemain, les princes se rendent à Loos, à la chapelle ; ils y remplissent leurs dévotions, puis vont à l'abbaye, où ils prennent leur repas[1]. Ils promettent une lampe à Notre-Dame de Grâce en souvenir de leur visite.

De retour à Bruxelles, LL. AA. adressèrent la lettre suivante à Jean de Warenghien, maître de la Chambre des comptes de Lille :

« Albert et Isabel. A noz amez et feaulx, les chief,
» tresorier general et commis de noz domaines et finances, nous, eu sur
» ce vos advis, voulons et vous mandons par ces presentes que es comptes
» que nostre chier et bien amé Jehan de Warenghien, receveur de Lille,
» present ou aultre advenir, rendra par devant aussi noz amez et feaulx

---

1. *Abrégé historique*. — Abbé Détrez — Le Glay.

» les president et gens de noz comptes à Lille, vous consentez et faictes
» passer et allouer en la despence et rabattre des deniers de sa recepte
» des confiscations, et a faulte d'iceulx des deniers de sa recepte du
» domaine dudict Lille, la somme de vingt cincq livres du pois de quarante
» groz par chascun an, pour semblable somme qu'avons ordonné estre
» payée par chascun an a celluy qui aura la garde de la chappelle de
» Nostre Dame de Grace lez ladite ville de Lille, pour le luminaire de
» la lampe que depuis quelque temps en ça avons donné à l'honneur
» de nostre dicte dame, reparation et entretenement d'icelle, en
» rapportant par nostre dict receveur pour une et la premiere fois cestes
» ou copie autenticque d'icelles aveccq quitance et servante et pour les
» aultres foiz quitance seullement ausquelz de noz comptes à Lille
» mandons pareillement ainsi se faire sans aucune difficulté, car ainsi
» nous plaist-il. Nonobstant quelconques noz ordonnances, restrictions,
» mandemens ou defences a ce contraires. Donné en nostre ville de
» Bruxelles, le XXVIIe de juing seise cens.
» Audiencier, nous vous ordonnons depescher lettres patentes selon
» la minute cy dessus. Faict à Bruxelles ledict XXVIIe de juing seise cens.
» A. Isabel.
» Charles Philippe de Croy.
» Pierre Wairt. « Sterck. »

Au bas : « Fondation du luminaire de la lampe donnée par voz alteses à la chappelle de Nostre Dame de Graces »[1].

Cette lampe était d'argent, à leurs armes ; le fac-simile en est à la chapelle actuelle. La ville de Lille continua de payer la rente, même pendant que les Hollandais l'occupaient, et jusqu'en 1792.

Albert et Isabelle envoyèrent également une cloche d'un dessin remarquable.

A la Révolution, un moine de l'abbaye, M. Lecerf, l'aurait emportée à la ferme de Durmort, qu'il habita. Retrouvée il y a une dizaine d'années à l'usine Kuhlmann (janvier 1887), elle a été remise à sa premiere place.

Cette cloche pèse environ 40 kilogrammes : elle est d'un métal blanc et porte l'inscription : « Marc le Serre m'a faict en l'an de grace 1602 ». Au-dessus, on voit une couronne formée de fleurs de lis. Quatre médaillons représentent l'un une tête avec banderolle, dans un encadrement; un second, un guerrier casqué ; le troisième un cavalier terrassant un dragon ; le suivant le buste en médaillon de deux personnages superposés, qui pourraient être les archiducs. On y remarque aussi une main, marque de fabrique d'Anvers, qui figure sur toutes les monnaies d'Albert et Isabelle.

---

1. Cette pièce est reproduite dans l'*Album paléographique du Nord de la France*.

Le jour de son entrée à Lille, l'archiduc créa chevalier Claude de Lannoy, seigneur du Moulin, seigneur de Loos et des Frennes par son mariage avec Hélène de Bonnières de Souastre, fille de Jacques et de Barbe de Landas.

Le lendemain, à Tournai, il donna la même distinction à Louis Alegambe, seigneur du Basinghien.

15 juin. — Pierre Pottier, bailli de la seigneurie des Frennes et du fief de Menin, Pierre Pilot, Pierre Le Mesre, Anthoine du Thoit et Anthoine Hennin reconnaissent que Guillaume Lescoufle, de Loos, a vendu à Claude de Lannoy une terre achetée des héritiers du Bois, tenant aux biens de l'acheteur et à Guilbert Béghin.

10 octobre. — Jehan du Bosquiel, écuyer, seigneur des Plancques, tient de Claude de Lannoy, à cause d'Hélène de Bonnières, des propriétés lui venant de sa mère, Catherine de Warenghien :

Une terre sur le mont d'Emmerin aboutissant aux biens des hoirs Nicolas Barge et à M. de le Langlée, à l'abbaye de Denain, à Jacques Roland et à feu Ypolite du Bois. Hector Poissonnier en occupe une partie ;

Un pré, nommé le pré Marquerez, tenant au bois du seigneur des Frennes.

Une terre devant et une derrière l'église de Loos.

1601. *1ᵉʳ janvier*. — Il gèle au point que sur la rivière, derrière l'ancien château de Lille, l'on fit du feu « sy grand » que pour brusler un porcq, y ayant autour cinquante » personnes ou environ » [1].

5 mai. — Henri IV, châtelain de Lille et seigneur d'Haubourdin, permet de paver le chemin du Poncel rentier à l'abbaye.

6 octobre. — Crespin de le Ruyelle, portier de l'abbaye, tient de Claude de Lannoy, à cause d'Hélène de Bonnières, une terre située à Loos, aboutissant au chemin des Oliveaux, aux pauvres de Loos, aux terres des religieux et aux héritiers Jacques Cocquel. Il l'a acquise de Mercurin de Corte et de demoiselle Marie de Lannoy, sa femme, par testament de Marie de Lannoy, grand'mère et marraine de l'épouse de Mercurin.

L'abbé de Saint-Pierre au mont Blandin, près de Gand, publie une traduction flamande résumée des dépositions faites depuis 1591 [2] par les miraculés ou leurs témoins aux notaires de Mgr de Vendeville.

---

1. Chronique lilloise.
2. Nous avons vu que le premier registre des notaires avait été enlevé en 1591.

Vers 1626, Philippe-Lamoral Vilain de Gand, vicomte de Lomme [1], remit en français l'ouvrage du religieux. Voici ce travail :

Recueil de miracles arrivés a Notre-Dame de Grace en l'année 1591, 1592.

C'est une chose conseillée et de prudence de sceler les secrets des Roys et monarques de la terre, mais c'est une chose non seulement permyse, mais très louable et de commandement très agreable à Dieu, de publier ses haults faicts et miséricorde, lesquelles notre devoir porte mesme de chanter, de manifester les miracles qu'il faict à la requeste de la benoist Vierge Marie, sa saincte et glorieuse Mère, et de ses saincts. Nous y sommes contraints et obligés par mesmes devoirs, si ne voulons encourir la note d'ingratitude, un blasme de nonchalence et paresse inexcusable, de publier et ne celer les grâces que nous avons rechues de la Royne du Ciel, pleine de toutes grâces, et des saints auxquels nous avons eu recours en nos afflictions, torments, ennuis et griefves maladies et adversités.

Je ne puis que louer le Très Reverend Père Cornille Collumbamy Vrancx, très digne abbé de Saint-Pierre au Mont Blandin lez Gand, du soin qu'il a prins, en l'an 1601, de faire un brief recueil de tous les miracles de ceste Mère de Miséricorde, Marie, fille de David, en tant de divers lieux de la chretienneté, pour faire cognoistre sa debonnaireté, clemence, au plus ingrat et idiots mesmes, les ayant mis et transmis fidèlement en forme de colloque à tout le peuple belgique, et signament à ceux de Gand, pour les émouvoir de venir honorer et aimer, la cognoistre vraymant advocatresse des hommes et leur saulvegarde. Tous luy sont obligés qu'il a prins la poine de faire ce recueil, mais signament ceulx qui se sont endormis et ont mis au cercueil doubly ces grâces immenses presque innenarables.

Cela confesserez vous qui avez en en esdicte chapelle dicte de Notre Dame de Graces à Looz, qui non-seulement avez une fois laissé embler l'image de la Vierge, mais leissé perdre le livre et recueil des grâces et miracles, qu'elle y a faict depuis que en un verger Elle avoit regardé le dévotion de quelque personage et l'honneur faict à son image prez de son abbaye dicte de Looz, ou de ses louanges, que les hommes et les anges sont obligés incessamment de chanter. Elle a tost tesmoigné qu'elle avoit choisy ce lieu pour y importer ses grâces au peuple de ces contrées, tant auxquels en faisoit continuellement et miraculeussement à Cambray, à Sienne au Montferrat, à Notre Dame dicte de Lorette et sa esdicule transportée en Italie, à Tongres, Chièvres et Cambron. Et affin que à l'image ne fust donné par les simples plus d'honneur ou vertu, elle at permis que la première ait esté emblé par quelque hérétique ou superstitieux et en faict une de son abbaye de Looz ou ses louanges se chantent continuellement par les Religieux de Chisteaux de l'ordre de son

---

[1]. Philippe-Lamoral Vilain de Gand, comte d'Isenghien, baron de Rassenghien, franc-seigneur de Saint-Jean-Steene, souverain bailli des ville, pays et comté d'Alost, gentilhomme ordinaire de la chambre de l'archiduc, avait été nommé chevalier par ce prince lui-même, le 18 mars 1618.

fidèle serviteur saint Bernard. Je me réjouis et contractule à ceste province que le Révérend Prélat de Saint-Pierre de Gand en at faict ce recueil en langue belgique. Je le rends traduict en franchois au mesme lieu d'où je m'assure que la Vierge débonnaire par sa bonté m'at envoyé diverses foy de ses secours et grâces en mes anxiétés et pénibles maladies, affin que diligence soit faicte de recouvrer le livre des dicts miracles jady imprimé à Lille, que at veu ledict Collumbany mon bon amy, abbé au mont Blandin lez Gand. Cest abrégé fera ressouvenir peult estre et l'imprimeur qui les at imprimés avec plus long discours, de le renouveler et rendre à la dicte chapelle et donner occasion aux chapellants d'Icelle de publier les miracles depuis advenus et qui y adviendront à la gloire de Dieu et l'honneur de la Vierge Mère de tant de grâces, pleine de toutes bontés et grâces, des mains de laquelle pour en tant que je scais que moy et les miens en avons rechues en nombre et en diverses occasions....

Je me dirai,

Le tres humble esclave et serviteur de la Vierge et son advoué en son église de Lomme.

Comte d'Issenghien, baron de Rassenghien, viscomte de Lomme.

La saulvegarde de ma vie
Soyez toujours Vierge Marie,
Accordez moi vie au trépas
Jetez tous vos ennemys bas,
Rendez confus nos adversaires
Rebelles qui nous font tant de guerre.

Autre requeste à la Royne du Ciel, Mère de miséricorde et de toutes grâces.

Vierge secourez nous contre tant d'adversaires,
Humiliez, changez, domptez tant de sectaires,
Montrez leur le sentier estre la vérité,
Votre Fils seul, sa loy, vie et éternité.
Qu'ils roulent aux enfers, croyant aux apostats,
Ennuyeux de leurs biens, amys de ces débats.

MIRACLES DE L'AN 1591.

N° 1. — L'an 1581. — Lille. — Jacques Van den Bosche, ou du Boy, demeurant à Lille, en la rue dicte des Robelets, le 23 may [avril], depuis lequel avoit esté vu entier impotent, y a rechu entière guérison.

N° 2 — Le 20 de may, Madame Madeleine de Haynin, sœur de Monsieur du Breuck, femme du seigneur de Varennes, y ayant invoqué la Vierge at recouvert la force de ses membres, ayant esté impotente plus d'un an et demy.

N° 3. — 1591. — Lille. — Le 23 de may, Isabeau Desquatreyn, demeurant à Lille, muette et sourde, at esté reguerrie de louy et de l'aultre .. comme à tous ceulx de la rue Clemoise où elle se tenoit est notoire.

———

N° 4. — Lille. — Le 3 de juin, Marguerite Herday, ou des Bergers, demeurant à Lille, hors la porte dicte de St-Saulveur, impotente et percluse 15 ans, at esté reguerrie par la grâce de ladicte Vierge.

———

N° 5. — Lille. — Madeleine de Fonteyne, demeurant à Lille près de Labyette, 3 ans percluse et impotente de ses membres, at esté refaicte et reconfortée le 4° jour.

———

N° 6. — Halennes. — Le 8° jour dudict moy, Jean Bouttœo, demeurant à Halennes, avoit esté 15 ans impotent, at esté reconforté et guéri de la benoist Vierge Marie.

———

N° 7. — Tourcoing. — Le 10° jour, Catherine Vandentraten, ou des Rues, demeurant à Tourcoing, cinq ans impotente, at esté soulagée de la Vierge Mère.

———

N° 8. — Le xij° jour, Laurent, demeurant à Proven Bovimg... cinq ans impotent, at esté refaict.

———

N° 9. — Boursbecq. — Jean Letalo, demeurant à Bocqbecq, trois ans impotent et boitteux, at esté refaict et reguery en ceste chapelle entièrement de la Vierge, et y at laissé ses crocques et potences, le 13° jour dudict moy.

———

N° 10. — Orchies. — Noel le Reyne, demeurant à Orchies, 40 ans impotent et débil, il a esté refaict en ladicte chapelle le 25° jour.

———

N° 11. — Le 29° jour, Denys du Boys, trois ans sans avoir usé de ses membres, par la grâce de la Vierge en sa chapelle at rechu guerizon entiere.

———

N° 12. — Le premier de juillet 1591, Anne Brolère, impotente de ses membres et deux ans et demy apoplisée tout d'un costé, at esté en ce lieu reguérie par la Vierge qui at exauché ses prières.

———

N° 13. — Orchyes. — Le 2° jour, George à Humme, demeurant à Orchies, cinq ans perclus, paralysé et impotent de ses membres, at esté refaict par Nostre Dame de Grâces.

———

N° 14. — Cysoing. — Le 4° jour, Bartholome Bataille, demeurant à Cysoing, qui par la maladie avoit perdu le sens et la parole, at esté refaict par la Vierge qui lui a rendu le troizieme et la parole et la sancté.

N° 15. — Lettres. — Le 8ᵉ jour de juillet, Franchois Van den Boyse, demeurant à Lettres, ayant esté seize ans impotent, at recouvert sa sancté et l'usage de ses membres par Marie Mère de toutes grâces, à qui il estoit très dévoué.

N° 16. — Housdain. — Le xᵉ jour, Marie à Hué, de Housdain, devint percluse de ses membres et at esté reguerrie par le secours et l'Advocation de la Vierge Marie Sainte Nostre Dame de Grâces, à Looz.

N° 17. — Tournay. — Le xiijᵉ jour, Marguerite Beahué, demeurant à Tournay, ayant esté trois ans aveugle reellement, la Vierge a recouvré la vue à l'enfant.

N° 18. — Lille. — Le 19ᵉ jour, un enfant mort né de Louys Collart, demeurant à Lille, en la paroisse de St-Maurice at rechu vie en ceste chapelle ou il at esté baptisé. Dont sont témoins, Anthoine Pollet, son parrain, Madeleine Fontaine, marraine, et Pierre de Lanel, regent d'icelle Ste Chapelle, Anthoine de Lou, Gene des Planques et plusieurs autres.

N° 19. — Lille. — Une autre enfant de Louys Charpentier, demeurant à Lille, en la paroisse de Ste-Catherine, mort né, y at aussi rechu la vie, puis le baptesme, dont sont témoins son père Louys susdict… et Franchoise Lesay et plusieurs autres.

N° 20. — Le samedi xxᵉ jour, un aultre enfant at rechu la mesme faveur de la vie et le baptesme ; présent Jean Van de Veld, femme Fourmande, Marie des Planque et plusieurs aultres.

N° 21. — Landas. — Le xxijᵉ jour, Jacques Monica, demeurant à Landas, 26 ans, boitteux, impotent, ne pouvant tenir hors de sa selle, at recouvert fixité et entière sancté.

N° 22. — Un confrère de Sᵗ Venant s'est veu perclus de ses membres et at rechu sancté, guérison et force.

N° 23. — Le xxiijᵉ jour, dame Charlotte Willem, religieuse d'Anecy, ayant esté impotente 4 moys entiers de ses membres, y rechu guérison de la Vierge.

N° 24. — Le 24ᵉ jour, Jacques Delsaul, demeurant à Butel, devint impotent de ses membres, y at rechu force et guérison.

N° 25. — Le 27ᵉ jour, Catherine de le Deu, demeurant à Noyelle, devenue aveugle, at ichy après ses prières recouvert la vuë.

N° 26. — Le 6ᵉ jour d'aoust de cest an 1591, Peyronne du Puyson, Vandenput ou de la Fosse, religieuse de Marquette, sourde, at ichy recouvert l'ouye.

N° 27. — Jean Fourmande, de Sallouil, 2 lieuwes de Paris, ayant esté deux ans impotent de ses membres, at recouvert ses forces et sa sancté ichy de la Vierge.

N° 28. — Le 7ᵉ jour, Marie Casière, de Béthune, qui toute sa vie avoit esté boîteuse et impotente, paralysée, at rechu ichy force et grâce.

N° 29. — Le 10ᵉ jour, Pierre de Bruim, rechepveur du baron Daubigny, devenu sourd, at ichy recouvert l'ouye.

N° 30. — Le 15ᵉ jour, Jacquemine Broussette, demeurant à Lille, en la rue Clermoyse, at ichy rechu grâce pour un sien enfant qui avoit tous les pieds tordz ou croms, la Vierge a faict marcher son enfant droit et guéry.

N° 31. — Le xxᵉ, maistre Cornille Clay, chapelain en l'église cathédrale de N. D. de Tournay, at ichy obtenu par les prières la guérison d'une sienne meschine, vieille abandonnée de tous les médecins.

N° 32. — Le xxvᵉ jour, Jacques Dormir, demeurant à Arbonneure, et impotent, at ichy esté reguerry et redressé par la Vierge, après 15 ans qu'il avoit esté si misérable.

N° 33. — Warneston. — Le 27ᵉ jour, Jean de Lellemme, de Warneston, avoit esté perclus 7 ans et impotent de ses membres, at ichy secouru et aydé.

N° 34. — Isabelle de Vête, aussi de Varneston, 13 ans impotente, at rechu la mesme grâce.

N° 35. — Arques. — Le premier du mois d'octobre, un enfant mort né de Bauduin de Cobast, demeurant à Arques, pres Cassel, at ichy rechu la vie et le baptesme.

N° 36. — Arras. — Le seizième jour, Madeleine Valoize, d'Arras, boiteuse et impotente, demeurant à Arras, plus de six semaines, at ichy rechu guerison entiere.

N° 37. — Le 19ᵉ jour, Parette Ducette, de Paris, aussy boiteuse et impotente plus de demy an, at ichy esté guérie par la Vierge.

N° 37 bis. — Le 4ᵉ jour de novembre de cest an de 1591, at ichy esté reguérie Pasques de la Porte, ... dix ans tourmenté d'une maladie ressemblante à la pleuresye incognue des medecins...

N° 38. — Le 9ᵉ jour, un enfant de Jean Belonnel, de Capelle en Pevelle, at ichy rechu la vie et le baptesme ; présent Catherine de Waghe, Philipotte Porette et Pierre de Lanal, tesmoins.

N° 39. — Le 6ᵉ jour de décembre, l'enfant du sieur Vandenbosch, ou du Boy, d'Orchies, mort né ichy apporté, at rechu vie et baptesme. Tesmoins Franchois Dautebaume, Marie des Planques et Pierre de Lanal.

N° 40. — Le 18ᵉ jour, Jan Cambier, demeurant à Aire en Arthoy, prisonnier de ung buteu ou voleur, at esté délivré par la Vierge en ceste manière.

Ils l'avoient prins à deux lieues près de Courtrai, bien lié et garotté de fortes cortes, en un jour d'esté : il fut avec eulx un jour et deux nuits, en un verger serré de haultes et fortes cyck d'épines. Il réclamoit incessamment en secret Dieu et Nostre Dame de Grâces ; ses cortes se défirent d'elles-mêmes et les voleurs s'endormirent si profondément qu'il s'est dérobé d'eulx et saulvé, sans estre sentu ou aperchu ; après qu'il est venu déclarer en cest lieu et rendre grâces à Dieu et à la reine et benoist Vierge.

Aultres miracles de l'an 1592 arrivés audict lieu de Nostre Dame de Grâces.

N° 1. — Le 17ᵉ jour de janvier, que les Flamends disent laumaend, Pasquier Croisier..... at ichy recouvert la vue.....

N° 2. — Le xxiᵉ jour un enfant mort né de Pierre de.., demeurant à Theumont, paroisse de Faches, at donné signe de vie et ichy at esté baptizé ; présents Magdeleine Segon, Marie des Planque et Pierre de Lanal, et aultres.

N° 3. — Le 3 de février..., Marie de Pain, demeurant à Lille, en la paroisse de St-Pierre, à la Placette, at ichy soudainement este reguerie de la pleurésie mortelle.

N° 4. — Le 26ᵉ jour at ichy esté aydé par la Vierge et secouru Victor Carette, fils d'Anthoine, demeurant à Lingre : doy sa nayssance et devotion jusqu'à l'onzième an de son eage, dont rendu temoignage ses parents et le curé pasteur de Lingre.

N° 5. — L'onzième de mars, ichy at rechu vie et baptesme le fils de Vincent de Lannoy, demeurant à Manque. Présents témoings Jean Richard, Martin d'Econnin, son père, son frère et aultres.

N° 6. — Le 17ᵉ jour de mars, ichy at esté baptizé l'enfant mort né de Pierre d'Air, demeurant à Enneulin. Tesmoings présents David de Noulet, Martin d'Escaunin, Marguerite Verdière et aultres.

N° 7. — Le 26° jour, at ichy esté baptizé l'enfant mort né de Jean de Lefosse, demeurant à Gondecourt ; lui at la Vierge rendu la vie ; tesmoings présents et produiths et ouys Jan Labe, Barbe Cannet, Jean Dobi et plusieurs aultres.

—

N° 8. — Le xxiiij d'avril, l'enfant de Pierre Gossart, mort né apporté ichy de Templeuve en Pewle, at rechu ichy vie et baptesme par la grâce de la Vierge ; tesmoings ses parents et Martin Comin.

—

N° 9. — Le xxij° jour, Anne du Boy, demeurant en Tournay, en la paroisse de S¹ Brice, muette, at ichy recouvert la parole et louye miraculeusement par grace de la Vierge.

—

N° 10. — Le 4° jour de may de cest an, Jean Daunès, demeurant à Tournay, en la paroisse de S¹ᵉ Marguerite, avoit eut plus de dix ans plein le mal dict de S¹ Marcou, at esté ichy reguery par la Vierge Marie.

—

N° 11. — Le 16° jour dudit moy de may, Anthoine Gonsart, lequel avoit esté 4 moy entiers impotent et sans force, les at ichy recouvert et toute sancté en sien secours la Reyne du Ciel, Mère de Dieu et de miséricorde et de toutes grâces

—

N° 12. — Sur la fin de ce mois de may, Nostre Dame de Graces at aussy reguerry sœur Franchoise Caufan, religieuse de S¹ᵉ Claire de Ypres, âgée de plus de soixante ans, d'une cheute qu'elle avoit passé trois ans en ses mamelles ; aussitôt qu'elle eut promis un voyage a Nostre Dame de Graces et proposé ou faict vœu de venir en ladicte chapelle, elle fust regueryc avecq ce moy expiré. Ca at tesmoigné ... Auguste de Hermigh, lequel at esté pelerin en son nom. Elle ne pouvoit sortir du cloistre.

—

N° 13. — Le x° jour de juillet que les Flamands disent hoymaendt ont esté ichy baptisés 2 filles jumelles, enfants morts-nés d'une portée, de Joos Blanchard, demeurant à Neulin et en sont esté tesmoings Jean Tournelle, Jacques Noullet et Marguerite Flouret.

—

N° 14. — Le 12° jour, l'enfant de Thibaut Malfossant, demeurant à Fives, lequel avoit esté onze jours et onze nuits sans cognoissance comme mort d'une cheute, par les vœux que fit son père d'aller à Nostre Dame de Graces, rechut sancté et l'esprit de vie en la mesme heure que son père faisoit en ceste chapelle ses prières pour luy ; il sortit comme d'un songe ou sommeil léthargique et demanda à manger à sa mère.

—

N° 15. — Le mesme jour xij, une fille de Guillaume Bouceul, venue morte au monde, at aussy ichy rechu vie et baptesme ; apportée de Mazenghien.

N° 16. — Le 20° jour, Pierre Morel demeurant à Goelencourt, près de Bapaume, ayant esté 14 moy desrompu, at ichy aussi esté reguery.

N° 17. — Le 1ᵉʳ d'aoust, Marguerite Vercoille, demeurant à Bergues Saint-Wynoek ayant esté 40 ans deschiré et desrompu, ne pouvant cheminer, at esté à coup reguerie faisant ses prières à la Vierge, ayant parlé de ses miracles.

N° 18. — Le 24° jour, l'enfant de Martin des Buissons, demeurant à Saint-Omer, en la paroisse du Saint-Sépulcre, boiteux et impotent plus de cinq mois, at esté reguery de mesme sorte.

N° 19. — Le x° jour de septembre, Pierre Doubelet, demeurant à Saint-Martin, estoit aussy impotent, at aussy ichy esté secouru et reconforté.

N° 20. — Le 15° jour d'octobre, Sabine Roubigneul, demeurant près l'église de Courble, deux lieues prez de Bapaume, avoit esté impotent xx ans, at ichy rechu eyde.

N° 21. — Le onzième jour de décembre, Anne Bladen, demeurant à Monengarde at ichy recouvert louy qu'elle avoit perdue passé dix et huict ans, ayant esté toute sourde.

N° 22. — Pour dernier miracle venu à sa cognoissance le R. Prélat de St-Pierre lez Gand au mont Blandin en ses colloques imprimées à Gand par Gaultier Mancluy, à la Colombe, près du Beffroy :

L'an 1601, il rapporte celui qui advint le 22° jour de juin, qu'il dit weemait (car ce colloque est en flamand), de deux filles Willemine ou Guillemole et Marguerite, dit que Mlle Michielle de Marda venant avec sa mère Anne Ernands, vefve de Pierre de Marda, pour faire selon leurs vœux et promesse une neufaine en la chapelle de Nostre Dame de Grâces de Looz, quelle at recouvert la veue de son œil gauche qu'elle avoit perdu passé plus douze ans et demy, n'en ayant rien veu, ce qu'est advenu comme il rapporte en ces devis en la présence de leur grand père, le seigneur de la Bretaigne, et de sire Jean Nonclercq, chapelain de la dicte chapelle de Nostre Dame de Grâces.

Il y a un tableau sur ce faict à la chapelle [1].

1602. 2 juin. — Pierre de Croix, écuyer, seigneur de Trietre, tient de Claude de Lannoy, époux d'Hélène de Bonnières, un fief situé entre le moulin de l'Arbrisseau de Ferrière et la grange d'Avesnes, aboutissant

---

1. Archives départementales du Nord, fonds de l'abbaye, carton 50.

aux terres de l'abbaye de Loos, des chapelains de Saint-Pierre, des pauvres de l'hôpital Saint-Nicolas, de Pierre Marlier, prévôt d'Esquermes.

5 juin. — Hubert et Pierre Gobet, Franchois de le Fortrie, et Martinne Gobet, son épouse, Gillet Gallois et Jehenne Gobet, sa femme, Catherine, Marie et Jacquemine Gobet, enfants de feu Jehan et de feue Jehenne Béghin, reconnaissent avoir vendu à Claude de Lannoy, un lieu manoir et héritage, amassé de maisons manables, granges, étables, etc., jardin, gisant au-devant de la maison de la cure, aboutissant au chemin qui mène de l'église à Basinghehem, tenant aux héritages dudit seigneur du Mollin, à madame de Millomez et à Hubert Béghin. Témoins : Jean Marlière, notaire, Pierre Pottié, laboureur, et Rolland Goddebry.

Jean Doutreleaine, curé, auquel succède B. Gahide.

24 septembre. — Dom Carpentier s'oppose à la demande de fondation d'un monastère de Brigittines à Loos, que ces religieuses avaient faite aux archiducs. Il se base sur un article du concile de Trente, ne permettant l'établissement des couvents de religieuses que dans les villes fermées ; « au regard du lieu, attendu qu'il est environné
» de quatre chemins qui ôtent le moyen de l'amplier ci-après, elles
» seraient contraintes de se contenter d'environ deux bonniers pour le
» plus, enclos ès dits quatre chemins, joint qu'il n'y a commodité d'eau ;
» et à cause de la fréquence des pèlerins, semble qu'elles ne trouveront
» point le repos et la solitude par elle désirés et requis pour la vie
» contemplative qu'elles déclarent vouloir mener » [1].

L'évêque de Tournai, de son côté, paraissait favorable à ce projet.

1606. *27 mars.* — Vent impétueux durant un jour entier dans la châtellenie de Lille et aux pays de Flandre, Artois, Hainaut, Hollande, Zélande et autres. De vivant d'homme, on n'en avait vu de pareil. Les clochers d'un grand nombre d'églises (Lomme, Seclin, Wazemmes, Herlies, Fromelles, Sainghin-en-Weppes, Anchin) sont renversés, des maisons, censes, granges mises en ruine, et une infinité d'arbres rompus et déracinés [2].

10 novembre. — Jacques de Langlée, chevalier, seigneur de Pecq, ber de Flandre, etc., tient certaines propriétés de Claude de Lannoy, seigneur du Moulin, des Plantis et Lestoquois, par indivis avec Gérard

---

1. *Objections de l'abbé de Los à l'établissement d'un monastère de Brigittines à Los*, in Spriet.
2. Chronique lilloise.

de Harchies, écuyer, seigneur du Basinghien : une terre tenant au chemin qui mène de l'église de Loos au hameau d'Ennequin, à un moulin à wedde, tout au long d'une pièce de terre appartenant audit seigneur du Moulin. Cette terre lui confère le droit de recevoir diverses rentes sur la cense du Mortier, tenant au grand chemin de Lille à Haubourdin ; sur une terre tenant au chemin des Oliveaux, à l'abbaye, à Hubert Béghin, à Alexandre de Flers ; sur une terre au mont d'Emmerin ; sur un bois tenant à celui du seigneur des Frennes, au bois d'Alard Segon, à celui de la veuve Roland Le Boucq ; sur un pré occupé par Jean-Maximilien Sygon ; sur des terres occupées par Hubert Béghin, de Sequedin, situées près du chemin qui va de l'église de Loos à la ferme d'Avesnes, à côté des terres du seigneur du Moulin.

28 avril. — « Plusieurs laboureurs, tant à Lomme qu'à Sequedin et
» aux environs ont deuement certifié que le chemin qui mène de nostre
» croix, dite du Temple, à notre abbaye et à Sequedin est à nous appartenant et ne doit passage qu'à gens de pied, de cheval et pour les
» bestes à liens » [1].

20 août. — Mort de dom Pierre Carpentier. — Dom Vincent Longuespée, de Lille, 31ᵉ abbé. Entré au monastère en 1588, il se rendit bientôt à Douai pour y faire sa théologie. L'abbé de Cîteaux le nomma ensuite procureur général en cour de Rome et vicaire général de l'Italie et de la Sicile. C'est là qu'il mit à profit ses relations, en s'occupant, entre autres choses, d'obtenir pour les abbés de Loos, l'hérédité de la mître [2]. A la mort de dom Carpentier, il était son coadjuteur depuis un an ; dom Carpentier l'avait choisi sur le conseil de plusieurs personnages, parmi lesquels M. Jean Le Vasseur, fondateur de la chartreuse de la Boutillerie.

Au point de vue moral, dom Longuespée contribua pour une large part à ramener le calme dans les esprits abusés par les croyances aux sorciers [3].

Dans un ordre différent, il entreprit le dessèchement des marais avoisinants, notamment entre le pont-levis et la porte de Durmort qu'il fit bâtir. L'ancienne ferme qu'occupait Pasquier Carpentier, parent de l'abbé défunt, fut comprise dans l'enclos et les matériaux servirent à la reconstruction de la cense de la Balaterie ; la nouvelle ferme devint le chef-lieu de la seigneurie de la Haye à Lomme. Pasquier Carpentier avait encore la jouissance de la drève allant de la croix de Durmort ou du Temple à la Planche à Quesnoy, y compris

---

1. Gonselaire, in de Rosny.
2. De Rosny.
3. Id.

les arbres au nombre de quatre cents. On lui compta en dédommagement une indemnité de 2000 florins.

Le chemin qui réunissait le pont-levis et la porte fut planté de quatre rangées d'arbres. Dom Longuespée fit faire aussi le chemin Vert, grande allée d'arbres allant du pont-dormant ou du Morfondu au Marais-de-Lomme.

Quant aux marais desséchés, ils furent remplacés par des prés que l'on nomma les prés Métals, tant cette opération avait été onéreuse.

A chaque changement d'abbé, on imposait une contribution aux monastères ; il vit son couvent taxé pour le droit d'annates à deux cents livres [1].

Vivaient sous dom Longuespée (1606-1619) :

Jacques Gilleman, de Lille ; Nicolas Tesson, de Lille, directeur de Beaupré et d'Annay ; Jacques Parent, de Lille, directeur du Saulchoir et de Wevelghem ; Edouard Niquet, de Lille, directeur d'Annay ; Georges Bourel ; Pierre Planque, de Verlinghem, maître de labour à Wevelghem ; Jean Mouton, de Lille ; Benoît Wariquel, d'Aire, prieur ; Robert Demons, de Namur ; Pierre Leriche, de Douai ; Alexandre de la Grange, de Lille, directeur du Saulchoir ; François Vandaizel, de Courtrai, chapelain de Wevelghem ; Paul Leclercq, chantre, grainetier, maître des bois ; Philippe Delyot, de Lille, trésorier, sous-prieur, directeur de Wevelghem ; Ignace Poultier, de Lille, directeur de Beaupré.

1607. — Alexandrine de Langlée, baronne de Pecq, fille de Jacques de Langlée et de Jacqueline de Recourt [2], épouse Charles de Lallaing, comte de Hooghstraeten de Hornes et de Rennebourg, fils puîné d'Antoine, chevalier de la Toison d'or, et d'Eléonore de Montmorency. Charles de Lallaing fut chevalier de la Toison d'or, gouverneur général d'Artois et conseiller d'épée du Conseil d'État des Pays-Bas.

1608. *Février.* — Le froid est si intense que pendant huit jours les fontaines de la ville de Lille furent gelées ; vingt hommes dansaient dans la fontaine au change [3].

Possesseurs de fiefs tenus du Mares :

Georges Bourel, bailli du Mares, et Marie Rondeau, son épouse.

Marin Blancquart et Noelle Desnoullez.

Gabriel du Mollin, priseur sermenté de la ville de Lille.

Pierre Godin, messager de Malines.

Robert Penniel et Béatrix Desnoullez, son épouse.

Pierre Teire, fils de Claude.

Philippe Trézel.

---

1. Le droit d'annates était originairement fixé à une année, plus tard à la moitié des revenus des bénéfices.
2. Jacqueline de Recourt avait pour père Philippe, chevalier, baron de Licques, seigneur de Bouinghe, châtelain héréditaire de Lens.
3. Chronique lilloise. — La fontaine au change se trouvait à l'emplacement de la Bourse actuelle.

Octobre. — En reconnaissance des bons et loyaux services de Jehan Deswatignes, Claude de Lannoy lui donne en fief six verges le long du chemin près de l'héritage de M. des Plancques, seigneur de le Bergues, en face du cimetière de Loos, et près de la porte de la cense dudit seigneur des Plancques. Ce flégard s'étend près de celui donné à Pierre de Watignies et Jehan Deswatignes jouira du bois comme bon lui semblera.

22 avril. — Hélène de Lannoy, fille de Claude et d'Hélène de Bonnières, dame de Loos, épouse Jean-Baptiste de Thiennes [1], baron de Montigny, seigneur de Willersies, Neuville et Sart.

Durant les troubles des Pays-Bas, Jean-Baptiste de Thiennes fut fait prisonnier par un parti de réformés sur la place de Menin ; il fut forcé, pour payer sa rançon, de vendre son hôtel de Willersies, qu'il possédait à Lille. Cette demeure devint ensuite la propriété des Augustins, qui donnèrent leur nom à la rue.

Il eut pour enfants :

1. Philippe, comte de Thiennes, dont l'un des fils, par testament du 9 novembre 1728, institue pour son légataire universel Cajetan, comte de Thiennes. Aucun de ses enfants n'eut de postérité.
2. Jean-Baptiste de Thiennes, chevalier, seigneur du Moulin et des Frennes, mort en 1716, âgé de plus de cent ans.
3. Marguerite de Thiennes, mariée à son cousin germain Philippe de Thiennes, seigneur de Warelles.
4. Marie.
5. Anne.
6. Hélène.

Les comtes de Thiennes ayant rempli à Loos un rôle considérable, il ne nous paraît pas hors de propos de nous étendre un peu sur les origines, les différentes branches et les personnages illustres de leur famille.

Ils étaient de la maison de Limbourg et Luxembourg :

« Walleraud, second du nom, duc de Limbourg, qui descendait de Henri Ier, » aussi duc de Limbourg, l'an 1011, épousa en secondes noces Ermenzonne, » comtesse de Namur et de Luxembourg, en mai 1214. Ils eurent de leur » mariage Henri de Limbourg, comte de Luxembourg, de la Roche, de Namur, » marquis d'Arlon. Cazar, nommé le Blond, épousa en 1240, Marguerite de » Bar, fille aînée de Henri II, comte de Bar, et de Philippine de Dreux. Il prit » le nom et les armes de Luxembourg et eut de sa femme quatre fils. L'aîné, » nommé Henri, comte de Luxembourg, continua la postérité ; Wallerand, le » deuxième, fut tige de la branche de cette lignée; Baudouin fut tige de celle » de Thiennes moderne ; Jean, le quatrième, mourut sans hoirs. Baudouin » de Luxembourg, I du nom, tué à la bataille de Woeringen, près de Cologne,

---

[1]. Thiennes est un petit village près d'Aire.

» contre le duc de Brabant, en 1288, épousa Mathilde de la Planque, de laquelle
» il procréa Baudouin de Luxembourg, II du nom, seigneur de la Planque,
» qui épousa Alix d'Aire, baronne de Thiennes, dame de Helchin, sénéchale
» héréditaire de Flandre, fille de Gilbert d'Aire, baron de Thiennes, sire de
» Helchin, sénéchal héréditaire de Flandre, et d'Helvide de Thiennes, héritière
» de Thiennes, sous la condition de prendre les écussons de Thiennes, d'Aire,
» et de Luxembourg sur le tout, et de retenir le nom de Thiennes pour sa
» postérité » [1].

D'après M. Félix Goethals [2], auquel nous empruntons une grande partie des détails qui vont suivre, Colle de Luxembourg, sœur de Baudouin II, épousa Robert de Helchin et en eut une fille Aléide, qui devint femme de Jean de Thiennes.

La maison de Thiennes compte encore aujourd'hui des représentants, dont les uns sont de souche italienne et sont établis dans la Charente, les autres de source flamande et habitent la Belgique.

Ces deux souches ont la même origine, que ne saurait mettre en doute la différence d'orthographe de leur nom (Thiene et Thiennes), des documents généalogiques de la famille des Pays-Bas reproduisant Thiene et les pièces que nous avons étudiées présentant aussi plus d'une fois cette particularité. Du reste, la question d'auteurs communs se trouvera plus solidement prouvée par quelques détails sur chacune des deux lignées.

Famille italienne.

Un manuscrit italien, reproduit par M. Goethals, expose que vers 1080, deux fils de Vincent Thiene, venus d'Athènes, se fixèrent en Italie, en un lieu auquel ils donnèrent leur nom. Un historien, Pagliarino, émet l'opinion que cette famille arriva d'Allemagne vers 1150, à la suite de Frédéric Barberousse et que ce souverain la dota de plusieurs fiefs dans le Vicentin.

Boniface de Thiennes, chef de la branche d'Artois et des Pays-Bas, vivait vers 1078; quel que soit le lieu de leur départ, les deux fils de Vincent s'établissent au même temps en Italie. C'était une époque de guerres continuelles et de migrations lointaines; il est très vraisemblable que ces différents personnages étaient parents.

Uguccione Thiene, après avoir rempli les fonctions de légat apostolique dans la marche d'Ancône, fut nommé cardinal, en 1191, par le pape Célestin III.

Aux XIIIe et XIVe siècles, les Thiene s'allient à l'une des familles les plus distinguées de l'Italie, la famille Scala, et prennent place dans le conseil noble de Vicence.

En 1404, Vicence recherche la protection de Venise. Jacques Thiene est député par ses compatriotes pour porter les clefs de la ville au sénat vénitien. Celui-ci lui offrit une pension et lui décerna une médaille d'or à son effigie.

Frédéric III, en 1469, confère aux Thiene et à leurs héritiers le titre de

---

1. *Vrai supplément aux deux volumes du nobiliaire des Pays-Bas.* Louvain, 1774.
2. *Dictionnaire généalogique et héraldique des familles nobles du royaume de Belgique.*

comtes palatins et de comtes de leur domaine de Thiene. Il leur permet en même temps d'ajouter à leurs armes l'aigle impériale à une tête.

En 1509, Jacques de Thiene est envoyé en ambassade près de Maximilien.

Octave de Thiene accompagne le duc de Ferrare à la guerre de Hongrie contre Soliman. Le duc, en 1566, lui donne en fief le comté de Scandiano, dans le duché de Reggio.

Jules de Thiene, qui vivait en 1573, avait pour épouse l'une des trois Eléonore immortalisées par le Tasse, Eléonore Santivall.

Contessa, fille de Clément de Thiene, fonda le monastère de Saint-Sylvestre à Vicence et fut béatifiée.

Ses neveux, Jacques et Diego — d'après la vie de Christophe Colomb, écrite par son fils Ferdinand — découvrirent les Florides et Arsille.

Louis, capitaine au service de François Ier, se signala à la bataille de la Bicoque. En récompense, il reçut l'ordre de Saint-Michel et fut autorisé à placer le lis de France au milieu de ses armoiries. Il mourut en 1562.

Au commencement du XIXe siècle, il existait encore des de Thiene en Italie: l'un d'eux, chevalier de la Couronne de Fer, fut préfet de Vicence et sénateur à Milan.

Dans les premiers temps, il s'était formé une branche d'où sortirent des personnages non moins illustres que ceux que nous venons de citer.

Uguccione fut nonce en Allemagne et cardinal ; il était l'ami de Pétrarque.

Jean, conseiller de Charles III, roi de Naples, fut créé chancelier par ce prince, qui l'honora également du titre de vice-roi de Naples. Sa tombe, à Vicence, est ornée d'une couronne et d'attributs royaux.

Gaétan, chanoine de Padoue, est regardé comme l'un des plus grands philosophes de son temps. On a de lui un ouvrage in-folio, qui fut imprimé à Padoue, en 1476, sous le titre suivant: *Gaetani de Thiennis Vicentini philosophi clarissimi in IV Aristotelis metrorum libros expositio*, édition très rare et très recherchée des bibliophiles.

Celui qui contribua le plus à l'illustration de sa famille fut saint Gaétan. Il naquit en 1480, de Gaspard de Thiene, frère du philosophe, et de Maria Porta. L'enfant reçut le nom de Gaétan à cause de son oncle. Après des études distinguées et les fonctions de jurisconsulte qu'il occupa à Vicence, saint Gaétan fonda l'ordre des Théatins. Il n'eut qu'un frère, Jean-Baptiste, dont la postérité s'éteignit en la personne de sa fille unique, Elisabeth.

Une nouvelle preuve à l'appui de l'opinion que les de Thiennes ont la même origine est que les seigneurs de Loos s'honorèrent toujours de leur parenté avec saint Gaétan, dont plusieurs reçurent le nom, et auquel ils avaient dédié la chapelle du château.

Un membre de la même descendance que saint Gaétan passa en France vers 1550, devint page du roi, écuyer d'Henri III, et s'établit près de Loches. M. le comte de Thiene, qui habite les environs d'Angoulême, en est de nos jours le représentant direct.

Vers 1563, Tiso et Antoine de Thiene, de la première branche, se fixèrent dans le Dauphiné. Nicolas de Thiene, fort considéré sous le règne d'Henri IV, épousa Jeanne de Villars, fille d'Honorat de Savoie, marquis de Villars et grand amiral de France.

Enfin une autre branche se rendit en Suisse vers la fin du XVI° siècle. Revenons maintenant à la famille d'Artois et des Pays-Bas.

Famille d'Artois et des Pays-Bas.

Boniface de Thiennes vivait en 1078. En 1114, on le voit figurer dans une charte délivrée par Baudouin à la Hache à l'abbaye de Saint-Bertin.

Walbert vendit la dime de la terre de Thiennes à l'évêque de Térouanne pour les frais de la croisade à laquelle il suivit Thierry d'Alsace. Il vivait encore en 1161.

Othon, en 1176, scella une charte de Philippe d'Alsace en faveur de l'abbaye de Clairmarais.

Jean se trouve dans l'armée du duc de Bourgogne à la bataille de Saint-Omer (1340) contre Robert d'Artois. Il avait à sa suite huit écuyers ou vassaux, équipés à ses frais : ce détail montre l'importance du seigneur ; l'on remarquait, en effet, au camp de Saint-Omer, les chevaliers français qui n'avaient que six écuyers.

Jean de Thiennes, dit Mulaert, seigneur de Lombise, est, en 1431, écuyer tranchant de Philippe le Bon.

Jacques de Thiennes, seigneur de Castre et Rumbeke, jouissait d'un grand crédit près de l'empereur Maximilien, qui l'avait fait bailli de Gand et de Bruges et l'avait nommé son conseiller et grand chambellan. En 1512, le souverain bailliage de la Flandre lui fut accordé. Il remplit aussi les fonctions d'ambassadeur près du roi d'Angleterre, fit partie de la suite d'Isabelle, sœur de Charles Quint, quand, nouvellement mariée à Christian de Danemark, elle s'embarqua pour son royaume ; il fut chargé par l'empereur, le 8 avril 1520, de remettre la Toison d'Or à Christian. Le 7 décembre 1533, par lettres données à Malines, Charles Quint lui promet l'élection à la Toison d'Or dans le plus prochain chapitre ; Jacques de Thiennes mourut avant de recevoir cette suprême distinction.

Thomas était à la bataille de Saint-Quentin, à la tête de cinq cents hommes. Il épousa Marguerite de Hamericourt, dont il eut, entre autres, Thomas et Jean-Baptiste. Le premier fut la tige de la maison de Castre, Berthe, Rumbeke, Claerhout, le second des barons de Montigny, Villersies, Neufville. Thomas se distingua à la bataille de Gravelines en 1559 et, en récompense de sa bravoure, fut nommé gentilhomme de sa maison par le roi Philippe II ; Jean-Baptiste, son frère, s'était tout d'abord destiné au sacerdoce, mais y avait renoncé Il laissa de Marguerite de Ghiselin de Busbeké plusieurs enfants, entre autres Jean-Baptiste, dont la postérité occupa le château de Loos, et Philippe, tige des seigneurs de Warelles-Lombise.

Ce fut l'aîné qui épousa la fille de Claude de Lannoy.

Nous donnerons maintenant à leur date les faits principaux qui marquèrent la vie des seigneurs de cette famille.

1609. *22 mai*. — Jehan du Mares, seigneur dudit lieu et de Walle, etc., fait rapport de son fief du Mares à haut et puissant prince le roi très chrétien, duc de Vendôme, châtelain de Lille. Ce fief lui est échu par le trépas de son frère Philippe du Mares, en son vivant premier maître de la Chambre des comptes de Sa Majesté en Hollande ; il est situé à Loos, Esquermes et Haubourdin, et comprend :

1. 15 cents de terre et héritages, environnés d'eaux et de fossés ; deux jardins ; sur la motte, une maison de plaisance et hors de ladite motte un autre lieu manoir amassé de maisons manables, granges, etc.

2. Une terre, en dehors, tenant aux fossés, aux pauvres de Loos.

3. Une terre et un pré aboutissant aux terres du Cornet et acquis par Jacques Muisaert.

4. Cinq lieux manoirs, de quatorze, qui paient maille de plaids deux fois l'an.

5. Hôtes et tenants, qui doivent plusieurs rentes seigneuriales.

12 juillet. — Dom Longuespée et dom Guillaume du Gardin, prieur, reconnaissent que le seigneur du Maretz, Jehan des Maretz, a payé pour l'abbaye une terre que dom Carpentier avait fait acheter par Jacques Vanbrouck, receveur de l'abbaye, avec faculté de n'en solder le prix que lorsque le couvent serait plus riche.

Cette terre, tenue de la seigneurie du Maretz, aboutit au chemin des Oliveaux, menant du Poncelet rentier au hameau d'Ennequin, aux terres de l'abbaye, à Crespin de le Ruyelle, à Marie du Thoit.

1611. — Possesseurs de terres de la seigneurie du Marets :
Jehan Marlière; Pierre Pottier; André et Paul Villain, fils de Martin.

Juillet. — Mgr Michel d'Esne, évêque de Tournai, vient consacrer, sous le titre de Notre-Dame de Grâce, la chapelle bénite par Mgr de Vendeville[1].

A partir de cette époque jusqu'en 1627, on néglige de constater les prodiges opérés à la statue miraculeuse.

1612. *30 juillet.* — La terre de Pecq, propriété de la famille de Langlée, est érigée en baronnie.

1613. — Tiennent des terres de la seigneurie des Marets :
Jehan Grandet; Anthoine, Pierre Pennelle ; Cantelbecq, écuyer, grand bailli d'Haubourdin et de la seigneurie du Mares.

1614. *26 février.* — Guillaume de Landas achète de Marguerite Morel, le fief du Grand-Ennequin[2]. Sa femme, Isabeau Pollet, lui donna Marie et Ignace de Landas.

Une verrière de la chapelle de Notre-Dame de Grâce se brise

---

1. *Michael consecravit... sacellum sanctæ Mariæ sub titulo de gratiâ in parœtiâ laudensi. (Jacobus Legroux, Synopsis vitæ episcoporum Tornacensium,* in Abbé Détrez.)
2. Spriet.

pendant une tempête. On y voyait l'Assomption et Philippe II, roi d'Espagne, à genoux, en cotte d'armes, avec son blason et le collier de la Toison d'or. Adrien Van Steenbergen, de Lille, peintre verrier, auquel on s'adressa, le 7 juin, en effectua la réparation pour 50 florins.

1615. 20 septembre. — Rapport du Basinghien [1] par Jehan de Harchies de Ville, dit d'Estrepy et de Drinckwaert, seigneur de Milomez, Hallennes, Erquinghem le Sec, Avelin, Lestrée à Santes, Basinghien et Menin à Loos.

23 septembre. — Catherine Cardon, veuve d'Hippolyte Braem, en son vivant procureur et bailli de la dame d'Offremez, veuve de Claude de Lannoy, fait rapport par-devant Pierre Pollet, procureur de ladite dame, d'un fief de 11 cents de terre en une pièce, qui lui vient de son père Guillaume Cardon, fils d'Henri. Cette terre tient au grand'chemin menant de Lille à Haubourdin, au chemin menant de la Planche-à-Quesnoy à la cense d'Avesnes, à la piedsente d'Haubourdin à Lille et à la terre Anthoine Le Mesre, fils de Pierre.

1er octobre. — Hubert Delyot, seigneur de Cerfontaine, capitaine d'une compagnie bourgeoise à Lille, est anobli par lettres de LL. AA. SS., moyennant 500 florins.

Arnould de Thieulaine, chevalier, seigneur du Fermont de Vendeville, possède le fief de Noizet, au hameau d'Ennequin. Ce fief, qui comprenait 15 bonniers, avait précédemment appartenu à Adrien Van Heede, puis à Gabriel, son fils, auquel Arnould de Thieulaine l'avait acheté [2].

1616. 15 août. — Les Carmes déchaux viennent habiter Lille ; dom Vincent Longuespée leur accorde la permission de vivre au refuge de l'abbaye, jusqu'à ce que leur couvent soit bâti [3].

1617. 21 avril. — Après la mort de Jacques de Langlée, Charles de Lallaing, son gendre, fait au roi de France, châtelain de Lille, rapport du fief de Langlée [4].

30 décembre. — Acte de vente où sont cités :

Toussaint Broutin, laboureur à Loos.
Jean Deswatignes, homme de fief de la seigneurie des Frennes.
Nicolas et Pierre Deswatignes, laboureurs à Loos.
Marie Deswatignes, veuve de Crespin de le Ruyelle.
Anthoine du Thoit, homme de fief de la seigneurie des Frennes.
Pierre Pottier, bailli de la seigneurie des Frennes.
Pierre Tappequien, du faubourg de la Barre.
Pierre Tonnelar.

---

1. Spriet.
2. Id.
3. Chronique lilloise.
4. Spriet.

Mort d'Hubert Delyot qui, d'Hélène du Bois, fille d'Hermès et d'Antoinette de Landas, laisse dom Philippe, religieux, et Pierre, seigneur de la Croix.

1618. *28 novembre*. — On aperçoit à Lille et aux environs « une comette flamboyante qu'on nommoit estoille à queue » et qui parut pendant cinq semaines [1].

Mort à l'abbaye, après dix-sept ans de profession, de Maximilien Segon, de Loos. Il était, paraît-il, bon prédicateur.

1619. *27 juillet*. — Rapport fait par messire Charles de Lalaing, comte de Hoochstrate, baron de Leuze, Achicourt, seigneur de Vimy, Farbus, etc., en qualité de père et tuteur légitime d'Albert-François de Lalaing, qu'il a eu de feue Alexandrine de Langlée, baronne de Pecq, etc., à dame Hélène de Bonnières, dite de Souastre, veuve de feu messire Claude de Lannoy, chevalier, seigneur du Moulin, des Frennes, d'un fief, le fief de Menin, tenu par indivis avec le seigneur de Milomez, consistant, le gros, en une terre au village de Loos, tenant de deux sens aux chemins de Loos à Ennequin, du tiers sens à un bois et pré qui appartient audit comte de Hochstrate. Ce fief est tenu en justice et seigneurie vicomtière.

Plusieurs rentes seigneuriales y sont jointes et sont dues par :

Pierre Pillot, pour son bien situé devant la croix de Loos, aboutissant au chemin de Lille à Haubourdin.	L'abbaye de Loz, pour une terre devant la croix de Loos, entre les chemins menant d'Haubourdin à Lille.
Philippe Le Mesre, fils de Jean.	La veuve Robert Willomez.
Antoine Herman, pour un lieu manoir acquis de Gilles Buzelin et Marie Rogier, gisant en la rue de la Croix de Loos.	Estienne Plancq.
	Les héritiers Mahieu Meurisse pour les héritiers de Catherine Bridoul.
Rolland Goddebry.	Gérard de Lannoy.
Maximilien Sighon.	Wallerand du Jardin.
Beltremieux Liber et Martine Le Boucq, sa femme.	Les pauvres de Loos, ceux de Marcq-en-Barœul.
Les héritiers Pasquier Ternoye.	Les héritiers de feu Jean Le Pers, pour 8 cents de terre entre Avesnes et Wattignies.
La veuve et héritiers de Jehan du Bois.	Venant du Hoz.
Le seigneur du Molin, pour une terre acquise de Bauduin Schoolmestre.	L'hospice Ganthois.

Le fief de Durmort est possédé par André de Fourmestraulx, époux de Jeanne Delyot de Durmort [2].

19 avril. — Mort de dom Vincent Longuespée. — Dom Jean Foucart, d'Ath, abbé de Nizelle, 32e abbé. Il fut nommé par l'archiduc

---

1. Chronique lilloise.
2. Spriet.

en récompense des services qu'il avait rendus à son ordre en France, en Allemagne et en Pologne. Malgré les taxes qui lui furent imposées par le roi d'Espagne, notamment pour le siège de Bolduc, il sut maintenir les finances en bon état. Il fit le pavé reliant le pont-levis à la porte de Durmort. Après avoir fait réparer l'église, il la fit surmonter d'un beffroi à jour, dans lequel fut installé un carillon de trente-deux cloches[1]. Ce fut, du reste, un homme de valeur.

Vivaient sous sa prélature, qui dura plus de vingt ans : Jean Foucart, d'Ath ; Ignace Poultier, de Lille ; Martin Beaumaretz, de Lille ; Claude Courouble, de Lille ; Pierre Hochart, d'Arras ; Jacques Laloë, de Douai ; Antoine Beauquesne, de Lille ; François de Chièvres, de Valenciennes ; Clément Castellain, de Lille ; Mathias de la Rivière, de Lille, directeur de Wevelghem ; Pierre Liénard, d'Ath ; Arnould Castillon, de Tourcoing ; Adrien du Ray, d'Ath, directeur de Wevelghem ; Charles Lefebvre, de Lille ; Benoît Poteau, maître des bois ; Bernard de le Court, d'Ath ; Thomas Descouvrement, d'Ath ; Albert Van Elen, de Bruxelles ; Jean Le Louchier, d'Ath ; Hugues de Gouy, d'Ath ; Nicolas et Gilles Mesvin, d'Ath ; Jacques Colette, d'Ath ; Quentin Douché, de Lille ; André d'Allongeville, de Douai ; Gaspard Taverne, de Lille ; Thomas Grandel, d'Esquermes ; Georges Lorain, de Lille ; Philippe du Ray, d'Ath ; Gérard Van den Broucq, de Lille, Jacques de Villeneuve, d'Ath, directeur de Beaupré ; Arnould Bondifflart, de Lille ; Nicolas Foucart ; Jean Wacrenier ; Martin de Namur, d'Ath[2] ; François Cornhuze, d'Houplines.

1621. *13 juillet*. — Mort de l'archiduc Albert.

1622. *12 mars*. — Funérailles de l'archiduc Albert, auxquelles les abbés des Pays-Bas reçoivent l'ordre d'assister. Dom Foucart, en cape noire et mitre blanche, était accompagné de son chapelain.

Les seigneurs de la châtellenie de Lille s'y rendent également.

9 février. — Rapport fait à Hélène de Bonnières, de Souastre, dame du Mollin, Los, des Frennes, Estocquoy, par Hubert Miroul, seigneur de Monchy, Landas, etc., et Yolande du Bosquel, son épouse. Sont cités : M. Denueulin : Jehan du Bosquel, écuyer, seigneur des Plancques ; Denys Dutoict ; l'abbaye de Denain ; la chapelle d'Haubourdin.

---

1. De Rosny.
2. Dom Foucart reçut au couvent un grand nombre de personnes de son pays, dans le but, dit-on, de faire élire son neveu pour son successeur ; il faut cependant ajouter que l'influence qu'il avait sur ses compatriotes lui permit de veiller à la rigoureuse observation de la règle.

Avril. — Ignace de Landas possède le Grand-Ennequin, après décès de son père, Guillaume de Landas [1].

3 septembre. — Dom Jacques Bart, religieux de Loos, directeur de l'abbaye de Marquette, inaugure la chapelle de Notre-Dame de la Barrière, près de la porte du couvent des religieuses, vis-à-vis de la Deûle.

Ce sanctuaire avait été bâti par l'abbesse Marguerite du Chastel de Blangelval ; la célébrité s'en accrut de jour en jour et il subsista jusqu'à la Révolution.

La dernière abbesse parvint à soustraire l'image et la laissa en mourant à sa nièce, Mme de Waresquiel, qui en fit don à l'église de Lomme. C'est là qu'on va l'honorer aujourd'hui [2].

1623. *15 août.* — Les Carmes quittent le refuge de l'abbaye et vont processionnellement habiter leur couvent, « scitué au ragrandissement » de la ville de Lille sur le rietz du jadis chasteau » [3].

1624. *29 février.* — « Remontrent et supplient en toute humilité les
» Religieux, prebstres dudit couvent, que comme sa R{ce}, en suite des
» décrets du chapitre général, at introduit la vie commune, laquelle
» lesdits suppliants ont accepté et acceptent très volontiers, il lui plaira
» de condescendre favorablement à leur pétition et accorder les points icy
» proposez. Premierement qu'aux jours esquels il est permis manger
» chair soit donné au desjeuner chair et beur. Au disner, porée [4],
» primsel, hochepot [5], mouton boully, beur, fromage de Hollande ou
» équivalent et fruict. Au souper, salade, hochepot, mouton rosty,
» beur, fromage comme dessus et fruict. Les jours de poissons, pour le
» déjeusner du beur. Au disner, potage, un œuf frais, deux plats de
» poissons divers ; ou en faute de poissons deux œufs accoustrés et
» un plat de morru, ou d'autre poisson d'eau douce qu'on trouvera ; le
» reste comme dessus. Au soir, salade et un œuf frais, un plat de
» poissons, etc. Les jours de sainte quarantaine au disner, outre le
» potage à l'huile d'olive, un haren et un sorée, deux plats de poissons
» divers, le fruict, etc. Les dimanches au soir, salade, sorée, un plat de
» poissons, etc., esquels jours soit permis manger du beur trois fois la
» septmaine comme se pratique en aultres monastères. Que la cervoise

---

1. Spriet.
2. *Les sanctuaires de la Mère de Dieu.*
3. Chronique lilloise.
4. Suc tiré des pois, fèves, lentilles et autres légumes de même espèce.
5. Bœuf haché, cuit au pot, avec légumes.

» soit meliorée, de laquelle hors des repas soit donné rafraîchissement
» toutes les fois qu'il sera nécessaire. Qu'aux jours de deux réfections
» soit distribué à chaque religieux prebstre, une pinte de vin au disner
» et autant au souper: les jours de jeusne une pinte au disner et aux
» jeunes profes non prebstres en tous temps, trois pintes la septmaine.
» Bien entendu touteffois qu'on observera seulement les jours d'absti-
» nence comme on a faict jusqu'à présent en cette maison. Et d'autant
» que la portion sus-nommée de vin excède notablement celle du temps
» présent, en récompense Monsieur retirera (s'il lui plaist) le vin qui
» estoit distribué les jours de sermons et autres récréations ordinaires,
» comme aussi ce que les censiers principaux donnoient pour le
» couvent au rebail des censes. Que depuis le jour de tout les saints
» jusqu'aux Pasques soit donné trois fois la septmaine du vin
» d'Espagne. Pour le regard des hostes, l'hospitalité sera accordée
» indistinctement à tous les parents et amis plus intimes des religieux.
» Et comme entre iceulx aucuns sont de basse condition qui ayment
» mieulx estre traictés à part que d'assister à la table de M. le Prélat,
» sera accordé une table pour les hostes avecq traitement raisonnable
» et un demy lot[1] de vin pour chacune teste de ladicte table. Laquelle
» table d'hostes servira aussi pour les survenants hors du repas ou en
» l'absence de M. le Prélat. Pour lequel effect sera député un serviteur
» particulier qui auroit la charge de servir les hostes de toutes choses
» nécessaires. Que le religieux auquel les hostes s'adresseront (lorsqu'ils
» seront traictés à la basse table) sera accompagné d'un de ses confrères
» selon sa pétition et la volonté du président conventuel. Qu'il plaise
» à M. le Prélat de concéder à chaque religieux tous les ans un congé
» ordinaire de quinze jours, à prendre une ou plusieurs fois, et s'il
» est besoing d'un cheval pour le chemin, en donner un de la maison
» avecq viaticque nécessaire.

» Tous les points sus allégués lesquels supplians d'un commun
» accord ont trouvé expédient représenter a ladicte R^{ce} la suppliant de
» rechef avec toutte humilité de leur estre favorable et accorder cette
» présente requeste. Si toutefois il y avoit quelques points lesquels sa
» dicte R^{ce} jugeroit irraisonnables et exorbitants, il lui plaira de le
» signifier et déclarer le tout par escrit. Cependant lesquels supplians
» feront leurs prieres ordinaires afin qu'il plaise à Dieu de conserver
» sa dicte R^{ce} de longue et heureuse vie avecq l'accompagnement de
» tous ses saints désirs.

» De nostre couvent de Los, le 29 de febvrier 1624 »[2].

---

1. Le lot équivalait à deux litres.
2. Archives départementales du Nord, fonds de l'abbaye, n° 238.

4 mars. — « A Monsieur le R. Prélat de Los.

« Supplient en toute humilité les Religieux prebstres dudict couvent
» que puisque Sa Révérence at eust du temps suffisamment pour
» examiner leur premiere requeste, il lui plaise de déclarer sa volonté
» par escrit, comme il est porté en icelle ou en l'accordant si elle la
» trouve raisonnable, ou en donnant acte de refus si elle la juge
» irraisonnable. Que si sa dicte R^{ce} ne veut pas donner response,
» lesdits suppliants reputeront le silence pour acte de refus. Ce
» qu'attendant ils feront leurs prières afin qu'il plaise à Dieu de lui
» eslargir ses graces ; en leur couvent de Loos, le iiij de mars 1624 »[1].

15 avril. — L'abbé de Loos fit à ses religieux la réponse qui va
suivre. Si les concessions qu'il accordait étaient assez larges, c'était,
au moins, un acheminement à la vie commune et régulière.

« Les jours de dimanche, mardy et jeudy au disner, potage, une
» tranche de lard, ou au lieu d'ycelle trippes rotties ou frittes, une
» tranche de primozelle, un petit plat de hospot, une bonne tranche de
» rôti chaud.

» Au soir, une salade, une tranche de primosel, un petit plat de
» hochepot, ou en ce lieu quelque hachis ou pasté au pot, puis une
» bonne tranche de rosty froid.

» Les jours de double portion l'on rostira deux fois au disner et au
» soir et la pitance seroit augmentée à proportion, et comme on at eu
» depuis trouvé expédient de se servir par pieces et par membres,
» ladicte chose est tenue pour agreable audict R. prélat.

» Les jours de poissons, lundy, mercredy, vendredy, samedy, jours
» qu'il n'est point jeusne de l'ordre ny de l'Eglise, au disner, beur
» par pieches, potaige, un œuf en la coque quy soit bon, deux œufs
» accoustrés, empeu de poisson moulu, un poisson de merre quand il
» y en aura à Lille, fromage de Hollande, fruict selon la saison.

» Au soir lesdits jours un œuf en coque qu'il soit bon, œufs
» accoustrés et le rôti comme au disner.

» Les jours de jeusne de l'ordre oultre le traistement des jours qu'il
» n'est point jeusne susdits, deux œufs en la coque ou quelquefois
» porrée ou rappée selon la saison. Au soir, lesdicts jours de jeusne de
» l'ordre beur et fromage de Hollande.

» Les jours de quaresmes, potaige comme à l'ordinaire, huile
» d'olives et beurre trois fois la semaine, un hareng et un sorré avec
» deux sortes de poissons et fruict selon la saison.

» Quant au vin, le susdit R. Prélat promet de donner à l'advenir

---

1. Archives départementales du Nord, fonds de l'abbaye, n° 238.

» à son couvent du vin d'Orléans, bon, à l'advenant de chacun
» prebstre une pinte par chaque jour, ledict sieur R. Prélat permettant
» d'en pouvoir espargner un lot par chascune septmaine. Recevant en
» nostre couvent le dimanche, mardy et jeudy, ledict sieur Prélat
» promet aussy appeler et récréer son couvent à sa table les jours
» d'ordination, la veille des Roys, les trois jours de quaresmaux, de
» s. Jean, de s. Bernard, de la dédicace, la veille de s. Martin et
» tous les autres jours de vestitions, professions et premiches.

» Quant au menu vestiaire, il faut maintenir comme devant, sans
» que ledict sieur Prélat donne libéralement au jour de Pasques a
» chascun prebstre un bonnet quarré avec une couple de basses chausses
» d'estamet.

» Et pour pouvoir recepvoir et envoyer lettres missives, ledict
» s. Prélat l'accorde comme du passé, sy avant que par icelle l'on ne
» vienne à révéler les secrets du chapistre ou aultres affaires importantes
» de la maison.

» Ledict s. Prélat accord aussy un congé annuel de pouvoir voir
» ses parents et amis.

» Quand au jour que viendront les parents des religieux, la portion
» leur sera fournie en toute honnesteté, avec un serviteur (frère Jacques).

» Tout ce qui dessus ledict s. Prélat promet entretenir toute sa vie.

» Faict audit Los, ce quinziesme apvril mil six cent vingt quatre ».

» Et dessoubz estoit scellé du cachet ordinaire du s. Prélat, armoyé
» des armes du couvent et dudict sieur Prélat de Loos »[1].

8 décembre. — Incendie d'une grande partie du refuge de l'abbaye
« entre dix et unze heures de nuict »[2].

1625. *Mai.* — Philippe-Lamoral Vilain de Gand, comte
d'Isenghien, nommé gouverneur de la Flandre, fait son
entrée à Lille. « Le meme jour tout le corps du magistrat
» fut avocquez au disner par ledit gouverneur, où ils compa-
» rurent et estoient aussi.... les prelats de Los, Chisoing et
» Phalempin, les prévosts de Saint-Pierre, du chapitre de
» Seclin, etc... »

Six mois après, la princesse Isabelle vint visiter Lille
et faire un nouveau pèlerinage à Notre-Dame de Grâce.

---

1. Archives départementales du Nord, fonds de l'abbaye, n° 238. — Dom Foucart ne négligeait jamais de faire placer ses armes partout où il en trouvait l'occasion. C'est ainsi également qu'il agit pour la bibliothèque du couvent, qu'il augmenta.

2. Chronique lilloise.

A chaque pauvre qu'elle rencontra elle donna un patar[1].

1626. 3 octobre. — Mort de Charles de Lallaing, comte de Hoogstraeten, qui avait épousé Alexandrine de Langlée. Entre autres enfants, ils eurent :

    Albert-François, baron de Leuze et de Pecq, qui prit pour femme Isabelle de Ligne-Aremberg et en eut :

        Marie-Gabrielle de Lallaing, mariée à Charles-Florentin Wild et Rhingrave de Daun et de Kirbourg, comte de Salm, seigneur souverain de Vinstingen, gouverneur de Bréda, général d'infanterie au service des Provinces-Unies.

1627-1628. — Nouvelles guérisons à la statue miraculeuse de Notre-Dame de Grâce : Catherine Naillet, aveugle ; Michel Oudart, paralysé ; Marie de Renty, impotente ; Françoise Dabout, paralytique ; Nicolas Descamps, hernieux ; Philippe de le Bassée, possédé.

1630. 4 juillet. — Acte de vente où sont cités :

Anthoine du Thoit, bailli de Jehan de Thiennes, chevalier, seigneur de Willersie, des Frennes, baron de Montigny.

Rolland Goddebry, Jacques de Mazenghien, Charles Petit, hommes de fief de la seigneurie des Frennes.

Jehan Hasbroucq et sa femme Catherine de Watteigny, laboureurs à Loos.

Nicolas Rogie, fils de feu Martin, carlier.

Pierre Muhieu.

Jean Deswatigne.

1632. 16 mars. — Dans l'« Inventaire des lettres, instruments et
» autres munimens de la prévosté de l'église collégiale de Saint-
» Pierre de Lille, délivré à monseigneur François Villain de Gand,
» baron de Rassenghien, prévost de ladite église, le XVIe de
» mars 1632, » figure sous le nº VIII « une complainte obtenue
» par monsieur le prévost contre l'abbé de Loz, lequel s'estoit
» advanché de rechevoir oblations en la chapelle de sa maison qui
» tient à Ste Catherine, appellé le refuge de Loz, au préjudice du
» curé de ladite église Ste Catherine. »

2 août. — L'abbé de Clairvaux, ayant été informé de l'accord intervenu entre l'abbé et les religieux, au sujet de leur ordinaire, leur envoya la lettre que voici :

    « Mes freres en Nostre Seigneur,

    » Quoy que les affaires qui m'ont faict venir par deçà nous soient

---

1. Derode.

» de grande importance et conséquence, elles ne m'ont pas pourtant
» faict oblier la requeste qu'aucuns d'entre vous par ci-devant envoyées.
   » J'estimois que nos procès seroient terminés pour la s. Jean
» passée et que bientost après je me pourrais rendre en nostre
» monastere de Vaucelles où je vous pourrais entendre en présence
» de M. vostre R^d Prélat afin qu'avec plus grande cognoissance des
» causes je pourveisse aux fins de vostre dicte requeste. Mais voyant
» que nos affaires tiroient à la longue j'ai esté grandement consolé
» quand j'ai appris par lettres de nostre R^d confrere et coabbés de
» Cambron comme il avoit faict sa visite en nostre monastere de Los
» et ce qu'il y avoit ordonné pour une plus exacte observance
» religieuse et pour la correction et punition de ceux qui se sont
» trouvez coupables ; mais je ne puis vous celer que j'ai esté
» grandement estonné quand j'ai sceu les articles que vostre dict
» Prélat vous a concédés pour vostre nourriture, honteux de voir
» qu'ils ressentent plus les excès que la sobriété qui doit estre
» surtout recommandable à une âme religieuse. Je ne puis que je n'en
» escrive mon sentiment a vostre dict Prélat pour luy faire
» reconnoistre combien il s'est mespris de vous octroyer tels articles
» qui sont du tout hors de raison et que je ne puis souffrir qu'ils
» soient davantage pratiqués au préjudice de l'honneur de Dieu et de
» ce qui est prescript par nostre Ste Règle. La raison veut que soyez
» nourris et entretenus honnestement, mais non point avec tant de
» sortes de mets qui tirent après eux des abus intolérables.
   » Pourquoy afin de vous faire reconnoistre combien je désire vostre
» advencement spirituel, ayant meurement considéré ce que nostre dict
» R. Vicaire a faict et ordonné en sa visite, je me suis résolu de le
» confirmer comme vous verrez par nos patentes qu'à cet effet
» j'adresse à vostre dict R. Prélat par l'occasion que j'en ai trouvée
» très à propos lui recommandant de vous en faire faire lecture en
» plein chapitre comme aussi de la présente afin que nostre intention
» vous estant notifiée vous vous estudiez tous en général et un chacun
» en particulier d'y correspondre de tout vostre possible. Autrement
» j'aurois juste occasion de croire que ceux d'entre vous qui par
» cy-devant m'ont faict quelques plaintes y ont esté excités par un
» esprit qui ne respire que le libertinage et les comessations et la
» propriété, car je say bien que ceux qui ont le ressentiment de leur
» profession ne contreviendront jamais à ce qui leur est commandé
» et ordonné conformément à nos règles sainctes, aux définitions de
» nos chapitres généraux et statuts de nostre ordre.
   » Je recommande à vostre dict Prélat et à vos présidents claustraux
» de tenir soigneusement la main à ce qui a esté ordonné par nostre
» dict R. Vicaire et au contenu de nos patentes ; puisque je ne puis

» pour le reste de ceste année m'aller consoler avec vous, je veux
» espérer que nostre Dieu m'en donnera plus de commodités l'année
» prochaine pour vous témoigner en personne que je ne désire rien plus
» que de vous voir acheminer et accroisser de jour en jour en la
» perfection religieuse à laquelle vostre profession vous oblige
» d'aspirer. Je prie sa divine Bonté par l'entremise de nostre
» s. Bernard vous y assister de ses graces me recommandant à vos
» prieres.

» Vostre très humble et tres affectionné confrere,
» CLAUDE, abbé de Clairvaux,
» En nostre college des Bernardins à Paris, ce 2 aoust 1632 » 1.

1633. *1er décembre*. — Mort d'Isabelle, qui est inhumée près de son époux.

PHILIPPE IV (1633-1665)

Sous Philippe IV les gouverneurs généraux des Pays-Bas furent: le marquis d'Ayetone (1634) ; le cardinal Ferdinand d'Autriche (1634-1641); Francisco de Mello (1641-1644); le marquis de Castel-Rodrigo (1644-1647); l'archiduc Léopold d'Autriche (1647-1656); don Juan d'Autriche (1656-1659); Louis Benavidos (1659-1664).

1633. — Pierre du Thoit, notaire à Haubourdin.

Michel Grimbel et Madeleine Rogier, sa femme, Pierre Gobet et Marguerite Rogier, sa femme, Jacques Rogier, enfants de Pierre Rogier et Isabeau de le Vallée. Adrien, Hubert, Louis, Martin, Françoise, Péronne et Isabeau Rogier, enfants du même et de Catherine Lermitte, sa seconde femme. Adrien Rogier, Michel Grimbel, Anthoine et Charles Lermitte, oncles et tuteurs de ces enfants. Nicolas Goulon, sous-tuteur de Jacques Rogier.

Bartholomé Caulier, Jacques Béghin, laboureurs, Michel d'Englos, Eloi de Hennin.

1634. — Marie de Landas, dame du Grand-Ennequin, sœur d'Ignace de Landas, épouse Gilles-François d'Amman de Warnoize. Elle en eut:
Charles-Ignace, écuyer, chanoine de Tournai, seigneur de la Chaussée ;
Louis-Joseph, vicomte d'Hérinne, qui mourut en 1704, laissant entre autres :
Antoine, dont le fils, Philippe, vicaire-général de Tournai, fut le dernier rejeton de la famille d'Amman.

Dom Foucart demande au roi d'Espagne d'établir un prieuré à la

---

1. Archives départementales du Nord, fonds de l'abbaye, n° 238. — On peut juger, d'après ces différentes lettres, que si les religieux se permettaient des manquements à leur règle, leurs supérieurs sauvegardaient les principes et se chargeaient de les rappeler à leur devoir.

chapelle Notre-Dame de Grâce, lui faisant connaître qu'il lui affectera des terres du couvent et y placera le nombre de religieux nécessaire pour assurer le service du pèlerinage. Cette démarche n'était faite que pour contrevenir au projet qu'avait Maximilien Vilain de Gand, évêque de Tournai, de faire desservir le sanctuaire par des pères de l'Oratoire, lesquels d'ailleurs s'étaient adressés à Philippe IV. Celui-ci ne se montra favorable ni à l'abbé, ni à l'évêque.

En 1647, François Vilain de Gand, évêque de Tournai, neveu de son prédécesseur, renouvela la tentative; mais l'abbé fit confirmer les arrêts de la gouvernance et, dès ce jour, Notre-Dame de Grâce fut regardée comme une dépendance du monastère.

Au commencement du XVIIIe siècle, ce fut le seigneur des Freunes qui voulut étendre sa seigneurie sur la chapelle, par suite d'un arrêt provisionnel l'autorisant à prendre le titre de seigneur du village. Ses armes avaient été placées sur la première vitre et sa chaise était à la place d'honneur. Mais son âge ne lui permettait pas de venir au sanctuaire et sa chaise fut reléguée à la sacristie ; d'autre part, une violente tempête brisa la vitre armoriée et l'abbé la remplaça en y mettant ses propres armes et celles du couvent sur la vitre d'en face. Il n'y eut aucune protestation, pas plus que le jour où l'on établit le monument de dom Taverne à l'endroit principal.

1635. — Les Impériaux, en guerre contre la France (guerre de Trente ans) pénètrent en Picardie et surprennent Corbie (15 août 1636). Richelieu effrayé projette de se retirer sur la Loire.

Afin de préserver la statue miraculeuse pendant la guerre, on la transfère à Lille dans la chapelle de la Sainte-Trinité, rue des Malades [1].

1637. — Les Français pénètrent en Hainaut, assiègent et prennent Landrecies, suivent la Sambre et occupent Maubeuge, Beaumont et Solre-le-Château.

Vers cette époque, construction du château actuel de Landas, à l'endroit des terres occupées par les anciens seigneurs de ce nom. Sur la façade extérieure de la chapelle du château, on peut voir la date 1637, et plus bas des armoiries avec la date 1670.

Maximilien Vilain de Gand, évêque de Tournai, apanagé du village

---

1. *Abrégé historique.* — Abbé Détrez.— *Les sanctuaires de la mère de Dieu.*

de Sequedin, fait édifier en l'église de ce lieu la chapelle de Saint-Laurent. Dom Foucart, que l'évêque a délégué, en pose la première pierre.

2 septembre. — Jehan des Mares, chevalier, seigneur de Walle, etc., sert à vénérables seigneurs les abbé et couvent de Loos, le rapport d'une terre située en dehors de sa cense des Mares. Il l'a reçue à la mort de son frère Philippe ; elle aboutit aux terres des pauvres, à M. Bucquoy et au gros du Mares.

1638. *10 février.* — Le roi de France Louis XIII, par lettres patentes enregistrées au Parlement, met sa personne, son Etat, sa couronne et ses sujets, sous la protection de la Vierge.

Il ordonne aux archevêques et évêques de son royaume de faire tous les ans, le jour de l'Assomption, une procession à laquelle assisteraient toutes les compagnies souveraines et les principaux officiers des villes.

14 août. — Erection de la confrérie du Saint-Sacrement en l'église paroissiale. En voici les statuts, tels que nous les donne une ancienne affiche :

LES GRANDS PARDONS
ET INDULGENCES PLENIERES
CONCÉDÉES A PERPÉTUITÉ
PAR N. S. PERE LE PAPE URBAIN VIII. DE CE NOM,
A ceux de la Confrérie du Vénérable St. Sacrement, érigée en l'Eglise paroissiale de Los, par l'autorité de Monseigneur l'Illustrissime et Révérendissime Evêque de Tournay.

NOTRE S. PERE LE PAPE URBAIN VIII. de ce nom, par sa Bulle datée du 14 Août 1638, l'an seixième de son Pontificat, commençant, *Cum sicut accepimus, etc.* a donné à tous ceux et celles, qui le premier jour de leur entrée en ladite Confrérie, vraiment penitens et confessez, recevront le très-Saint Sacrement de l'Eucharistie, Indulgence plénière et rémission de tous leurs pechés.

A l'article de la mort, à ceux qui étant pareillement confessez et communiez, ou bien s'ils ne le peuvent, étant contrits et repentans de leurs pechés, invoqueront le Nom de JESUS de bouche, ou du moins de cœur, s'ils ne peuvent autrement, Indulgence plénière et rémission de tous leurs pechés.

Item, Ausdits Confrères, qui étant confessez et communiez, visiteront ladite Eglise de Los, le jour de la Solemnité du Vénérable Saint Sacrement, depuis les premieres Vêpres jusqu'au Soleil couchant de la susdite Solemnité, et y prieront pour l'exaltation de notre Mere la Sainte Eglise, l'extirpation des hérésies, la conversion des Infidèles, pour la paix des Princes Chrétiens, et pour le salut du Pontife Romain, Indulgence pléniere et rémission de tous leurs pechés.

De surplus, aux mêmes Confréres, qui vraiment confessez et communiez, visiteront ladite Eglise de Los tous les ans aux Fêtes de la Nativité et Assomption de la bienheureuse Vierge Marie, et aussi de tous les Saints, et au jour de la Dédicace de l'Eglise, et y prieront comme dit est, sept ans d'Indulgence et autant de Quarantaines.

Davantage le susdit S. Pere a donné et relâché miséricordieusement en Notre-Seigneur, soixante jours de penitences, dûes ou imposées aux susdits Confreres.

1. Toutes et quantesfois qu'ils entendront la Messe et autres Offices divins, qui selon la coûtume des Confréres se celebreront en icelle Eglise.
2. Qui seront présens aux Congrégations publiques ou privées d'icelle Confrérie.
3. Qui logeront les pauvres en leur maison.
4. Qui mettront la paix entre les ennemis, ou procureront la faire mettre par autrui.
5. Qui accompagneront les corps, tant des Confréres et Consœurs, qu'autres fidèles Chrétiens au tombeau.
6. Qui accompagneront le très-Saint Sacrement aux Processions qui se feront par la permission de l'Ordinaire, ou étant porté à quelque malade, ou autrement : ou s'ils sont empêchez, au son de la cloche reciteront à deux genoux une fois le *Pater noster* et *Ave,* pour le malade.
7. Ou diront cinq fois *Pater noster* et *Ave Maria,* pour les ames des Confréres et Consœurs trépassez.
8. Qui rameneront quelque dévoyé au chemin de salut.
9. Finalement ceux qui enseigneront aux ignorans les Commandemens de Dieu, et ce qui appartient à leur salut, ou qui feront quelque autre œuvre de piété ou de charité.

Toutes et quantesfois, pour chaques œuvres prédites (comme dit est) soixante jours de penitences, dûes, ou autrement, pour toutes autres choses imposees, sont relâchez selon la forme ordinaire de l'Eglise, ausdits Confréres et Consœurs.

Ces présentes valables à perpétuité.

REGLES

DE LADITE CONFRERIE.

1. En cette Confrérie seront admis toutes personnes, tant hommes que femmes, fils et filles, pourvû qu'ils soient de vie exemplaire et de bonne réputation.
2. Les deux Ministres du Vénérable Saint-Sacrement, tiendront régitre des noms et surnoms des Confréres, et recevront les aumônes d'iceux, et cinq gros à leur entrée, desquelles aumônes lesdits Ministres rendront compte tous les ans en présence de Mr. le Pasteur et des Confreres.
3. Tous les Dimanches de l'année après les Vêpres du jour, se chanteront les Vêpres, et se donnera la Bénédiction du Vénérable Saint Sacrement, comme aussi se diront solennellement toutes les Heures de l'Office durant l'Octave de ladite Solemnité; les premiers Dimanches de chaque mois se fera

la Procession, avec la Remontrance du Vénérable Saint Sacrement après la Messe, où devront assister les Confréres avec torches, et les Consœurs avec chandelles benites.

4. Le lendemain de la Fête du Vénérable Saint Sacrement, se célébrera un Obit, priant Dieu pour le repos des ames des Confréres et Consœurs trépassez.

5. A la mort de quelque Confrére ou Consœur, l'on dira à son intention un Obit à trois Pseaumes et Leçons, auquel assisteront les Confréres, si la commodité leur permet.

6. Tous les Confréres prendront soin d'enseigner leurs enfans en la crainte de Dieu, et observance de ses Commandemens et de l'Eglise, les faisant aller à la Messe les Fêtes et Dimanches, au Catéchisme, et les détournant de toute mauvaise conversation en prenant soin de leur comportement.

7. Avant de se coucher, ils demanderont pardon à Dieu des pechés qu'ils ont commis signamment pendant la journée, en faisant l'examen de leur conscience, et au matin se recommanderont à Dieu, afin qu'il lui plaise de les préserver de tout mal et infortune, et aussi leur donner la grace de lui faire quelque service agréable, à ces effets diront, *Pater noster, etc.*

8. En leurs priéres ils auront mémoire de notre S. Père le Pape, et de Monseigneur l'Illustrissime et Révérendissime Evêque de Tournay, lesquels ont gratuitement accordé cette Confrérie à la plus grande gloire de Dieu et avancement du salut de leurs ames.

Vidi 25 Maii 1697. Fr. Desqueux, *P. S. Steph. Decan. Christian. Insul. Lib. Censor* [1].

« On void en la chapelle plusieurs tableaux avec enseignes de
» miracles, un drapeau gaigné dessus les Hollandois (par Louys Le Riche
» de Lille, en bataille près de Sporemberghe), en une rencontre
» heureuse, un petit navire de guerre avec son attirail, joint un grand
» nombre de potences » [2].

1639. — Siège et prise d'Hesdin par les Français.

Avril. — Rapports et dénombrements de leurs fiefs faits à Jean-Baptiste de Thiennes, seigneur du Mollin, des Frennes, d'Offremez, à Philippe de Thiennes, seigneur de Warelles, son oncle et tuteur, ou à maitre Paul de Bray, licencié en droit, bailli de la seigneurie, par :

Pierre Blanquart, manant de Loos.
Beltremieulx Caulier, fils de feu Iserael.
Franchois de Fourmestraulx, de Lille, et son fils Pierre.
Charles de Lattre.

Anthoine Fasse, prêtre, seigneur de la Hallerie.
Jehanne Laden, veuve de feu Vinchant de Fretin, manant d'Haubourdin.
Anne Lambelin, veuve de Charles Carpentier, de Templemars.

---

1. « A Lille, de l'Imprimerie de Pierre Brovellio, rue des Manueliers, 1763 ».
2. P. Lhermite.

Pierre et Nicolas Le Mesre et Pierre Bauvin, époux de Jeanne Le Mesre, enfants de Philippe Le Mesre.

Jehanne Le Roy, veuve de Jehan de Lezennes, demeurant à Lille.

Robert Le Roy, de Lille.

Balduin Noullet, chapelain de Flers.

Jossé Planque, manant de Loos.

Estienne Poissonnier, héritier de Guillaume Raoul, son grand-père.

Martin Polez, de Loos.

Isabeau Pollet, veuve de feu Guillaume de Landas, écuyer, seigneur d'Ennequin, chevalier du Saint-Sépulcre, demeurant à Lille, héritière de sa mère Magdeleine de Cambry, épouse de Jean Pollet, seigneur de Vaucquer.

Nicolas Rogie.

Athanase Segon et Jean Segon, son frère, licencié ès-lois, seigneur de Ghnele, héritiers de Maximilien Segon, seigneur de Lambescamp.

Jeanne Vaude, veuve de Florent Loize.

Noms cités :

Abbaye de Loos.

Veuve Pierre Blomme.

Veuve Bonfruict.

Héritiers d'Hippolyte Braem.

Hubert Caullier.

Charles de Harne.

Seigneur de la Haie.

Alexandre de Lattre, de Wattignies.

Wallerand del Saulch, de Wattignies.

M. de Pecq.

Enfants de feu M. Dragon.

Seigneur du Marez.

Michel Grinbelles.

Robert Haze.

M. de Hoochstraete.

Enfants d'Antoine Lambelin.

Françoise Le Mesre.

Nicolas Le Mesre.

Pierre Lesaffre, fermier d'Athanase et Jean Segon.

M. de Milomez.

M. de Monchy.

Veuve Rogier Pillot.

Nicollas Rogier.

Hoirs Mathieu Ternoye.

Franchois Vran.

Chrestien Willomez.

Lieux cités :

Le grand et le petit chemin de Lille à Haubourdin.

Le chemin qui mène de l'église de Loos à la croix de Loos.

La voie qui mène de la croix de Loos au hameau d'Ennequin.

La voie qui mène de la rue de le Croix à Ennequin [1].

La ruelle des « Clercq ».

Le chemin qui va de l'église de Loos à Basinghchem.

La piedsente de l'église de Loos à Ennequin.

Le chemin qui va de la croix d'Avenne à la Folie.

La piedsente de la cense d'Avenne à la Planche à Quesnoy.

Le chemin et la piedsente de la Folie à Lille.

Le courant d'eau descendant de l'Abbrisseaux à la Happée.

Le chemin qui mène d'Ennequin au chemin de l'Escoperche.

Le mont d'Emmerin.

La « caussée » de l'abbaye.

Le Pont à renty ou Ponchel rentier.

---

1. Ces trois dernières désignations indiquent d'une manière certaine l'existence d'un calvaire à l'intersection de la rue Carnot actuelle (ancienne rue de Croix, puis de l'Église) et de la grand'route de Béthune.

La rue du Maretz.
La ruelle, dite du Saultoy, qui mène de la rue du Maretz à l'église de Loos.
La ruelle menant au Long pré.
Les cinq cens Fontenierres et la ruelle des Fontenierres, menant de l'église à la cense du Mortier.

1640. — Le prince d'Orange envahit le Brabant, s'empare des Pays-Bas catholiques et menace Lille.

Les Français, de leur côté, attaquent et prennent Arras, Lens, Bapaume, Béthune, Armentières, La Bassée et d'autres villes voisines.

L'armée espagnole se replie sur Lille et dévaste tout sur son passage. A Haubourdin, Loos, Marquette, on place des détachements de cavalerie, dont la consigne est d'annoncer l'approche de l'ennemi. Les prisonniers sont envoyés à l'abbaye.

30 janvier. — Mort de dom Foucart. — Dom Jean Foucart le jeune, 33e abbé (3 juin). Neveu du précédent abbé, il était à Loos depuis 1619. Il fut nommé par le prince cardinal Ferdinand d'Autriche. On lui reproche d'avoir trop fréquenté la compagnie des grands. Son frère Nicolas a soigneusement transcrit le cartulaire de l'abbaye.

Il reçut pendant ses quatorze années de gouvernement :

En 1649, Robert Place, d'Ath; Etienne Miroul, de Lille, qui fut confesseur au Vivier, à Annay, à Wevelghem et à Beaupré.

En 1650, Michel Gouselaire, de Marques; Ignace Descamps, de Lille; Albéric Boulit, de Condé.

1641. *30 août*. — Les Français, après avoir pris La Bassée, s'approchent de Lille et enlèvent un détachement de trois cents cavaliers espagnols, qu'ils ont surpris près du moulin de l'Arbrisseau. Ils sont repoussés par les bourgeois, mais s'établissent à Haubourdin, Loos et Esquermes.

En même temps, le moulin de Durmort est incendié et l'abbaye de nouveau livrée au pillage, en dépit du cardinal de Richelieu. Celui-ci, en effet, qui s'était fait nommer abbé général de Cîteaux, de Cluny et de Prémontré, avait donné l'ordre au gouverneur de La Bassée d'épargner le monastère.

14 mai. — Charles Alegambe, écuyer, seigneur du Basinghien, natif de Tournai, fils de Louis, seigneur dudit lieu, est fait et créé chevalier.

23 juillet. — Jehan de Harchies, seigneur du Basinghien, est créé chevalier par Philippe IV, pour avoir, à l'exemple de ses aïeux, servi son souverain légitime dans les guerres qu'il avait soutenues.

1642. — Les Espagnols, sous le commandement de don Francisco de Mello, mettent en déroute à Honnecourt [1] (26 mai) les Français commandés par le maréchal de Guiche. Bon nombre de prisonniers furent amenés à Lille.

Le magistrat s'étant permis d'en envoyer 416 au refuge de l'abbaye, sans avoir obtenu le consentement préalable de l'abbé, celui-ci s'en plaignit à la gouvernance. Le Conseil d'Etat de Bruxelles maintint les privilèges du couvent [2].

Au lieu de pénétrer en Picardie, le général espagnol, suivant les ordres du duc d'Olivarès, premier ministre d'Espagne, se porte du côté de Sedan.

Richelieu meurt le 4 décembre 1642; Louis XIII ne lui survit que de six mois. Devant ces événements et voulant profiter de la faiblesse d'une minorité, les Espagnols rentrent en campagne, mais se font battre à Rocroy par le prince de Condé.

23 septembre. — Gilles-François d'Amman, écuyer, seigneur de Warnoize, fils de Charles, seigneur d'Oomberghe, est créé chevalier.

1642-1643. — Actes de ventes où figurent les noms de :

Pierre Bocquillon, fils de Quentin, de Lille.

Charles Carpentier, laboureur à Templemars, fils de Charles et d'Anne Lambelin.

Jehan Castellain, du faubourg des Malades, et Catherine Pillot, sa femme.

Anthoine Chombart, homme de fief de la seigneurie des Frennes.

Pierre Couppe, maçon à Esquermes, et Clara Pillot, sa femme.

Paul de Bray, licencié ès-droicts, bailli des Frennes.

Pasquier Decottignie, homme de fief de la salle de Lille.

Allard de Fives, homme de fief des Frennes.

Anthoine de le Fosse, homme de fief des Frennes.

Jean et Martin de Linselles, fils de Thomas et de Marguerite Lambelin.

Beltremieulx Deswatinnes.

Jacques Dillie, homme de fief des Frennes.

Hubert Gobert, homme de fief des Frennes.

Anthoine Lecocq, laboureur à Sequedin, et Marguerite Le Mesre, sa femme.

Franchois Lefrancq, notaire.

---

1. Près du Catelet.
2. De Rosny.

François Le Roy, bourgeois et marchand à Lille.

Guillaume Longhespée, laboureur à Seclin, et Isabeau Carpentier, sa femme, fille de Charles et d'Anne Lambelin.

Anthoine Petit, homme de fief des Frounes.

Jean et Nicolas Pillot.

Vinchant Pillot, bourgeois et sayeteur [1] à Lille.

Jacques, Jehan, Péronne, Catherine Ricourt, de Lille, enfants et héritiers de feu Vincent, laboureur à Ribeaucourt.

Lieux cités, entre autres :
Le petit chemin menant à Notre-Dame de Grâce.
Le chemin de Loos à Esquermes.

Dom Jacques Bart, directeur de l'abbaye de Marquette, fait présent à l'église de l'abbaye d'une belle statue d'argent de saint Jacques le grand apôtre, pesant 156 onces 10 sterlings et ayant coûté 648 florins [2].

1643. 16 et 17 janvier. — Débordements de la Deûle.

15 avril. — Jean-Baptiste de Thiennes, fils de Jean-Baptiste et d'Hélène de Lannoy, épouse sa cousine germaine, Marie-Philippine de Thiennes. Jean-Baptiste de Thiennes hérita de tous les biens de sa mère dans la châtellenie de Lille. Il embrassa très jeune le métier des armes et se trouva au siège et à la prise d'Arras par les Français. Après le siège de Lille, il rentra dans la vie privée ; mais à la reprise des hostilités, Louis XIV l'exila parce qu'il avait trois fils dans l'armée espagnole. Il supporta courageusement tous les déboires que lui causèrent son dévouement à son roi. Ses enfants furent :

1. Eugène, capucin.
2. N. capitaine d'infanterie wallonne, mort au siège de Valenciennes.
3. Philippe-Charles, dit le seigneur de Harny, capitaine d'infanterie wallonne, qui mourut à Lille et fut inhumé près de sa mère en 1692 (27 mars).
4. Antoinette, religieuse à l'hôpital d'Audenarde, en 1716.
5. N., conceptionniste à Lille.
6. Félix-François.

1644. — Le duc d'Orléans, général en chef de l'armée française, harcèle les Espagnols en leur livrant des combats sans importance.

9 mars. — Antoine-Dominique de Thieulaine, successeur d'Arnould, dans le fief de Noizet, à Loos [3].

---

1. La saie, que travaillait le sayeteur, était une étoffe légère de laine du genre de la serge.
2. De Rosny.
3. Spriet.

20 juillet. — Paul Debray, bailli de la seigneurie des Frennes, en présence de Pierre Poillon, François Debray, Denis Stenpart, constate que Loys Copin, procureur spécial de Vilien Otto, marquis de Trasignies, exécuteur testamentaire d'Antoine-Paul de Lalaing, a déclaré que, par le trépas dudit comte d'Hoogstrate, deux fiefs tenus des Frennes, gisant à Loos, étaient attribués au nouveau comte d'Hoogstrate, son successeur.

Calixte Legrand, censier, en est l'homme « responsible ».

1645. *12 septembre*. — Des « ennemis françois » sous la conduite de Gassion, maréchal de France, tentent une action sur Lille, du côté de Saint-Pierre. Ils sont repoussés par les bourgeois[1].

Rien de considérable ne se passe en Flandre, mais en Allemagne, où la guerre durait depuis 1619, les Impériaux se font battre à Nordlingen par Condé et Turenne.

Bauduin Sohier, curé de Loos.

1646. — Les Français s'emparent de Courtrai, Bergues, Mardyck et Dunkerque.

Un « brief » de la seigneurie du Marais fait mention, comme possesseurs de propriétés tenues de la seigneurie, de :

François Haren.
Martin Le Mesre.
Pasquier Le Mesre.
Hoirs Adrien Pennel.
Antoine et veuve Roland Le Mesre.
Charles de la Haye.
M. de Milomez.
Elisabeth du Gardin, demeurant à Lille.
Jacques Lefebure, de Lille.
Guillaume Caulier.
Josse de le Plancques.
Chrestien Willemot.
Anthoine Terasche.
Jeanne Grimbel.
Jean Grimbel.
Veuve Jacques Cuppes.
Hoirs Nicaise de le Porte.
Jean Le Vasseur.
Hoirs Jean Parmentier.
Hubert Caulier.
Pierre Mas.
Abbaye.
M. du Mollin.
Seigneur du Basinghien.
Jean du Camps.
Hoirs Jean Douchet.
Joseph Carlier, de Lille.
Chartreux de la Boutillerie.
Hoirs Jacques de Masinghien.
M. du Marigon.

---

1. Chronique lilloise.

1647. *11 mai*. — S. A. I. l'archiduc Léopold-Guillaume d'Autriche, frère de l'empereur Ferdinand, fait marcher son armée sur Armentières, qu'il investit et fait bombarder. La ville se rend le 30 mai, malgré les efforts de Gassion pour la secourir.

18 juillet. — L'archiduc prend la ville de Landrecies.

19 juillet. — Gassion s'empare de la Bassée, dont les Espagnols s'étaient de nouveau rendus maîtres, et va placer le siège devant Lens, où il trouvera la mort (28 septembre).

14 août. — Les Impériaux arrivent à Lomme et à Loos. Le 15, le duc de Lorraine est à Haubourdin avec 5000 soldats. Le 29, l'archiduc part pour Armentières. Les 26 et 27 septembre, il revient à Loos et Haubourdin, d'où il marche au secours de Lens, qui est occupé par les Français le 3 octobre.

L'abbé établit, au sanctuaire de Notre-Dame de Grâce, un chapelain et receveur, dont l'une des obligations sera de lui rendre les comptes. Le premier titulaire est Pierre Leplat.

1648. *Mai*. — Siège et prise d'Ypres par Condé. Prise de Courtrai, Furnes et Lens par l'archiduc.

24 juillet. — Les Impériaux reviennent à Loos et aux environs. Jusqu'au 11 août, l'abbaye loge l'archiduc Léopold et sa suite, ce qui ajoute aux charges déjà lourdes du couvent.

20 août. — Les Français mettent en déroute l'archiduc Léopold « sur les rietz de Loz »[1].

24 octobre. — Traités de Westphalie (Munster et Osnabruck). Les sept Provinces-Unies qui se sont séparées de l'Espagne en 1581 sont reconnues indépendantes.

28 septembre. — Incendie des orgues à l'église de l'abbaye.

---

1. Chronique lilloise. — C'est la bataille de Lens, gagnée par le grand Condé.

1649. — Les Espagnols, délivrés de la guerre avec la Hollande, et profitant de la mésintelligence entre Mazarin et le prince de Condé, reprennent Ypres et Saint-Venant ; mais le comte d'Harcourt défait leurs troupes entre Valenciennes et Saint-Amand et prend Condé et Maubeuge.

Les moines, étaient venus se mettre en sûreté à Lille, vont chercher solennellement la statue de Notre-Dame de Grâce à la chapelle de la Sainte-Trinité, rue des Malades, pour la porter en leur refuge, paroisse Sainte-Catherine. Tous les ordres mendiants de Lille prennent rang dans cette procession, que ferme l'abbé de Loos, portant mitre et crosse. Le peuple suit en foule. A la chapelle, un père dominicain prononce un sermon [1].

1650. — Le prince de Condé est arrêté avec son frère, le prince de Conti, et le duc de Longueville ; ils sont enfermés au Havre. De son côté, Turenne passe aux Espagnols et livre aux Français quelques engagements, où il n'est pas toujours heureux.

A cause de ces divisions de la cour, les Espagnols, au lieu d'avoir la guerre dans le centre des Pays-Bas, ne sont attaqués que sur les frontières de la Picardie, de la Thiérache et de la Champagne, et la Flandre n'en subit aucun dommage.

1651. — Turenne quitte le service d'Espagne et retourne à la cour, dont il devient le soutien durant la rebellion du prince de Condé.

1652. Mai. — Dom Foucart se rend à Bruxelles pour réclamer contre les prétentions de l'abbé de Cysoing, qui ne voulait point lui céder le pas. La primauté de l'abbé de Loos est reconnue [2].

Mort à Tournai de Jehan de Harchies, seigneur du Basinghien.

1653. — Condé, passé à l'Espagne, pénètre jusqu'en Picardie, où il jette l'épouvante.

---

1. *Abrégé historique.* — Abbé Détrez. — *Les sanctuaires de la mère de Dieu.*
2. De Rosny.

1654. *25 août.* — Condé couvre la retraite de son armée, battue par Turenne devant Arras.

Prise du Quesnoy par Turenne.

22 février. — Mort de dom Foucart le Jeune. Ses funérailles se célébrèrent le 10 mars. Les seigneurs et les curés des villages voisins y assistèrent. Une distribution importante de pain fut faite aux pauvres des environs. — Dom Duquesne, de Wanebecq, près Ath, 34e abbé. Il fut désigné par l'archiduc Léopold, au nom de Philippe IV, le 5 juin. L'archevêque de Cambrai, Gaspard Nimius, le bénit le 1er novembre suivant, dans la chapelle du refuge[1] ; les deux parrains étaient les abbés de Marchiennes et de Warneton.

Il employa ses quinze ans de direction à restaurer la fortune du couvent ; on lui doit aussi quelques avenues de l'abbaye.

Il admit comme religieux :

En 1657, Antoine Richemont, de Lille, chapelain au Saulchoir ; Josse Van den Steene, de Lille, chapelain au Vivier ; Jean-Bernard Blancart, confesseur au Vivier, à Beaupré, Wevelghem, Annay, au Saulchoir.

En 1658 (20 janvier), Emmanuel de la Haye. Il fut confesseur au Vivier, à Beaupré, prieur, puis confesseur au Saulchoir.

En 1662, Dominique de Parmentier, de Lille ; Florent Mariaval, d'Ypres ; Quirin de Vielleuze, d'Ath ; Joachim de Zomberghe, de Condé.

En 1664, Hubert Pollet, de Lille ; Nivard Van Heulle, de Courtrai ; Joseph Le Cygne, de Lille.

En 1665, Augustin Gonthier, de Lessines.

En 1669, Maur Le Noir, du Hainaut ; Ferdinand Duquesne, d'Ath, neveu de l'abbé ; Pascal Laden, de Lille, qui fut confesseur de Marquette.

Le passage et le logement des armées, notamment en 1647, 1648 et 1653, ont causé au monastère des dégâts que signale un état de son revenu en 1654.

1655. *Juin-juillet.* — Turenne investit Landrecies et s'en empare. Il marche ensuite sur Maubeuge et sur Condé, qui tombent également en son pouvoir.

Découverte à Tournai, en l'église Saint-Brice, du tombeau de Childéric I, quatrième roi de France, mort en 481 : on y trouva un coutelas, une hache d'armes, des agrafes, des boucles et autres ornements d'un baudrier, le tout en or avec quantité de rubis enchâssés, des abeilles d'or, un vase

---

1. De Rosny.

d'agate, une boule de cristal, deux anneaux avec l'effigie de Childéric et l'inscription : *Childerici regis*. Le magistrat de Tournai présenta le monument à l'archiduc Léopold. Le tombeau renfermait encore le squelette d'un cheval ; on enterrait, en effet, les rois non-seulement revêtus de leurs plus riches habits, mais encore avec leur cheval de bataille [1].

1656. — Siège de Valenciennes par Turenne, qui se voit obligé de s'éloigner ; il se retranche dans La Capelle, que le prince de Condé renonce à attaquer.

2 décembre. — Mort d'Athanase Segon, seigneur de Ghelle. Voici le texte de son testament :

« Je Athanase Segon soubsigné, déclare par ceste d'avoir, en
» augmentation et amplification de mon testament, ordonné et faict
» donnation par ceste à la chapelle de s. Nicolas de l'église paroissiale
» de Loz, cent florins pour une fois, pour l'achapt d'une painture ou
» tableau pour servir de table d'autel à la dicte chapelle avec la
» représentation de s. Nicollas. 29 9bre 1656. »

Le tableau, qui existe encore, représente l'élévation de saint Nicolas à la dignité épiscopale. On y voit également les armoiries du donataire [2].

Au bas, on lit cette inscription : « En cette chapelle repose le corps
» du sieur Athanase Sedon *(sic)*, vivant sr de Ghelle, et lequel
» après y avoir fondé à perpétuité une messe journalière, 4 obits et
» distribution de six rasières de bled convertis en pain par chaque an,
» est décédé le 2 décembre 1656. *Requiescat in pace. Amen.* »

Il ne reste de cette fondation qu'une somme de deux mille francs, dont les intérêts sont affectés à la célébration de quatre messes par an.

1657. — Condé s'enferme dans Dunkerque qu'il veut défendre contre les Français, auxquels Cromwell a envoyé du renfort. Turenne se contente d'assiéger et de prendre Bourbourg et Mardyck.

1658. — Cromwell envoie de nouvelles troupes à Turenne,

---

1. *Annales belgiques ou des Pays-Bas*, par Antoine Dumées, avocat au Parlement. A Douay, chez Derbaix, imprimeur-libraire, rue des Écoles, an Missel. 1761, 1 vol.
2. Segon : de gueules à trois croix ancrées d'argent, la torque et hachements d'argent et de gueules et pour cimier la tête et encolure d'un griffon d'argent et deux ailes de gueules.

qui fait bloquer Dunkerque par mer et par terre. Le prince de Condé, à la tête de vingt mille Espagnols, s'avance pour secourir la place, mais il est battu dans les dunes. Après la prise de Dunkerque, les Français entrent dans Bergues, Gravelines, Furnes, Dixmude, Audenarde, Menin, Ypres.

1659. *7 novembre*. — Traité des Pyrénées entre la France et l'Espagne. La France était mise en possession d'Arras, Hesdin, Bapaume, Lillers, Lens, Saint-Pol, Thérouanne, Gravelines, Bourbourg, Saint-Venant, Landrecies, Le Quesnoy, Thionville, Montmédy. Elle rendait La Bassée et Bergues et recevait en compensation Philippeville et Mariembourg. Le roi d'Espagne cédait encore Avesnes, Rocroy et Le Catelet ; Louis XIV abandonnait Ypres, Audenarde, Dixmude, Furnes, Knocke, Merville, Menin, Comines.

Le roi de France pardonnait au prince de Condé et le nommait gouverneur de Bourgogne et Bresse.

1660-1680. — Pauvriseurs [1] :

Ignace Godou.	Athanase Caullet.
Michel Rogier.	Pierre Boutry.
Pierre Cardon.	François Deleruyelle.
Jacques Planques.	René Duthoit.
Jean Becquart.	Pierre Lefebvre.
Michel Dubois.	Josse Lecocq.
Jean Coupelez.	Abraham Raout.
Pierre Leroux.	Jacques Yollent.
Etienne Poissonnier.	Jean Platel.

1660. *14 septembre*. — La paix avec l'Espagne étant signée, la statue miraculeuse est ramenée processionnellement à la chapelle de Loos. Dom Duquesne présidait la cérémonie, pour laquelle on déploya une grande pompe : on sonnait l'Emmanuel [2] à l'église Saint-Etienne ; une fanfare de la collégiale de Saint-Pierre faisait entendre ses morceaux ; les différentes communautés et une foule immense assistaient à cette translation.

---

1. Les listes de pauvriseurs nous sont données par le travail de M. Spriet. — Après une année de fonctions, le pauvriseur était adjoint à son successeur pour une nouvelle année.
2. Cette cloche était la plus belle et la plus sonore de la ville et ne servait que dans les circonstances solennelles.

Les Dominicains et les religieux de l'abbaye portèrent la statue : les premiers jusqu'à mi-chemin, où un reposoir était élevé ; les autres depuis cet endroit jusqu'au sanctuaire [1].

Vers cette époque, probablement, fut faite une statue d'argent représentant la Vierge portant l'Enfant-Jésus. Elle mesure 0^m44 de hauteur. Le mouvement du corps est plein de noblesse et d'expression ; des rinceaux, supérieurement exécutés, en ornent le socle.

Ce beau travail est conservé à l'église paroissiale [2].

1662. *8 février*. — Dans la matinée, tempête dans toute la châtellenie.

27 octobre. — Dunkerque, cédé à Cromwell par Turenne, est rendu à la France pour cinq millions.

1663. — Vers cette époque se juge un grand procès au sujet du titre de seigneurs de Loos que les seigneurs des Frennes revendiquaient. Il leur est donné satisfaction.

Le lieu patibulaire de la seigneurie des Frennes se trouvait près du chemin d'Haubourdin à Tournai, au-dessus d'Avesnes. Sur la place de Loos étaient les bancs plaidoyables.

Les seigneurs de Thiennes devenaient d'une manière indéniable les seigneurs du clocher. L'accord suivant en fait foi, d'ailleurs :

O. de Damps et Blauart, notaires, constatent la transaction passée par-devant eux entre messire Jean-Baptiste de Thiennes, seigneur des Frennes, et André de Bay, doyen, François-César de Besq, chantre, Anthoine Le Mahieu, chanoine, au nom du chapitre de la collégiale de Saint-Piat à Seclin, concernant les droits temporels de l'église de Loos.

Ils nommeront un bailli commun, susceptible d'être destitué, qui leur devra rendre les comptes.

3 septembre. — Visite à Loos et à Marquette de dom Claude Vaussin, abbé de Cîteaux.

1664. — Pierre Lodun, facteur à Bruxelles, construit des orgues à l'abbaye. En paiement, l'abbé s'engageait à le nourrir, ainsi que sa femme, à les loger au monastère et à leur faire une pension annuelle de 60 florins.

Ils moururent très âgés ; l'abbaye fut donc loin de profiter du marché [3].

---

1. *Abrégé historique*. — Abbé Détrez. — *Les sanctuaires de la mère de Dieu*.
2. *Le Nord monumental et artistique*.
3. De Rosny.

Charles II (1665-1668), sous la tutelle de Marie-Anne d'Autriche, sa mère.

Francisco de Moura, marquis de Castel-Rodrigo, succéda à Benavidos comme gouverneur général des Pays-Bas. Il fut rappelé en 1668.

1665. — A la mort de Philippe IV, roi d'Espagne, Louis XIV réclame, en vertu du droit de dévolution, le Brabant, Malines, Anvers, la Gueldre, Namur, le Hainaut, l'Artois, Cambrai et le duché de Luxembourg.

1667. *24 mai-juillet*. — Le roi de France entre en campagne avec Turenne pour lieutenant-général ; le maréchal d'Aumont, avec huit mille hommes, avait ordre de s'avancer vers Dunkerque, et le marquis de Créquy, avec quatre mille, fut envoyé à la frontière du Luxembourg.

Le maréchal d'Aumont prit successivement Armentières, Bergues, Furnes, Courtrai, Audenarde ; le roi s'empara d'Ath, Tournai, Douai et, après avoir hésité entre Dendermonde et Lille, se décida au siége de cette dernière place.

16 août. — Louis XIV établit ses quartiers à Loos, au château de Landas, propriété de Philippe-Charles de la Haye, seigneur d'Ennequin, auquel, plus tard il fit remettre son portrait[1]. Le duc d'Orléans loge au château des Frennes.

17 août. — Le feu prend au château de Landas, dans les écuries, où des étincelles étaient tombées sur de la paille. On l'éteint aussitôt.

Le roi quitte le château pour se rendre à Fives, où il sera plus près du point d'attaque qu'il a choisi ; il s'exposa durant le siége et eut quelques gardes et officiers tués à côté de lui dans la tranchée.

Turenne était à Fives ; le marquis d'Humières à Hellemmes ; le marquis de Bellefonds à Marcq-en-Barœul, et le prince de Lillebonne à Marquette.

Il est de tradition que le roi de France vint prendre

---

[1]. Ce portrait, qui représente le roi en pied, est possédé par la famille d'Hailly.

un repas à l'endroit où se trouve actuellement le calvaire d'Ennequin, d'où l'on domine la ville de Lille.

28 août. — Prise de Lille par Louis XIV.

Après la capitulation, la garnison se dirigea sur Ypres, où la cavalerie espagnole fut culbutée par le marquis de Créquy et le marquis de Bellefonds.

Pendant le siège, l'abbé et les religieux s'étaient rendus à Lille : quatre ou cinq moines et deux ou trois convers étaient restés comme gardiens du monastère.

Le roi revint à Landas, où il donna audience aux religieux qui étaient rentrés dans leur couvent.

Neuf mille hommes, sous la conduite du duc d'Aumont, allèrent camper à Haubourdin, et l'abbaye devint l'hôpital général de l'armée de France : un millier de soldats furent enterrés au cimetière du couvent. Claude Guiart, médecin du roi, se voyant mourir, demanda par humilité à être inhumé au milieu d'eux ; son cœur fut mis au cloître.

Les habits des soldats, souillés de sang et d'ordures, furent amassés dans les remises et vendus à des fripiers, qui portèrent ainsi la peste à Lille [1].

1668. — Conquête de la Franche-Comté par Louis XIV.

---

1. Dè Rosny.

DOMINATION FRANÇAISE

Louis XIV (1668-1708).

En 1676, Louis XIV érigea en gouvernement de province les pays de Flandre et de Hainaut. Les gouverneurs furent : Louis de Crevant, duc d'Humières (1676-1694), Louis-François, duc de Boufflers (1694-1708).

1668. *2 mai*. — Traité d'Aix-la-Chapelle. La Flandre reste à la France ; mais le roi rend la Franche-Comté.

1669. Octobre. — Hubert-Wallerand Deliot, écuyer, seigneur de la Croix, déclare avoir accordé par forme d'arrentement à Charles Lesaffre, fils de feu Pierre et d'Hélène Haze, laboureurs à Loos, une terre sise le long de la piedsente qui mène à l'abbaye, tenant à une petite becque coulant le long de cette piedsente et à l'issue dudit Hubert, pour en jouir pendant cent ans à partir du 2 octobre 1669, à charge de remplir certaines obligations. Présents : François Petit, notaire public, Henry de Beaussart, son clerc, Jean Le Plat, laboureur de Flers.

Le 21 octobre 1691, Hubert-Wallerand Deliot déclare qu'il autorise ses enfants à approuver les actes ci-dessus.

Le 26 octobre, en présence de Pierre Desmadril, notaire à Lille, Jean-Baptiste Toulemonde, fils de Gilles, Adrien-François Waymel, fils de Michel, tous de Lille, Pierre Deliot, seigneur de la Moussonnerie, 25 ans ; Hippolyte-Joseph, seigneur de Landres, 21 ans ; François-Marie, seigneur du Parque, 20 ans ; Hubert-Wallerand, seigneur du Petit-Verbois, 18 ans, ratifient l'acte de leur père.

Le 17 octobre 1703, en présence d'Arnoul Cocquel, bailli de la seigneurie des Frennes, Bartholomé Gobert, Jacques Cornette, hommes de fief, Pierre du Bois, juge rentier, Hippolyte-Joseph Deliot, seigneur de Landre, déclare se déshériter, moyennant achat, en faveur de Charles Le Saffre de la terre sus-indiquée, qui est tenue des Frennes.

Juillet. — Dom Duquesne commence un colombier dans la basse-cour ; les murs s'élevaient à vingt-trois pieds.

Visite de l'abbaye par dom Antoine Le Waitte, abbé de Cambron, remplaçant dom Pierre Henry, abbé de Clairvaux.

10 août. — Mort de dom Duquesne.

12 août. — Obsèques de l'abbé. Y assistent le seigneur du Fresnel[1] et son gendre, le seigneur de Saint-Marcq, qui demeuraient au refuge, les seigneurs du Moulin, d'Ennequin, du Maisnil, de Verbois, de Beaupré, les curés de Loos, Haubourdin, Sequedin, Esquermes, Lomme, le chapelain de Notre-Dame de Grâce, maître Cambier, bailli général de l'abbaye, et Claude Pottier, procureur. Le R. P. Corret, S.J., prononce l'oraison funèbre.

26 septembre. — LL. EE. le maréchal d'Humières, l'intendant Michel Lepelletier et dom Cazier, abbé de Saint-Martin de Tournai, commissaires nommés par le roi pour l'élection de l'abbé, se rendent au monastère, où, après la messe du Saint-Esprit, ils recommandent à la communauté assemblée de nommer trois des plus dignes, parmi lesquels le supérieur sera choisi par le roi.

1670. — Pierre Cuvelier, curé.

En cette année, des réparations au portail de l'église paroissiale sont opérées par Guillaume Deledic, maréchal, et Josse Lecocq, charpentier ; Toussaint Cambron, fondeur, répare les cloches ; des dépenses sont faites pour les peintures, les verrières et le devant d'autel de Notre-Dame de la Haye.

Le cimetière est planté de cent ormeaux par Jacques Planeques.

18 mai. — Lettres patentes de Louis XIV par lesquelles Gaspard Taverne devient 35ᵉ abbé.

2 juin. — Installation, au monastère, de dom Gaspard Taverne, par le chanoine Huguelot, du chapitre de Saint-Pierre.

15 juin. — L'abbé de Baudeloo, vicaire général de l'ordre, ne désirant point venir en France, étant sujet du roi d'Espagne, confère la bénédiction abbatiale à dom Taverne, en l'église du monastère de Wevelghem.

---

1. Robert du Bus, seigneur du Fresnel, avait été créé chevalier par le roi d'Espagne le 14 septembre 1648.

Dom Taverne admit comme religieux (1670-1684) :

En 1670, Jean-Baptiste du Ray, de Tournai ; Norbert Destieux, de Lille, qui fut chapelain d'Annay.

En 1672, Timothée Heddebault; Edmond Hecquin, Etienne du Prys, de Lille.

En 1673, Gabriel Boussemart.

En 1675, Benoît Grassoln ; Lambert Van der Maer ; Gaspar Engelgrave, de Lille ; Guillaume Lefebvre, d'Arras.

En 1678, Médard Robillart, de Lille ; Gérard Meurant.

En 1679, Pierre Crespin ; Ignace Delefosse ; François Wallet, de Lille.

En 1680, Pierre Ricard, de Lille.

En 1681, Bernard des Wacquez, de Vilers, près Bapaume ; Vincent Caillet, de Lille.

En 1682, Joseph Capelle ; Denis Blonde ; Jacques Lagache ; Boniface d'Orchies ; Robert Taverne ; Eugène Ricourt ; Paul Reys, de Lille ; Hilaire Béghin, d'Emmerin, chapelain de Flines, qui fut prieur et directeur de Marquette.

En 1683, Mathieu Beccue, d'Ypres; André Le Mesre, de Sainghin-en-Weppes.

A peine en fonctions, dom Taverne avait vu le couvent chargé d'une pension pour le père Léon de Sainte-Marguerite, religieux augustin, surnommé le père Luisant, qu'on avait pu voir, revêtu d'un manteau de toile cirée, occupé à secourir les malades, durant la peste de 1668-1669. On imposa également la communauté au profit de la collégiale de Saint-Pierre et de l'hospice Comtesse, en dédommagement des terrains pris à ces maisons pour l'agrandissement de Lille.

Dom Taverne envoya un religieux, dom Gouselaire, à Paris, pour représenter au roi l'impossibilité où il se trouvait de satisfaire à ces exigences et, en même temps, la dépréciation dont ne manqueraient pas de souffrir ses terres d'Esquermes et d'Avesnes, si l'on continuait à en extraire les « parpints » pour la construction de la citadelle et des maisons de la nouvelle ville [1]. La dépréciation des terrains était d'autant plus grande qu'on extrayait les « moellons » à ciel ouvert. Cette opération se faisait surtout à l'endroit appelé aujourd'hui la Basse Marlière, où le terrain est resté effondré.

Dom Gouselaire s'adressa d'abord à Louvois ; celui-ci, occupé à se chauffer les pieds sur les chenêts, reçut mal l'envoyé de dom Taverne et lui répondit sans même le regarder ; cependant le pape intervint et, sur ses instances et celles du roi d'Espagne, Louis XIV fit droit aux requêtes de l'abbé.

De nos jours les carrières d'Ennequin fournissent encore des

---

1. De Rosny.

moellons ; mais l'on y cultive surtout des champignons et de la chicorée.

Une excursion nous a permis d'en constater l'état actuel et de relever certaines inscriptions qui ne sont pas dénuées d'intérêt.

Des échelles de quinze à vingt mètres donnent accès au fond des puits[1]. On se trouve là en présence d'un dédale de galeries et de voûtes, semblables les unes aux autres pour quiconque ne les voit pas d'un œil expérimenté ; tous les dix pas, à droite, à gauche, devant, derrière, s'ouvre une galerie, s'élève une voûte ; aussi, à moins que l'on ait recours à un guide, peut-on s'y perdre le plus facilement du monde, en dépit de toutes précautions pour retrouver le chemin.

La plaine d'Ennequin, dont l'étendue est considérable, est en très grande partie minée par ces carrières, qui, paraît-il, communiquent avec celles d'Hellemmes et de Lezennes.

A la fin du XVIIe siècle et au commencement du XVIIIe, l'exploitation dut être poussée avec activité. Les simples dates peintes en noir — comme les autres inscriptions — sur les parois des galeries, sont de cette époque ; 1671, 1697, 1703. Les ouvriers, qui ont pris soin de laisser leur nom à la postérité, sont : « François Veimel », « 1663, Julien Bonvien », « Philippe Martin, Emmerin, 1670 ». « Andrieu Verdière, 1703 », « Leurent Deny Verdiere a Frequiere, 1703 », « Nicolas Boduin, 1714, Emmerin », « Ignace Dubois, 1703 ». Ce dernier nom surtout est fréquemment inscrit. Il y a tout lieu de croire qu'Ignace Dubois ne s'est pas contenté de tracer son nom et que c'est lui qui a noté non-seulement les aspirations de son âme, mais encore les détails relatifs à la vie ordinaire, comme le prix des denrées, ou les grands évènements dont l'écho arrivait jusqu'à lui.

« Prie le bon Dieu pour nous tous », « Jesus, Maria », « Le nom de Dieu soit en mon cœur, le 15 de juien 1703 », sont des prières et des invocations plusieurs fois reproduites.

Ailleurs, il nous laisse son adresse : « Ignace du Bois, Ennequien, Lo », ou bien il nous fait connaître ses opérations financières : « Prie Dieu pour son âme. Acheté cest terre par Ignas Dubois et Marie Viennoble sa femme, 1705, de sire du Ho de Beaucan, 48 cens terre ». Il nous parle de son travail : « J'ai fait 40 mile parpoin en l'an 1702 » ; du prix du blé ou du colza : « Pris du blé, en l'an 1693, voloy le bled melle[ur] 28 livre le rasiere, en l'an 1684 4 sols 4 livre rasiere ». — « Pry du bled, 1700 et 1701 et 1703 à 4^l rasire et 6^l ». — « 1721, le cosas valoit iv^l, le blé 4^l, v^l, 9^l ».

---

1. On peut encore y descendre par un escalier construit près du calvaire d'Ennequin.

Il nous dit aussi ce qu'était le revenu des pauvres de Loos : « Le
» revenu des pauvres de Lo porte 5 cens iiij xx 17 ^{1}, 1703 ».

Les grands événements qu'Ignace Dubois a notés sont, on le
comprend, de diverses natures ; s'il y a pour quelques-uns des erreurs
de date bien admissibles, le fait en lui-même est exact. Nous les donnons
telles quelles :

« Le roy de France, l'an 1693, fu fait une [levée ge]neral de tout ses
» solda ; y tafoy le nombre de (7 ?, 1 ?) cens 30 mille home ».

« 1703. L'eau a monté dans la ville 7 pied hau ».

« Le 6 de juillet 1703, il a plu, que l'eau a monté 12 pied sur pré de la
» Lyse, de[ux] maison pery... On croit que c'etoit le fin du monde,
» on a trouve cofre (surpris ?) la table (l'étable ?) dans l'eau et cheval
» et 2 personne ».

« 1705. Le 15 de juien le roy de Fra[n]ce a perdu en bataïc dans
» la Bauviere 55 mille home » ^{1}.

« Cens mille ame pery. Il sa fait à Rome un tranblem[ent] terre, 1730 ».

Voici maintenant une inscription relative aux dernières années de
Louis XIV et à la banqueroute de Law :

« Fut fait pour 58 cent million de bile de banque. Le roy de France
» fait la pay l'an 1712, morut l'an 1714. La pie[ce] de 48 patars l'an 1722
» voloit 10 ^{1} 10 gros. Le roi gen (régent) tuteur a fait faire de bile de
» banque de 15 ^{1}, de cens ^{1}, mille ^{1}. Cacun portoi son argen a banque
» pour de bile. Il on pre tout perdu ».

Nous citerons enfin une remarque que n'a pas dû faire Ignace du
Bois, car le fait lui est bien antérieur :

« Un homme a Lille a fait batisé 36 afans, son non étoit Jean
» Bonier, 1620 ».

1671. *11 juin*. — « Louis, par la grace de Dieu, roy de France et
» de Navarre », au premier huissier du Conseil souverain de Tournai.
Ayant reçu l'humble supplication de messire Jean-Baptiste de Thiennes,
chevalier, seigneur du Moilin, des Frennes, le Hauery, des Plantis, etc.,
par laquelle celui-ci demande, en raison de l'ancienneté de ses fiefs et
de l'obscurité de ses papiers, qu'il lui soit permis de faire établir de
nouveaux registres, le roi ordonne à son huissier de prescrire, un
dimanche ou jour de fête, à l'issue de la messe paroissiale, à ceux qui
possèdent des terres relevant de ces fiefs, d'en faire le rapport en la
forme légale dans les quarante jours. Ceux qui n'exécuteront pas cet

---

1. Il s'agit ici probablement de la défaite d'Hochstedt (Bavière), perdue en 1704, par
Marsin et Tallard contre le prince Eugène et Marlborough.
On s'imagine le retentissement que dut avoir cette bataille, les armées de Louis XIV
étant jusqu'alors demeurées invincibles. Le désastre d'Hochstedt ouvrit une série de
revers qui ne se termina qu'après la glorieuse défaite de Malplaquet (1709).

ordre seront traduits devant les tribunaux compétents pour donner les causes de leur non-obéissance. D'après les actes reçus, il sera dressé des registres pour le seigneur des Frennes. « Car tel est notre plaisir. » Par le roy, en son conseil, Isaac. »

Les publications furent faites au portail de l'église les 29 juin et 12 juillet.

Août. — Rapports et dénombrements faits à Jean-Baptiste de Thiennes, par :

Michiel Bernard, fils de feu Laurent, couvreur, demeurant à Lille. Son bien lui vient de Denis Pennelle, laboureur, veuf de Jeanne Desprets, et d'autres du nom Pennelle, desquels il l'a acquis en 1621. Michiel Herman, brasseur à Lille, l'achète en 1672.

Allexy Descamps, fils de feu Pierre, demeurant à Lille.

Jean-Baptiste Mahieu, fils de feu Jean, de Lille, époux de Claire Bosquillon, fille de feu Pierre. A son fief est attachée l'obligation de garder pour 12 deniers par jour le pont des Frennes, « se mestier est, » a le semonce dudit seigneur, pour seureté de lui ».

Pierre de Liancourt, marchand à Lille, époux de Marie-Madeleine Marissal, fille de feu Gilles. Jean-Baptiste Desruelles, fils de feu Pierre, tailleur et marchand de drap à Lille, se rend acquéreur de sa propriété le 6 mai 1679.

Sont cités en outre :

Le « clercq de cheens ».	Veuve Godin.
M. de Langlée.	Martin Lemesre.
M. de Millomez.	Veuve Jeanne Lemiotte.
Le comte d'Hostraete.	Hoirs Robert Willomez.
Antoine du Bois.	

15 juillet. — Inauguration de la nouvelle église des Carmes à Lille. Le 16, l'abbé de Loos y chante la messe solennelle.

23 août. — Fêtes organisées par les P. P. Jésuites à Lille à l'occasion de la canonisation de saint François de Borgia. Le lundi 31, dernier jour de l'octave, la messe est dite par le « R. prélat » de Loos et la prédication faite par le R. P. prieur de Fives [1].

1672. *Septembre.* — Rapport du Basinghien (2e fief) fait par Antoine Alegambe, fils de Charles Alegambe, lequel est fils de Louis [2].

1er octobre. — Louis-Joseph de Harchies de Ville, chevalier, comte d'Hallennes et de Sweveghem, châtelain de Courtrai, seigneur de

---

1. Chronique lilloise.
2. Spriet.

Milomez, d'Erquinghem-le-Sec, du Basinghien et de Menin, fait rapport du fief du Basinghien[1].

Charles Dragon, seigneur de Langlée[2].

Rapports et dénombrements faits à messire Jean-Baptiste de Thiennes, chevalier, seigneur du Mollin, des Frennes, le Haury, des Plantis, etc., par:

Guillaume Blancquart, fils de feu Jean, demeurant à Bazenghiem, paroisse d'Esquermes.

Josse Delepierre, fils de feu Pasquier, charpentier, demeurant à Loos.

Franchois Desruielles, fils d'Anthoine, « pauvriseur de l'eglise » paroissialle de Los ». François du Bois, pauvriseur, est choisi comme « responsible » des biens de l'église.

Philippe du Toit, fils de feu Jacques, demeurant à Lille.

Marie Hovine, veuve Jean Godin, charpentier à Lille. M. Stappaert, seigneur de la Haye, achète sa propriété en 1687.

Louis Jacquart, fils de feu Jean, laboureur à Loos. Son bien lui vient de Jeanne Poissonnier, veuve d'Anthoine Boullant.

Anthonnette Le Blancq, veuve de Hughes Pollart, seigneur de Crevecœur, demeurant à Lille. Elle possède une maison de plaisance, vis-à-vis de l'église et sur la place de Loos.

Sont, en outre, cités :

Athanase et Jeanne Caullier, enfants d'Hubert.	Louys Grimbert.
	Hoirs Henry Jacob.
Comtesse d'Austrate.	Louis Jacquart.
M. de Milomez.	Robert Le Roy.
M. des Marets.	Toussaint Le Saffre.
Jean Desplancques, rue du Marets.	Venant Mariaige.
Veuve Jacques de Suppere.	Veuve Gilles Marissal.
Sieur Dreaucourt, et sa femme, demoiselle Marisal.	Pierre Mas.
	Hoirs Mathieu Maurice.
Seigneur du Fresnel.	Veuve Hughes Pollart.
Philippe et Jacqueline Duthoit.	Veuve et hoirs Jacques Pollet.

Lieux cités :

Le courtil ; la place ; le « chimetière » ; la ruelle du Saultoir, donnant sur la place ; le chemin qui mène et passe devant « lattre de Los » ; les chemins d'Avesnes à Bazinghehem, ou d'Avesnes à la Vieille Motte, et de l'église à Bazinghehem, « au devant de la maison presbyteralle »

1673. — Jean-Antoine du Marez, fils et héritier de Jean du Marez, sert le rapport du fief du Marez au roi de France, châtelain de Lille[3].

Nicollas Le Mesre, fils de feu Nicollas, laboureur, demeurant à Loos,

---

1. Spriet.
2. Id.
3. Id.

fait rapport à Jean-Baptiste de Thiennes, d'un « metz » séant rue de Croix, aboutissant à Nicolas Rogier, à la veuve Anthoine Le Roy, aux héritages de Pierre son frère.

L'abbaye possède le fief de Noizet [1].

1674. — L'Europe est coalisée contre la France. Turenne est envoyé en Allemagne, Condé en Flandre (Senef) et Louis XIV se réserve la conquête de la Franche-Comté.

10 janvier. — Anne Le Cointe, veuve de Jean du Camp, de Lille, tient de Jean-Baptiste de Thiennes, chevalier, seigneur du Mollin, des Frennes, La Haury, des Plantis, Lestocquoy, etc., des terres nommées les Remontiers.

Un chasserel de la seigneurie du Maretz, dont les comptes sont arrêtés à cette date, fait mention de :

Franchois Heron, censier du Marez.
Veuve Mathias de le Porte.
Gilles-François Daman, écuyer, époux de Marie de Landas, et la mère de celle-ci, Isabeau Pollet, veuve de Guillaume de Landas.
Veuve et enfants de Jacques Masinghien.
Jacques Flannel.
Veuve Bon Fruict.
Martin et Pasquier Le Mesre.
Denys du Hem.
Le comte de Hoochstraete.
Roland, Anthoine, Pierre Le Mesre.
Adrien, Pierre, Anthoine Pennel.
Pierre Pennel, le jeune.
Jacques Willomez.
Josse de Parmentier, écuyer, seigneur du Grandbus.
Martin Buisine.
Charles de la Haye, fils et héritier d'Arnould.
Elisabeth Dujardin, fille et héritière de Wallerand.
Michel Grimbel.
Hoirs Jean Meurisse.
Jacques Lefebvre, fournier à Lille.
Hoirs Jean Desnoullet.
Jean et Athanase Segon, fils de Maximilien.
Jacques Mallet, maçon à Lille.

Pasquier Béghin.
Jacques Vallet.
Guillaume Caullier, maçon à Lille.
David Noullet.
Jean Plancque.
Chrétien Willomez.
Adrienne Platel, veuve de Jean Plancque, demeurant à la Chapelle d'Armentières, et ses enfants Jean et Antoine. Son mari était fils d'Etienne.
Hubert du Hot, fils d'Hubert, qui fut fils de Venant et de Catherine Greaume.
Jean de Lannoy.
Jean Martin.
Anthoine Terrache.
Hoirs Guillaume Destieu.
Hoirs Hubert Caullier.
Hoirs Jacques de le Ruyol.
Jeanne Grimbel, veuve de Jean Grandel, fille de Michel et d'Isabeau Destieu, fille de Guillaume.
Hoirs Nicaise de le Porte.
Les Chartreux de la Boutillerie.
Jean Phillippi.
Jean-Baptiste de Thiennes.
Le seigneur du Basinghien.
Jean Douchet.
Denis du Thoict.
Jean du Camp.

---

1. Spriet.

S'attachant à avoir surtout de bons religieux, dom Taverne accepte à la profession des personnages sans dot ; en retour, il exigeait des qualités de cœur et d'intelligence. Il rétablit la vie commune et uniforme dont on s'était écarté depuis longtemps pour vivre chacun à sa façon et suivant ses revenus [1].

1675. *Février*. — Rapports servis à Jean-Baptiste de Thiennes, par Jacques Plancques, fils de feu Josse, où sont cités :

Seigneur Clerfontaine.	Messire Philippe du Marets, seigneur
Seigneur Damant d'Ennequin.	du Marets, demeurant à Malines.
Anthoine du Bois.	Veuve Hughes Pollart.
Demoiselle Isabiau du Jardin.	Mademoiselle Roze, de Valenciennes.

1er septembre. — Les Carmes célèbrent à Lille la béatification du P. Jean de la Croix. La messe du jour de l'octave est chantée par l'abbé de Loos [2].

1676-1677. — Exploits de Louis XIV, qui attaque Condé, Bouchain, Valenciennes et Cambrai, et de Monsieur, à Cassel, contre le prince d'Orange. Louis XIV s'empare ensuite de Gand et d'Ypres (mars 1678).

M. Rhingrave de Salm, époux de Marie-Gabrielle de Lallaing, meurt en septembre 1676 d'une blessure reçue devant Maestricht, assiégé par le prince d'Orange.

1676. *25 juillet*. — La cense d'Ennequin est brûlée par des soldats français, allant au siège d'Aire.

Rapports de leurs fiefs faits à Jean-Baptiste de Thiennes par :

J.-B. Becquet, marchand à Lille. Il occupe par moitié, avec Charles Desbuissons, brasseur des Deux Tours, à Lille, une propriété acquise de Nicollas Robillart, nommée « le lieu aux prisons » de la seigneurie des Frennes, qui est bornée par le chemin de Lille à l'église de Loos, la ruelle menant de la maison de M. du Mollin à la taverne Saint-Nicolas, la piedsente de l'église de Loos au grand chemin de Lille. Certaines obligations y sont attachées, parmi lesquelles celle de garder les prisonniers du seigneur des Frennes et de leur donner le pain et l'eau, à raison de douze deniers par jour ; de son côté, le seigneur livre les « fers ou ceps pour iceulx prisonniers mettre et garder et pour ceste » servitude est ledit heritier descharge et quicte de denier de » funcquage, de ob. de plaids, d'afforaiges et de tonlieux. »

---

1. De Rosny.
2. Chronique lilloise.

Jeanne Blomme, veuve de Simon Hurez.

Jean-Baptiste Cardon, chanoine d'Harlebecque.

Messire Louis-Joseph de Harchies de Ville, dit d'Estrepy, comte d'Hallennes, Erquinghem-le-Secq, baron de Millometz, seigneur de Basenghien, Rodes, Foceux, Lestrey, etc.

Charles Desbuissons, fils de feu Charles, brasseur à Lille.

Anthoine du Bois, fils de feu Chrestien, « hoste en la taverne ayant » pour enseigne S. Nicollas ».

Robert du Bus, chevalier, seigneur dudit lieu, Fresnel, etc.

Elisabeth du Gardin, fille de Wallerand. Philippe du Pont, censier à Loos, achète plus tard sa propriété (20 novembre 1693).

Anthoine Le Cocq, fils de feu Pierre, censier, de Sequedin. Les possesseurs ultérieurs de son bien furent, chacun par moitié, Jacques Cordonnier et Pierre Fine.

Catherine Le Roy, fille de feu Josse, veuve de Thomas Haverlant, bourgeois sayeteur à Lille.

Etienne Poissonnier, fils de feu Pierre. A sa maison est attachée l'obligation de garder la porte du seigneur des Frennes, « si mestier » en a ». Il reçoit douze deniers par jour.

Nicolas Rogier, fils de feu Martin, demeurant à Loos, et sa femme Isabeau de Fretin.

Paul Rohart, négociant à Lille, administrateur des biens de Daniel Le Grand, fils d'Abraham, demeurant à Francfort.

Jacques Willometz, fils de feu Chrestien, censier, demeurant à Loos, comme procureur de Marguerite Labin, fille d'Anthoine et de Catherine Lamelin, veuve de Jacques Thieffry, « vivant clercq de la » paroisse de cheens ». Le 22 mai 1688, Jacques-Joseph Thieffries, « clercq de cheens » reçoit la propriété en suite du trépas de sa mère. Puis Jacques Masinghien l'achète en 1692.

Chrestien Willomez, fils de feu Chrestien, demeurant à Loos. Sébastien Hennion achète une de ses propriétés le 3 janvier 1691.

Figurent dans les actes à l'occasion de ces dénombrements :

L'abbaye de Loos.	Veuve Vincent de Fretin.
Louis-Pierre Blanquart.	Seigneur de la Haye.
Georges Carlier.	Seigneur de Langlée.
Les Chartreux de la Boutillerie.	Jean de le Zenne.
Héritiers Jean-Baptiste Courouble.	M. de Monchy.
M. Damant-Harnoise, demeurant à Tournai.	M. des Marets.
Seigneur Davesnes.	Marie-Jeanne d'Illies.
Veuve Jean de Cuppere.	Comte d'Ostracte.
Maître Mathieu de Fretin, en son vivant pasteur de Ronchin.	Jean du Flock, de Lille.
	Hoirs Jean Gobert.
Hoirs Rolland de Fretin.	Louis Grimbert.

Hoirs Beltremieulx Hache.
Robert Hazo.
Michel Herman.
Enfants Henri-Ignace Jacobs.
Joseph et Joachim Lachier, fils de Toussaint et d'Agnès Le Roy, laquelle est fille de François.
Veuve Bertrand Laden.
Veuve Jacques Lamiotte.
Nicollas Le Maisre.
Veuve Franchois Leroy.

Veuve Florent Loize.
Adrien Pennel, fils de feu Arnoul.
Sieur Petitpas.
Jean Pinte, d'Haubourdin.
Jacques et Pierre Plancques, fils de feu Josse.
Veuve Hughes Pollart.
Jean Van Stiemberghe et Marie-Claire Le Roy, sa femme, fille de feu François.
Marguerite Willometz, fille de feu Robert.

Lieux cités :
Le petit chemin de Notre-Dame à Lille.
Le chemin de la taverne Saint-Nicolas à la cense d'Avesnes.
Le chemin de l'Epinette à la cense d'Avesnes.

1677. *3 mai*. — Vers une heure après midi, le roi Louis XIV passe à Loos, venant de Béthune, se rendant à Lille par la porte de la Barre.

Louis XIV, par une ordonnance, astreint toutes les abbayes de domination royale à 150 livres de pension en faveur de l'hôtel des Invalides. Il les décharge cependant de l'entretien d'un moine lay, ou pain d'abbaye : c'était une rente viagère dont elles étaient grevées depuis plus d'un siècle[1].

2 mai. — Dom Taverne place la première pierre de la cense d'Ennequin, qu'il veut relever de ses ruines[2].

Mgr Gilbert de Choiseul du Plessis-Praslin, évêque de Tournai, donne la confirmation à 180 personnes de Loos, en l'église de l'abbaye.

1678. *10 août*. — Traité de Nimègue, en vertu duquel Louis XIV conserve Saint-Omer, Condé, Ypres, Cambrai, Maubeuge, Aire, Bouchain, Valenciennes, Bailleul, Cassel, Wervicq, Warneton, Poperinghe, mais il rend Binche, Ath, Audenarde, Gand, Charleroi, Courtrai.

3 août. — Rapport servi par Jean-Baptiste de Thiennes à Jean Stappart,

---

1. De Rosny.
2. La cense d'Ennequin est la ferme occupée anjourd'hui par M. Ramon ; on y voit encore des poutres portant les dates de 1677 et 1679.

seigneur de la Haye, 1º d'une terre aboutissant à M. du Fresnel, à Antoine Le Cocq, de Sequedin, au chemin de l'hôtel des Frennes à Ennequin ; 2º d'un pré, au Long pré de Loos, aboutissant à Elisabeth du Gardin, aux bois de Thiennes, à M. du Hot et à « la navie de la » rivier allant d'Haubourdin à Lille. »

Juin. — Acte de vente où figurent :

Hubert de le Vallée, tabellion ; Willot, dit de Perne, notaire royal à Lille ; Roger Le Maire, fils de feu Eloy, son clerc ; Arnould Crespel, fils de feu Martin, « racoustieur de souliers » à Lille ; Jacques de Lannoy, bourgeois et maître sayeteur, et Michelle de Roubaix, sa femme, fille d'Anthonette Caulier, vendeurs ; Bartholomé du Bocque et Philippe Le Clercq, bourgeois de Lille, acheteurs. Le seigneur de Milleville hoirs maître Jaspart Roussel ; le seigneur du Molin ; le seigneur du Basinghien ; Philippe Le Clément, seigneur de Saint-Marcq. Guillaume du Bois, bailli de la seigneurie des Frennes ; Michel du Bois, avocat ; Robert et Charles Taverne, hommes de fief de la salle de Lille.

Lieux cités :

Le chemin menant aux bancs plaidoyables de la seigneurie de la Haye.
L'issue menant du jardin de la Haye aux bancs plaidoyables de Loos.

Un ouvrier couvreur occupé à souder les gouttières de l'église de l'abbaye, y détermine un commencement d'incendie.

1679. — Ventes diverses :

Nicollas du Bruille, tabellion.
Jacques Pottier, notaire à Lille.
Robert Famelant, fils de feu Pierre.
Guillaume Delemain.
Jeanne Blomme, veuve de Simon Huré, de Lille.
Pierre Pollet, tailleur et marchand de drap à Lille.
Hoirs Henri Jacop.
Jean Piatel.
André Corsin.
François Le Mesre, de Lille.
Jacques Bouchery, tavernier.

Maximilien de la Grange, maître graissier.
Louis Laillier, sergent de la gouvernance, tuteur d'Henri et Jean Jacobs.
Antoinette Baire.
Jean-Baptiste Desruelles.
Pierre de Liancourt.
Herrengt, notaire.
Guillaume du Bois, bailli de la seigneurie des Frennes.
Claude Pottier
Hippolyte Taverne, l'aîné, Hippolyte Taverne, le jeune, Charles Taverne.

1ᵉʳ août. — Mgr Gilbert de Choiseul du Plessis-Praslin, visite la paroisse.

6 mars. — Dom Taverne pose la première pierre du chœur de la nouvelle chapelle de Notre-Dame de Grâce. Son dessein est de construire un sanctuaire de beaucoup plus grand et plus riche que l'ancien.

1679-1708. — Il existe, à la mairie de Loos, neuf registres dont nous donnerons l'analyse sommaire à la date à laquelle ils ont été écrits.

Le premier, qui comprend les années 1679 à 1708, a été commencé, rédigé d'une façon générale, par M. le curé Cuvelier, puis continué avec une grande exactitude par M. le curé Dorchies.

Il est écrit en latin et se divise en six parties : les habitants ; les veufs et veuves ; les décès ; les baptêmes ; les mariages ; les confirmés.

Au nombre des habitants, nous remarquons :

« Maître Pierre Cuvelier.
» Maître Franchois d'Orchies, pasteur.
» Baulduin de Remaux, p^{bre}.
» Messire Jan-Baptiste de Tienne, chevalier, seigneur du Molin, des
» Frennes, Lestocoit, etc.
» Messire Jean-Baptiste de Tienne, chevalier, fils dudit seigneur.
» Messire Fœlix de Tienne, chevalier, seigneur de la Hawry.
» Mademoiselle de Tienne.
» Messire Jan-Hernest de Kesselle, seigneur de Milleville.
» Monsieur maistre Pierre Le Plat, p^{bre} et chapelain de Loz.
» Christophorine Nottebar.
» Maistre Pierre Ruyant.
» Monsieur Bruno-Auguste de le Fosse, chevalier de Saint-Pierre,
» seigneur d'Annekin ».

Sont ensuite énumérées environ cent vingt familles, père, mère et enfants.

Les veufs ou veuves sont au nombre de quarante ; leurs enfants figurent avec eux.

Quatre-vingt noms de défunts sont inscrits jusqu'en 1686. A partir de cette époque les mentions les plus dignes d'intérêt sont les suivantes :

Die 6^a 9^{bris} anni 1691, mortuus est s[acra]mentis munitus dominus Hubertus-Valerandus Deliot, toparcha de la Croix.

Die 27 martii anni 1692, mortuus est s[acra]mentis munitus dom[inus] Philippus-Carolus de Thienes.

Die 19 8^{bris} anni 1692, mortuus est s[acra]mentis munitus Petrus Joannes Dragon, toparcha de la Robarderie.

« 1700. Il en est mort de la paroisse, depuis l'an 1686, 203, et il en
» est venu au monde 355. »

23^a feb. anni 1706, sepultura s[anc]ta donatus est Hubertus Oudoie, natus 5 annis, in puteo suffocatus.

Vigesima quarta feb. (1706), san[c]ta sepultura donatus est dominus magister Franciscus d'Horcies sacerdos hujus ecclesiæ natus 44 annis.

« Nota. Le 9 dud. (mars 1708), fut enterré dans la chapel de N^{re} Dame
» de Grace Monsr Theodure Taverne et le service y fut fait le mesme
» jour sauf le droit de l'eglise et du curé quil at eu l'offrandes et les
» cires, ayant choisi sa sepulture dans laditte chapelle. »

M. Pierre Cuvelier, en 1679, après la visite de l'évêque de Tournai (1ᵉʳ août), commence l'inscription des baptêmes :

(Ante visitationem) die 7ᵃ junii anni 1679, fuit baptisatus Egidius Platel, filius Joannis et Natalis Grimbel, suscipientibus Egidio Platel et Maria Grimbel.

Decima nona martis anni 1703, baptisata est Cath.-Francisca-Josepha Deliot, filia legitima Hippolyti-Josephi et Albertinæ-Mariæ-Franciscæ Obert, toparcharum de Lande. Susceptores habuit d[omi]num Franciscum-Josephum Deliot, toparcha de la Croix, et domicellam Catharinam-Adrianam Obert, domicellam de Grenvilers.

1706, januarii septima, baptisata fuit Maria-Angelica de la Chapelle filia exposita juxta sacellum divæ Virginis. Susceptores habuit Petrum Carlier et Mariam-Josepham Dujardin.

Pour clore la liste des baptêmes, signature de R. Delannoy, *pastor in Los.*

Les mariages ne sont notés qu'à partir de 1686.

En 1698, le 30 juin, *Jacobus de Vrind, pastor in Rumbecq*, avec permission de Mᵉ d'Orchies, unit, vers le soir, messire Félix-François de Thiennes, écuyer, comte de Loos, et Philippote-Marguerite-Maximilienne de Thiennes, en présence de Philippe-Eugène de Thiennes, dit de Warelles, de son fils, seigneur de Lombise, et de plusieurs autres. — Mᵉ Dorchies certifie l'acte le 8 juillet suivant.

Enfin, les confirmés ont reçu le sacrement des mains de Mgʳ Gilbert de Coiseulle du Plessy-Praslin, *pro tempore episcopum Tornacensem,... in abatia santæ Mariæ de Laude juxta Insulas.*

En 1677, devant Mᵉ Cuvilier, ils sont 180.

En 1686, devant Mᵉ Dorchies, ils sont en nombre égal, mais classés par ordre alphabétique des prénoms. Parmi eux, on en remarque de Lille, de Lesquin ; à côté des noms l'âge est spécifié et l'on y peut voir des confirmés de seize ans, de six ans et même de sept et cinq mois.

1680-1700. — Pauvriseurs :

Louis Lemesre.	Arnoul Cocquel.
Adrien Héreng.	Laurent Cardon.
Jacques Gruson.	Michel Flament.
Charles Delepierre.	Jean Fayen.
Alard Delobel.	Jacques Desrousseaux.
Pierre Lesaffre.	Philippe Dupont.
Guislain Guilluy.	Pierre Ruyant, clerc.

1680. — Pierre Ruyant, clerc paroissial, remplit également les fonctions de greffier et d'instituteur. On lui compte 28 livres 6 sols pour tenir l'école [1].

---

[1]. Spriet.

Actes de ventes et rapports de fiefs à Jean-Baptiste de Thiennes, où sont mentionnés :

Marie du Hot, veuve Defontaine.	Guillaume du Bois, bailli de la seigneurie des Frennes.
Barthélemy du Bocquet et Michelle de Roubaix, sa femme, marchands sayeteurs à Lille.	André Crems, fils de Jean, de Lille, et sa femme, Marie-Marguerite Haveriant, fille de feu Thomas et de Catherine Le Roy.
Nicolas du Bruille, tabellion.	
François Willot, dit de Perne, notaire royal.	Hoirs Chrestien Willemez.
Hippolyte et Charles Taverne.	Mme de Milomez.

1681. *21 décembre*. — « Jour de S. Thomas, a apparu au » ciel une fort grande comète. » En janvier, on la remarqua en divers autres pays [1].

Jean Levent, fils de feu Pierre, « tripier de tripes à manger », de Lille, achète une propriété occupée par Michel Flameng et Marie Béghin. C'est le lieu aux prisons de la seigneurie des Frennes. Les conditions sont toujours les mêmes pour le seigneur et pour l'occupeur. Les vendeurs sont : Jean-Baptiste Becquet, sayeteur ; Joseph Pontus-Lachez, docteur en médecine, fils d'Agnès Le Roy, frère et héritier de Joachim Lachez, profès aux Carmes déchaux, d'une part, et Charles Desbuissons et son épouse Marie Le Roy, fille de François, d'autre part.

Avaient enchéri : Louis Laillier, sergent de la gouvernance, Georges Hattez, procureur à Lille, en présence de Mathieu Nottés, fils d'Antoine, et de Pierre-Joseph Laude, fils de feu Richard, de Lille.

Témoins de l'acheteur : du Bois, bailli des Frennes ; Hippolyte et Charles Taverne.

La nouvelle chapelle que dom Taverne fait bâtir sur l'emplacement de l'ancienne, consiste en un chœur formé de celle-ci et en une magnifique rotonde précédée d'un parvis. Le chœur avait 7 mètres 60 sur 12 mètres, le dôme de la rotonde 10 mètres de diamètre ; la longueur totale était de 24 mètres. La construction était d'une grande solidité et d'une belle architecture.

Le chœur était pavé de marbre blanc et noir et il existait deux autels latéraux, dédiés à saint Joseph et à saint Bernard. Notre-Dame de Grâce se trouvait dans une niche au-dessus du maître-autel, qui était en bois très richement travaillé [2] ; de chaque côté existait une niche pour un ange. La chapelle était ornée de tableaux d'Arnould de Vuez et les statues des quatre docteurs de la Vierge étaient placées dans des pilastres de la rotonde. Deux vitraux représentaient l'un

---

1. Chronique lilloise.
2. *Abrégé historique.* — Abbé Détrez. — *Les sanctuaires de la mère de Dieu.*

l'Assomption, le second les armes du comte de Thiennes ; ils furent remplacés quelques années après par d'autres rappelant d'une façon claire la part de possession que prétendait avoir l'abbaye sur le sanctuaire [1].

La princesse d'Epinoy trouvait la chapelle plus belle et plus riche que celle du palais de Versailles.

Cet édifice coûta 35.000 florins à dom Taverne.

Le plan découvert aux Archives indique les fondations de cette deuxième chapelle ; elles ont été remises au jour.

1682. *21 octobre*. — Pierre Mouton, au nom de Marie-Isberghe de Monge, mère de Jean-François d'Avesne, écuyer, seigneur dudit lieu, reconnaît tenir de Jean-Baptiste de Thiennes un fief en seigneurie vicomtière nommé le fief d'Avenne, aboutissant « au platy des » berceaux » de la seigneurie des Frennes ; au jardin d'Estienne Poissonnier ; aux terres du comte d'Hallennes ; aux terres du sieur Hubert du Hot ; à Jacques de Mazinguien ; à la veuve Pollart.

De plus, 5 bonniers en plusieurs pièces, dont il reste deux. Les autres sont vendus à Mme d'Orembourg, mère de M. de Préseau.

6 septembre. — Dom Jean Petit, abbé de Cîteaux, visite l'abbaye de Loos. Il se rend à l'abbaye de Marquette avec dom Gaspard Taverne et l'abbé de Vaucelles. Son carrosse était attelé de six chevaux et ceux des abbés de Vaucelles et de Loos de quatre, suivis de cinq hommes à cheval [2].

1683. *18 janvier*. — Afin d'éviter un procès, dont le menace le seigneur du Basinghien, qui veut exiger doubles droits à cause d'arrentements donnés à diverses personnes et non déclarés, Hubert-Wallerand Deliot de la Croix, en présence des sieurs Guydin et Legrand, s'arrange au sujet de leurs redevances avec Jean Mas, laboureur ; Josse Le Cocq, charpentier ; Me Pierre Le Plat, chapelain ; Pierre-Philippe-Louys Ruyan, clerc paroissial ; Toussaint Lesaffre, laboureur ; Charles d'Audenarde, fils de Julien, tous de Loos, sauf le dernier de Lille.

Le 22 octobre 1691, Hubert-Wallerand Deliot de la Croix autorise ses enfants arrivés en âge à agréer le précédent acte.

Le 23 octobre, lesdits enfants, Pierre Deliot de la Moussonnerie, Hippolyte-Joseph Deliot de Landre, François-Marie Deliot du Parcque, tous demeurant à Lille, pour eux et leurs frères et sœur, agréent

---

1. Voir à 1634.
2. De Rosny.

l'arrangement en présence de Pierre Desmadril et Michel Lamblin, notaires.

27 février. — François Carlier reconnaît tenir de Jean-Baptiste de Thiennes une partie de maison située sur la place de Loos, laquelle partie est « hors des trois bonnes, qui estoit le gros du fief de » Basinghien », et lui a été donnée pour cent ans et un jour à partir du 15 mars 1682. Deux des bornes sont du côté de la cense du seigneur de Monchy, l'une tient à son jardin et l'autre est du côté de la place ; la troisième est « au loin » de la ruelle qui mène de la place vers les bois.

L'abbé édifie au monastère des granges dans la basse-cour, des écuries, des bergeries, etc.

1684. *5 avril*. — Luc Monique achète une propriété sise à Ennequin de Jeanne Behin, épouse séparée de Jacques Lhermitte, d'Armentières, demeurant à Lille.

Cette terre est tenue de la seigneurie des Frennes et aboutit au chemin d'Ennequin à Fléquières ; aux hoirs Guillaume Martin ; aux hoirs Vincent Willot, dit de Perne ; aux hoirs Jacques Desbuissons ; aux hoirs Robert Le Roy.

Mai. — Dom Taverne meurt le 23 de ce mois. — Dom Albéric Boulit, confesseur de Marquette, devient 36e abbé. Il fut installé le 26 novembre par Eustache de Fromont, chanoine de Saint-Pierre.

Il continua de maintenir la vie commune, pour une plus grande observance de la règle.

Il déploya, pour son église, un luxe inouï. Il fit venir d'Amsterdam, avec un ouvrier du pays, des tables de marbre de Gênes d'une beauté admirable, qu'il fit placer au chœur. Il fit également orner les parois du sanctuaire d'une boiserie marbrée et dorée, encastrée de tableaux. Il finit ce qu'avait entrepris dom Taverne, l'application sur le maître-autel de pièces d'argenterie que cisela un artiste italien ; un fond de glace à la devanture reflétait les couleurs des tapis disposés sur le marchepied. Autour de l'autel on voyait les statues des quatre docteurs de l'Eglise par Cullincq, d'Anvers. Une croix de six pieds de hauteur, — le Christ de deux pieds et demi et en argent massif — était posée sur le tabernacle ; dominant le tout, une autre croix, haute de sept pieds, d'une extrême richesse, et qui contenait une relique de la vraie Croix. Les chapelles latérales étaient à l'invocation de saint Benoît et de sainte Marie-Madeleine. Il fit construire les petites et les grandes orgues ; celle-ci lui coûtèrent plus de 4.000 florins[1].

---

1. De Rosny.

Dom Boulit occupa ses fonctions de prélat pendant vingt ans et reçut au monastère :

En 1686, Adrien Carpentier, d'Haubourdin ; Albert de Cassel, Philippe des Fonteines, de Lille.

En 1687, Bonaventure Raimbourg, Bauduin de la Marre, Isidore Pennequin, de Lille.

En 1688, Maur de Haisne, de la Gorgue ; Placide de Lobel, Charles Caillet, Maximilien Turpin, de Lille.

En 1691, Etienne de Morouval, de Lille ; Jean Bernard, de Rouvroy.

En 1692, Edmond Beaucamp, de Tournai ; Nicolas du Béron, de Lille.

En 1694, Henri Le Cat, de Lille.

En 1697, Gaspar Le Cocq, de Sainghin en Weppes ; Nivard Destieux, d'Armentières ; Louis Cuvelier, de Lille.

En 1699, Célestin Boulit, de Condé ; Grégoire Lefebvre, d'Armentières.

1685. — Le bailli de la princesse d'Epinoy, mère de Louis de Melun, prince d'Epinoy, etc., approuve le rapport fait par Jean-Baptiste, seigneur du Mollin, de son fief des Frennes, tenu en justice vicomtière de la baronnie de Gysoing.

Ce fief s'étend en la paroisse de Loos et comprend château, motte, fossés, basse-cour, jardins, prés, bois, cingles, chemins, la place de Loos « où sont mes bancs plaidoyables, le lieu de ma » justice au-dessus d'Avennes », et 20 bonniers 1/2 de terres à labour, à certaines charges.

De plus, « j'ai trois rentiers, l'un garde la porte de mon château » des Frennes, pour la sûreté de ma personne en temps de guerre, le » deuxième garde la porte de mon dit château et le troisième mes » prisonniers. Je suis seigneur du village et de la place de Los et fais » tous devoirs et actes de seigneur temporel et j'ay bailli, lieutenant et » sergent, hommes de fief, juges cottiers ».

Plusieurs fiefs dépendent, en outre, de la seigneurie des Frennes :

1º Madame de Morreghet, mère de Jean-François d'Avenne, tient le fief d'Avenne en seigneurie vicomtière, à certaines rentes (5 bonniers).

2º 29 cents 3 quarterons sont tenus par Robert du Bus, écuyer, seigneur du Fresnel ; le sieur Buisseres, à cause de Marguerite de Warenghien, sa femme ; Marguerite Le Mesre, veuve Antoine Le Cocq, demeurant à Sequedin.

3º 27 cents 3 quarterons, entre Loos et Emmerin, sont occupés par les sieurs Guislain et Hubert Miroul, écuyer, seigneur de Moncheu, etc.

4º 11 cents de terre appartiennent à Denis Leuridan et aboutissent aux deux chemins de Lille à Haubourdin et au chemin de la cense du Basinghien à Avenne.

5º 4 bonniers 2 cents sont possédés par M. de Rengrave, à cause de sa femme, fille du comte d'Hoochstraete, et par le comte d'Hallennes. Ils tiennent aux deux chemins de Loos à Ennequin et au chemin de Notre-Dame de Grâce à Lille. A ces fiefs appartiennent, de plus, quatre hommages.

Acte collationné par Le Saffre, notaire d'Ennetières en Weppes.

1686. — Un paysan ayant vendu un cent de pommes reinettes achète avec le produit de sa vente (tout était bon marché, excepté les fruits) une rasière de blé, un quarteron d'œufs, une livre de beurre frais et un fromage de marché[1].

2 août. — Wallerand du Castel, épicier, achète de Philippe et Jacqueline du Thoit, enfants de Jacques, épicier, un lieu manoir, séant à Loos, « vis-à-vis le grand portal de l'église », tenant au chemin menant du banc de la seigneurie des Frennes à la rue de Croix ; à Thomas Coustenoble ; à Pierre Fine ; à la veuve Pollart. Notaire : Georges Hattez, de Lille. Témoins : Venant du Thoit, fils de Philippe ; Pierre Hutin, fils de feu Charles, « racoustreur de souliers ». Arnould Coquel, bailli de la seigneurie des Frennes. Barthélemy Gobert, Jacques Derocque.

6 novembre. — Denis Loridan reconnaît tenir de J.-B. de Thiennes un fief de 4 cents ayant appartenu à Hippolyte Braem et à Catherine Cardon. Ce fief aboutit au chemin de Lille à Haubourdin ; au chemin de Lille à Notre-Dame de Grâce : au chemin d'Avenne à la Planche à Quesnoy, aux terres de M. Buisseret.

François Dorchies, curé.

18 août. — Mgr de Choiseul du Plessis-Praslin administre la confirmation à 179 personnes de Loos, Lille, Lesquin, en l'église de l'abbaye.

1687. *22 décembre.* — M. Stapart achète à Esquermes 8 cents de terre tenus de la seigneurie des Frennes.

Jean Pinte, d'Haubourdin, tient de Jean-Baptiste de Thiennes un lieu manoir, comprenant 2 cents pris en 5 cents, dont les trois autres sont occupés par Chestien Willemetz, fils de feu Chrestien. Il se trouve le long du chemin du cimetière et touche au jardin du seigneur du Mollin, aux terres des hoirs de M. de Monchy et à Chrestien Willemetz.

1688-1697. — Guerre de la ligue d'Augsbourg, entreprise par Guillaume d'Orange contre Louis XIV.

---

1. Chronique lilloise.

1688. — La Deûle est élargie et réunie à la Scarpe par un canal. Le pont de grès, qu'avait fait construire dom Jean de Fresnoy, est abattu et le magistrat de Lille le fait remplacer par un nouveau pont.

Le pont qui conduisait à l'abbaye était nommé le pont aux Ribauds, à cause, dit dom Delefosse, de l'air de vigueur que donnaient aux moines le travail et la sobriété : les ribauds étaient des soldats d'élite qui combattaient en première ligne.

On a également attribué cette appellation au passage fréquent, durant les XVIe et XVIIe siècles, de nombreux Lillois qui se rendaient à Haubourdin et Emmerin pour y consommer les boissons, la bière surtout, vendues là meilleur marché que partout ailleurs. La rue de Laignerue et le pont de l'abbaye étaient le pont et le chemin ordinaire des « ribauds »[1].

7 mai. — Visite à l'abbaye des abbés d'Hasnon et de Castres et de dom Michel Colbert, abbé général des Prémontrés.

1689. *9 février*. — Dom Boulit fait compter 83 livres 8 sols 9 deniers parisis au « maireglisseur » de l'église paroissiale de Loos ; cette somme devait servir à couvrir une partie des frais nécessités par l'application d'ardoises à la toiture de l'église[2].

29 décembre. — Dom Boulit donne 2000 florins pour le pavage de la grand'route de Béthune ; « messieurs les baillis et quatre seigneurs » haults justiciers, représentant le tiers état de la chastellenie » en avaient obtenu la promesse de la communauté[3].

Une rangée d'arbres bordait chaque côté de la chaussée.

1690-1694. — Victoires de Luxembourg dans les Pays-Bas (Fleurus, Steinkerque, Nerwinde).

1690. *12 septembre*. — André Delepierre, charpentier à Saint-Venant, vend la 6e partie d'un cent de terre, où se trouve une grange, à Charles Delepierre, charpentier et laboureur à Loos, son frère. Notaire : Sébastien du Bois, à Lille.

4 novembre. — Par-devant François Willot, dit de Perne, et Jacques Hugo, notaires à Lille, Jean Pinte, fils de Jean et Jossine Hochart, marchand à Haubourdin, après partage avec Valentin de le Croix, fils de Jacques et de ladite Jossine, a vendu un lieu manoir qui lui était échu à Sébastien Hennion, marchand à Lille.

---

1. Tierce.
2. De Rosny.
3. Id.

Cette propriété est tenue du Basinghien. Bauduin Jombart, sergent du village de Loos, procureur du vendeur, s'en déshérite en présence de témoins de la salle de Lille.

1691. 6 novembre. — Mort d'Hubert-Wallerand Delyot de la Croix, possesseur du château de Landas. Il était fils de Pierre et de Marguerite Petitpas.

Hippolyte Delyot, fils d'Hubert-Wallerand et de Marie-Madeleine de Vitry, eut pour enfants :

1. Catherine-Françoise, née en 1703.
2. Hippolyte-Ignace, né en 1705, lequel, de son mariage avec Marie-Joseph-Colette Petitpas, eut :

    Désiré-François-Dominique Delyot, écuyer, seigneur de la Croix et d'Erquinghem, qui eut pour enfants :

    A. Charles, mort au service du roi d'Espagne, en 1809.
    B. Eléonore-Séraphin Delyot, époux de Louise Jacobs d'Aigremont, mort à Lille, en 1835. Tous deux sont inhumés à Loos. Il existe à leur mémoire, en l'église paroissiale, une fondation d'obit et la recommandation à perpétuité. Ils eurent :

        a. Hippolyte, mort à Ostende en 1881, sans postérité.
        b. Louise-Joseph, morte à Lille en 1883, sans postérité.

3. Marie-Marguerite-Maximilienne, née en 1708.
4. Louis-François, né en 1710.
5. Eléonore-François-Joseph, né en 1714.

1692. Jeudi 18 septembre. — Vers deux heures après midi, dans tous les Pays-Bas, tremblement de terre « qui dura » l'espace d'un *pater* et d'un *ave* ». En plusieurs endroits, les cloches sonnèrent d'elles-mêmes. L'église du monastère fut lézardée, des pierres se détachèrent de la voûte et tombèrent sur le pavé de marbre du transept.

7 février. — Ignace du Bois, fils de feu Michel, demeurant à Ennequin, « tailleur de blan », achète une terre occupée par Nicolas Le Lievre, d'Emmerin. Notaire : Georges Hattez. Témoins : Jacques du Bois, fils de feu Jean, demeurant à Loos, Antoine Druon, tailleur d'habits à Lille.

13 février. — Jacques Thiefry, fils de feu Jacques, clerc de Loos, vend à Jacques Masenghien, laboureur, de Sequedin, une propriété aboutissant à la veuve Charles Blanquart, au sieur Dragon, à la veuve Jacques Grimbel et occupée par Estienne Vas.

Hubert Caulet, notaire à Lambersart ; Jean Galliot, fils de Nicolas, praticien à Lille, et Michel Flameng, fils de feu Jean, laboureur à Loos, témoins ; Bauduin Jombart, sergent du village ; Antoine du Bois, Michel Lambelin, Pierre Pau, présents à l'adhéritement.

19 octobre. — Mort de Pierre-Jean Dragon de la Robarderie, propriétaire de Langlée.

1693. — Année pluvieuse et de disette ; moisson et vendange sont perdues.

Le marquis de la Valette, commandant un corps de troupes, forcé dans ses lignes de la Marque à Tressin, par une armée supérieure en nombre, va prendre position derrière la Deûle, à l'abbaye [1]. Il en fortifie la haute-porte et les avenues et il fait remplir de fagots les maisons les plus rapprochées du pont d'Haubourdin. Son dessein était de provoquer un incendie à l'approche des Alliés, car il voulait empêcher leur passage.

Après la bataille de Nerwinde, gagnée par le maréchal de Luxembourg, les Alliés se retirèrent.

Le magistrat de Lille fait faire un petit pont-levis en remplacement de la planche dormante, à la Planche à Quesnoy. Quelques années après, Joseph-Clément, électeur de Cologne, qui avait une campagne près de là, en fit construire un où il pût passer en carrosse [2].

Philippote des Watinnes, exécutrice testamentaire de sa sœur Elisabeth, épouse de Charles Despretz, vend à Jacques Mazenghien, fils de feu Jacques, laboureur à Sequedin, et à Jean Fayen, fils d'Antoine, laboureur à Loos, une maison sise rue Maretz, et des terres près de la Haute-Deûle. Mais le tout est adjugé à Philippe Dupont, laboureur à Loos, qui a surenchéri. Jean Le Bateur, notaire ; Gilles Salengre, Josse Delobel, témoins ; François Gobert et Pierre du Bois, homme de fief et juge rentier de la seigneurie des Frennes ; François Laillier, homme de fief de la salle de Lille.

On élève, au refuge de l'abbaye, des bâtiments devant servir de remises et de greniers.

A cet effet, des briques avaient été cuites près du monastère. Un jour, les fonctionnaires de la ville préposés à l'examen des matières employées pour la construction des nouveaux bâtiments, s'avisent de venir au refuge et d'y remplir leur devoir ; ils cassent plus de six cents briques. La juridiction de la ville ne pouvant s'exercer sur le refuge,

---

1. De Rosny.
2. Spriet.

l'abbé réclame et les trop zélés fonctionnaires sont condamnés à payer leurs dégâts [1].

1694-1700. — Rapports et dénombrements faits à Jean-Baptiste de Thiennes, et actes de ventes dans lesquels figurent les noms suivants:

Albert A la Truye, seigneur de la Haye, et Marie-Hubertine Miroul, son épouse.

Pierre Bargeole.

Bruno Bayart, seigneur de Pont-à-Vendin.

Marc Brutin, fils de François.

Arnoul Cocquel, bailli de la seigneurie des Frennes.

Jacques Cornette, homme de fief de la seigneurie des Frennes.

Charles Courtecuisse.

Thomas Coustenoble, de Lille.

Frère Michel-Archange Cuvelier, prieur de la Chartreuse de Notre-Dame des Douleurs, au hamel de la Boutillerie.

Louis-Joseph, vicomte Daman, seigneur d'Herine, du Grand-Ennequin.

Thomas Delaby, procureur d'Hubert Miroul.

Marie de Ladrière, fille de Melchior, de Lille.

Jean-Chrysostôme de Lattre, prêtre et chanoine de Sainte-Croix, à Cambrai.

Michel de Lattre, prêtre et chanoine de Saint-Géry, à Cambrai.

Michel de Lattre, bourgeois de Lille.

Marie de Lattre.

Jacques Delebecque.

Hippolyte-Joseph Deliot, écuyer, seigneur de Landre.

Maximilien-Honoré Delobel, notaire à Lille.

Comte de Ringrave.

Charles-Martin Desbuissons.

Guillaume Desbuissons, notaire à Lille.

Pierre Desbuisson, seigneur de Biache.

Jacques Desrousseaux, procureur de Louis-Joseph, vicomte Daman.

François Desruelles.

Frère Denis-Druon de le Court, procureur des Chartreux de la Boutillerie.

François Dubar, notaire à Lille.

Pierre du Belarbre, notaire à Lille.

Pierre du Bos, juge rentier de la seigneurie des Frennes.

Wallerand du Castel.

Gilles du Thoit, bailli du seigneur de Wattignies.

Augustin Duvivier, laboureur, et Anne Fretin, sa femme, de Lille.

Catherine Favrée.

Jean Fayen.

Michel Flamen, fils de Jean, laboureur à Loos.

Alexandre Fleurquin, brasseur à Lille.

Aimé Fruict.

Bartholomé Gobert, homme de fief de la seigneurie des Frennes.

Gilles Grenon.

Jacques Grusons, fils de feu François, charron à Loos.

Jacques Hugo, notaire à Lille.

Jacob.

Bauduin Jombart, sergent de la seigneurie des Frennes et Loos.

Jean-Baptiste Lachez.

Michel Le Leu, notaire à Lille.

Julien Le Mesre, avocat.

Hubert Lepers, fils de feu Mathieu, praticien.

Robert-Honoré Le Roy.

Marie Le Roy, veuve de Charles Desbuissons.

Ferdinand Le Saffre et Françoise Bonvin, sa femme.

---

1. De Rosny.

Pierre Le Saffre, fils de Toussaint, laboureur à Loos.

Jean Levent, fils de Pierre, marchand-tripier à Lille.

Denis Loridans.

Jacques Masenghien, fils de feu Jacques, de Sequedin ; et Marguerite Bascourt, sa femme.

Hubert Miroul, écuyer, seigneur du Laurier, demeurant à Engrin, paroisse de Lesquin.

Guislain Miroul, son frère, écuyer, seigneur de Monchy, Engrin.

Jean Peirse.

André Pennel.

Hughes Pollart.

Jean-Joseph Raoult, laboureur et maçon à Loos.

Dom Louis Roussel, religieux profès de la Chartreuse de la Boutillerie.

Jean Rogier, fils de Jean, charron à Loos.

Estienne Vas.

Jean Wacrenier, héritier de Jean-Baptiste.

Noé Vallée, seigneur de la Bonne-Broche, du magistrat de Lille.

Chrestien Willemé.

Lieux cités :

Le chemin qui va des bancs plaidoyables de la place de Loos à la rue de Croix.

« La marlière des Vaulx envers laprichaux ».

Le ruisseau de l'Epinette qui va au moulin de l'abbaye Notre-Dame.

La croix de pierre d'Avenue.

Le chemin d'Esquermes à Haubourdin.

1697. — Traité de Ryswick, qui met fin à la guerre de la ligue d'Augsbourg.

Mort de Louis-Joseph de Harchies, comte d'Hallennes, seigneur du Basinghien. Son père, par testament du 16 juillet 1652, avait donné 40000 florins aux Dominicains de Tournai, à prendre sur la vente des propriétés, si Louis-Joseph décédait sans héritiers directs. Les religieux firent donc opposition sur les terres du Basinghien et de Menin.

1698. *30 juin*. — Félix-François de Thiennes, seigneur du Moulin, des Frennes et Loos, fils de Jean-Baptiste, épouse sa cousine Philippote-Marguerite-Maximilienne de Thiennes de Warelles, chanoinesse de Maubeuge. Le contrat avait été passé au château le 21 février précédent.

Félix-François fut capitaine d'infanterie wallonne et assista à plusieurs actions militaires. Il se distingua aux sièges d'Ypres et de Valenciennes et allait recevoir sa récompense du roi d'Espagne, quand il se vit obligé de rentrer en France pour sauver ses biens et ceux de son père qui venait de quitter le royaume.

Ses deux frères aînés moururent avant leur père ; il recueillit toute la succession. Il eut pour enfants :

> Gaétan, né le 25 juillet 1700, qui n'eut pas d'enfants de son épouse Louise de Thiennes, sa parente. Il prit le titre de comte, comme héritier de son cousin Albert-François, comte de Thiennes et du Saint-Empire.

Philippe-Guislain, né le 19 octobre 1703.

13 décembre. — Marguerite Descamps, fille de feu Alexis, demeurant à Lille, se trouvant dans l'impossibilité de vivre avec les biens qu'elle a, « pour trouver moyen de vivre le reste de ses jours et subsister
» le plus honnestement qu'elle pourra, donne aux pauvres de la
» paroisse S. Estienne, sous le titre de la charité de S. Charles de
» Borromée », un lieu manoir situé à Loos, tenu des Frennes, occupé par Guillaume Deledicq, maître maréchal-ferrant, aboutissant à la rue de Croix, à Jacques Grugeon, au comte d'Ostrat, à la veuve Denis Leuridan, à certaines conditions qu'on devra remplir envers elle, notamment « le louage gratis dans la maison S. Charles, sise rue
» du Curé de S. Estienne, derrière la chapelle de Lorrette ». Présents : Joseph Duhamel, notaire ; Louis Wacquain, prêtre, et Joseph Facq, fils de feu Michel, maître écrivain.

Le 25 septembre 1699, au château du seigneur de Loos, on signe l'acte d'appréciation dudit lieu manoir. Homme vivant et mourant Josse-Ghislain Goudeman. Présents : de Thiennes, seigneur de Loos ; Maximilien Lefebvre, prêtre ; Guillaume Dupuis, prêtre.

Le 20 octobre 1729, par-devant maître Roger Le Batteur, notaire, en présence de Louis-Charles Delobel, praticien, et Chrestien-Joseph Pottier, cordonnier, de Lille, maître Joseph Pennequin, prêtre, fait le rapport du bien ci-dessus à Cajetan de Thiennes, seigneur de Loos.

A cette époque, les propriétaires voisins sont le comte de Salm, Jacques Gruson, Henri-Ignace de Lannoy et Pierre Nof.

« Chasserel de la seigneurie des Maretz, située à Loos et allenviron ».

Henry et Jean Jacops : une habitation rue des Maretz, occupée par la veuve Raoul ; une habitation occupée par André Deleruielle ; deux habitations près la rivière, occupées par Charles Béghin et Jean Fayen ; une habitation, ruelle du Marez à l'église, occupée par Adrien Béghin.

Pasquier Béghin, Catherine Béghin, veuve Antoine Lécroart, Jean Fayen, à cause de Magdelaine Bonvin, sa femme, fille de Barbe Béghin : une habitation occupée par Jean Fayen.

Pierre, Michel et Josse Bernard, fils de Jacques : une habitation près de la rivière, occupée par François Duponchelle.

Elisabeth Dujardin, fille de Wallerand, demeurant à Lille : une habitation rue du Maretz, occupée par Pierre du Thoit.

Nicolas Deleruielle : une habitation rue du Marez, occupée par Adrien Béghin.

Charles-Ignace Daman, écuyer, prêtre, seigneur de la Chaussée, et Louis-Joseph Daman, son frère, seigneur d'Ennequin : un lieu manoir, contenant 6 cents de terre, aboutissant au gros du fief de la seigneurie du Maretz et à la « ruielle » menant de l'église de Loos au chemin de Lille à Haubourdin ; audit chemin ; à front de la rue du Marez et à la ruelle de la rue du Marez à l'église de Loos (« le cabaret des trois

» Roys »). « *Modo* à Alexandre Fleurquin, brasseur à Lille, demeurant
» en la rue de N.-D., à la brasserie de Comines ».

Le comte d'Hoestrate : une habitation tenant au chemin de Lille à Haubourdin et à la piedsente menant de l'église de Loos audit grand chemin et une terre vers le moulin de Loos, au chemin de Lille à Haubourdin, occupée par Philippe-Lamoral Desrousseaux.

Antoinette Leblan, veuve Hugues Pollart, demeurant à Lille.

Hubert-Wallerand Deliot de la Croix, à cause de sa femme Marie-Madeleine-Françoise de Vitry.

Martin et Pasquier Le Mesre : une habitation rue de le Croix, tenant au manoir de la veuve Roland Laden ; à Jean Le Mesre ; au comte d'Hoostraete ; à Alexis Descamps.

Veuve Rolland Laden, demeurant à Lille, charpentière : un petit lieu manoir rue de Croix et tenant à Jean et à Martin Le Mesre. Occupeurs : Pierre Blanquart et autres.

Jean et Antoine Le Mesre, de Lille, Gérard de Villers : un lieu manoir rue de Croix, tenant à Jacques Pennel, au comte d'Hostraete, à Martin Lemesre et à la veuve Laden. Occupeur : Jacques Gruson.

Jacques Pennel, de Loos : un lieu manoir, rue de Croix, tenant au chemin menant de Lille à Haubourdin ; au comte d'Hostraete ; au précédent. Occupeur : veuve Pennelle.

Messire Robert du Bus, chevalier, seigneur du Fresnel, demeurant à Lille : un manoir tenant au cimetière ; aux pauvres de Loos ; à Mauroy ; à la rue de Croix et à la piedsente de l'église de Loos à Lille.

Les pauvres de Loos : une terre tenant au seigneur du Moulin et au chemin menant de son château à la taverne Saint-Nicolas ; à Mauroy ; au seigneur du Fresnel ; à la piedsente de l'église de Loos à Lille. Occupeurs : Pierre Oudoy et Jean-Joseph Raoul.

Hoirs d'Hubert du Hot, demeurant à Lille : une terre tenant à Nicolas Le Mesre, au chemin de Lille à La Bassée, à Mme de Milomez et à la piedsente menant de l'église de Loos à Lille.

Sieur Desmaisons : une terre tenant à Bruno Bayart, au chemin de Lille à Ennequin, à Bon Fruict et aux enfants François Le Roy.

Bruno Bayart, écuyer, seigneur du Pont à Vendin, procureur de la ville de Lille : une terre tenant à Jean Cocquel ; au chemin de Lille à Ennequin, au sieur Desmaisons, aux enfants François Le Roy.

Jean Cocquel, « marchand apotiquaire » demeurant à Lille : une terre tenant à Mme de Millomez, au chemin de Lille à Ennequin, à Bruno Bayart, au seigneur Damans.

Jacques de Rocq, par achat de Pierre Mas, demeurant à Lille : une terre tenant à ses terres, à Marie Carlier, au chemin d'Avennes à la Planque à Quesnoy, à la veuve Collart.

Marie Carlier, de Lille, une terre tenant à l'abbaye, aux hoirs Hubert

Caulier, au comte de Hoestraete, à Pierre Mas, le chemin d'Avenne à la Planque au Quesnoy passant à travers.

Hoirs Hubert Caulier, une terre tenant à l'abbaye, aux pauvres de Loos, au comte de Hostraete, à Marie Carlier.

Les Chartreux de la Boutillerie, une terre à Esquermes.

Les pauvres de Loos, une terre près de la précédente.

Les enfants de Noelle Grimbelle, une terre tenant au chemin de Lille à la Folie, à Pierre Cardon, à cause de Martine Grimbelle, sa femme.

Pierre Cardon, dit Camouche, une terre près de la précédente et tenant aux enfants Lenglart.

M. du Marez, une terre occupée par la veuve Lepez et la veuve Jean Labbe, abandonnée au gros du fief par Jeanne Grimbelle, veuve de Jean Grandel, tenant à Louis Grimbel, au chemin de la Folie à Lille, à la piedsente de l'église de Loos au moulin de l'Abriseaux.

Veuve et hoirs Jean Martin, vivant marchand de chevaux à Lille, une terre tenant à Atanaze Caulier, aux chapelains de Saint-Pierre, au chemin d'Haubourdin à Tournai, à la piedsente du moulin de l'Arbrisseau à l'église de Loos, à l'abbaye. Jean Lepez, occupeur, puis Franchois de Lattre, suivant rapport du bailli de Wattignies.

Atanaze Caulier, une terre située près de la précédente. Occupeur : Pierre du Bois.

Adrien Delecour, de Noyelles, une terre située près des précédentes. Occupeur : François de Lattre.

Jean Hercules, Jean-Baptiste Labbe, Jean Dassonville, épicier et graissier, Josse Recqueman, chausseteur, tous de Lille, par achat des curateurs d'Hubert Caulier, vivant laboureur à Flecquiers, une terre à Loos, occupée par Mathieu Delos.

Mlle Marie Mussart, une terre près de la précédente, *modo* à Marcq Cormorant.

Jean Pilizi, une terre près des précédentes.

Les Sœurs noires de la ville de Lille.

Hubert-Wallerand Deliot de la Croix, une terre près du chemin des Oliveaux.

Jean Delannoy, « licencié ès-droix », chanoine de Saint-Pierre.

Lés abbé et religieux de Loos.

Anne Fruict.

Antoinette Le Blan, veuve Pollart, une terre occupée par François Desruelles.

« Les soubsignez certifient à tous qu'il appertiendra que le
» s^r Scoutteenten receveur et administrateur des biens appartenans
» à la comtesse de S. Remy a tenu siege pour recevoir les rentes
» s[eigneu]rialles dues à la s[eigneu]rie Desmaretz le six juillet 1699 au

» lieu ordinaire occupé par Ph[i]l[ipp]es Dupont ce qu'ils scavent
» pour y avoir esté p[rése]nt et scavoir que les publications ont esté
» faits le cincq dud. mois.

» Philippe du Pont.
» Delespierre ».

» Pour mémoire la paix entre la France et l'Espaigne at esté publié
» au mois de septembre seize cents quatre vingt et dix sept, partant
» les sujets d'Espaigne doibvent jouyr de leurs biens scitués en France
» des ans 1698 et 1699 ».

Pour les redevances à payer par les possesseurs de ces terres, « les
» chapons sont taxés à quattorze patars chacun par an ; 1/2 chapon
» 7 pat. ; 1 tierche 4 pat. 2 liards, un gigot, 1 pite ; 1/4 3 pat. 1/2 ;
» 1/5 2 pat. 3 liards, 1 pitte ; 1/6 2 pat. 2 liards ;
» Mi mars 1698. La rasiere de bled est à $15^l 15$; la rasiere d'avoine
» à $4^l 12$ ».

« Mi mars 1699. La rasiere de bled est à $15^l 10$; la rasiere
» d'avoine à $5^l 5$ ».

Avril. — Dom Boulit fait consolider un mur de l'église, qui est sur le point de crouler dans le cloitre.

Si dom Boulit se signala par la réfection des bâtiments du couvent et l'embellissement de son église et s'il édifia de nouvelles constructions, il prit une mesure regrettable en ordonnant la suppression des mausolées qui, dans son monastère, conservaient les restes de personnages alliés aux familles les plus illustres du pays[1].

1700. *15 mai*. — Contrat établi par Jean du Riet, notaire royal, en présence de témoins, par lequel les Dominicains de Tournai, en vertu d'un accord avec Mme de Valincourt, née de Harchies, pour payer les 40.000 florins à eux donnés par messire Jean de Harchies de Ville, dit d'Estrepy, seigneur de Millomez, mettent en vente plusieurs terres :

1. La cense, terre, fief et seigneurie de Basinghien, situés au village de Loos, châtellenie de Lille, entre Esquermes et l'église de Loos, consistant en une cense, maison avec diverses places, grange, porte, étables, bergerie, fournil, pigeonnier, etc., la plus grande partie en briques, jardins sur motte bien plantés et environnés de fossés, avec tous les droits seigneuriaux, tenant par derrière au chemin menant d'Esquermes à l'église de Loos, aux terres du fief de la petite Angle, appartenant aux hoirs Jean Cocquel, au jardin de ladite cense.

2. Des terres près de la cense, tenant « au champ de la Muchotte » de Loos.

---

1. De Rosny.

3. La moitié du gros du fief de la seigneurie de Menin, occupé par indivis avec les hoirs de feu le comte d'Hooschtraete, tenant au chemin d'Ennequin à l'hôtel des Frennes, à la terre Jacques Pennel, à la piedsente d'Ennequin à Loos. Ce fief comporte, avec sa possession, par moitié « le droit de planty sur quelques flégards en la rue du » Maret », présentement plantés ; « en la place plaidoyable où il y a eu » cy-devant des bancq, où si trouve présentement un gros thilloeul » jôindant le grand chemin à l'entrée de la rue de Croix » ; d'autres droits encore ; plus quatre autres fiefs qui en dépendent, tenus, deux par le comte d'Hoostrate, un par Henri et Jean Jacops, et le quatrième par Paul et Jean-Baptiste Béghin. Ce fief est tenu en justice vicomtière de la seigneurie des Frennes, à différentes conditions.

Jacques-Bernard Dumortier, procureur des vendeurs, s'en déshérite après les délais légaux, le 3 juin 1700, en faveur de Michel Sénéchal, demeurant à Courcelles, près de Douai.

Mme de Harchies, née de Créquy, souleva un procès (1702-1704), mais elle le perdit[1].

Gilles Jacquart, d'Emmerin, achète une propriété de son frère André Jacquart. Pierre Debelarbre, notaire à Lille.

Jean Fayen, fils d'Antoine, laboureur à Loos, est adhérité par Bauduin Jombart, sergent de la seigneurie des Frennes, d'une propriété à lui vendue par des héritiers Douez, par-devant Jacques de Rocques, notaire à Lille. Cette propriété aboutit à la piedsente venant de Lille à la chapelle Notre-Dame, « où il y at eu cy-devant une maison à usage » de taverne appelée la Mallette », à Marie-Jeanne d'Illies, veuve Charles Desmazières.

Afin de garantir les religieux contre l'humidité, dom Boulit fait placer des vitres avec gouttières et ordonne le pavement des cloitres.

Les religieux étaient enterrés au milieu des cloitres ; il bénit cet emplacement.

Catherine Taverne, sœur de l'abbé Taverne et prieure de l'hospice de Seclin, fait pour la chapelle de Notre-Dame de Grâce un antipende d'autel sur fond de velours bleu, avec les objets précieux, cœurs et autres, offerts en reconnaissance.

1701. — Guerre de la succession d'Espagne. Le prince Eugène et Marlborough dirigent les opérations contre la France.

---

1. Spriet.

1703. — La dame de l'école, Marie-Jeanne Heindrics, perçoit cinquante livres de traitement [1].

1704. — Chasserel de la seigneurie des Frennes. Possesseurs de terres tenues de la seigneurie :

Les religieux et abbé de Notre-Dame au village de Los, terres sises le long du chemin de Lille à Haubourdin et des terres du seigneur du Marest.

Marie Delpierre et ses enfants, à cause de Nicolas Lemesre, son mari, une maison rue de Croix.

Antoine Poissonnier, fils d'Etienne et de Marie du Bos, une maison tenant au plantis, devant le château de Loos, au fief d'Avesne appartenant à M. Jean-François Lemahieu, aux terres de Michel Sénéchal, par achat du comte d'Halennes et au chemin menant du château des Frennes à la chaussée de Lille à Haubourdin.

Julien Lemesre, avocat à Lille, une terre achetée à M. de Kessel, seigneur de Wattignies.

Jean-Baptiste Desruelles, marchand de drap, rue des Malades, près du marché, terres au chemin de la Planche à Quesnoy à la cense d'Avesne.

Marguerite Bascour, veuve de Jacques Masenghien, une terre près de la précédente.

M. Stappart, seigneur de la Haye, une terre près des précédentes.

Philippe du Pont, à cause de Marie-Jacqueline Planque, fille de Jacques, sa femme, une maison tenant rue du Marest, ruelle de ladite rue à l'église.

Gilles Jacquart, une maison rue du Marest.

Charles Delepierre, fils de Josse, charpentier, une maison rue Marest, tenant à la précédente et à M. Dhazencourt, de Valenciennes, par succession de Mlle Rose.

M. de Walcour, capitaine de cavalerie, à cause de sa femme, par succession d'Antoinette Leblanc, veuve Hugues Pollet, seigneur de Crevecœur, une maison vis-à-vis de l'église, contre la place de Loos, où sont les bancs plaidoyables du seigneur des Frennes, tenant à Wallerand du Castel, à la comtesse de Hoostraet et à la piedsente des Fonteneaux, menant de la place à la rue du Marest.

Jean-Baptiste Mahieu, fils de feu Jean, à cause de Claire Bosquillon, sa femme, fille de feu Pierre, jardin tenant au chemin de l'église à Esquermes, au jardin du seigneur des Frennes.

Marie-Joseph Ladrière, une terre près du chemin de la Croix de pierre à Esquermes.

---

1. Spriet.

Henry Jacops, seigneur de la Cessoye, et Jean Jacops, seigneur de Miromont, fils de feu Henri-Ignace et d'Aldegonde Waresquel, terres dont une aboutissant au ruisseau des Fonteniers, à M. du Marest, aux pauvres de Loos, à M. Heurare, demeurant à la plaine de Lille, la piedsente de l'église à l'abbaye passant à travers.

Ignace Dubos, terres au hameau d'Ennequin.

Madame Marie-Gabrielle de Lalin, veuve de messire Charles-Florent, comte de Ringrave, comtesse de Rennebourg, dame de la cense du Mortier, pour des terres auparavant à Pierre de Langlée, seigneur de Pecq, et pour des terres sises au mont d'Emmerin.

M. Lemersier, seigneur Dulu, à cause de sa femme, fille de M. Saint-Marcq.

Jean-Baptiste Cardon, chanoine d'Harlebecque, terres aboutissant au chemin de l'Escoperche, qui va d'Ennequin à la Folie.

Jacques Cordonnier et Pierre Finne.

Mlles Cambier.

M. Daman, vicomte d'Esrines et Warnoise, demeurant à Tournai.

Marie-Jeanne d'Illies, veuve de Charles Desmazières.

L'église paroissiale de Loos.

André-Louis Burie, Antoine Beauventre, Martin Brisou, Antoine Lutin et Estienne Blancquart, héritiers de Guillaume Blancquart.

Les pauvres de la paroisse de Saint-Estienne à Lille sous le titre de Saint-Charles-Borromée, par donation de Marguerite Descamps.

Martin Roger, carlier ou charron au village de Ronchin.

Marguerite Bascour, veuve de Jacques Mazenghien, terres sur le chemin menant des bancs plaidoyables de la place de Loos à la rue de Croix.

Wallerand du Castel, terre près de la précédente.

Théodore Taverne, chapelain et administrateur de la chapelle de Notre-Dame de Grâce au village de Loos.

Marie-Anne Castellain, veuve de Jean Levent, fripier à Lille, pour le lieu aux prisons, aboutissant de septentrion au chemin de l'église de Loos au château, du levant au chemin du château à la chaussée, du midi aux terres de ladite dame, et du couchant à deux cents et demi de ladite veuve, tenus de Saint-Piat à Seclin, et les étables et granges sont tenus de Saint-Piat. Les conditions sont toujours les mêmes à l'égard des prisonniers.

Arnould Quarré, maison rue de Croix. « J'ay donné une permission
» à Arnould Quarré le 12 d'aoust 1701 de laisser tomber l'eau du thoit
» du four trois pieds sur mon héritage, accordé par grace et reprendre
» quand bon me samble. La grace signée par Arnould Quarré est
» dans le brief ».

Enfants de Jean-Joseph Raoul, à cause de sa femme Marguerite Lesaffre.

M. du Mares, demeurant à Malines, terres, dont une traversée par la piedsente de l'église à l'abbaye.

Jean Wacrenier, demeurant à la Barque d'or, près de la Bourse, à Lille, terres sur le mont d'Emmerin.

Les Chartreux de la Boutillerie.

M. Fontaine.

Jean-Baptiste Lachez.

Yolente-Françoise Miroul.

Alexandre Fleurquin.

La pauvreté du village de Loos.

Sébastien Hennion, fils de feu Pierre, marchand à Lille.

M. Fruit, greffier des baillis des Etats de Lille, terres près de celles de l'apothicaire Cocquel.

André Cruin, fils de Jean, à cause de Marguerite Haverlant, sa femme, fille de Thomas et de Catherine Le Roy, demeurant à Lille.

M. Bayart, seigneur de Burgau.

M. de Fourmestraulx.

Alard Ternoy.

Michel Sénéchal, demeurant à Courcelles près Douai, pour une terre achetée de M. Louis-Joseph de Harchies de Ville, comte de Zweveghem et d'Hallennes.

Jean Fayen, pour vingt-cinq verges « dont du passé il y avoit une » maison dessus à usance de taverne nommé la Malette », au chemin de Notre-Dame de Grâce à Lille.

Hippolyte-Joseph Deliot, écuyer, seigneur de Landre, terres tenant à la piedsente qui mène de la rue du Cornet dans les bois.

Daniel Le Grand, demeurant à Francfort. Son bien est administré par Paul Rohart.

Jacques de Rocques, procureur à Lille.

Marguerite-Pétronille Le Roy, terres à Ennequin.

Charles Lesaffre, terres tenant à la piedsente des Fontenaux.

Jean-Lambert Delobel.

Catherine Destieu.

M. Daman, vicomte d'Airisne, demeurant à Tournai.

Les frères du tiers-ordre de Saint-François, dits Bons fils, en la ville de Lille, terres situées au Poncel rentier.

Charles Béghin, Paul Noroy, François Duwez, André-Louis Burie, Philippe Dupont, pour des arrentements de cent ans et un jour, à dater de Saint-Remy 1668, situés rue du Marest, sur lesquels sont maintenant élevées des maisons.

Jacques Duhamel, arrentement sur la place de Loos.

Marie-Marguerite Masure.

Les comptes, en majeure partie, sont arrêtés à la Saint-Rémy 1704.

Pierre Carlier, sergent de la seigneurie des Frennes.

Antoine Castelain, collecteur.

Arnoul Cocquel, bailli de la seigneurie des Frennes.

Jacques Cornette, homme de fief de la seigneurie des Frennes.

Hippolyte-Joseph Déliot, écuyer, seigneur de Landre.

Guillaume Desbuissons, notaire à Lille.

Pierre du Bois, juge rentier de la seigneurie des Frennes.

Bartholomé Gobert, homme de fief de la seigneurie des Frennes.

Antoine Hennion.

Jean-Baptiste Lachée, de Lille.

10 juin. — Mort de dom Boulit. — Dom Ignace Delefosse, son neveu par alliance, 37ᵉ abbé. Le 28 octobre, l'abbé de Clarmarais lui conféra la bénédiction abbatiale. Quelque temps auparavant, il avait été installé par Philippe de Lannoy, chanoine et trésorier de Saint-Pierre ; il ne reçut qu'en 1705 avis officiel de sa nomination par le roi de France, qui lui imposait en même temps deux pensions à servir. Les mémoires qu'il a laissés, et qui sont conservés aux Archives départementales, fournissent sur l'abbaye une foule d'indications précieuses.

Dom Delefosse administra sa communauté jusqu'en 1727 ; il reçut sous sa prélature :

En 1704, Antoine Everard, de Wannebecq ; Ignace Tahon, d'Hénin-Liétard ; Gaspard de Lobel, de Lille.

En 1708, Hubert Doulcet, de Lille ; Adrien Platel, d'Haubourdin.

En 1712, Ildephonse Briffaut, de Douai ; François Desbuissons, d'Armentières ; Albert de Bailleul, d'Arras.

En 1713, Placide d'Haffrengues ; Jean-Baptiste Blondez et Hugo Dupretz, de Lille.

En 1714, Jérôme Colbant, de Lens ; Charles de le Deûle, de Lille, qui fut chapelain de Wevelghem.

En 1715, Etienne Doulcet, de Rœux, qui fut chapelain d'Annay.

En 1718, Malachias Desreumaux, de Lille ; Guillaume Ransaert, d'Aix, directeur de Flines.

En 1720, Bernard Chevalier, de Noyelles-Godault ; Philippe Hachin, de Sainghin-en-Mélantois.

En 1721, Michel de Monchaux, de Saint-Pol.

En 1722, Boniface Breton, de Courrières ; Albéric Laurent, de Lille.

En 1723, Marc Vérez, d'Hénin-Liétard, directeur des novices ; Gérard Gruson, de Lille, chapelain du Verger, chantre, directeur de Flines 1.

1705. 23 octobre. — Procession solennelle de la confrérie de

---

1. Tous les faits relatifs à l'abbaye dont l'origine n'est pas indiquée, proviennent du travail de M. Spriet, qui a transcrit une partie de l'œuvre de dom Delefosse. M. de Rosny a compulsé non-seulement dom Delefosse, mais encore quelques autres annalistes de la communauté.

Pour éviter la confusion et montrer clairement la part de chacun, nous avons cité M. de Rosny toutes les fois que son ouvrage nous avait servi.

Saint-Michel de Lille à Notre-Dame-de-Grâce et à l'abbaye. Derrière le porte-croix, marchaient Joseph-Clément, électeur de Cologne [1], le prévôt de Seclin, le comte d'Avelin, et tous les confrères, revêtus d'une robe blanche, les reins ceints, un bourdon à la main.

Cette confrérie de Saint-Michel, dont les statuts prescrivaient certains offices et pèlerinages, avait été apportée à Lille par l'électeur.

3 décembre. — « Le 3 décembre, la maison de la comtesse d'Annappes, » ordinairement occupée par le gouverneur de Lille, a esté brulée, » étant occupée par l'électeur de Cologne » [2].

A la suite de cette circonstance, l'électeur de Cologne, qui avait échappé au feu après s'être vu entouré par les flammes dans sa chambre, se décide à entrer dans les ordres.

On donne encore une autre cause à cette résolution de Joseph-Clément : il se serait senti tellement ébranlé à la cérémonie de vêture de Mlle Marie-Anne Imbert (juillet 1706), chez les Dominicaines de l'Abbiette, qu'il aurait compris qu'il ne lui convenait pas d'être titulaire d'évêchés et d'archevêchés, sans être revêtu des fonctions sacerdotales.

1706. — Battu à Ramillies, Villeroi se décide à se replier jusqu'à Lille.

Actes de ventes :

Marie-Madeleine Blanquart, veuve Antoine Luttun.	Arnoul Coquel, bailli de la seigneurie des Frennes.
Michel Boidin, notaire à Frelinghien.	Jacques Cornette, homme de fief de la seigneurie.
Pierre Carlier, sergent de la seigneurie des Frennes.	Martin de Faucompret, notaire à Lille.

---

1. Joseph-Clément, né le 5 décembre 1671, était fils de Ferdinand, électeur de Bavière, et d'Henriette-Adélaïde de Savoie.
   Avant l'âge de quinze ans (1685), il était revêtu de la charge épiscopale, pour les sièges de Ratisbonne et de Freising ; trois ans après, il était nommé archevèque-électeur de Cologne. En 1694, ce fut l'évêché de Liège qu'il reçut, mais il abandonna Ratisbonne et Freising.
   A la succession d'Espagne, il ne voulut point prendre parti contre son neveu Philippe d'Anjou, appelé au trône de Charles II; l'électeur Maximilien de Bavière, frère de Joseph-Clément, suivit la même politique.
   Les deux électeurs s'allièrent avec Louis XIV ; ils levèrent des troupes — Joseph-Clément commandait une armée de 6000 hommes, campée devant Bonn — et reçurent des garnisons françaises dans leurs places, en plein cœur de l'Allemagne. Mais les Impériaux s'étant emparés de toutes ces positions, les Hollandais étant entrés par surprise dans Cologne, et de plus, les troupes de Marsin et Tallard ayant été mises en déroute à Hochstedt, Joseph-Clément et Maximilien se virent obligés de se réfugier en France.
   Le 28 juillet 1704, pendant que le canon tonnait sur les remparts, le magistrat de Lille et quatre compagnies bourgeoises recevaient dans la ville l'électeur de Cologne, qui y venait résider avec toute sa suite.
   Ses Etats, durant son absence, furent administrés par les prévôt et doyen du chapitre de Cologne.
2. *Journal de Chavatte*, in *Souvenirs religieux*.
   L'hôtel du gouvernement se trouvait rue de l'Abbiette, aujourd'hui rue de Tournai. L'imprimerie Lefebvre-Ducrocq occupe actuellement une partie de cet édifice.

Jean-Lambert Delobel.
Philippe-Lamoral Desrousseaux.
Jacques du Bois.
Pierre du Bois, juge rentier de la seigneurie des Frennes.
Bartholomé Gobert, homme de fief de la seigneurie des Frennes.
Jacques Gruson, carlier, demeurant à Loos.

Marie Lagache, veuve François Braem, censière à Ancoisne.
Antoine Luttun, fils d'Antoine et de Madeleine Blanquart.
Michel Sénéchal.
André Vanoye, fils de feu François, mayeur d'Armentières. Charles-François, son fils.

Lieu cité :
Le chemin d'Ennequin à Emmerin.

24 février. — Mort de François Dorchies, curé. Romain Delannoy lui succède.

29 avril. — Un décret met au ban de l'Empire, Joseph-Clément, électeur de Cologne, et l'électeur de Bavière, son frère.

Pendant son séjour à Lille, l'électeur de Cologne venait chaque samedi à la chapelle de Notre-Dame de Grâce et y assistait à la messe. Il allait aussi visiter l'abbaye, où il se promenait sur les canaux, dans les gondoles envoyées par Louis XIV. Il s'y présenta une fois le 6 janvier[1], jour des Rois[2], patrons de son électorat, revêtu de pourpre en sa qualité de légat-né du Saint-Siège. L'abbé et la communauté allèrent le recevoir processionnellement à la porte du cloître et le conduisirent au sanctuaire, où étaient dressés un dais et un prie-Dieu. Toute sa cour lui faisait escorte. L'abbé chanta la messe pontificalement et la musique du prince fit entendre ses morceaux.

15 août. — L'électeur de Cologne reçoit le sous-diaconat dans la chapelle de Notre-Dame de Grâce, des mains de Fénelon, archevêque-duc de Cambrai, prince du Saint-Empire.

Il laissa l'ornement de moire blanche qu'il avait porté, ainsi que Fénelon, pour cette cérémonie. Les broderies, détachées dans la suite, pour être appliquées sur un fond de velours rouge, sont en fils d'or, d'argent et de soie, et offrent un haut relief ; elles représentent des rinceaux de roses et de tulipes. Sur la chasuble est tissée une rosace d'une extrême finesse ; sur la dalmatique sont figurées la Résurrection et la Pentecôte. Les armes de Bavière, avec la date 1706, sont, en outre, placées sur les différentes pièces de l'ornement. On se sert encore aujourd'hui, à l'église paroissiale, de ce magnifique don de l'électeur.

---

1. En 1705.
2. Les corps des trois Rois mages sont conservés à la cathédrale de Cologne. Frédéric Barberousse les apporta dans cette ville, vers 1160, après la prise de Milan.

Il se montra, du reste, très généreux pour l'ornementation du sanctuaire de Notre-Dame de Grâce. C'est ainsi qu'il envoya, après l'incendie, son portrait, d'argent et en relief, dans un cadre en vermeil, orné de ciselures, avec ses armes, soutenues par deux anges[1]. C'est lui qui donna les orgues et probablement une aube, que l'on conserve aussi à l'église ; la dentelle est formée de losanges, les uns clairs, les autres serrés et qui signifieraient les losanges d'azur et d'argent de Bavière.

Joseph-Clément avait fait sa retraite au monastère sous la direction de l'archevêque de Cambrai, auquel il avait ordonné de venir la lui prêcher. Fénelon prononça un discours aux religieux qui, tous à genoux, lui demandèrent de les bénir.

3 décembre. — Mort de dom Michel Gousclaire, à 78 ans. Il fut élevé par son oncle, le curé de Mérignies. Il occupa les charges importantes de confesseur à Annay, receveur, sous-prieur, procureur, syndic général de la Gaule belgique, directeur de Marquette, et fut deux fois proposé pour la crosse. Entre autres ouvrages, il laissa une histoire chronologique des titres de la communauté.

8 décembre. — Joseph-Clément reçoit le diaconat des mains de l'évêque de Tournai, en l'église des Récollets, à Lille.

25 décembre. — L'évêque de Tournai confère la prêtrise à l'électeur de Cologne, en l'église Saint-Maurice, à Lille.

1707. *1er janvier.* — L'électeur de Cologne célèbre sa première messe dans l'église des Jésuites[2] à Lille, au milieu d'une pompe inimaginable. Il communia son frère, le duc de Bavière, qui était descendu rue Royale, chez M. de Pérenchies.

Au-dessus de l'autel étaient représentés : le nom de Jésus ; plus bas, Notre-Dame de Lorette, « parce que la Ste Vierge a toûjours été reverée » par la maison de Baviere, comme sa tres-puissante Protectrice, et sur » tout, parce que les deux Serenissimes Freres en particulier lui ont » été offerts par leur Serenissime Mère lors qu'ils étoient encore au » maillot » ; au pied de cette image, un calice, sous lequel deux mains, l'une d'un prêtre, l'autre armée, et le chronogramme : pIa ConCorDIa fratrVM.

L'après-midi, on jeta au peuple des médailles d'argent et de cuivre où on lisait le même chronogramme et, au revers, IosephVs

---

[1]. Un tableau, rappelant ces faits existe à l'église ; on conserve également au presbytère un buste de l'électeur.
[2]. Aujourd'hui l'église Saint-Étienne.

CLeMens Deo LItans, insulis kalend. januar. in eccles. pp. soc. jesu.

On fit aussi couler des fontaines de vin devant l'habitation de S. A. S. E., toute la ville fut illuminée et l'on tira un feu d'artifice.

De grand matin, Joseph-Clément s'était rendu à la chapelle de Notre-Dame de Grâce, où il avait assisté à la messe du chapelain.

6 mars. — Joseph-Clément bénit à Saint-Sauveur un nouveau maître-autel.

1er mai. — Fénelon donne la consécration épiscopale à Joseph-Clément, dans l'église collégiale de Saint-Pierre.

L'abbé de Loos assistait, en chape, crosse et mitre, à cette solennité, à laquelle figuraient tous les évêques voisins, des députés des chapitres de Liège et de Cologne, des abbés et des personnages éminents.

L'électeur de Bavière, descendu, comme au mois de janvier, chez M. de Pérenchies, était également présent.

L'archevêque de Cambrai prononça un discours resté célèbre sur les devoirs et la dignité de l'épiscopat.

Des réjouissances furent organisées par le magistrat de Lille : on fit couler des fontaines de vin, on entreprit des illuminations et l'on jeta au peuple des médailles où l'on pouvait lire un chronogramme qui avait déjà été employé dans la décoration de l'église : ConseCratIo CLeMentIs arChIepIsCopI CoLonIensIs.

D'autres médailles furent encore frappées en commémoration de l'événement. L'une représentait le nouvel évêque avec l'inscription JOSEPH CLEMENS ARCH[iepiscopus] COL[oniensis] ET S[ancti] R[omani] I[mperii] ELECTOR, BAV[ariæ] DUX ; au revers, on voyait Fénelon imposant la mitre à l'électeur en chasuble et le chronogramme ConseCratVs DeI noMIne. Une autre médaille en plomb n'avait pas le même revers : à côté de l'autel, une table sur laquelle étaient déposés deux pains et deux petits barils de vin, offrande de Joseph-Clément.

11 juillet. — Le pape Clément XI ayant envoyé le pallium à l'électeur de Cologne, Fénelon le lui remet, avec le plus grand éclat, en l'église des dames de l'Abbiette.

« Il y eut une illumination au Palais, toute des plus belles, et l'on
» fit de nouveau couler une fontaine de vin, qui fut aussi agreable au
» même peuple, que divertissante pour les personnes raisonnables,
» qui virent les plaisans effets que cette liqueur produisoit en ceux
» qui en prirent avec excés. »

16 juillet. — Joseph-Clément, devant le lendemain consacrer la chapelle de Notre - Dame de Grâce, fit dresser non loin du sanctuaire une tente magnifique, où ses musiciens chantèrent les vêpres en l'honneur des martyrs dont les reliques devaient être placées sur l'autel. Dom Delefosse était présent ; l'électeur le fit asseoir, bien que le reste de l'assistance fût debout, et le fit encenser après lui par le diacre, pendant le *Magnificat :* Joseph-Clément, avec de pareils égards, voulait reconnaître la souveraineté de l'abbaye sur la chapelle.

17 juillet. — Commencée à six heures du matin, la cérémonie ne se termina qu'après midi. L'abbé assista l'électeur, en particulier à maçonner les secrets des autels. Pendant que Joseph-Clément chantait la messe au maître-autel, dom Delefosse célébrait une messe basse, en crosse et mitre, dans une chapelle latérale. L'électeur céda à l'abbé la truelle qu'il avait employée pour maçonner, le petit tablier, ainsi que l'aspersoir ; en lui donnant le goupillon, il lui fit remarquer que le manche était le premier ouvrage au tour sorti de ses mains.

Au repas, l'abbé était à la droite de l'électeur.

L'après-midi, le prince donna la confirmation dans la chapelle.

18 juillet. — A l'occasion de la remise du pallium, l'électeur de Cologne organise une fête dans sa maison de campagne, située sur Esquermes, près de la Deûle [1].

« Il s'y trouva un monde infini, et il sembloit que toute la ville y
» voulût assister, le grand chemin, la rivière et les environs étant tout
» couverts de personnes de toutes sortes de conditions, qui accouroient
» à ce spectacle ». On y donna un concert, et les invités prirent un repas sous une tente en forme de pavillon, qui fut dressée sur le bord de la Deûle, à la vue des promeneurs. Le soir, un feu d'artifice termina les réjouissances.

27 août. — Consécration de la chapelle du fort Saint-Sauveur par l'électeur de Cologne [2].

---

1. En face de l'hôpital actuel de Loos.

2. Les sources où ont été puisés les détails concernant Joseph-Clément sont : l'*Abrégé historique* ; l'ouvrage de dom Delefosse ; la *Chronique de Chavatte*, dont les *Souvenirs religieux de Lille et de la Région* ont publié des fragments ; l'*Histoire de Lille*, de Tiroux ; l'ouvrage de l'abbé Détrez ; les *Sanctuaires de la Mère de Dieu* ; la *Numismatique lilloise*, de M. Van Hende ; le *Nord monumental et artistique*, dont une planche reproduit l'aube laissée par l'électeur, enfin, et surtout, un petit ouvrage paru en 1707 « à Lille, chez Ig. Fiévet et L. Danel, imprimeurs du Roy », dans lequel sont décrites toutes les cérémonies auxquelles donnèrent lieu la première messe, le sacre et la remise du pallium.

A titre de curiosité, nous citerons encore la *Liste de toutes les fonctions sacrées faites par S. A. S. E. Mgr Joseph-Clément, etc., depuis le 14 aoust 1706 jusqu'au dernier décembre 1707*, placard in-folio, paru à Lille et reproduit en 1883 dans le *Bulletin du bibliophile Techener*. Durant cet intervalle, l'électeur baptisa 20 garçons, 21 filles, donna 6065 confirmations, servit 3 fois la messe et chanta 11 fois le *Te Deum* en particulier, 17 fois en cérémonie.

30 décembre. — Vente :

André-Louis Burie, tailleur de pierres blanches et laboureur à Esquermes.
Pierre Carlier, sergent de la seigneurie des Frennes.
Arnoul Coquel, bailli de la seigneurie des Frennes.
Jacques Cornette, homme de fief de la seigneurie des Frennes.
Nicolas Delmoitié, notaire à Lille.

Messire Félix de Thiennes, seigneur de Loos.
Pierre du Bois, juge rentier de la seigneurie des Frennes.
Philippe Dupont.
Guillaume Oudoy, fils de feu Pierre, scieur de bois à teindre, demeurant à Loos.

1708. — « Au commencement de ceste année, M. nostre abbé fit défaire
» un antipende du grand autel de la chapelle de Notre-Dame de Grâce
» à Los, que Mlle Catherine Taverne, sœur de M. Jaspar Taverne,
» abbé de Los, avoit faict avec des cœurs et autres pièces d'argent
» offertes à la Ste Vierge sur un fonds de velours bleu et ayant fait
» ramasser toutes les autres argenteries inutiles de la chapelle, il en
» fit faire un antipende d'argent qui a esté achevé au mois d'avril.
» Pour le paiement de la façon et de l'argent qu'il a fallu outre ce
» qu'on a livré de la chapelle, l'orphèvre a accepté quelques années
» d'arrérage des rentes dues à la chapelle par la ville de Lille » 1.

7 mars. — « Le 7 de mars 1708 mourut le sieur Théodore Taverne,
» chapelain de N.-D. de Grâce au village de Los. Il a esté
» chapelain pendant environ 28 ans, et pendant ce temps l'evesque de
» Tournay n'a pris aucune connoissance du temporel ny du spirituel de
» cette chapelle ny par lui-même, ny par aucun doyen ou ecclésiastique
» quoyque les églises de ces quartiers aient esté visitées pendant le temps
» qu'il fut chapelain. On assure que les évèques de Tournay n'ont pris
» aucune part aux affaires de cette chapelle depuis qu'ils furent
» déboutés de leurs prétentions du temps de M. nostre abbé dom Jean
» Foucard l'ancien.

» M. nostre abbé a nommé pour chaplain le sieur Antoine Morel,
» sous-diacre, fils du sieur Morel, médecin à Lille, et en attendant qu'il
» fust ordonné prestre le sieur Dennequin fait les fonctions » 2.

Théodore Taverne fut inhumé en la chapelle.

Août. — Lille étant sur le point d'être assiégée, après la défaite des Français à Audenarde par le prince Eugène et Marlborough, l'électeur de Cologne se retira à Valenciennes. Avant de partir, il voulut se rendre encore une fois à Notre-Dame de Grâce et à l'abbaye.

Joseph-Clément demeura six ans à Valenciennes ; il y habita le refuge de Vicoigne. Son séjour dans cette ville fut l'occasion de fêtes

---

1. Archives départementales du Nord, fonds de l'abbaye, n° 225.
2. Id.

et de spectacles, auxquels assistaient les seigneurs et dames de sa cour et les personnes en place de la ville.

Les rôles étaient attribués à ceux de sa maison, qui montraient quelque aptitude ; on donnait l'opéra, la comédie, et, en carême, des oratorios.

D'aucuns affirment que c'est lui qui fit naître, chez les Valenciennois, leur goût pour le théâtre.

L'électeur revint à Lille et à Loos lorsqu'il fut rentré dans ses Etats, ainsi que son frère, après le traité de Rastadt.

« On avoit transporté, quelques jours avant le siège, l'image de
» Notre-Dame de Grâce dans la chapelle de nostre refuge et le peuple
» y accouroit en foule, mais les boulets et les bombes qui y tombèrent
» ralentirent la dévotion et on fut quelques jours sans oser y dire la
» sainte messe. On ramena l'image de la Sainte-Vierge dans la
» chapelle de Loos le 7 de décembre de cette année » [1].

12 août. — Pour arriver à bloquer Boufflers, les Alliés entreprennent l'établissement de leurs lignes de circonvallation de Loos à Lezennes, de Lezennes à Flers, de Flers à la Marque.

13 août-13 décembre. — Le prince Eugène, commandant l'armée des Alliés, et son neveu Maurice de Savoie, établissent à l'abbaye leur quartier général. Le prince se transporte à Haubourdin. Le 17 août, le landgrave de Hesse-Cassel, le 20, l'électeur de Saxe, roi de Pologne, Frédéric-Auguste, et Mylord Duc (Marlborough) viennent loger au couvent. Un régiment de dragons allemands était campé près de la porte de Durmort, dans le verger.

Le 26, les Alliés bombardent la ville. A sept heures du soir, quatre cents hommes choisis sortent de Lille et se dirigent en toute hâte vers la chapelle de Notre-Dame de Grâce fortifiée, que les assiégeants occupaient depuis la la veille, s'en rendent maîtres et en massacrent impitoyablement les défenseurs, malgré les efforts du prince d'Orange lui-même. Le magistrat ordonne qu'une messe soit célébrée à Notre-Dame de Grâce [2].

---

[1]. Archives départementales du Nord, fonds de l'abbaye, n° 225.
[2]. Derode.

Le 2 septembre, le duc de Bourgogne, qui commandait l'armée de Flandre, se joint au maréchal de Berwick, chef de l'armée du Rhin, et fait savoir à Boufflers qu'il viendra à son secours ; le 5, son armée est aperçue à Mons-en-Pévèle ; mais l'intervention du prince n'amena aucun résultat appréciable.

Les Alliés furent favorisés par la saison dans leurs opérations et s'emparèrent de Lille le 22 octobre ; la citadelle se rendit le 8 décembre [1].

En septembre et octobre, les habitants des environs furent contraints de confectionner pour les Alliés des fascines entremêlées de pierres et, après la levée du siège, les troupes logèrent chez eux durant dix-huit mois.

« Le village de Los fut entièrement pillé par les Alliés, » de même que la chapelle N.-D. de Grâce et la maison du » chapelain. L'on ne pilla point les ornements de la chapelle, » mais seulement les meubles que les paysans y avoient » sauvés [2]. » Le prince Eugène avait ordonné à ses troupes de respecter le sanctuaire.

Tout le pays était dévasté par le passage des armées ; si l'on ajoute à cela le rude hiver qui commença à la fin de de novembre jusqu'à mi-mars 1709, on se fera une idée de l'extrême misère à laquelle le pays était arrivé. A Loos, cependant, les pauvres furent soutenus par les secours que leur distribuèrent les religieux.

---

1. On rencontre encore quelquefois des pièces de la monnaie obsidionale que Boufflers fit frapper. D'un côté l'on voit les armes du maréchal ; au revers, se lit l'inscription : *Pro defensione urbis et patriæ*.

2. Archives départementales du Nord, fonds de l'abbaye, n° 225.

DOMINATION HOLLANDAISE ET DES ALLIÉS

(1708-1713)

1709. *23 juin.* — Marlborough établit ses quartiers à l'abbaye, où toutes les récoltes sont foulées par le passage des soldats.

Septembre. — Bataille indécise de Malplaquet.

5 avril. — Charles-Adrien, comte de Croix, seigneur de Préseau, Pottes et autres lieux, frère et héritier de Pierre de Croix, baron de Pottes, seigneur de Germignies, etc., fait rapport à Jean-Baptiste de Thiennes d'un fief lui venant de son frère, consistant en deux bonniers et demi en une pièce « éclipse » du fief d'Avenne. Cette terre est située à Loos, entre le moulin de l'Arbrisseau et les masures de la cense d'Avenne, tenant aux terres de l'abbaye, des chapelains de Saint-Pierre, des pauvres de l'hôpital Saint-Nicolas, de Pierre Marlier.

Août. — Vente :

- Antoine Beauventre, « huillier », et Anthoinette Blanquart, sa femme.
- Pierre Carlier, sergent de la seigneurie des Frennes.
- Arnoul Cocquel, bailli de la seigneurie des Frennes.
- Jean Defive, homme de fief de la seigneurie des Frennes.
- Mathieu de le Vallée, clerc de M⁰ Desmaréaux.
- Seigneur d'Ennequin.
- Comte d'Hallennes.
- M⁰ Desmaréaux, notaire à Lille.
- Jacques du Bois, fils de feu Jean, scieur de bois, à Loos.
- Pierre du Bois, juge rentier de la seigneurie des Frennes.
- Gérard du Bois, laboureur, et sa femme Marie-Anne du Metz.
- Philippe Dupont.
- Bartholomé Gobert, homme de fief de la seigneurie des Frennes.

1710. *20 avril-29 juin.* — Les Alliés assiègent Douai. Toute la châtellenie est ravagée par leur cavalerie qui vient fourrager jusqu'à la haute-porte de l'abbaye.

Le prince Eugène avait ordonné à ses soldats d'épargner le monastère.

6 septembre. — Un détachement de 150 cavaliers établi à la chapelle est chargé de protéger les convois nécessaires aux Alliés pendant le siège de Douai. Le soir, ce détachement rejoignait l'abbaye.

Mille chariots ce jour-là sortent de Lille par la porte Notre-Dame et vont ravager les environs.

Novembre. — L'armée des Alliés, après le siège d'Aire, revient vers Tournai. Loos est pillé de fond en comble.

Le bagage de Marlborough est transporté à l'abbaye ; ses officiers en font lever le pont et deux gardes de la reine d'Angleterre sont placés à la première porte pour défendre l'entrée à tout corps de troupe. Les terres ensemencées sont entièrement occupées par les soldats.

60 personnes et 130 chevaux cantonnaient à l'abbaye.

Jacques Desrousseaux et Pierre Cardon, tous deux cabaretiers à Loos, certifient un état de dépenses faites chez eux par des partisans de France, qui suivaient les détachements des Alliés pour en tirer quelque butin [1].

1711. *Août.* — Siége de Bouchain.

6 février. — Le fief de la Haye d'Ennequin, dit Monnoyer, est vendu, au profit des enfants mineurs d'Eugène-Hyacinthe des Waziers, seigneur de Beaupré et d'Ennequin, à Charles Le Thierry, fils de François, négociant à Lille. Cette terre avait appartenu à Jean de Hénin, seigneur de Cuvillers, époux de Jeanne Le Prevot de Basserode, puis à Louis de Hénin-Liétard, baron de Fosseux, qui la vendit à Jeanne Delyot, fille de Guillaume, épouse d'André Fourmestraulx, seigneur des Waziers et Beaupré, demeurant à Lille, anobli par Philippe IV le 3 novembre 1623, enfin à Jean-André Fourmestraulx, chevalier, seigneur des Waziers, qui avait obtenu la permission de porter le surnom des Waziers le 18 février 1663.

28 février. — Pierre Carlier, sergent de la seigneurie des Frennes, procureur d'Henri Jacops, seigneur de la Cessoye, se déshérite, pour

---

[1]. Spriet.

ce qui relève des Frennes, de terres énoncées en un contrat passé pardevant Mᵉ Desmarescaux, notaire à Lille. Gilles Platel, bailli des Frennes, en présence de Jean de Five, Pierre Le Saffre, Antoine Desruyelle, hommes de fief, en adhérite Mˡˡᵉ Suzanne Titteman, veuve François Fondeur, négociante à Lille.

Ces propriétés sont encore tenues des seigneuries de Basinghien, de Menin et du Marais, de Saint-Piat de Seclin et de l'éparse de Saint-Pierre de Lille. Elles comprennent en tout 14 bonniers, 12 cents, 84 verges, se décomposant en :

1. Un lieu manoir, amassé de maison manable, avec un beau lieu et maison de plaisance, entouré de beaux fossés, dits la terre de la Motte et de Lambescamps, tenant à la rivière d'Haubourdin à Lille, au lieu manoir et jardin Michel Pennequin, aux drèves allant à un autre lieu manoir à présent brûlé, au sieur Pecques et à l'abbaye.

2. Des terres autour de ce lieu manoir, appelées le Camp de la Motte.

3. Un pré nommé le Pret à Quesneau.

4. Le fonds d'un lieu manoir brûlé, tenant aux héritiers de la veuve Pierre Blomme, à ceux de Chrestien Willemez, à Jean du Riez. Il vient de Rogier de le Croix.

5. Des terres et des bois aux Longs prés.

6. Des terres aux environs de la Haute-Deûle.

La vente a été faite en deux fois : la première moyennant vingt-six patars de denier à Dieu aux pauvres, cent florins au médiateur, vingt sous aux domestiques du vendeur, au notaire deux louis d'or, et pour le gros douze mille florins ; la seconde moyennant douze patars de denier à Dieu aux pauvres, au médiateur trois louis d'or neufs, aux domestiques du même vendeur cinq sous neufs, au notaire un louis d'or et pour le gros deux mille florins. Mᵐᵉ Fondeur a mis une enchère de deux mille florins, le vendeur ne s'étant pas trouvé disposé à se déshériter pour les prix stipulés.

Le procureur spécial du seigneur de la Cessoye devra accomplir la formalité du déshéritement par-devant les seigneurs, baillis ou officiers de justice des autres seigneuries.

14 mars. — Par-devant Jacques Pottier, bailli de la terre et seigneurie d'Allennes sur les Marais, et en présence des hommes de fief de la salle de Lille, empruntés à cause de l'absence d'hommes de fief de la seigneurie, comparaît Eugène Le Thellier, praticien à Lille, en qualité de procureur spécial de Claude-François des Waziers, écuyer seigneur d'Hollebecque, et Philippe Baudequin, écuyer, seigneur de Saint-Ghin, tuteurs honoraires des enfants de feu Eugène-Hyacinthe des Waziers, écuyer, seigneur de Beaupré, d'Ennequin, etc., et d'Antoine-Claude Bernard, procureur à Lille, tuteur onéraire desdits enfants.

Jacques Pottier constate la présentation des lettres de vente au sieur

Charles Le Thierry, marchand à Lille, du fief et seigneurie de la Haye d'Ennequin, dit Monnoyer :

1. 8 cents de terre à Wattignies, près du chemin du Blanc-Riez.

2. Des rentes prises sur trente bonniers ou environ, lieux manoirs, jardins, terres à labour, tenus du fief et seigneurie de la Haye d'Ennequin, gisant à Wattignies, Loos, Sequedin, Hallennes-lez-Haubourdin et environs. Les rentes sont doubles à la mort de l'héritier et du dixième à la vente, don ou transport. Elles consistent en :

45 rasières, 3 havots, les 3/4 et le 6e d'un quarel de blé, mesure de Seclin et prisée de Lille, laquelle mesure de Seclin excède celle de Lille de deux quareaux à la rasière, en argent sept sols, deux deniers parisis, à Saint-Remy ;

A Noel, 40 chapons et demi et le 1/12 d'un chapon, 14 poules et demi, le 1/12 et le 1/48 d'une poule, à la prisée de Lille ; un « ovlet » et demi, 3/4 et 1/40 d' « ovlet » de froment dont les trois font un havot, ce qui revient à 2 quareaux, 3/4 et 6e de quarel de blé, mesure de Seclin ; 14 douziers de cervoise à 12 deniers le douzier, soit 14 sols par an, un pain de deux sols parisis et en argent dix sols cinq deniers ;

Au terme des « behours », deux douziers de cervoise ;

A mi-mars, 11 rasières, 2 havots, 3 quareaux et demi et le 1/8 d'un quarel d'avoine mesure de Seclin, valant quatre deniers de plus à la rasière.

A Pâques, 4 douziers de cervoise ;

A Saint-Jean, 13 deniers parisis.

3. Trois arrière-fiefs, savoir : le fief et seigneurie de Lambel (6 bonniers 4 cents), 38 cents et 2 bonniers 12 cents, chargés de diverses rentes envers la seigneurie d'Ennequin.

4. Justice de vicomte.

Cette seigneurie de la Haye-Monnoyer relève de la seigneurie d'Allennes les Marais à dix livres parisis de relief à la mort de l'héritier, et au dixième denier à la vente, don ou transport, outre le service de cour.

La vente a été faite pour 3 florins de denier à Dieu aux pauvres ; en don gratuit aux vendeurs cent florins ; un franc du cent de livre de « carité », la moitié à dépenser entre les vendeurs et le metteur à prix, et l'autre au profit du marché ; 46 florins pour lettres patentes et autres occasionnées par la vente ; 40 florins au notaire ; 75 au metteur à prix ; 8300 florins pour le prix principal.

Dix-huit enchères (de cinquante florins chacune, les deux tiers au profit du marché, le troisième tiers au profit de l'enchérisseur), sont faites par Charles Le Thierry, certifiées et scellées du scel de Hollande, le 12 février 1711.

Le bailli de la seigneurie d'Allennes constate ensuite le dépôt des lettres autorisant la vente de la seigneurie d'Ennequin, à cause des « dettes considérables de la maison mortuaire dudit seigneur de » Beaupretz », et aucun de ses enfants ne pouvant jouir des biens de la succession sans que les dettes soient payées ; différentes charges affectées au fief seront, de plus, reportées sur les autres propriétés des enfants du seigneur de Beaupretz. Ces lettres sont vidimées par la gouvernance, qui déclare en outre que la vente est faite avec le consentement de la veuve du seigneur de Beaupretz, Marie-Barbe de Bischop.

Enfin le bailli d'Allennes déclare que le procureur des vendeurs, tuteur des enfants du seigneur des Waziers a rapporté et werpy le fief de la Haye d'Ennequin « qu'on dit Monnoyer » et s'en est déshérité en faveur de Charles Le Thierry et de son « comand » jusqu'à 5.000 florins, Mᵉ Josse Lippens, avocat, exécuteur testamentaire de M. Jacques de Flandres. Ces derniers sont adhérités, « par ram et » baston ».

« Ce fut ainsy fait et passé à loy, le quattorze mars mil sept » cent onze ».

27 avril. — Messire Charles-Joseph Lemerchier, chevalier, seigneur de Hulluch, Bénifontaine, etc., époux d'Anne-Marie Clément, fait rapport à Jean-Baptiste de Thiennes d'une terre située à Loos, tenant aux terres de Mˡˡᵉ Buisseret, au chemin de Notre-Dame de Grâce, aux héritiers de l'« apoticquaire », au pavé menant de Lille à Haubourdin.

1712. — Les Alliés abattent le pont de l'abbaye.

Les religieux, de ce fait, n'eurent point à livrer passage aux armées ; ils mirent un pont en planches, qu'ils enlevaient à l'approche de l'ennemi.

24 juillet. — Victoire de Denain, gagnée par Villars et le comte de Montesquiou, sur le prince Eugène.

Cette victoire faisait le salut de la France épuisée, car elle fut suivie de la prise de Marchiennes ; l'ennemi, obligé de lever le siège de Landrecies, se vit reprendre Douai, Le Quesnoy, Bouchain, et se retira laissant un nombre considérable de prisonniers.

14 novembre. — Mᵐᵉ Marie-Isabelle des Mares, fille de Jean-Antoine des Mares, lieutenant de la cour féodale de Malines, comtesse de Saint-Remy, Ghest, Herbaix, Petermaille, etc., douairière de don Augustin de Pacheco, en son vivant sergent général de bataille du conseil de guerre de Sa Majesté, gouverneur et grand-bailli de la ville et pays de Termonde, donne au très révérend seigneur messire Philippe-François Baert de Berentrode, chanoine noble gradué, grand prévôt de l'église métropolitaine de Saint-Rombaut, juge synodal et un des vicaires généraux du siège archiépiscopal de Malines vacant, par donation d'entrevifs et irrévocable, la terre, vicomté et baronnie des Mares, avec tous les droits, juridiction, maison et biens, appendances et dépendances, sans aucune réserve, situés à Loos, relevant de la cour féodale de Phalempin, aux conditions et charges suivantes :

1. La donatrice se réserve l'usufruit et la jouissance, sa vie durant, de la baronnie des Mares, maison, droits et biens, et généralement de tous les revenus, la collation des offices sans aucune exception, et même la faculté de couper les arbres, quand elle le jugera à propos.

2. Le donataire ne pourra rien aliéner et, après son trépas, transmettra le tout à son frère don Nicolas-Joseph, baron de Baert et de Berentrode, seigneur de Hamme, etc., auquel succèderont ses enfants, préférant toujours les mâles et les aînés.

3. Le donataire et son successeur paieront, du jour de leur entrée en possession, vingt-cinq florins par an, pour des messes fondées par Mme Barbe des Mares, épouse de messire Jacques de Froidermont, et six florins par an pour l'anniversaire du seigneur Porus des Mares et de sa compagne Jeanne d'Anderlecht, à célébrer dans l'église paroissiale de Saint-Jean à Malines.

Actes de ventes, où sont cités :

Pierre Carlier, sergent de la seigneurie des Frennes, procureur spécial des vendeurs de propriétés.

Jean de Fives, homme de fief de la seigneurie des Frennes.

Comtesse de Zeweghem.

Pierre Dubar, notaire à Lille.

Jacques du Bois, fils de feu Charles, laboureur à Loos.

Joachim Duportal, laboureur à Loos, et Marie Poissonnier, sa femme.

Marie-Jeanne Dyllies.

Antoine du Rot, homme de fief de la seigneurie des Frennes.

André Gossian, notaire à Lille.

Pierre Le Saffre, homme de fief de la seigneurie des Frennes.

Jacqueline Lesecq.

Antoine Pennel.

Hoirs Rogier Pillot.

Gilles Platel, bailli des Frennes.

Jean Poissonnier, maçon à Lille.

Allard Ternois, fils de feu Allard.

Lieux cités :

Le chemin qui va du château de Loos au pavé de Lille à Haubourdin.

Le « jeu d'arcq » situé vis-à-vis de deux maisons tenant au chemin du Basinghien à Loos et au chemin du château et dudit chemin à la chaussée de Lille à Haubourdin.

DOMINATION FRANÇAISE

Louis XIV (1713-1715)

1713. *11 avril*. — Traités d'Utrecht avec l'Angleterre et de Rastadt (6 mars 1714) avec l'empereur Charles VI.

Philippe V renonça pour lui et ses descendants à tout droit éventuel sur la couronne de France et eut l'Espagne et ses colonies.

L'Angleterre garda Gibraltar, Minorque et Mahon et obtint d'importants débouchés en Amérique du Nord.

L'empereur reçut les Pays-Bas espagnols, la Sardaigne, Naples et la Lombardie.

Le duc de Savoie eut Nice et la Sicile et prit le titre de roi.

L'électeur de Brandebourg fut reconnu roi de Prusse.

Les États-Généraux de Hollande eurent Tournai, Ypres, Menin, Furnes.

La France recouvra Lille, Orchies, Béthune, et conserva sa frontière jusqu'au Rhin, mais Louis XIV, auquel on imposait la démolition de Dunkerque, exigea, en retour, que ses alliés d'Allemagne, les électeurs de Cologne et de Bavière, fussent remis en possession de leurs États.

Quand les Français revinrent à Lille (le 4 juin 1713, jour de la Pentecôte), ils furent reçus avec un enthousiasme indescriptible.

Les moines allumèrent un feu de joie devant la porte de l'abbaye.

7 décembre. — Josse Loridan et Marie-Catherine Destieux, demeurant à Lille, celle-ci sœur et héritière de M° Adrien Destieux, prêtre à Lille, font rapport à dame Philippine-Marguerite-Maximilienne de Thiennes, veuve avec enfants de Félix-François de Thiennes, d'une terre sise à Loos, aboutissant à la terre de la « Maladrie », aux chartreux de la Boutillerie, aux hoirs du chanoine Cardon, à l'abbaye de Loos.

Un moulin à l'huile destiné à la fabrication de tourteaux est construit par dom Delefosse près du chemin de Lille à la Bassée, à proximité de la croix de l'abbaye.

L'année précédente, la drève de Durmort avait été plantée d'ormes sur chacun de ses côtés.

Louis XV (1715-1774)

Après Boufflers, Louis XIV nomma au poste de gouverneur de la Flandre, le fils du défenseur de Lille, Joseph-Marie, qui mourut en 1747, à Gênes, et auquel succéda son fils, le duc de Boufflers. Après la mort de celui-ci, en 1751, le prince de Rohan-Soubise fut nommé gouverneur.

1715. 20 mars. — « En ceste année, des voleurs étant entrés par
» une fenestre dans la chapelle de Notre-Dame de Grâce, y prirent pour
» plus de six cents florins d'argenterie, entre autres le sceptre et la
» couronne de la Ste Vierge et du petit Jésus, un grand crucifix et
» quantité de cœurs d'argent, deux croix d'or et un cœur d'or. Le tout
» fut retrouvé et restitué.
» Peu de jours après, une personne de Lille envoya à la chapelle,
» sans vouloir estre connue, un sceptre et une couronne pour la Vierge
» et une pour le petit Jésus plus belles que les autres et de la valeur
» de cent écus »[1].

L'abbé fait réédifier des granges à la ferme de la Balaterie.

1716. — Mort de Jean-Baptiste de Thiennes, âgé de plus de cent ans. Il fut enterré à côté de sa femme en l'église paroissiale.

1717-1719. — Actes de ventes :

Etienne Béhagle, fils de feu Jean.	François Blanquart, laboureur, qui achète un lieu manoir aboutissant à la rue de Prestre.
Roland Béhagle, fils de Jean, cabaretier à Loos.	
Pierre Carlier, sergent de Loos.	Castel.

---

1. Archives départementales du Nord, fonds de l'abbaye, n° 225.

Charles Chuffart, notaire à Lille.

Pierre-François Crespel, clerc du notaire d'Ennetières.

Decottignies qui occupe une terre le long de la piedsente d'Ennequin au Lion d'or.

Jean Defives, homme de fief des Frennes.

Josse Delannoy.

Louis Delaporte.

Robert Delaporte, maître-vitrier, de Lille.

Charles Desmazures.

François-Joseph Desruelles, homme de fief des Frennes.

Philippe Dupont, bailli de la seigneurie des Frennes.

Pierre-François Duhamel, d'Eecke.

Veuve Denis Duhamaut, qui est cabaretière à Saint-Crespin, situé sur la place de Loos, et au chemin de cette place au cabaret des Trois Rois.

Antoine Durot, clerc paroissial de Loos, homme de fief des Frennes.

Gilles du Thoit, homme de fief des Frennes.

Jean Fayen, fils de feu Antoine.

Jacques Hugo, notaire à Lille.

Héritiers de Joseph-Pontus Lachez, médecin.

Veuve Nicolas Lemesre, rue de Croix.

Charles Lefranc, notaire à Santes.

Antoine-Richard Lesaffre, notaire à Ennetières-en-Weppes.

Pierre Lesaffre, homme de fief des Frennes.

Henri-Joseph Mahieu, licencié en droit à Lille, qui achète une terre aboutissant au chemin de l'Escoperche, dit Verd Chemin, aux terres du dimage de Happequipont, à Charles Delevallée, à l'abbaye Notre-Dame de Loos.

Nicolas Marissal, notaire à Lille.

Guillaume Mazenghien, d'Esquermes.

Jean-Baptiste Mazenghien, laboureur à Loos, bailli des Frennes.

François Miserolle et Marie-Françoise Masse, de Lille.

Etienne Meurille.

Jean Montaigne, fils de feu Pierre.

Marie-Thérèse Montaigne.

Nicolas Morez, laboureur à Loos.

Pierre Nolf.

Veuve et hoirs Jacques Pennel.

Gilles Platel, bailli de la seigneurie des Frennes.

Héritiers Etienne Poissonnier.

Veuve Josse Renard.

Vincent Valenducq et Marie-Joseph Delecroix, de Radinghem.

Mathias Vorhaert.

1717. — Dom Delefosse fait élever à la route de Béthune une croix haute de quarante pieds, dont le prix dépassait 400 florins. Elle fut malheureusement renversée par un vent violent le 1ᵉʳ décembre de la même année.

1718. — Outre des constructions assez importantes qu'il fait élever près de la chapelle de Notre-Dame de Grâce pour le logement du desserviteur, dom Ignace Delefosse y fait bâtir un édifice sur le modèle de la *Santa Casa* de Lorette. Il y inscrit le chronogramme : Ie VoVs saLVe, MarIe pLeIne De graCe.

Ce dernier édifice fut relevé en 1887 et terminé en 1889. Chose digne de remarque, la phrase suivante de la prière donne en continuant le chronogramme, la date de l'achèvement : Le seIgneVr est aVeC VoVs.

Dans la chapelle, l'abbé plaça un monument de marbre noir,

encadré de marbre blanc, à la mémoire de dom Gaspar de Taverne. On y lisait l'inscription suivante gravée en grandes lettres d'or :

D. O. M.

AC PIÆ MEMORIÆ R^{DI} ADMODUM AC AMPLISSIMI DOMINI
D. GASPARIS TAVERNE
MONASTERII B. M. DE LAUDE ABBATIS
VIRI DE CŒNOBIO SUO OPTIME MERITI
QUI IN PERPETUUM SUI SUORUMQUE
IN DEIPARAM
SINGULAREM PATRONAM
AMORIS MONUMENTUM
SACELLUM HOC VETUSTATE PENE COLLAPSUM
A FUNDAMENTIS EREXIT, AMPLIAVIT, ORNAVIT
ANNO A PARTU VIRGINIS M.D.C.L.XXXIV.
AVUNCULO AC DECESSORI SUO PONEBAT
R^{DUS} ADMODUM AC AMPLISSIMUS DOMINUS
D. IGNATIUS DELEFOSSE
EJUSDEM MONASTERII ABBAS
ANNO M.D.CC.XVIII.

Au-dessus se trouvaient les armes de l'abbé Taverne [1].

Le chapelain nommé par l'abbé était amovible ; il régissait le bien du sanctuaire et en présentait le compte « à Monsieur l'Abbé seul »[2]. C'était un bon poste, qui rapportait 300 florins, non compris le casuel des messes, le produit de la vente des images, médailles, cires et notices. A son logement étaient joints un jardin et une brasserie.

Il y a quelques années, dans une ancienne ferme d'Ennequin, fut retrouvé un bas-relief en fonte ayant appartenu, croit-on, au chapelain de Notre-Dame de Grâce. On y voit la représentation des noces de Cana, avec l'inscription : *N. Canæ Galil. 1600.*

Ce bas-relief est actuellement à la nouvelle *Santa Casa*.

1719. *Mai.* — Pierre Carlier, sergent de Loos.

Pierre Carlier, sergent de Loos.	Jean-Baptiste Lardemer, fils d'Adrien, marchand-tripier à Lille, cousin de la veuve Levent.
Me Delobel, notaire à Lille.	
Pierre Desmadril, et Marie-Claire Petit, sa femme.	Pierre Le Saffre, homme de fief de la seigneurie des Frennes.
Antoine Durot, Gilles du Thoit, hommes de fief des Frennes.	Jean-Baptiste Mazinghien, bailli de la seigneurie des Frennes.

---

1. Les armes de dom Taverne étaient trois bouteilles à large panse, comme on en voyait dans les « tavernes ». Il semble même qu'on ait voulu en donner la forme à cette inscription.
2. *Abrégé historique.*

1719-1736. — Le deuxième des registres déposés à la mairie est établi de la même façon que le premier et, comme lui, rédigé en latin, mais il n'y est pas fait mention de l'administration du sacrement de confirmation.

Voici les actes attirant l'attention :

Naissances. — 8 février 1719. Baptême sous condition d'Angélique d'Avenes, âgée d'environ trente mois, trouvée près de la Croix d'Avenes. Antoine Durot et Marie-Joseph Dutoit, parrain et marraine.

10 octobre 1720. Baptême de trois jumelles, filles d'Antoine Monpays et de Marie Lecuppre ; la troisième, baptisée chez ses parents, meurt aussitôt. Le 5 octobre 1722, nouvel enfant ; le 27 octobre 1724, naissance du cinquième enfant, en quatre ans.

1731. M. Coingny, *pastor in Los*, fait remarquer que le registre sur lequel il écrit est une copie de l'original. Celui-ci, comme d'autres, n'est pas mis en usage, afin d'être mieux conservé.

17 mars 1732. Baptême de Florent-Joseph Platel, fils de Gilles et de Marie-Agnès Leuridan. Parrain et marraine : Charles-Antoine Platel et Marie-Marguerite Leuridan.

1733. Hoc anno fuerunt viginti sex baptizati.

1734. Hoc anno fuerunt triginti quatuor baptizati.

Décès. — 19 avril 1725. Antoine Cotte, travaillant au faîte de l'église de l'abbaye tombe et meurt sur le coup. Il est enterré par les religieux le même jour. M. Coingny établit ses réserves, déclarant que les paroissiens de Loos lui sont soumis en tout, jusqu'aux derniers sacrements et jusqu'à l'inhumation, pourvu qu'ils ne vivent pas dans l'intérieur du monastère.

Le 2 août 1727, un accident identique se reproduit. La victime est Antoine Desruielles, fils d'Antoine et d'Elisabeth Montaigne ; un moine arrive à temps pour lui donner l'extrême-onction. Le lendemain, par l'organe du sergent de la gouvernance, le curé fait sa protestation et, le 16 août, il la renouvelle en présence de Laurent-François Thumesnil, témoin requis, et des administrateurs de l'abbaye *(prælatura vacante)*, lesquels reconnaissent n'avoir rien à répondre. M. Coingny place l'acte établissant ses droits parmi les titres appartenant à la cure.

Die 28ª decembris 1730, defuncta est et 29ª sepulta in choro nobilis domicella Anna-Maria-Theresa Desthienes.

Die 2ª maii 1732, mortua et 3ª sepulta est Maria-Angelica Delachapelle, filia olim exposita apud sacellum divæ Virginis gratiæ nata 25 circiter annis.

Le 7 novembre 1733, le chapelain de Notre-Dame de Grâce est enterré au sanctuaire, selon sa dernière volonté et en conformité avec le désir de ses parents. L'inhumation est faite par M. Coingny, en présence de MM. Dhin, vicaire, Ruyant, clerc, Laurent Cogez, d'Esquermes,

Etienne Thion, d'Haubourdin, Heddebaud, vicaire d'Haubourdin. Le curé de Loos, qui est entièrement indépendant de l'abbé, maintient ses privilèges : chaque année, en effet, il reçoit cinq livres parisis de reconnaissance, pour les offrandes, comme pasteur du sanctuaire.

Ce jour de l'inhumation de M. Morel, M. Coingny a reçu les oblations, les cires et autres honoraires, et le bailli de l'abbaye, Duriez, a reconnu les droits du curé.

A cette protestation, énergiquement motivée et écrite en latin, est ajoutée celle-ci en français :

« Je sousigné déclare que l'enterrement que je dois faire ce
» jourd'huy du corps de M^{te} Antoine Morel, chapelain de Nostre Dame
» de Grace dans laditte chapelle est de droit comme curé, ses prédé-
» cesseurs ayant été enterrez dans laditte chapelle par le ministere du
» curé du temps qu'ils sont morts. Quoyque je veuille bien donner le
» present de non-prejudice à M. l'abbé de Los, sous protestation de
» ne point prejudicier a mes droits certains et incontestables ni
» a ceux de mes successeurs à venir.
» A Los, 9 de novembre 1733.

» G. P. Coingny, *pastor in Los.* »

MARIAGES. — 12 septembre 1724. Paul-Marin Laden et Marie-Marguerite Morez sont unis dans la chapelle de Notre-Dame de Grâce, par M. Thion, *vice pastor*, en présence de Jean Laden, prêtre chapelain de Don.

Les premiers actes sont signés de M. Delannoy, *pastor in Los* ; quelques-uns, en 1724, sont rédigés par M. Moret, *pastor ægrotans*.

1719. *13 juin*. — En présence de Jean-Eloy Delcruyelle, conseiller du roi au bailliage de Lille, il est conclu un accord au sujet de la seigneurie temporelle du village, entre Gérard Lestievenon, doyen, Gilles Cordonnier, Jean-Joseph Chocquet, Remy-Joseph Duhamel, chanoines du chapitre de Saint-Piat à Seclin, Julien Le Mesre, leur avocat, d'une part ; et Marguerite, comtesse douairière de Thiennes, mère de Cajetan et de Philippe-Guislain, fils de Félix-François, Jean-Baptiste Bridoul, son avocat, d'autre part.

Pour éviter de nouveaux procès et de nouveaux frais, une rente annuelle sera versée au chapitre de Seclin, qui ne fera plus entendre aucune réclamation pour des droits qu'il pourrait avoir.

1720. — La suette cause une grande mortalité et la sécheresse se prolonge jusque l'année suivante. Les chenilles devinrent si nombreuses qu'elles dépouillaient les arbres ; les eaux de la Deûle baissèrent au point que l'on voyait le lit de la rivière ; à Don, le courant, qui pouvait en mouvoir deux, suffisait à peine à faire tourner un moulin [1].

3 octobre. — Par-devant M⁰ Antoine-Richard Lesaffre, notaire d'Ennetières-en-Weppes, en présence de Pierre Carlier, sergent de Loos, et de Pierre Crespel, clerc dudit notaire, comparaissent Jacques Dubois, fils de Jean, 77 ans ; Allard Delobel, fils de Simon, 76 ans ; Pierre Lesaffre, fils de Toussaint, 74 ans ; Arnould Gobert, fils d'Hubert, 73 ans ; François Dubois, fils de Michel, 67 ans ; Vincent et Pierre Desmadril, frère et fils de Guillaume, 69 et 63 ans ; Athanase Favier, fils de Jacques, 66 ans, tous laboureurs et habitants de Loos, dont ils sont également natifs, sans avoir demeuré ailleurs, sauf Allard Delobel, qui est de Templemars, mais est venu à Loos, il y a 49 ans.

Ils déposent que, de leur parfaite connaissance, les auteurs et prédécesseurs de messire Cajettan de Thiennes, et lui jusqu'à présent, ont toujours été à la chasse avec leurs domestiques ou leurs officiers dans toute l'étendue du village, même sur les terres de l'abbaye et à la porte du monastère, comme seigneurs du clocher et village de Loos, au vu et au su des abbés, sans le moindre empêchement. Ils se souviennent, depuis leur plus tendre jeunesse, d'avoir entendu des gens plus âgés qu'eux affirmer que toujours il en avait été ainsi.

Allard Delobel et Arnould Gobert ajoutent que les auteurs de Cajettan de Thiennes passaient à bateau la rivière de la Haute-Deûle et allaient chasser dans les bois de l'abbaye sans aucune opposition.

Hippolyte-Joseph Deliot, écuyer, seigneur des Landes, a fait une déposition identique, le 29 septembre précédent, comme ami du père de Cajettan, Félix-François de Thiennes, avec lequel il se rendait à la chasse.

22 octobre. — Marie-Thérèse Stappaert, veuve de Pierre de Lespaul, écuyer, fait rapport à Cajetan, comte de Thiennes, du fief de Menin, acquis en 1716 de Marc-Antoine Sceneschal, tuteur de Marie-Anne Sceneschal, fille du sieur Michel Sceneschal. Celui-ci l'avait acheté en 1700.

Mme de Lespaul tient le fief par indivis avec les héritiers de messire Henri-Joseph Reingrave, comte de Salm. Sa part aboutit au chemin d'Ennequin à l'église de Loos ; à Jacques Pennel ; à la piedsente d'Ennequin à Loos ; à l'autre moitié. Il lui est joint: le droit de plantis sur quelques flégards rue du Marets et à la place plaidoyable, « où il y a eu des bancqs et où s'y trouve un thillœul planté joignant « le chemin de la rue de le Croix à l'entrée de cette rue » ; quatre

---

[1]. Derode.

arrière-fiefs, dont deux au comte de Salm : la cense du Mortier, confrontant au grand chemin de Lille à Haubourdin [1] ; le 3ᵉ à Suzanne Titeman, veuve François Fondeur, près de ses propriétés ; le 4ᵉ à Arnould Miroul, du côté d'Emmerin.

La même année (1716), M. Sénéchal avait vendu à Mᵐᵉ de Lespaul le fief du Basinghien.

Pauvriseurs (1720-1724) :
Jacques Grimbel ; Guillaume Deledicq ; Joseph Masinghien ; Roland Béhagle ; Georges Desbuissons.

Rapports et dénombrements servis à Cajetan de Thiennes par :
André-François de Fourmestraulx et Alexandre-François Turpin, de Lille et de Douai, fils et petit-fils de Pierre et de Jeanne du Hot.

Philippe-Lamoral Desrousseaux, censier à Loos. Sa terre avait appartenu à Guillaume Blancquart et à Gérard du Bois. Celui-ci avait acheté sa part d'Antoine Beauventre.

Marie-Catherine Desticux, veuve de Josse Loridan, demeurant à Lille.

Ignace du Bois, laboureur à Loos. Sa terre lui vient par achat de Joseph-Pontus Laché, fils de Toussaint et d'Agnès Le Roy.

Marie-Anne Francquet, veuve de Jean Wacrenier, de Lille.

Marie-Françoise Lesaffre, veuve de Guillaume Oudoye, demeurant à Loos.

Jean-Baptiste Stappaert, écuyer, seigneur de la Haye, demeurant à Esquermes.

Suzanne Titeman, veuve Fondeur.

Sont cités, en outre, à l'occasion de ces dénombrements :

L'abbaye.	Mˡˡᵉ de la Haye.
Jacques-François Béhague, époux de la veuve de Pierre du Bois.	Mᵐᵉ de Lespaul.
	Mᵐᵉ de Seble.
M. Bevier.	Jean-Baptiste Desruelles.
Mˡˡᵉ Cambier.	Philippe Dupont.
Chartreux de la Boutillerie.	Enfants Jean Roger.
M. Damant, vicomte d'Hériuc.	M. Walcourt.

Actes de ventes où sont mentionnés :

Pierre Carlier, sergent de Loos.	François-Joseph Deleruyelle, homme de fief de la seigneurie des Frennes.
Martin-Joseph Castel.	
Mathieu Couvreur, notaire à Lille.	Mˡˡᵉ de Lespaul.
Pierre-François Crespel, d'Ennetières.	M. d'Engrin.
	Pierre Desmadril, maçon, et Marie-Claire Petit, sa femme.
Jean-Baptiste Crevier.	

---

1. L'ancienne ferme Guilbert, actuellement occupée par M. Carton, et tous les terrains environnants sont l'emplacement de la cense du Mortier.

Antoine Desruelles, laboureur.	Joanne Lamiot.
Seigneur de Templeuve.	Pierre Lesaffre, homme de fief de la seigneurie des Frennes.
Jean-François Dragon, écuyer, seigneur de Mons-en-Barœul.	Ignace Loridan, de Lille.
Antoine Durot, homme de fief de la seigneurie des Frennes.	Nicolas Marissal, notaire à Lille.
Jules Duthoit, homme de fief de la seigneurie des Frennes.	Jean-Baptiste Masinghien, bailli de la seigneurie des Frennes.
Mlle Marie-Jeanne Lachez.	Nicolas Morez, dit la Fleur.

Lieu cité :
Le chemin d'Ennequin à Flequiers.

14 août. — Après avoir terminé un local pour la bibliothèque, dom Delefosse pose la première pierre d'une nouvelle église, en remplacement de la vieille, qui devenait fort caduque.

Son dessein fut traversé par trois de ses religieux; après bien des pourparlers, l'abbé fut néanmoins autorisé par le conseil du roi, malgré la gouvernance, à continuer ses travaux, et les religieux récalcitrants se virent contraints de se retirer dans trois monastères différents.

Girard, ingénieur en chef du roi, et Gombert, architecte de Lille, dirigeaient l'exécution des ouvrages. Les dépenses furent inouïes : les bois du monastère fournirent les solives, et les habitants du village, reconnaissants de l'asile que leurs troupeaux avaient reçu à l'abbaye pendant la dernière guerre, s'organisèrent pour le transport des matériaux. On dut en faire venir de l'extérieur et les Lillois ne se faisaient pas faute d'accuser les moines de faire enchérir la pierre à bâtir.

En même temps qu'on élevait la nouvelle, on démolissait l'ancienne église, beaucoup plus spacieuse, pour en utiliser ce qu'on pouvait. Un jour, la voûte s'écroula avec un bruit épouvantable. La communauté ne s'était pas encore rendue à matines et on n'eut pas à déplorer d'accident de personnes [1].

Les dimensions de la nouvelle construction étaient de 92 pieds en largeur, 104 pour le frontispice, et 368 en longueur.

1721, 29 mai. — Echange de terres, par-devant Me Antoine-Richard Lesaffre, notaire à Ennetières, et en présence de Jean Destieu, fils de François, demeurant à Loos, et de N.-F. Viniée, clerc de notaire, entre demoiselle Anne-Marie-Thérèse de Thiennes, demeurant au château, procuratrice de Cajettan de Thiennes, et Bauduin Castellain, receveur de Marie-Anne-Catherine Le Clément, dame d'Hulluch.

La première cède à la seconde une terre tenue de la seigneurie des Frennes, aboutissant à la piedsente de l'église au pavé de Lille et au chemin du château au même pavé. La dame d'Hulluch donne à la

---

1. De Rosny.

dame de Thiennes une pièce de terre tenant à Mlle Spicquet et au comte de Loos.

Octobre. — Cajettan de Thiennes, chevalier, comte de Thiennes, seigneur des Frennes, Los, la Hauerie, Moulin à Loos, des Plantis et Lestocquoy à Leers, donne à Jacques Béhagle, fermier au village de Loos, un flegard de trente pieds, le long de la maison d'Antoine de le Ruyelle, touchant la place de Loos. Il l'érige en fief et Béhagle prêtera serment ordinaire ès main du sieur Gilleman, écuyer, seigneur du Sart, bailli de la seigneurie.

5 décembre. — Anne-Marie-Thérèse de Thiennes, procuratrice spéciale de messire Cajettan de Thiennes, chevalier, comte de Thiennes, seigneur des Frennes, Los, la Hauerie, du Moulin, etc., « ayant ordre » d'iceluy », donne à Georges Desbuissons un flegard de trente pieds le long de la maison occupée par Antoine de le Ruyelle, pour en jouir et servir d'homme de fief à toutes œuvres de loi qui se passeront par-devant la justice de la seigneurie des Frennes, à charge de prêter le serment accoutumé entre les mains du bailli de la seigneurie, Gilleman, écuyer, seigneur du Sart.

9 décembre. — Philippe de Thiennes épouse Marie-Adrienne de Houchin, fille de Louis-François, marquis de Longastre, vicomte d'Haubourdin et d'Emmerin, seigneur d'Annezin, Fouquereuil, etc., et de Marie-Joseph de Thiennes de Berthe et Claerhout.

Philippe de Thiennes fut lieutenant aux gardes wallonnes et hérita de son frère Gaétan en 1740.

Acte où sont cités :

Jacques Béhagle, homme de fief de la seigneurie des Frennes.
Roland Béhagle, laboureur et cabaretier à Loos.
Pierre Carlier, sergent de la seigneurie des Frennes.
Georges Desbuissons, homme de fief de la seigneurie des Frennes.
Philippe du Pont.

Philippe-Lamoral Desrousseaux et sa femme Yolente Descamps.
Bonaventure Gilleman, seigneur du Sart, bailli de la seigneurie des Frennes.
Pierre Lesaffre, homme de fief de la seigneurie des Frennes.
Marie-Madeleine Mazure, veuve de Jacques du Riez, d'Haubourdin.

Tous les ans, dans l'origine, le dimanche après la Nativité, les religieux allaient en procession à la chapelle, où ils chantaient une messe solennelle. Mais la saison n'étant pas très favorable lorsqu'arrive cette fête, on avait transféré la cérémonie dans l'octave de la Visitation.

L'abbé de Clairvaux interdit aux moines cette procession, contraire à l'esprit de retraite et de solitude, surtout en présence de la foule qui se rendait au sanctuaire.

C'était surtout aux fêtes de la sainte Vierge et les vendredis de carême qu'on voyait accourir les populations. Il n'était pas rare, est-il rapporté[1], que l'on chantât dix grand'messes en une matinée ; vingt mille personnes ces jours-là venaient en pèlerinage[2].

20 juin. — M. Morel, chapelain de Notre-Dame de Grâce reçoit de Palisot d'Athies, conseiller du roi, receveur général des domaines et bois de Flandres, Artois et Cambrésis, la somme de quarante livres en quatre billets de banque de dix livres chacun, « y compris le surplus « qu'il a esté nécessaire pour 1719 pour l'entretien d'une lampe devant « l'image de la Sainte Vierge »[3].

1722. 12 octobre. — Echange de terres entre Cajettan de Thiennes, demeurant à Aix-la-Chapelle, « de present à Los », et Marie-Madeleine Dransart, veuve Spicket, par devant M° Bonaventure Discart, notaire à Lille.

Le premier donne à la seconde une terre tenue de la seigneurie de la Haye, aboutissant à la nouvelle drève du seigneur de Loos, aux héritages de celui-ci, au vieux chemin menant du château de Loos au pavé et au sentier des Clercqs, menant de l'église au pavé.

Madame Spicket remet une terre tenue des Frennes, aboutissant à Denis Loridan, au grand chemin de Lille à Haubourdin, aux terres Cordonnier, à celles du seigneur de Loos, sa drève passant à travers.

19 octobre. — Cajetan, comte de Thiennes, en présence de Jean de Fives, lieutenant-bailli de la terre et seigneurie des Frennes, de Pierre Lesaffre, Jacques Béhagle et Georges Desbuissous, hommes de fief, se déshérite pour cent ans, en faveur de Catherine Ricquet, veuve de Pierre Cardon, cabaretière à Loos, d'une terre, énoncée en un acte de M° Antoine Lesaffre, notaire à Ennetières-en-Weppes, où figurent comme témoins Pierre Carlier, sergent de Loos, et Viniée, clerc de notaire.

Cette propriété est en deux parties, toutes deux en forme de triangle : au milieu passe la drève nouvellement érigée qui conduit du château au pavé de Lille. Chaque partie est à deux pieds et demi de franchise des arbres de la drève : la première tient à Denis Loridan, un coin au pavé et à la drève, au seigneur de Saint-Marcq ; la seconde au susdit pavé, aux terres Cordonnier et Fin, par un coin à une terre du seigneur de Loos, arrentée pour cent ans, du 1er octobre 1722, à Jean-Baptiste Pennel[4].

---

1. *Abrégé historique.*
2. Bien qu'on ne puisse fixer l'origine exacte de la fameuse manifestation du lundi de Pâques, il est permis de la rattacher aux pèlerinages de cette époque. Rien n'empêche de croire en effet que le lundi de Pâques pouvait être le jour des pèlerins qui n'avaient pu venir en carême.
3. Archives du Nord, fonds de l'abbaye.
4. MM. Ormeray et Marescaux occupent l'emplacement de l'Hôtel de Thiennes.

Le seigneur cède la terre à certaines conditions : d'ici deux ans, la « prendresse » fera ériger un beau cabaret à front du pavé de Lille ; il aura pour titre l'Hôtel de Thiennes, avec les armes du seigneur. Ce cabaret comprendra deux étages, sera couvert de tuiles et au milieu s'ouvrira une porte cochère. Il s'y trouvera, de plus, une chambre moyenne, où pourront s'assembler pour leurs affaires les bailli, gens de loi et hommes de fief, avec la préférence sur tous les autres, et une grande chambre pour les confrères de la confrérie de l'arc en mains dudit Loos, lors des assemblées de Saint-Sébastien, du temps qu'on tire l'oiseau, et des combats ; une grande écurie et le reste comme la cabaretière l'entendra. Les assemblées ne pourront se tenir ailleurs.

La bière à débiter devra être bonne et potable et sera « égardée » par brassin ; elle sera « gourmée » par deux hommes nommés chaque année à la saint-Rémy (la première année Jean de Fives et Georges Desbuissons), auxquels il sera payé pour égardage et gourmage six livres parisis. Ils dresseront procès-verbal si la bière n'est pas bonne, et la cabaretière pourra être condamnée à l'amende et même à l'interdiction pour trois mois.

Si la « prendresse » a l'intention de planter des haies, elle ne pourra placer des haies d'épines qu'à quatre pieds de distance des arbres de la drève ; et si, par guerre ou autre cause, le cabaret ou les haies venaient à être détruits, elle serait tenue de les remettre en état dans les deux ans.

Jacques Béhagle, homme de fief de la seigneurie des Frennes.

Adrien-François Bévier, écuyer.

Pierre Carlier, sergent de Loos.

Jean-Baptiste Caucheteur, boulanger à Ennetières.

Jacques Cordonnier, d'Haubourdin, et Marie-Jeanne Fin, son épouse.

Pierre Cordonnier.

Jean Defives, laboureur à Loos, lieutenant-bailli de la seigneurie des Frennes.

Georges Desbuissons, homme de fief de la seigneurie des Frennes.

Marie-Jeanne Dillies.

Jean-François et Louis-Joseph Fin, fils de Pierre et de Martine Le Cocq, de Sequedin. Celle-ci est fille d'Antoine et de Marguerite Lemesre, de Sequedin.

Veuve Fondeur.

Honoré Gilleman, seigneur du Sart, bailli de la seigneurie des Frennes.

Antoine Lesaffre, notaire à Ennetières.

Pierre Lesaffre, homme de fief de la seigneurie des Frennes.

Nicolas Viniée, clerc du notaire d'Ennetières.

12 novembre. — Mort de Joseph-Clément, archevêque-électeur de Cologne.

Deux aumôniers du prince apportèrent à Lille ses entrailles, qu'il avait ordonné de déposer dans la chapelle des dames de l'Abbiette.

Le magistrat de la ville reçut aux portes les aumôniers et les conduisit en grande pompe au couvent des religieuses.

Les dominicaines, pour le service qu'elles firent chanter dans leur église, envoyèrent l'avis suivant :

« Messieurs et Dames,

» Vous êtes priez de la part des Dames prieure et religieuses de
» l'Abbiette, d'assister aux funérailles de très haut, très puissant et très
» excellent prince Joseph Clément, archevêque et électeur de Cologne,
» archichancelier du S. Empire Romain pour l'Italie, légat-né du
» Saint-Siège apostolique, évêque et prince de Hildesheim et de Liège,
» duc des deux Bavières, du haut Palatinat, de Westphalie, d'Engherin
» et de Bouillon, comte palatin du Rhin, landgrave de Leuchtenberg,
» marquis de Franchimont, comte de Looz et de Horn, etc., décédé à
» Bonn le douze novembre 1723, qui se feront à dix heures précises,
» jeudi prochain seize décembre, dans l'église des dites Dames, où ses
» entrailles reposent par son ordre, pour être inhumées dans la chapelle
» de Lorette.
» Le Révérend Père Théodore Chevalier, de l'ordre des FF. PP.,
» prononcera à l'offertoire l'oraison funèbre de son Altesse Sérénissime
» Electorale.
» Un *De profundis*, s'il vous plait » [1].

Une lame de cuivre, avec une inscription, indiquait l'endroit du funèbre dépôt.

1723. — « Il y eut une sécheresse si grande que
» depuis le dimanche des Rameaux, 21 mars, jusqu'au
» dernier jour de mai, la terre ne fut arrosée d'aucune
» pluie qui fut capable de la pénétrer d'un pouce d'épais-
» seur » [2].

Jacques Béhagle, homme de fief de la seigneurie des Frennes.	Pierre Lesaffre, homme de fief de la seigneurie des Frennes.
Pierre Carlier, sergent de Loos.	Me Marissal, notaire à Lille.
Jean Defives, bailli de la seigneurie des Frennes.	Hubert Miroul, écuyer, seigneur d'Engrain, demeurant au château de Lesquin.
Desbuissons, homme de fief de la seigneurie des Frennes.	Jean-Baptiste Gillequin, sergent de l'abbaye, et Marie-Jeanne Dujardin, sa femme.
Les demoiselles Lachez.	

Le nombre des religieux à l'abbaye est de quarante-six, et l'abbé se félicite de leur conduite exemplaire.

---

1. In-folio, Archives départementales du Nord.
2. *Histoire de Lesquin*, par l'abbé Leuridan. Lille, Lefebvre-Ducrocq. 1889.

1724. — Pierre Béghin, homme de fief de la seigneurie du Marets.

Jacques Béhagle, homme de fief de la seigneurie des Frennes.

Pierre Carlier, sergent de Loos.

Jean-Baptiste Defaucompret, bailli de la seigneurie des Frennes.

Jean de Fiyes, lieutenant du bailli et homme de fief de la seigneurie des Frennes.

Georges Desbuissons, homme de fief de la seigneurie des Frennes.

Pierre et Jacques Desmadril père et fils.

Me Dorchies, notaire à Lille.

Philippe Dupont, homme de fief de la seigneurie du Marets.

Antoine Durot, clerc paroissial, et Marie-Angélique Dujardin, sa femme.

Ferdinand Gobert, fils de Philippe-Charles.

Philippe-François Le Clément, chevalier, seigneur de Saint-Marcq, et son frère, chanoine de la cathédrale de Tournai.

Antoine Lesaffre, notaire à Ennetières.

Marie-Marguerite Morez.

André-Pierre Vanoye, bailli de la seigneurie du Marets.

1er juin. — Mort de Me Romain Delannoy, curé.

1726. — F. Hubert de le Cambre, procureur de la Chartreuse de la Boutillerie, fait rapport à Cajetan de Thiennes de terres situées sur le mont d'Emmerin, et tenant aux pauvres d'Emmerin; aux Jacobs; à M. Miroul, seigneur de Monchy; à d'autres terres de la Chartreuse.

22 juin. — Me Coingny, curé. Ses vicaires furent: MM. L. Dhin; Macau; Gatte; Charles-Louis Béghein; Placide Coingny, son neveu; Pierre Ferret.

1727. *1er décembre.* — Jeanne-Catherine de la Derière, sœur et héritière de Marie-Joseph de la Derière, fait rapport à Cajettan de Thiennes de terres qu'elle possède près la Croix d'Avennes et près de la « Marlière aux vaux », non loin de l'Arbrisseau.

29 décembre. — Par-devant Me Jean-Baptiste de Faucompret, notaire royal à Lille, comparaît Jean-Gabriel Jacquerye, sieur de Freschys, du magistrat de Lille, fondé de la procuration de messire Philippe-François Baert de Berentrode, vicaire-général aux armées de Sa Majesté impériale et catholique, aux Pays-Bas autrichiens, prévôt et chanoine noble gradué de l'église Saint-Rombaud à Malines, autorisé par son souverain, lequel sieur de Freschys déclare vendre à messire Cajettan, comte de Thiennes et Los, seigneur du Moulin, etc., demeurant ordinairement à Saint-Omer, sa tante noble et illustre dame Anne-Marie-Thérèse de Thiennes répondant pour lui, un fief et noble tènement, nommés le fief et seigneurie des Marets situés à Loos, tenus du roi à cause de sa cour et halle de Phalempin, et dévolus au vendeur par donation et trépas de Mme la comtesse de Saint-Remy :

1. Justice et seigneurie vicomtière.

2. Le gros du fief, trois bonniers en plusieurs pièces, y compris la maison de plaisance avec jardins, environnés de fossés. Ce gros aboutit à la rue Marais et la piedsente de l'église à l'abbaye passe au travers.

3. Des rentes seigneuriales sur des terres situées à Loos, Esquermes et Haubourdin.

4. Vingt-quatre cents de terres à labour en plusieurs pièces, remis au gros du fief comme ayant été abandonnés pour les rentes dont ils étaient chargés.

5. Les hôtes et tenanciers sont tenus d'apporter deux fois par an une maille de rente aux jours de plaids généraux qui se tiennent le « prochain lundy apres les Roys nommé le lundy parjuré, et après le » Quasimodo »; en cas de défaut, ils ont deux sols d'amende. « Si est deu » par ceux qui n'on point ramassez leurs lieux tant qu'ils les ayent » ramassez et herberghsez par chasqun an au terme de la Toussaint » deux sols d'herbage. »

6. Ces terres sont chargées de double rente de relief à la mort de l'héritier et du dixième denier à la vente, don, ou transport.

7. Tous les plantis et rejets qui sont sur les chemins et flégards contre les héritages appartiennent à la seigneurie.

8. Quelques terres sont tenues du Basinghien, des Frennes et Loos et de la Haye.

Les conditions de la vente sont : quarante patars de denier à Dieu aux pauvres ; cinq cents florins de don gratuit au vendeur ; deux cent quarante florins au sieur Jacquerye, médiateur du marché ; soixante florins au notaire, et comme prix principal douze mille florins franc et net argent, le tout payable à Anvers en espèces et argent courant.

Les rentes dont le fief est chargé, pour la célébration de messes ordonnée par la comtesse de Saint-Remy, seront prises sur la seigneurie de Winxele, le bois de Chatagne et des prairies, situés aux villages de Winselle, Erps et Beyssem.

Tous les titres seront remis à l'acquéreur.

Le 5 juillet 1728, messire Nicolas-Joseph, baron de Baert et de Winsele, approuve la vente.

18 avril. — Mort de dom Ignace Delefosse. — Dom Nicolas du Béron, 38ᵉ abbé. Le 11 janvier de l'année suivante, l'abbé de Clairmarais le bénit en la chapelle du refuge. Une annonce mortuaire, existant aux Archives du Nord, et reproduite par M. de Rosny, a conservé les seuls détails connus sur sa vie : il était bon et vertueux et possédait toutes les qualités d'un excellent abbé ; il édifia de nouvelles constructions [1] et paya les dettes du couvent.

Entrèrent à l'abbaye sous sa direction (1727-1746):
En 1731, Benoît Delemarre et Robert Willan, de Lille.
En 1732, Barthélemy Le Gentil d'Istres et Séchelles, chapelain d'Annay et

---

[1]. Selon toutes probabilités, ce fut lui qui commença les édifices actuels de l'abbaye.

procureur; Ambroise Passet, d'Aubencheul au Bac, chapelain à Flines, maître des bois.

En 1733, Nicolas Duhamel, de Lille, professeur en théologie, directeur des converses à Flines, bibliothécaire; Pierre Parmentier, de Bapaume, chapelain à Wevelghem.

En 1735, Joseph Deboosche, de Lille, chapelain à Flines; André Patinier, de Saint-Omer, chapelain à Aunay; François Anthoine, de Béthune; Edmond Frans, de Lille.

En 1736, Hubert Desmoutiers, de Coutiches, maître des cultures, directeur de Flines; Jean-Baptiste Bruyère, de Valenciennes, chapelain de Wevelghem, directeur du Verger; Antoine-François Coget, de Loos-en-Artois; Albéric Glorian, de Frévilers; Gilles Tierce, de Fives, convers.

En 1738, Claude-Adrien des Baulx, de Douai; Philippe Brousse, de Cambrai; Pierre-André Dupont, de Landas.

En 1742, Antoine-Martin Lemaire, de Landas.

En 1743, Eugène-François Lefebvre, Jacques-Théodore Bureau, de Lille; Henri-Louis Watier, de Cambrai.

1728. — Rapports servis à Cajettan de Thiennes, par :

Wallerand de Cottignies, mandataire de François. Son lieu manoir aboutit aux héritiers du sieur Evrard, à Pierre-Jean-Joseph Dubois, à la rue de Croix. Une borne de la seigneurie des Frennes se trouve au milieu de la grange et une autre en face, au bout du jardin, entre deux « hallots ». D'autres terres qui lui appartiennent touchent à celles d'Antoinette Poissonnier, d'Antoine Pennel, au gros du fief de Menin et à la piedsente d'Ennequin à Loos.

Pierre-François Delepierre, fils de Charles, charpentier à Loos.

Marie-Catherine Dourlens, veuve de Roch Miroul.

Pierre-Jean-Joseph Dubois, fils de feu Jacques, soyeur à Loos.

Sébastien Hennion, fils de feu Pierre.

Marie-Jeanne Lachez, marchande à Lille. Son lieu manoir se trouve sur la place seigneuriale de Loos.

Philippe-Antoine Legrand, marguillier.

Jacqueline Lesecq, veuve Josse Dennart.

Anne-Jeanne Luttun, fille d'André.

Joseph Pennequin, prêtre, administrateur des biens des pauvres de la paroisse Saint-Etienne.

François Rogier, qui a des propriétés à Loos et Haubourdin.

Sont cités à l'occasion de ces rapports :

Héritiers de Charles Béghin.	Mme de Seble, terres à Haubourdin.
Roland Béhagle.	Lamoral Desrousseaux, terres à Haubourdin.
Henri-Ignace Delannoy.	
Guillaume Deledicque, maréchal-ferrant, rue de Croix.	Héritiers François Deswez.
	M. d'Hazencourt.
Prince de Sam.	« Pitre » Nof.

Marie-Jeanne d'Illies.
Héritiers Philippe Dupont.
Jacques Gruson.
François Laden, terres à Haubourdin.

Héritiers de Jean Levent.
André Luttun.
Héritiers Jacques Pollet.
Héritiers de M. Walcourt.

Vente :

Jacques Béhagle, homme de fief des Frennes.
Pierre Carlier, sergent de Loos.
Jean-Baptiste Defaucompret, bailli de la seigneurie des Frennes.

Pierre-Ignace Delannoy, aubergiste sous l'enseigne au Mouton à Lille.
Georges Desbuissons, homme de fief de la seigneurie des Frennes.
Simon et Jeanne d'Hennin.
François Legrand, notaire à Lille.

1729. *3 janvier*. — Malgré les enchères faites par Jean-François Dragon, écuyer, seigneur de Langle, en présence de Michel-André Martinache, son domestique, et de Félix Ployart, notaire à Lille, plusieurs biens tenus des seigneuries de Menin, des Frennes et du Basinghien, sont adjugés à Antoine Desmazières, fils de Philippe, laboureur à Loos, et à Nicolas Cordonnier, brasseur à Haubourdin.

Ces derniers sont adhérités, pour ce qui regarde les Frennes, par Jean Defaucompret, bailli de la seigneurie, en présence de Jean de Fives, lieutenant-bailli, Georges Desbuissons et Jacques Béhagle, hommes de fief.

Les propriétés consistent en un lieu manoir à usage de cabaret ayant pour enseigne Saint-Nicolas, contenant, y compris maison manable, place, grange, porte, étables et autres édifices, jardin et enclos planté d'arbres fruitiers, aboutissant aux grand et petit chemin de Lille à Haubourdin et au chemin tenant au jardin, lequel conduit dudit grand chemin au petit.

Sont encore vendues des terres près du cabaret ; au chemin d'Avenne à Saint-Nicolas ; au sentier des Clercqs, près de la drève.

La propriétaire en était Marie-Madeleine Dransart, veuve Spicket, autorisée à la vente pour cause de dettes.

1729-1736. — Actes divers où se trouvent mentionnés :

Abbaye de Loos.
Abbaye des dames de Denain.
Jacques Béhagle, homme de fief de la seigneurie des Frennes.
Nicolas Bernard, notaire à Sainghin.
Enfants de Pierre Béthune.
M. Bevier.
Hubert Blancquart, notaire à Lille.
André Bonnier.
M. Buisseret.
Georges et Jean-François Burette, de Santes.

Pierre-Antoine Burette, fils de feu Georges, charpentier à Sainghin-en-Weppes.
Veuve Jean-Baptiste Cambier, négociante à Lille.
Pierre Carlier, sergent de Loos, procureur de la plupart des vendeurs.
Jean-Baptiste Carpentier, notaire à Haubourdin.
Jean Caullet, notaire à Lille.
Hubert Caullier.
Chartreux de la Boutillerie.

Pierre Chuffart, fermier à Loos, homme de fief de la seigneurie des Frennes, et Cyprienne-Rose Dupont, sa femme, fille de Philippe et de Jacqueline Planque.

Hoirs Jean Cocquel.

Adrien Cordonnier, laboureur à Haubourdin, et Marie-Jeanne Defive, sa femme.

Jacques Cordonnier.

Charles Courtecuisse, notaire à Lille.

Louis-Joseph Coustenoble, praticien à Lille.

Jean-Baptiste Defaucompret, bailli de la seigneurie des Frennes.

Jean Defive, homme de fief et lieutenant-bailli de la seigneurie des Frennes.

Messire Jean-Joseph-Albert de Quesse de Walcourt de Marsilly, major des carabiniers du roi à Douai, habitant le château de la Chèvre en Champagne, et son frère Louis-François, prêtre, abbé de Notre-Dame de Fontenelles, docteur en Sorbonne, chanoine de Saint-Sauveur à Metz, héritiers de leur mère Anne-Joseph de la Haye, épouse du seigneur de Walcourt, brigadier des armées du roi, chef d'une brigade de carabiniers, fille d'Antoinette Pollart, veuve de Nicolas de la Haye, avocat au conseil d'Artois.

Mlle de Roque.

Georges Desbuissons, homme de fief de la seigneurie des Frennes.

Marie-Thérèse de Lannoy, veuve de messire Philippe-François Le Clément, seigneur de Saint-Marcq.

Pierre-François Delepierre.

M. de Maulde.

Antoine Desmazières, juge cottier de la seigneurie des Frennes.

Despretz.

Jacques Desrousseaux.

Jean-Baptiste Desrousseaux, homme de fief de la salle de Lille.

Philippe-Lamoral Desrousseaux.

Marie-Jeanne Dilly, veuve de Charles Desmasures.

Jean-François Dragon, écuyer, seigneur de Mons-en-Barœul, la haute Anglée, la Robarderie, prévôt du roi en sa terre domaniale d'Esquermes, demeurant au château d'Esquermes.

Joseph Dubo, fils de feu Jacques, laboureur à Loos.

Ignace Dubois.

Antoine Dubois, laboureur à Emmerin.

Veuve Jean-Joseph Dubois.

Pierre-Joseph Dubois.

Eugène Dubois, écuyer, seigneur de Seble, Chocques, etc., et Eustachienne Dubois de Chocques, dame de Boissai, sa fille.

Seigneur du Haut-Lieu.

Jacques Duhem.

Charles Duhem.

Pierre Duhem.

Henry-Joseph Dumortier, seigneur des Marets, de Lille.

Bernard-Joseph Duponchel, fils de feu Etienne, « tailleur de blans » à Flequière, paroisse de Wattignies.

Laurent Duponchel, fils de feu Etienne, et Albertine-Françoise Lepez, sa femme, cabaretier et « tailleur de grez » à Flequière.

Jean-François Duriez, notaire à Lille.

Bonaventure-Joseph Dutoict, de Lille.

Alphonse-François Duthoit, échevin de la seigneurie du Marais.

Hoirs du sieur Evrard.

M. Fondeur.

Pierre Finne.

Louis-Joseph Fine, laboureur à Ennequin, et Jeanne-Thérèse Honoré, sa femme.

Jean-François Finne, laboureur à Sequedin.

M. Fromont.

Catherine, Angélique et Augustine Gobert, de Lille.

Louis Grimbel.

Hoirs Guillot.

Jean-François Haire, de Lille, et Marie-Thérèse Deleporte, son épouse.

Hôpital Saint-Julien.

Pierre-Hyacinthe Imbert, seigneur de Fromez, demeurant à Lille.

Mlle Lachez.

Me Le Batteur, notaire à Lille.

Philippe-Robert Le Clément du Molinel, prêtre et chanoine de Tournai.

Pierre Lecocq, charpentier à Lille.

F. Charles Lefebvre, supérieur des frères du tiers ordre de Saint-François, dits Bons fils, à Lille. Leur propriété, située au Ponchez rentier, est occupée par Jean Montagne, et aboutit au chemin de Lille à la Bassée et à l'héritage de la cense du Mortier. Elle leur vient de feu Vincent Goisé, maître-chirurgien, et est tenue de la seigneurie des Frennes.

René Lefebvre et Marie-Catherine Romon, sa femme.

Pierre-François Lefranc, notaire à Lille.

William-Louis Legrand, écuyer, demeurant à Londres.

Jacques-Georges Legrand, marchand à Francfort.

M. Lemesre.

Alexandre Lepers.

Marguerite-Pétronille Le Roy.

Pierre Lesaffre, homme de fief de la seigneurie des Frennes.

Marie-Jeanne Lescaillet, veuve de Martin Terrage, de Loos, et son fils Jean-François.

Jacqueline Lesecq, veuve de Josse Denard, de Lille.

M⁰ Libert, notaire à Lille.

Marie-Jeanne Mahieu, veuve Antoine Reynart.

Jacques Masenghien.

Jean-Baptiste Masenghien.

Robert Masenghien.

Antoine Millescamps et Marie-Jeanne Burette, sa femme, fille de feu Georges, « boquillon. »

Arnould Miroul, négociant à Lille, et Angélique du Castel, son épouse.

Charles-François Miroul.

Hubert Miroul, écuyer, seigneur d'Engrain, Beuvrecque, etc.

Pauvres de Loos.

Antoine Pennel.

M. Prévost de Basserode.

Antoinette Poissonnier.

Le sergent Poissonnier.

Jean-Joseph Raoul.

Pierre Regnault, écuyer, seigneur de Venize.

Comte Reingrave.

Pierre-Ignace Reinguier.

Mlle Ringuier.

Jean Rogez.

Marie-Thérèse Stappaert, veuve de Pierre de Lespaul, écuyer.

M⁰ Vantourout, notaire à Lille.

M. Verghelles.

Mlle Wacrenier.

Lieux cités :

Le chemin de l'Escoperche, qui mène d'Ennequin à la Folie.
Le courant d'eau du Pont de renty à la Haute-Deûle.
Les Gaudenielles.
Le Bonnier romain, sur le dimage d'Haubourdin, près du moulin à l'huile de Loos.
Le Verd chemin.
Le moulin à l'huile d'Ennequin.

1730. *28 décembre.* — Mort d'Anne-Marie-Thérèse de Thiennes. Elle est inhumée au chœur de l'église.

1731. *Avril.* — Mise en vente de propriétés, dont l'affiche reproduite ci-dessous donne la désignation :

LOS
TRES-BELLE FERME
APPELLE'E LA CENSE DU MORTIER
A VENDRE

Maudy dix-sept Avril mil sept cens trente-un, sur les deux heures de relevée, au Cabaret aiant enseigne Tenremonde, rue du même nom à Lille, on vendra par forme de mise à prix et encheres, en la maniere accoutumée, une belle Ferme avec diverses Places, Granges, Estables, Bergeries, solidement construite et environnée de Fossez, contenant parmi Jardin planté d'Arbres à fruits & bois montans, compris Terres à labour, Prez & Bois, vingt-six à vingt-sept Bonniers d'heritages en plusieurs pieces audit Los, dont sera donnée une ample declaration à ceux qui voudront en avoir connoissance.

Cette Ferme est située prés de la Chapelle de Nostre Dame de Grace sur le chemin de Lille à Haubourdin, laquelle est occupée par Lamoral Desrousseaux, au rendage annuel de douze cens florins.

LA MOITIE' DE LA SEIGNEURIE DE MENIN.

Cette Seigneurie consiste pour la totalité en quatre Bonniers deux cens de gros de Fief compris dans la Ferme ci-dessus, à laquelle sont dûes de Rentes Seigneuriales par chacun an, sçavoir :

Quatre Razieres trois quarels, & le quart d'un demi quart de Froment.

Sept Razieres trois quarels d'Avoine.

Quatorze Chapons & les deux tiers d'un.

Deux poules & demie.

En argent quatorze sols six deniers deux parties, & 4. sols 7. deniers és plaids de funcage.

Et treize courouwées de bras.

Lesquelles rentes se perçoivent sur neuf Bonniers & demi ou environ d'heritages, de laquelle sont aussi tenus quatre arriers-Fiefs & hommages.

LE FIEF D'ENNEQUIN.

Cette Seigneurie consiste en dix-huit cens de gros de Fief, aussi compris dans ladite Ferme, de laquelle en sont tenus trente-un cens ou environ d'heritage situez à Wazemmes, lesquels doivent à ladite Seigneurie par chacun an vingt Chapons & dix sols en argent.

ENGLOS,
LE FIEF D'HALLENNES.

Le gros du Fief de cette Seigneurie consiste en trois cens de Terres situez audit Englos, à laquelle sont dûs de Rentes Seigneuriales par chacun an, sçavoir,

Vingt-deux Razieres d'Avoine.   Deux Chapons.   Cinq poules & demie.

Et en argent treize patars, lesquelles se perçoivent sur trois Bonniers huit cens cinquante verges ou environ d'heritages situez audit Englos & Hallennes, chargez du dixiéme denier à la vente, don ou transport, & de double Rente de relief à la mort de l'heritier.

La Vente de ladite Ferme et des Seigneuries se fera en totalité ou par partie, au choix des Acquereurs.

Et pour être informé des conditions, on pourra s'adresser à Me. Jean-Baptiste de Fauconpret, Notaire rue Notre Dame.

29 janvier. — Il existait, au milieu de l'avenue de l'abbaye, un vieux tilleul, antérieur au creusement du canal. Creux en dedans, cet arbre, était un abri pour les malandrins, et les moines reçurent l'ordre de le faire disparaitre ; un autre fut mis en sa place.

1732. 16 décembre. — Sœur Marie-Christine Platel, prieure des Sœurs noires de Lille ; sœur Albertine Leuridan, sous-prieure ; sœur Catherine Delobel, jubilaire ; sœur Marie Duthoict et sœur Pélagie de Marcq font rapport à messire Cajettan de Thiennes de 13 cents de terres aboutissant à la veuve Antoine Cormoran, à l'abbaye, à Jean Watrelo, au chemin de Lille à la Folie. Ces terres sont tenues de la seigneurie du Marais et chargées de certaines rentes. Homme vivant et mourant : Jean-Baptiste Lecherf, fils de feu Thomas, vivant brasseur desdites sœurs.

En note : « Les religieuses sœurs sont propriétaires desdits 13 cents » tenus du Marais depuis l'an 1452. Elles n'ont depuis ce temps-là payé » aucun droit d'indemnité ; celui demandé par le seigneur se trouve » prescrit par un laps de temps plus que suffisant à la prescription. »

3 mai. — A quatre heures du matin, chute du clocher et du chœur de l'église de l'abbaye. Le bruit s'entendit de Lille, où l'on crut à un tremblement de terre ; les guérites des remparts en furent secouées.

Les décombres atteignaient une hauteur de trente pieds.

1733-1735. — Guerre de la succession de Pologne, soutenue pour Stanislas Leckzinski par la France et l'Espagne, contre l'Autriche et la Russie. Au traité de Vienne (1738), Stanislas reçut, au lieu de la Pologne, la Lorraine et le Barrois, qui devaient faire retour à la France, après sa mort.

1733. 7 novembre. — « Le 7 de novembre est mort vers le soir » maistre Antoine Morel, prebstre et chapelain de la chapelle de » N.-D. de Grâce l'espace de 23 ans âgé de 49 ans »[1].

Son successeur fut Me Joseph Nicole.

9 novembre. — A cause de l'inhumation de Me Antoine Morel, faite en la chapelle de Notre-Dame de Grâce par les religieux, M. Coingny déclare réserver ses droits et ceux de ses successeurs.

1734. — Louis XV charge le monastère d'une pension de 500 livres à servir à l'abbé de Boncourt de Bassompierre ; mais M. de Choiseul adresse une lettre à M. de Caumartin, gouverneur de Lille, pour faire mettre opposition au paiement, au profit d'une pauvre créancière de cet abbé[2].

---

1. Archives départementales du Nord, fonds de l'abbaye, n° 225.
2. De Rosny.

Les moines chantent l'office divin dans une partie de la croisée de l'ancienne église.

1735. *19 janvier*. — Ouragan terrible, qui causa d'importants dégâts dans les bois et aux bâtiments de l'abbaye. Le 24 septembre, un autre ouragan emporta les moissons coupées.

1736. — M. le comte Gaétan de Thiennes habite la ville de Saint-Omer.

1737. *27 février*. — Par-devant Me Defaucompret, notaire à Lille, Jean-Baptiste Mazenghien, fermier à Loos, accorde à titre d'arrentement, pour cent ans, à Jean Dragon, 40 verges faisant partie d'un demi-bonnier, à front de rue du chemin de la rue de Croix à la place de Loos, aboutissant à l'héritage du nommé Delannoy, cabaretier du Mouton, à Lille, aux héritages dudit Mazenghien et de Pierre Nolf, à Mme de Saint-Marcq.

Outre les conditions ordinaires, la maison à construire devra servir de cabaret et l'occupeur sera tenu de prendre sa bière chez Guillaume Nolf, brasseur au pont de Canteleu, ou chez Pierre-Jacques Nolf, brasseur à Wazemmes.

Pierre Carlier, sergent de Loos et procureur spécial du vendeur, adhérite l'acheteur en présence de Jean-Baptiste Defaucompret, bailli de la seigneurie des Frennes, Pierre Chuffart, Alphonse Duthoit, Louis-Joseph Finne, Guillaume Deledicq, échevins de la seigneurie.

18 septembre. — Antoine Desruielles, laboureur à Loos, déclare au seigneur de Thiennes qu'il lui doit six patars de reconnaissance par an envers sa seigneurie des Frennes, pour avoir le droit de faire tomber sur la place seigneuriale les eaux d'une maison à usage de cabaret, située sur la place de Loos et portant pour enseigne le Dragon de France, et cela tant que subsistera la maison.

Il a, de plus, le droit de « faire pendre l'enseigne dudit cabaret sur » ladite place de Los, moyennant de par moy faire pendre sur ladite » enseigne les armes dudit seigneur comte de Thiennes. »

5 octobre. — Jacques-François Marlière, marchand, demeurant à La Bassée, fait rapport à Cajetan de Thiennes d'un lieu manoir à usage de cabaret, contenant six cents, portant pour enseigne les Trois Roys, aboutissant de nord au gros du fief du Marais, et à la ruelle menant de l'église de Loos au pavé de Lille à Haubourdin ; audit pavé ; à la rue Marais et à la ruelle menant de la rue Marais à l'église de Loos.

Ce cabaret est tenu de la seigneurie du Marais et a été acheté du sieur André Fleurkin.

8 novembre. — Pierre-Jean-Joseph Le Mesre, seigneur de Landas, fait rapport et dénombrement des propriétés qu'il tient de lui à Cajetan, comte de Thiennes, baron de Montigny, Saint-Christophe, du Marais, seigneur des terres de Willersy, Los, Neufville, des Frennes, du Moulin, la Haury, des Plantis et autres lieux.

« 1769 verges 1/4 de jardinage, tenant au fossé des jardins, au
» chemin passant au-devant de la porte de la maison et au chemin
» passant au travers de Los.
» 880 verges tenant à la croix de pierre, dite d'Avesnes, aboutissant
» au chemin de la Folie à Esquermes, à 12 cents de Mlle de Ladrière,
» à Charles Delemasure et au chemin d'Haubourdin à Tournay.
» 455 verges, aboutissant au chemin d'Haubourdin à Tournay et à
» la justice dudit seigneur des Frennes, aux terres dudit Masure, à celles
» de l'abbaye ».

1737-1740. — Rapports et dénombrements de terres, en majorité de la seigneurie du Marais, servis au comte de Thiennes, surtout en 1737 et 1738, par :

Roland Béhague, laboureur à Loos, en son nom et comme tuteur de ses enfants, qu'il a eus de Marie-Thérèse Montagne, pour 2 cents 1/2 achetés le 16 avril 1717 de Jean Fayen, à prendre en 10 cents, à l'encontre d'Antoine Desmazières et Nicolas Cordonnier et de Pierre Le Cocq, aboutissant au pavé de Lille à La Bassée, audit Pierre Le Cocq, au petit chemin menant du cabaret du Chou à Notre-Dame de Grâce et auxdits Desmazières et Cordonnier[1].

Jean-François Broutin, fils et héritier de Louis, demeurant à Emmerin.

Georges et Jean-François Burette, Marc Lelièvre, époux d'Elisabeth Burette, petits-enfants et héritiers de Jeanne Duriez, demeurant à Santes, en leur nom et en celui de Jacques-Albert Burette.

Jacques Cardon, cabaretier, demeurant en la vicomté d'Haubourdin, pour le cabaret de l'Etoile, situé à front du chemin menant du cabaret du Chou à Notre-Dame de Grâce.

Pierre Casier, époux de Jeanne Beudart, et Jean-François Destieux, époux de Marie-Thérèse Beudart.

---

[1]. Faisons remarquer ici que trois parties formaient cette propriété : l'une appartenait à Roland Béhague, une autre à Pierre Le Cocq, la troisième à Antoine Desmazières et Nicolas Cordonnier ; sur le terrain de ces derniers était construit le cabaret Saint-Nicolas. Or, la terre Le Cocq et Saint-Nicolas faisant partie d'un même tout et étant constamment dénommées ensemble, il nous paraît certain que là est l'origine de la bizarre appellation du quartier actuel : le Coq Saint-Nicolas.

François Cormorand, fils d'Anne Cormorand, veuve de Marc-Antoine Cormorand, demeurant à Flequière.

Vincent Cottignies, laboureur à Loos.

Messire Christophe-Louis de Beauffort, comte de Beauffort et de Croix, en qualité de tuteur de Françoise-Caroline-Joseph de Beauffremez, fille de Charles-Alexandre, marquis de Beauffremez, et de Françoise-Louise de Croix, fille de Charles-Adrien, comte de Croix. Celui-ci, était frère et héritier de Pierre de Croix, baron de Pottes ; leur père était Pierre, seigneur de Préseau, leur grand-père Pierre, chevalier, seigneur d'Oyembourg, époux d'Anne de Baudringhien. Il leur est échu deux bonniers et demi tenus des Frennes, « éclipsés » du fief d'Avesnes.

Alexandre Dehas, marchand en la vicomté d'Haubourdin.

Marie-Thérèse Delannoy, demeurant à Lille, mère et tutrice des enfants qu'elle a eus de messire Philippe-François Le Clément, chevalier, seigneur de Saint-Marcq, et au nom de messire Philippe-Robert Le Clément, seigneur du Molinel, prêtre et chanoine de Tournai.

Pierre-Ignace Delannoy, marchand cabaretier à Lille.

Guillaume de le Dicque, échevin des seigneuries du Marais et des Frennes, époux de Thérèse Gruson, Jean-François Rogier et Augustin Duhayon, pour eux et Pétronille Rogier. Ils ont une maison rue de Croix, près du manoir de Roland Laden, tenue de la seigneurie du Marais.

André Delepierre, charpentier, époux d'Anne-Jeanne Luttun, et Jean Lescaillet, époux de Marie-Catherine Delepierre, demeurant tous à Loos.

Jacques Desmadrille, maçon à Loos.

Marie-Catherine Desmadrille, veuve de Jean-Baptiste Pennelle, Marie-Madeleine Desmadrille, veuve de Jean-François Marlière, Marie-Anne Lesaffre, veuve de Pierre Desmadrille, pour un lieu manoir venant de Pierre Desmadril et Marie-Claire Petit, sa femme. Ces derniers l'avaient acheté de Jean-Baptiste Lardemer, fils d'Adrien, marchand tripier à Lille, lequel était cousin et héritier de Marie-Anne Castellin, veuve de Jean Levant. C'est le lieu aux prisons de la seigneurie des Frennes, et les charges de l'occupeur en sont toujours de garder les prisonniers du seigneur et de leur donner le pain et l'eau, pour douze deniers parisis par jour, à la condition que le seigneur livrera « fers et ceps ». Il aboutit au chemin du château de Loos à l'église et à la nouvelle drève.

Antoine Desmazières, marchand, demeurant à Houplines-sur-la-Lys, et Nicolas Cordonnier, marchand brasseur, demeurant en la vicomté d'Haubourdin pour diverses terres, notamment le cabaret Saint-Nicolas ; la terre sur une partie de laquelle est construite l'habitation est partagée entre Desmazières et Cordonnier, Roland Béhague et Pierre Le Cocq.

Jean-Félix Desrousseaux, procureur du village de Loos, au nom des pauvres de Loos.

Denis Dhainaut, maçon à Loos, pour un lieu manoir contenant 2 cents, achetés de Philippe Béghin en 1735, pris en 4 cents, à l'encontre de Jean Gobert, à cause de Marie Béghin, sa femme, et de l'enfant de Pierre Béghin. Il aboutit à la rue Marais, à la ruelle de ladite rue à l'église de Loos, au comte de Thiennes, à Jacques Gobert. Il est tenu de la seigneurie du Marais.

Bonaventure Discart, notaire à Lille.

Jean Dragon, cabaretier à Loos, pour son cabaret ayant enseigne le Nid de Masingue, tenu de la seigneurie des Frennes, et contenant 10 verges d'héritage pris en arrentement de Jean-Baptiste Masinghien, aboutissant à la rue de Croix, à Jean-Baptiste Masinghien, à Pierre-Ignace Delannoy.

Antoine-Joseph du Bois, en son nom et en celui de son frère Pierre-Joseph et de Marie-Joseph Béghin, veuve de Pierre-Jean-Joseph du Bois, mère de Marie-Thérèse-Joseph.

Isbergue-Eustachienne du Bois, dame de Boissart, fille d'Eugène du Bois, écuyer, seigneur de Chocques, Seble, etc. ; celui-ci est fils de Marie Cardon, sœur et héritière de Jean-Baptiste Cardon, chanoine d'Harlebecque, qui avait acquis le bien, pour lequel est fait ce rapport, de Pierre Cardon et Martine Grimbel.

Nicolas, Timothée et Louis Duez, fils de Timothée, qui fut fils de François, de Lille.

Marie-Angélique Dujardin, épouse de Pierre Béhagle, de Loos.

Bernard-Joseph Duponchel, tailleur de pierres blanches, demeurant à Fléquières.

Bonaventure Duthoit, seigneur des Auwins.

Jacques Gobert, « faiseur de puich », tuteur de ses enfants, qu'il a eus de Marie-Madeleine Béghin, pour sa maison près de celle de Denis Dhaynault, rue Marais.

François Haire, cabaretier au Petit Courrier d'Arras à Lille, et Marie-Anne-Thérèse Deleporte, sa femme, fille de Louis.

Marie-Jeanne Lachez, marchande à Lille.

Roland Laden, rentier à Lille.

Marie-Robertine Coppin-Lasseré, mère de Charles-Florent-Joseph Lasseré, demeurant à Douai, pour une maison de plaisance de 3 cents, aboutissant à la Haute-Deûle et aux héritages du sieur Fondeur.

Rose-Pélagie Lasseré, dont le curateur des biens est Engelbert Bosselman.

René Lefebvre, maçon à Lille, et Catherine Remon, sa femme.

Pierre-Jean-Jacques Le Mesre, seigneur de Landas.

Jean-François Leperre, marchand à Lille, époux de Catherine-Elisabeth Chuffart.

Albertine-Françoise Lepez, veuve de Laurent Duponchel, demeurant à Flequière, paroisse de Wattignies, et ses enfants Marie, Philippe, Pierre, Louis et Laurent.

Jacques-Joseph Le Roy, Marie-Claire Desmasures, sa femme; Jean-Joseph Bochart, procureur postulant à Lille, et Claire-Eugénie Desmasures, sa femme. Les demoiselles Desmasures étaient filles de Marie-Jeanne Dillies, veuve de Charles Desmasures.

Pierre-François Lesaffre, de Loos.

Robert Masenghien, laboureur à Sequedin, fils de Jacques. Il tenait la propriété d'Anne Fruit, veuve de Jacques Le Cuppe.

Joseph Nicole, prêtre, chapelain de Notre-Dame de Grâce.

Pierre Nolf, blanchisseur à Wazemmes, époux de Marie-Françoise Mazinghien, et Guillaume Mazinghien, laboureur à Esquermes, lesdits Mazinghien, enfants de Jacques et de Marguerite Bassecourt.

Antoine Pennel, laboureur à Loos. Sa propriété, composée de deux demeures, aboutissait à la rue de Croix, au grand chemin de Lille à la Bassée, à la terre de M. le comte de Salm, au sieur Le Mesre, et était tenue de la seigneurie du Marais.

Jean-Baptiste Regnault, de Lille.

Jean-François Richebez, procureur de la ville de Lille.

Me Nicolas-Ignace Ringuier, ancien conseiller pensionnaire de la ville de Lille.

Jean-François, Augustin et Dominique Thérache, laboureurs à Loos, fils et héritiers de Marie-Jeanne Lescaillet, veuve de Martin Thérache.

Pierre-Nicolas Tournemine, de Lille.

Albert-François Watrelos, fermier à Wavrin, époux de Marie-Jeanne Buisine.

Jean-Baptiste Werquin, demeurant en la vicomté d'Haubourdin, époux d'Antoinette-Isabelle Bresol, mère de Philippe-Charles Béghin, qu'elle a eu de Charles Béghin, pour 1 cent de jardin près de Denis d'Haynault et de Jacques Gobert, rue Marais.

Sont cités, en outre, à l'occasion de ces rapports et dans quelques actes de ventes :

Abbaye de Loos.
Marie Barat, fille de Vital, et de feue Marie Denoyelle.
Pierre Blocq.
M. Buisseret.
Mlle Cambier.
Pierre Carlier, sergent de Loos et des Frennes, procureur de la plupart des vendeurs.

Hubert Caulier.
Chapelle d'Haubourdin.
Chapitre des dames de Denain.
Charité Saint-Charles Borromée, à Saint-Etienne de Lille.
Chartreux de la Boutillerie.
Jean-Baptiste Defaucompret, bailli des seigneuries des Frennes et du Marais.

Pierre Chuffart, échevin des seigneuries des Frennes et du Marais, et Rose-Cyprienne Dupont, sa femme, laquelle était fille de Marie-Jacqueline Planque.

Mlles Comer.

Jean-Baptiste Courouble.

M. de Fromez.

Guilbert Delecourt et Marie-Louise Dupont, sa femme.

Charles Delepierre.

Héritiers Louis Deleporte.

Me Délevallée, vivant prêtre.

François-Joseph Deliot, écuyer, seigneur de la Croix, demeurant à Lille.

Hippolyte Deliot, seigneur des Landes, demeurant à Armentières.

Philippe-Louis-Félix Deliot, seigneur du Verbois, demeurant à Paris.

Louis-Charles Delobel, notaire à Lille.

Comte de Reingraff.

M. le baron d'Espierre.

Jean-Baptiste Desrousseaux, procureur des vendeurs, homme de fief de la salle de Lille.

M. d'Estoquebronne.

M. de Tannay, héritier de M. de Mons-en-Barœul.

M. de Venize.

Barthélemy-François de Vitry, seigneur du Brœucq, demeurant à Aire.

Philippe-Hippolyte de Vitry, seigneur de Malfrance, demeurant à Saint-Omer.

M. de Walcourt.

M. Chas.

Héritiers de François Dubois.

M. du Haut-Lieu.

Enfants de Charles Duhem.

Jean-François Duriez, notaire à Lille.

Alphonse Duthoit, échevin des seigneuries du Marais et des Frennes.

Joseph et Jacques-François Eschaut.

Jean-Baptiste Favier.

Jean-Baptiste Franchomme, laboureur à Loos.

Louis-François Finne, échevin des seigneuries du Marais et des Frennes.

M. Fruit.

Ferdinand Gobert et Marie-Anne Dubois, sa femme.

Héritiers de Louis Grimbel.

Héritiers de Jacques Gruson, charron.

Héritiers de Sébastien Hennion.

Félix-François Herbaut.

Hôpital Saint-Nicolas, à Lille.

Mlle Laderrière.

Alexandre Lepers.

Nicolas Marissal, notaire à Lille.

Guillaume Masinghien.

Marie-Jeanne Meurisse, épouse de Thomas Duez; Marie-Catherine Meurisse, épouse de Pierre-Antoine Crépin; Anne-Jeanne Meurisse, épouse de Jean-Louis Labbe, demeurant à Sequedin et Loos, filles et héritières de Marie-Jeanne Pennel, leur mère.

Antoine Millescamps et Marie-Jeanne Burette, sa femme.

Veuve Roch Miroul.

Pierre-Jacques Nolf, brasseur à Wazemmes. Il achète 50 pieds de front au chemin menant des bancs plaidoyables du seigneur de Thiennes à la rue de Croix.

Antoine Noroy.

M. Pajot.

Jacques Pennel.

Allard-François Poissonnier, sergent du bailliage de Lille.

Pauvres de Saint-Sauveur.

François Roger, de Ronchin.

Saint-Pierre de Lille.

M. Senoutzen.

Sœurs Noires de Lille.

Marie-Thérèse Stappaert, veuve de Pierre de Lespaul. Elle échange des terres avec Gaétan de Thiennes qui demeure à Saint-Omer à cette époque (13 novembre 1738).

Marie-Madeleine Théry, veuve de Louis Deleporte.

M. Turpin, conseiller au Parlement de Flandre.

1737-1749. — Les registres où sont inscrits les actes sont fournis chaque année par la gouvernance, conformément à l'ordonnance royale du 9 avril 1736. Ils forment un volume pour les douze années. La rédaction est en français ; à partir de 1742, en tête du registre figurent les formules à employer.

En 1737, M. Macau, en 1742, M. Gatte, en 1749, M. Béghein signent les actes.

Ce volume n'offre d'intéressant que les noms donnés aux enfants trouvés.

« Le sept de juin 1738, a esté baptisé Augustain Joseph Rueneuf, » âgé aux environs d'un mois, ainsy appellé parce qu'il fut trouvé » dans la rue Neuf... »

Le 16 avril 1748 est baptisé sous condition le petit Duporge, que l'on trouva « dans le porge (sic) du cabaret portant enseigne les » trois Roys. »

Le 2 février 1749, on baptise un enfant nommé Fille, parce qu'il fut exposé rue des Bonnes-Filles.

En 1740, sont inhumés deux enfants trouvés, l'un appelé Delanocherre, l'autre L'Abandonné.

Citons l'acte de décès et d'inhumation de M. Béghein :

« Le 28 de juin 1747 mourut et le 29 fut inhumé dans l'église » M¹ᵉ Charle-Louis Béghein, prêtre et vicaire de cette paroisse, en » présence du sʳ Robert Béghein, marchand epicier, pere et du » sʳ Etienne-Joseph Béghein marchand drapier frere du défunct » dem¹ˢ à Lille. »

1738. 27 février. — Pierre Carlier, occupeur pour M. le comte de Thiennes, au lieu de messire Philippe-François Baert de Berentrode, vicaire-général de l'archevêché de Malines, reçoit sommation de présenter sous huitaine au bureau du sieur Duclair, receveur des droits seigneuriaux, les titres en vertu desquels il jouit du fief et de la seigneurie des Maretz, situés à Loos, tenus du roi, à cause de sa cour et halle de Phalempin.

31 mars. — Jean-Baptiste Defaucompret, notaire et procureur à Lille, au nom de Cajetan de Thiennes, déclare que par contrat passé par-devant lui-même le 29 décembre 1727, le seigneur de Loos a acquis de messire Philippe-François Baert de Berentrode le fief et la seigneurie de Maretz, situés à Loos, dont la consistance, les tenants et aboutissants sont enregistrés, pour la somme de 12.000 florins. Fait à Lille, au bureau du sieur Duclair.

5 septembre. — François-Joseph Deliot, écuyer, sieur de la Croix, demeurant à Lille, par-devant Mᵉ Nicolas-Dominique Nicole, notaire, en présence de Louis-Joseph Coustenoble et Jean-François Delannoy, praticiens à Lille, a vendu à Jean-Baptiste Defaucompret, procureur de Cajetan de Thiennes, le Quint du fief et seigneurie de Basinghien à

Loos, que l'acquéreur déclare connaître. Il contient un quarteron d'héritage, arrenté pour cent ans à Jacques Duhamel, et sur lequel existe une maison bâtie à usage de cabaret, ayant pour enseigne Saint-Crépin. Ce fief consiste, en outre, en plusieurs rentes seigneuriales, dont il n'est fait aucune déclaration, le seigneur de Loos déclarant les connaître. Guillaume Denoyelle, procureur du vendeur.

24 octobre. — Lettres de purge de toutes dettes accordées à Cajetan de Thiennes, pour des propriétés achetées de messire Jean-Joseph de Quesse de Walcourt de Marsilly, major des carabiniers, à Douai, demeurant ordinairement au château de la Chèvre, en Champagne. Celui-ci agit pour la vente tant en son nom qu'en celui de son frère Louis-François, abbé de Notre-Dame de Fontenelles, docteur en Sorbonne, chanoine de Saint-Sauveur de Metz ; tous deux sont fils de Jean-François, brigadier des armées du roi, et d'Anne-Joseph de la Haye, dont la mère était Marie-Antoinette Pollart, veuve de M. de la Haye, avocat au conseil d'Artois.

Ces propriétés sont des terres, parmi lesquelles le Bonnier romain, situé à Haubourdin, près du moulin à l'huile de Loos ; une autre terre près du moulin à l'huile d'Ennequin ; une ferme bâtie presque entièrement en briques, de 10 cents ou environ de contenance, qui se trouve vis-à-vis de l'église et aboutit au chemin qui mène du pavé de Lille à Haubourdin à la place de Loos, à Pierre-Joseph du Bois, à la ruelle de ladite ferme à la chapelle Notre-Dame, à une autre piedsente de cette ferme au pavé. Elle est tenue des seigneuries des Frennes et du Basinghien.

1739. *28 décembre.* — Estimation de propriétés faite par Claude Wallart et Jacques Onraet, arpenteurs-jurés des ville et châtellenie de Lille. Ils sont nommés le premier par le sieur Noiret, prêtre, administrateur des biens de la charité de Saint-Charles Borromée, érigée à Saint-Etienne, à Lille, le second, par Cajetan de Thiennes.

Les deux cents de jardinage — sur lesquels il y a deux petites demeures — et les cinq cents de labour, qu'ils doivent apprécier, sont occupés par Guillaume Deledicque et tenus en cotterie du seigneur de Thiennes. Ils aboutissent au nouveau pavé nommé la rue de Croix, conduisant de l'église au pavé d'Haubourdin ; au jardin et labour des héritiers Jacques Gruson ; aux terres de la ferme du Mortier, occupée par Philippe-Lamoral Desrousseaux, et à Jean-Baptiste Masinghien et Pierre-Ignace Delannoy.

Le tout est évalué 1495 florins 10 patars.

Construction de « la belle maison du refuge » de l'abbaye.

1740. *19 octobre.* — Joseph Billau, censier, demeurant à Fretin, déclare tenir de Cajetan, comte de Thiennes, un arrentement, sur lequel il y a une maison et cabaret ayant pour enseigne le Comte Destiennes, et quatre autres demeures situées le long du pavé menant de Lille à Haubourdin.

Ce bien lui vient de sa femme Jeanne-Catherine Waucquier, qui l'a reçu de ses parents, après partage avec ses frères et sœurs.

9 novembre. — Vente de propriétés.

LOS
TRES-BELLE FERME
APPELLE'E LA CENSE DU MORTIER
A VENDRE

Mercredy neuf novembre 1740, sur les deux heures de relevée, au Cabaret ayant enseigne le Pont des Jesuites, Rue du même nom, on vendra par forme de mise à prix et encheres, en la maniere accoutumée, une belle Ferme avec diverses Places, Granges, Estables, Bergeries, solidement construite et environnée de Fossez, contenant parmi Jardin planté d'Arbres à fruits & Bois montans, compris Terres à Labour, Prez & Bois, vingt-six Bonniers dix cens d'Heritages ou environ en plusieurs pieces audit Los, dont dix-sept Bonniers neuf cens sont Fief, & le surplus cotterie, chargez d'une Raziere de Bled, trois razieres trois Havots deux quarels d'Avoine, cinq Chapons et demi, une livre deux sols quatre deniers.

Cette Ferme est située prés de la Chapelle de N. Dame de Grace sur le chemin de Lille à Haubourdin, laquelle est occupée par Lamoral Desrousseaux, au rendage annuel de 1170 Florins.

LA MOITIE' DE LA SEIGNEURIE DE MENIN.

Cette Seigneurie consiste pour la totalité en quatre Bonniers deux cens de gros de Fief compris dans la Ferme ci-dessus, à laquelle sont dûes de Rentes Seigneuriales par chacun an, sçavoir :

Quatre Razieres trois quarels, & le quart d'un demi quart de Froment.

Sept Razieres trois quarels d'Avoine.

Quatorze Chapons & les deux tiers d'un.

Deux poules & demie.

En argent quatorze sols six deniers deux parties, & 4 sols 7 deniers és plaids de funcage.

Et treize courouwées de bras.

Lesquelles Rentes se perçoivent sur neuf Bonniers & demi ou environ d'Heritages, de laquelle sont aussi tenus quatre arriers-Fiefs & hommages.

LE FIEF D'ENNEQUIN.

Cette Seigneurie consiste en dix-huit cens de gros de Fief, aussi compris dans ladite Ferme, de laquelle en sont tenus trente-un cens ou environ d'Heritage situez à Wazemmes, lesquels doivent à ladite Seigneurie par chacun an vingt Chapons & dix sols en argent.

Pour être informé des conditions, on pourra s'adresser à Me. Jean-Baptiste de Fauconpret, Notaire Ruë des RR. PP. Jesuites.

20 novembre. — Mort de Gaétan, comte de Thiennes. Il ne laisse pas d'enfants. Il fut enterré à Montigny-Saint-Christophe.

En 1826, sa pierre fut enlevée pour être employée au fond du lit de la Sambre.

Gaétan de Thiennes était un bienfaiteur du prieuré Sainte-Anne à Montigny.

1ᵉʳ février et 28 juillet. — Les pasteurs et échevins du village de Loos, au nom et représentant la pauvreté dudit Loos, déclarent nommer pour homme vivant et mourant, pour les biens appartenant à l'église et pauvreté, tenus des seigneuries des Freunes et Loos, Marais, Quint du Basinghien, François du Hem, fils de feu Charles et de Marie-Madeleine Louage, aux conditions habituelles.

Coingny, pasteur de Loos; Pierre Chuffart, Alphonse-François Duthoit; Louis-Joseph Finne; Guillaume Deledicq.

1741-1748. — Guerre de la succession d'Autriche.

La France soutenait le duc de Bavière, contre l'Angleterre, la Hollande et la Russie, qui voulaient maintenir Marie-Thérèse dans les États de son père Charles VI.

1741-1744. — Actes de ventes où sont cités :

Michel-Joseph Becquart, notaire à Lille.

Joachim-Becquart, laboureur à Loos, et Marie-Louise-Aimée Lestienne.

Pierre-François Bonnelle et Jeanne Catherine, sa sœur, à Haubourdin.

Pierre Carlier, sergent de Loos, procureur des vendeurs.

Ignace Caron, maçon.

Jean-Baptiste Carpentier, notaire à Haubourdin.

Pierre Chuffart, bailli de la seigneurie du Quint du Basinghien.

Philippe-Charles Daussy, marchand à Lille.

Jean-Baptiste Defaucompret, bailli de la seigneurie des Frennes.

Guillaume Deledicque, homme de fief du Quint de Basinghien.

André Delepierre.

Jean-Baptiste Desrousseaux, homme de fief de la salle de Lille.

Jacques-Philippe, Jean-François, Marie-Anne-Joseph Desrousseaux, demeurant à Templemars et Loos, frères et sœurs, héritiers de Philippe-Lamoral Desrousseaux.

Mlle de Zebbe.

Marie-Anne-Françoise Duprise, nièce et héritière de Marie-Florence Lefebvre, qui était fille de Jean et d'Anne-Jeanne Dupont, demeurant à Haubourdin.

Alphonse Duthoit, homme de fief du Quint de Basinghien.

Louis Finne, fermier, homme de fief du Quint de Basinghien.

Pierre-Antoine Finne, fermier à Sequedin.

Félix Herbaut.

Héritiers de François Laden, à Haubourdin.

Mlle Le Barbier, à Haubourdin.

Jean-Baptiste Lescorner, blanchisseur à Haubourdin.

Marie-Françoise Lestienne, veuve d'Antoine du Bois et de Philippe-Antoine Carlier, demeurant à Emmerin.

Jean-Baptiste Lezaire, greffier du village d'Hem.

Jean Montagne, laboureur à Loos.

Félix Ployart, notaire à Lille.

Allard-François Poissonnier, fils de Jean-François, sergent au bailliage de Lille.

Mathias Roger, fils de feu François, laboureur à Ronchin.
Marie-Thérèse Stappaert, veuve de M. de Lespaul.
Pierre Thibaut et Marie-Jeanne Roger, sa femme.

Héritiers Arnould Pollet.
Jean-Pierre Thiebaut, charron à Ronchin.
André Trouillez, employé par MM. des Etats de la Châtellenie de Lille, Douai, Orchies, etc.

1742. *12 février*. — Au nom de Philippe-Guislain, comte de Thiennes, seigneur de Loos, vente d'arbres croissant sur le petit chemin qui conduit à la chapelle Notre-Dame de Grâce, au village de Loos.

Les conditions générales d'une vente sont celles-ci :

A date fixée, les acheteurs doivent avoir abattu et emmené les arbres hors des lieux de leur situation, sous peine de 40 patars d'amende pour chaque portion. S'ils causent des dégâts aux « avestures » et autres biens circonvoisins, ils sont tenus de les réparer.

Les « espinchures » appartiennent au seigneur.

Les prix doivent être versés le jour désigné, chez le notaire, sans anticipation de paiements.

Au-dessus du prix principal, il est perçu le vingtième, plus vingt-quatre patars à chaque portion.

Une caution doit être donnée par les acheteurs, qui peuvent également être tenus de « l'amplier toutes les fois qu'ils en seront
» requis »; sinon le marché sera nul et les bois revendus à folle enchère
« et la moins vaille sera par eux payée comptant sans figure de procès
» ny estre soumis a aucune signification ny sommation sans que ces
» peines puissent estre réputées comminatoires, mais seront d'un
» entretient absolu ».

Les bois n'appartiennent véritablement aux acquéreurs qu'au jour du « plein paiement effectif ».

Chaque portion est marquée d'un chiffre.

On paie dix, quinze et vingt livres pour un peuplier; trente, quarante et cinquante livres pour un chêne; vingt-huit livres pour un orme; deux livres pour un « hallot »; dix livres pour un bois blanc; cinq livres pour un frêne; trois livres pour un saule; trente-trois livres pour deux tilleuls et un noyer.

Le sergent reçoit trois et quatre patars à chaque marché.

Les acheteurs sont :

Philippe Gillequint, de Loos.
Jacques Lescaillez, maître charpentier, rue Saint-Maurice, à Lille.
Jérôme Delerive, de Loos.
Pierre-Antoine Crépin, de Loos.
Pierre-François Planque, de Loos.
Joseph Gobert, de Loos.
Pierre Pennel, maçon, de Loos.

Pierre Duponchel, de Loos.
Pierre Pennel, charpentier.
Pierre-François Duhem.
Louis-Joseph Finne, fermier.
Jacques-Albert Deswatines, maçon.
Jean-François Ruyant.
Pierre Cardon, charpentier.
Charles-Philippe Dubois.

Pierre-Antoine Delepierre, charpentier.
Pierre-François Dubois, « crocqueteur de grais ».
Vincent Cottignies, laboureur.
Madame de Los.
Jacques Gillequint, maçon.
Philippe-Joseph Duponchel, maçon.
Antoine-Joseph Dubois.
François Dubois, manouvrier.
Jean-Baptiste Mazenghien, fermier.
Pierre Carlier, sergent.
Antoine Jacquart, maître-maçon à Lille, rue des Fossés-Neufs.
Denis Montaigne, fermier à Esquermes.
Antoine Deleruielle.
Jean-Baptiste Gillequint, sergent de l'abbaye de Loos.
Bonaventure Franchomme, censier.
Jean-Charles Delos, « chaufourier » à Esquermes.
Pierre Penchelle, fermier à Esquermes.
Jacques Asselin, faubourg de Notre-Dame.
Jean-François de Risbourg, cabaretier au Jardin Royal, près de l'Esplanade.
François Tavernier, tonnelier à Esquermes.
Jean-Baptiste Ghesquière, brasseur à Saint-Luc, rue du Molinel.
Jean Destieux, cabaretier de la Petite Cuisine, faubourg Notre-Dame.
Pierre de Sain, à Ennequin.
Félix Havet, à Esquermes.
Jean-Baptiste Fava, fermier à Esquermes.

Pierre-Joseph Dubois, fermier à Loos.
Pierre-François Facon, « boquillon », à Loos.
Jacques Gomart, marchand de moutons, à Esquermes.
Pierre-Martin Buisine, à Loos.
Philippe Fontaine, laboureur à Esquermes.
Philippe Carlier, boulanger à Esquermes.
Pierre-Martin Lepetz, « boquillon, » à Esquermes.
Evrard-François Bargois, maçon à Loos.
Jean-Baptiste Favier, laboureur à Loos.
Jean-François Lemesre, laboureur à Esquermes.
Charles André Lemesre, à Esquermes.
Antoine Cambron, à Esquermes.
Jacques du Bois, à Loos.
Charles-François Buisine, laboureur à Esquermes.
Henri Caluwez, sabotier, faubourg Notre-Dame.
Jean-Louis Labbe, manouvrier à Loos.
Dominique Monteigne, « ollieur » à Esquermes.
Albert Lepers, charpentier à Loos.
Antoine-Joseph Leleu, manouvrier à Loos.
Wallerand Cottignies, maçon.
Augustin Duhayon, maçon.
Jacques Lesaffre, laboureur.
Pierre-François de le Pierre, charpentier.
Alphonse Duthoit, fermier.

22 septembre. — Sommation faite à Philippe-Guislain, comte de Thiennes et de Loos, frère et héritier de Gaétan, mort en novembre 1740, de produire les titres en vertu desquels il jouit des fiefs des Marets et du Quint du Basinghien, tenus de la cour et halle de Phalempin.

Le 7 février 1743, le comte paie vingt livres de relief pour les deux fiefs évalués plus de dix mille livres.

11 octobre. — Par-devant Me Louis-François-Joseph Duriez, notaire à Lille, en présence de Philippe-Joseph Lambert et Henry-François Sacqueleu, praticiens, ont comparu Jean-Baptiste Defaucompret et Nicolas-Dominique Nicolle, notaires à Lille, lesquels vendent à messire Philippe-Guislain, comte de Thiennes, demeurant à Saint-Omer, la moitié de la justice, hauteur et dépendance du fief et seigneurie de

Menin, indivis avec Madame de Lespaul, tenu en justice vicomtière de la seigneurie des Frennes, consistant, outre le gros (4 bonniers) en deux flégards plantés rue Marais et en quelques dimes et redevances.

11 octobre. — Philippe-Guislain, comte de Thiennes et Loos, baron de Montigny, seigneur du Moulin, etc., ayant su que messire Jean-Dominique-Albert, comte du Rhein, de Salm et du Saint-Empire romain, avait vendu la cense du Mortier et d'autres terres à Jean-Baptiste Defaucompret et Nicolas Nicolle, notaires à Lille, en obtient le retrait lignager. Il en avait le droit, ces biens faisant partie du patrimoine du vendeur, et le comte étant son parent du côté d'où viennent les propriétés. Il remboursera leur prix, 30.000 florins.

Les propriétés dont il s'agit sont des terres près de la rivière, près des héritages du sieur Fondeur, et un lieu manoir nommé la cense du Mortier, comprenant deux bonniers en une masse, tenant au grand chemin de Lille à Haubourdin, à la piedsente qui conduit à l'église de Loos, au sieur Lemesre.

Le même jour, les notaires cités plus haut donnent quittance à Philippe-Guislain, comte de Thiennes, de l'achat pour 11400 florins de la cense du Mortier.

1743. *21 janvier.* — Vente d'arbres au nom de François-Guislain, comte de Thiennes, seigneur de Loos.

1º Dans le bois :

Louis Candellez, « achelier », faubourg de la Barre.
Séraphin Delannoy, tourneur, rue des Malades.
Guillaume Liagre, sergent de Faches,
Pierre Destailleur, cabaretier à Saint-Georges, à Esquermes.
Michel Dupretz, cabaretier du Gaillon, rue de l'Arc.
Georges Gobert, maçon à Loos.

Pierre Peuchelle, fermier à Esquermes.
Philippe Gillequint, charpentier à Loos.
Etienne-Noël Prévost, brasseur, faubourg de la Barre.
Jean-Baptiste Poupart, charpentier, rue des Ponts-de-Comines.
Jacques-André Dereuse, « achelier » à Esquermes.

2º Dans la drève qui conduit au bois :

Jacques Baghe, fermier à Loos. | Pierre Carlier, sergent de Loos.

3º Sur le chemin de Notre-Dame de Grâce :

Jean-Baptiste Mazenghien, censier à Loos.
Philippe Fontaine, laboureur à Esquermes.
Jacques-Albert Deswatines, maître-maçon à Loos.
Pierre Planque, « picqueur de grais » à Loos.
Jean-Baptiste Fava, laboureur à Esquermes.

Pierre-Antoine Crépin, journalier à Loos.
François Dubois, laboureur à Loos.
Jean-Baptiste Lemesre, cabaretier au Chou, à Esquermes.
Dominique Montaigne, « ollieur » à Esquermes.
Jean Dragon, cabaretier du « Ny de Mazinghe », à Loos.
Vincent Cottignies, « crocqueteur de grais », à Loos.

Jean-François Ruyant, maître-maçon à Loos.

Placide Dubois, cabaretier au Lion d'or, à Loos.

Jérôme Delerive, fermier de M. le comte.

Pierre-Joseph Billau, maçon à Loos.

Charles-Laurent Sanson, perruquier à Esquermes.

Antoine Pennelle, laboureur à Loos.

Philippe Carlier, boulanger à Esquermes.

Jean-Baptiste Desruelle, charpentier à Loos.

4° Près de Notre-Dame de Grâce sur ledit chemin :

Pierre-Joseph Lespagnol, cabaretier à Saint-Augustin, près de la Digue, faubourg Notre-Dame.

Charles Montaigne, laboureur à Esquermes.

Pierre-François Duponchel, dit Frero, maçon à Loos.

Pierre-Joseph Dubois, charpentier à Loos.

Jean-Baptiste Masenghien, cabaretier et fermier à Saint-Nicolas, à Loos.

Pierre Facon, « boquillon » à Loos.

Jacques-Antoine Gillequint, cabaretier à l'Etoile, à Loos.

1744. Mai. — Un corps français, dont le chef est le duc de Biron, est cantonné à Loos, Haubourdin, Emmerin [1].

2 juillet. — Louis XV passe à Loos, se rendant de Lille à Béthune.

15 janvier. — Vente d'arbres au nom de François-Guislain, comte de Thiennes, seigneur de Loos.

Jean-Baptiste Ruyant, clerc à Loos.

Jean-Baptiste Desruelle, à Loos.

François Duhem, fils de Charles, à Loos.

Jean-Baptiste Rogier, de Loos.

Georges Gobert, à Loos.

Jean-Baptiste Gobert, couvreur à Loos.

Pierre Duponchel, le père, dit Margot, à Loos.

Guillaume Morel, à Loos.

Pierre Carlier, sergent de Loos.

Jean-Philippe Foulon, manouvrier à Loos.

François Mannier le jeune.

Robert Droullez, à Loos.

Duponchel, dit Nauta.

Pierre-Jacques Herbaut, à Loos.

Pierre Mullet, à Loos.

Jean-Philippe Herbaut.

Pierre Cardon.

Joseph Le Saffre, fils de Martin.

Pierre-Antoine Delepierre, charpentier à Loos.

Guillaume Liagre, sergent de Faches.

Pierre-François Delepierre, charpentier à Loos.

Jean-François Desrousseaux, fermier à Loos.

Delannoy, tanneur, rue des Malades.

Jacques Béhag, laboureur à Loos.

Charles-Louis Herbaut, couvreur à Loos.

Antoine Desruelles, cabaretier à Loos.

Jean Desbiens, cabaretier à Loos.

Charles Defives, laboureur à Loos.

Jacques Gillequin, cabaretier à Loos.

Dom Nicolas du Béron fait bâtir dans l'allée des Moines une porte — qui existe encore — avec pont-levis et meurtrières. Il fait apposer,

---

1. Derode.

au fronton, ses armes, celles de la communauté et le millésime. Vers 1830, on a supprimé le pont-levis[1].

Les maisons religieuses de Lille sont taxées par les traitants, et parmi elles le refuge de l'abbaye, dont la part est fixée à 120 florins[2].

1745. *11 mai.* — Bataille de Fontenoy, à quatre kilomètres de Tournai, gagnée par le maréchal de Saxe sur les Anglais et les Hollandais.

Après la campagne, Louis XV passa par Lille, où il fut reçu avec éclat. Il y revint encore les deux années suivantes.

25 janvier. — Vente d'arbres au nom de François-Guislain, comte de Thiennes, seigneur de Loos et autres lieux :

1º Dans le bois :

Antoine Lepers « bocquillon », à Loos.
Pierre Carlier, sergent de Loos.
Jean-Philippe Hisbant, ouvrier de cense à Loos.
Defaucompret.
Guillaume Liagre, sergent de Faches.
Jean Doby « cureur de linges », au faubourg de la Barre.
Pierre-Joseph Lesaffre, charpentier à Lille.
Louis Finne, fermier à Loos.
Jean-Baptiste Rogier, ouvrier de cense.

2º Près du château, en commençant par le château :

Pierre Cardon, charpentier à Loos.
André Buisine, charpentier à Loos.
Etienne Vinage, « cabaretier faisant barbe » à Wazemmes.
Vincent Cousin, charpentier à Loos.
Jacques Béhague, fermier à Loos.
Jean-Baptiste Masinghien « le viel », laboureur à Loos.
Veuve Jean-Baptiste Pennel, cabaretière à Loos.
Charles-Frans Duponchel, charpentier à Loos.
Jean-Baptiste Baillon, « tailleur de blans », à Loos.
Pierre Houdoye, fils d'Hubert, charpentier à Loos.
Calixte Herbaut, maçon à Loos.
Joseph Lallau, le jeune, maçon à Loos.
André Lanson, à Lille.
Duprets, cabaretier, rue de l'Arc.
Hubert Gobert, « le viel, boquillon » à Loos.
André Delesalle, laboureur à Loos.
Pierre Facon, maçon à Loos.
Charles Caselle, « olieur » au pont de Canteleu.
Pierre-Antoine Delepaine, charpentier à Loos.
Vincent Cottignies, laboureur à Loos.
Louis Carton, charron à Loos.

29 novembre. — Vente d'arbres :

1º Dans le bois :

Jean Desbiens.
François Flamend, maçon à Loos.
Hubert Gobert le père, « boquillon »
Jacques Béhague, laboureur.
Pierre-Joseph Dubois, laboureur.
Jean-Baptiste Rogier, à Loos.

---

1. De Rosny.
2. Derode.

Veuve Pierre Pennel, dit Bellemaine, maçon, Loos.
Jean-François Zinquedaw, laboureur à Loos.
François Dumont, le père, rue de Croix.
Pierre Cardon, charpentier.
Antoine Lepers, bûcheron.
Placide Dubois, cabaretier.
François Dubois, dit Blanquart, bûcheron.
Georges Gobert, maçon.
Wallerand Cottignies, maçon à Loos.

Pierre Pennel, maître charpentier à Lille.
Louis Godin, charpentier à Esquermes.
François Cocquerez, maître charpentier à Lille.
Charles Defives, laboureur à Loos.
Antoine Desruelle le père, cabaretier.
Directeur de l'hôpital Saint-Sauveur.
Louis Candelez, «achelier», faubourg de la Barre.
François Suins, couvreur à Loos.

2° Le long de la « Rivierette » :

Joseph Leperre, maçon.
Jean-François Vanostalle, cabaretier au Prince Eugène, faubourg de la Barre.
Pierre Lespagnol, cabaretier à Saint-Augustin, faubourg Notre-Dame.
Ignace Duponchel, charpentier à Loos.
Nicolas Menus, manouvrier à Loos.
Denis Montagne, laboureur à Esquermes.
Jean Mullez, jardinier à Esquermes.
Pierre Mullez, « tailleur de blans » à Loos.
Evrard Bujoit, à Loos.
Joseph Billeau le père, maçon à Loos.
Pierre Duponchel, le père, dit Margot, maçon.

Antoine Le Leu, journalier.
Jean-Baptiste Baillon, « tailleur de blans » à Loos.
Jean-Baptiste Dumont, charpentier à Loos.
Jean-Baptiste Samain, maréchal à Esquermes.
Jacques Béhague, laboureur.
Pierre Facon, bûcheron à Loos.
Pierre-Antoine Dengremont, à Loos.
Pierre Dubois, fils de Pierre.
Pierre Herbaut, journalier à Loos.
Robert Droullez, journalier.
Pierre Blanquart, maçon.
Pierre - François Duponchel, dit Nouta.

Actes divers, où sont mentionnés :

Jacques Béhague. échevin de la seigneurie des Frennes.
Pierre Carlier, sergent de Loos.
Pierre Chuffart, échevin de la seigneurie des Frennes.
Jean - François Cordonnier, blanchisseur à Esquermes, et Catherine Nolf, sa femme.
Jean-Baptiste Defaucompret, bailli de la seigneurie des Frennes.
Alphonse Duthoit, échevin de la seigneurie des Frennes.
Louis Finne, échevin de la seigneurie des Frennes.

Jean-Baptiste Gillequin, sergent de l'abbaye.
Félix-François Herbaux, charpentier à Loos.
Jean-Baptiste Masenghien, fermier à Loos.
Guillaume-François Nolf, blanchisseur de filets au faubourg de la Barre.
François-Joseph Potteau, corroyeur à Lille.
Jacques-François Van Oye, notaire à Lille, et son fils Bonaventure, clerc.

1746. *24 novembre.* — Vente d'arbres faite par Jean - Baptiste Desrousseaux, greffier, et Pierre Carlier, sergent de Loos, au nom de François-Guislain, comte de Thiennes, dans les bois et jardins occupés par Jacques Béhagle, et des bois de charpente provenant de la démolition de sa ferme :

Jean-Baptiste Masinghien, le jeune.
Antoine Masquelier, boulanger, rue Saint-André.
Alexandre Castel.
Antoine Desruelles, laboureur.
Ignace Dupouchel, charpentier.
Jean-François Cottignies, laboureur.
Antoine Lepers, bûcheron.
M. de la Phalecque.
Georges Gobert, maçon.
Joseph Defives, laboureur.
François Dupouchel, le jeune.
Vincent Cousin, maçon.
François Duhem, cabaretier.
Antoine d'Engremont, « soyeur de brésil ».
André Droulers, maçon.
Chapelain de l'hôpital Saint-Sauveur.
Jean-Joseph Beaucourt, « tourneur sur la place de Lille ».
Jean Lesaffre, charpentier.
Guillaume Miroul, « tailleur de blans ».
Jean-Baptiste Rogier, manœuvre.
Jean-François Terrache, maçon.
Pierre Herbaut.
Guillaume Liagre, sergent de Faches.
Roland Béhagle, de Lille.
François Stas, chirurgien à Loos.
Jean-Baptiste Baillon, « tailleur de blans ».
Pierre-Joseph Dubois, laboureur vis-à-vis de l'église.
Augustin Franchomme.

Michel-François-Joseph Becquart, notaire à Lille.
Desmazières, de Frelinghien.
Jacques-Albert Deswatines et Marie-Joseph Morez, sa femme.

André Buisine, charpentier.
Evrard Bujoit, manœuvre.
Descamps, « meunier du moulin de Lescaille », à Wazemmes.
Etienne Vinage, charpentier à Wazemmes.
Philippe Fontaine, valet de M. le comte.
Philippe Béhagle, cabaretier à la Botte de paille, à Lille.
Veuve Jean-Baptiste Pennel, dite Menblon, cabaretière à Loos.
André de le Salle, laboureur à Loos.
Jean-Baptiste Ruyant, clerc de Loos.
François Mannier, fils de Nicolas, charpentier.
Pierre Duhayon, dit l'Abbé.
Jacques Deswatines, dit Logeon.
Philippe Gillequin, charpentier.
Jacques du Bois, « soyeur de brésil ».
Henri Semestre, valet du maréchal de Loos.
Joseph Masinghien, laboureur, Planche-à-Quesnoy.
Dominique Terrache, maçon.
Pierre Meignot, marchand de tabac.
Robert Droulez, manœuvre.
Jean-François Dumont, manœuvre.
Antoine Desruelle, laboureur.
Liévin-Joseph Delebecque, cabaretier à Saint-Georges, rue de l'Abbiette.
Bécus, cabaretier à Esquermes.
Nicolas Menus.
Charles de Noyelles, laboureur à Sequedin.

Antoine-Joseph Dubos, fils de feu Pierre-Jean-Joseph, scieur de long à Loos et Marie-Catherine Deswatines, son épouse, fille de feu Pierre-Jean-Jacques et de Marie-Adrienne Pennel.

14 février. — Mort de dom Nicolas du Béron. — Dom Bernard Chevalier, 39e abbé. Il entretient les possessions du couvent et fait faire une nouvelle chapelle au refuge. Il commence l'église actuelle de l'abbaye, après avoir fait enlever les décombres de celle qui s'était écroulée ; il mourut avant l'achèvement de son œuvre.

Les religieux qu'il reçut, en ses dix années de gouvernement, furent :

En 1748, Jean-Baptiste Chevalier, de Noyelles-Godault ; Jean-Baptiste Rohart, de Carvin-Epinoy ; Philippe-Joseph Vandenbulke, de Lille ; Louis-Michel-François d'Haubersart, de Coutiches.

En 1749, Hubert-Alexandre-Joseph Mathon, de Lille ; Jean-Baptiste-Joseph Vinchent, d'Orchies, chapelain de Flines ; Charles-François Waroquier, d'Orchies.

En 1751, Hippolyte-Charles-Joseph Honoré et Jean-Baptiste-Joseph Desmaziers, de Lille ; Jean-Baptiste Cazin, de Bertry.

En 1752, Ferdinand-Joseph Deltour, de Valenciennes ; Jean-Joseph Waroquier, de Catillon-sur-Sambre.

En 1755, Charles-François Brebion, de Blendecques ; Joseph-Antoine-Marie Billau, de Lille.

1747. — A cause de sa terre de Boisdinghem, le comte de Thiennes est convoqué à l'assemblée des Etats d'Artois. Il fallait, pour y être admis, être noble de six générations et être seigneur de paroisse ou église succursale.

2 novembre. — Vente d'arbres au nom de François-Guislain, comte de Thiennes.

1º Dans le bois :

François Suing, « couvreur de thuilles ».
Charles Herbaut, couvreur de paille.
Georges Baron, corroyeur à Haubourdin.
Louis Finne, fermier.

Richard Waronne.
Philippe Gillequin, charpentier.
Pierre-François Delepierre, charpentier.
Jean-Joseph Beaucourt, tourneur, rue des Malades, « vis-à-vis Stapart ».

2º Dans la cour du château :

Pierre Carlier, sergent de Loos.
Jean-Baptiste Ruyant, clerc.
Pierre Mignot, marchand de tabac.
Jean des Biens, cabaretier.
Charles Duponchel, dit Frère, charpentier.

Jean-Baptiste Dumont, charpentier.
Charles Dubois, beau-fils de Gérard, manouvrier.
Marie-Anne Lepers.
Evrard Barjoit, manouvrier.
Léopold Crespin.

3º Dans la drève conduisant du château à la drève :

François Stas, chirurgien.
Jean-François Thérache, maçon.
Jean-Baptiste Rogier, manouvrier.
Jérôme de le Rive, laboureur.
André de la Salle, laboureur.
Jean Baillon « tailleur de blans ».
Charles Herbaut, maçon.
François Duponchel, dit Nauta.
Pierre Delepierre, charpentier.
Jean-Baptiste Rogier le jeune, manouvrier.
Jean Dragon, cabaretier.

Pierre Desruelle, charpentier.
Pierre Billau, maçon.
Félix Herbaut, charpentier.
Jean-Joseph Beaucourt, rue des Malades.
Alexandre Castel, charpentier à Loos.
Pierre-Antoine Brassart, manœuvre.
Pierre Duponchel le Vieux « mary de la sage dame ».
Nicolas Menus, beau-fils de Pierre Dessain, manouvrier.
François Duhein, corfoyeur à Loos.
Jean-François Cottignies, laboureur.

Mort de Jean-Baptiste Ruyant, clerc paroissial ; il est remplacé par Marie-Joseph Labbe. Celui-ci, en 1748, épouse la fille du chirurgien, Anne Staes, qui dirigeait l'école des filles. Le traitement annuel de Marie-Joseph Labbe était d'environ 80 livres [1].

Jacques-François Bauduin, laboureur à Wattignies, et Albertine-Françoise Lepez, sa femme.

Pierre Becquet.

Jean-François Bernard, censier de la cense de Wathessart.

Lambert Delos.

Alexis Boutry, maréchal-ferrant à Seclin.

Pierre-Martin Cottignies, laboureur à Wattignies.

Jean Descamps.

Michel-François Duriez, notaire à Seclin.

1748. *Mai*. — Traité d'Aix-la-Chapelle, qui termine la guerre de la succession d'Autriche.

18 novembre. — Vente d'arbres, au nom de Philippe-Guislain, comte de Thiennes.

Dans le bois :

Pierre Carlier, sergent.

Antoine d'Engremont, manœuvre.

Jean-Philippe Foulon, manœuvre.

Antoine Lepers, bûcheron.

Jean-Baptiste Rogier le père.

Antoine Duhem « tailleur de blans ».

Jean-Philippe Herbaut, manœuvre.

Guillaume Miroul « tailleur de blans ».

Calixte Herbaut, maçon.

Charles Herbaut, couvreur.

Pierre Pennel, dit Belle-Maine, charpentier.

Jacques Gillequin, maçon.

Georges Gobert, maçon.

Henri Delemar, charpentier, rue de Saint-Maurice.

Charles Dubois, beau-fils de Gérard, manœuvre.

A la « Rivierette » :

Jean-Baptiste Rogier, père.

Évrard Buison, manœuvre.

François Picavet, cabaretier.

François Stas, chirurgien.

Pierre Carlier.

Veuve Pierre Desmadrillo.

Jérôme de le Rive, laboureur.

Jean-François de Carnes, fermier.

Jean Maret, maçon.

Pierre Mullet.

Pierre-François Duponchel, dit Pierre Margot.

François Dumont, charpentier.

Joseph Billau fils, maçon.

Pierre-François Dubois, fils de Jacques.

Jacques-Antoine Gillequin, laboureur.

François Duponchel, dit Nauta.

Antoine Duhem « tailleur de blan ».

Charles Duthoit, laboureur.

François Lescaillet, laboureur.

Louis Labbe, manœuvre.

Pierre Frécos, manœuvre.

Vincent Cottignies, laboureur.

---

1. Spriet.

1748-1770. — Pauvriseurs :

Jean-Baptiste Franchomme.
André Buisine.
Augustin Mangez.
Félix-François Herbaut.
Louis Carton.
Marc Dubot.

Jean-Jacques Potié.
Charles Herbaut.
Pierre-Antoine Wambre.
Pierre Brame.
Louis Bauvin.

1749. *6 novembre*. — François-Guislain, comte de Thiennes, fait vendre des arbres.

Dans la drève allant dans les bois :

Pierre Mullet « tailleur de blans ».
Antoine d'Engremont, manœuvre.
Alexandre Castel, charpentier.
Joseph Lepers, maçon.
Antoine Dubois, laboureur.
Pierre-François Duponchel, dit Nauta.
Jean-Baptiste Rogier père.
Ignace Duponchel, charpentier.
André Deledicque, maréchal.
Nicolas Baron, à Haubourdin.
Jean-François Desrousseaux, fermier.
Antoine Duhem, couvreur.

Georges Gobert, maçon.
Jean-Philippe Foulon, manœuvre.
Charles Duponchel, charpentier de moulin.
Pierre Carlier.
Veuve Gilles Platel, fermière.
François Duhem, dit Patte.
Antoine Lepers, bûcheron.
Louis Carton, charron.
Jean-Baptiste Masinghien.
François Dubois, dit Blanquart.
Louis Finne, laboureur.

Dans le bois :
Charles-Louis Herbaut, couvreur.

1750. *26 novembre*. — Vente d'arbres au nom de Philippe-Guislain, comte de Thiennes :

Dans la rue Marais :

Pierre Carlier.
Etienne Vinage, charpentier à Wazemmes.
Robert Droulez, manœuvre à Loos.
Pierre-François Desbuissons, boulanger, rue Neuve, à Lille.
Pierre Delepierre, charpentier.
Louis Bécus, blanchisseur à Wazemmes.
Philippe Rohart, briqueteur à Ennetières-en-Weppes.
Pierre Wicquart, maçon à Loos.
Abraham Destieux, olieur à Lille.
Jean-Baptiste Dumont, charpentier.
Guillaume Miroul, «tailleur de blans»
Joseph Lesaffre, charpentier.
Joseph Dupisre, boulanger, Fives.
Jean-François Suing, couvreur.
Jean Franchomme, boulanger.

François Duponchel, dit Frère, maçon.
Joseph Desruelles, charpentier.
Nicolas Mannier, berger, Loos.
Louis Godin, charpentier, Esquermes.
Jean-Philippe Herbaut, manœuvre.
Charles Duponchel, charpentier.
Veuve Maurice Henne, de Loos.
Louis Discart, cabaretier à Colongne, à Lille.
Louis Gremel, brasseur à la Carpe, à Wazemmes.
Philippe Gillequin, charpentier
Antoine Desquiens, brasseur à Wazemmes.
Adrien Gruson, cabaretier au Pape de Rome, à Wazemmes.
Pierre Longuespez, clerc de Templemars.
Guillaume Liagre, sergent de Faches.

— 216 —

Dans le jardin de Pierre Carlier :

Dominique Waynart, marchand à Lille.
Jérôme de le Rive, laboureur.
Jean Beaucourt, tourneur, rue des Bouchers.
Antoine Buron, fourbisseur à Haubourdin.
Jean Dragon, cabaretier.
Veuve Jean Deswatines.
André Buisine.
Jacques-Antoine Gillequin.
Ignace du Ponchel, charpentier.
Pierre Blanquart, maçon.
François Dubois, dit Blanquart, laboureur.
François Picavet, cabaretier.
Pierre-Joseph Lespagnol, cabaretier, faubourg des Malades.
Pères Capucins.
Augustin Franchomme, laboureur.
Jean-Baptiste Desrousseaux.
Vincent Cottignies, laboureur.
Philippe Fontaine, laboureur à Esquermes.
Bouquely, dit Chevalier, cabaretier au Comte de Lille.
Guillaume Stas, chirurgien.
Jean Baillon, « tailleur de blan ».
Jean-Baptiste Rogier, le jeune.
Pierre Waymel, marchand de bois, rue de la Grande-Chaussée.
Jacques Béhague, laboureur.
Pierre Facon, maçon.
Evrard Barjoit.
Honoré Duportail, à Loos.
Charles Dubois, cabaretier à Saint-Antoine, à Wazemmes.
Antoine Baratte, meunier à Haubourdin.
François Picavet.
Georges Le Blan.
Jean-Pierre Duquesnoy.
Jean-Baptiste Rogier le Vieux.
Pierre Mullet, « tailleur de blan ».
Philippe Gillequin.
Charles Duthoit, laboureur
André de le Dicque, maréchal.
Vincent Cottignies.
François Blanquart fils, maçon.
Jean-Baptiste Guillard, cabaretier au Chou.
Louis Finne.
Pierre Lespagnol.
Joseph Lepers, maçon.

27 avril. — Mort de M⁰ Guillaume Coingny, curé. Il est inhumé dans l'église.

Jusqu'au 23 décembre, date de la nomination du nouveau pasteur, Pierre-François Samain, la paroisse est administrée par les vicaires Petit et Dujardin.

M. Samain eut pour vicaires MM. Etienne Dorchies (novembre 1753), Héren (1755-1762) et Mortreux.

1750-1759. — Registres d'actes formant le quatrième des volumes, en dépôt aux archives de Loos :

« Le 27 avril 1750, mourut et le 29 fut inhumé dans l'église,
» Guillaume-Joseph Coingny, curé de cette paroisse, en présence de
» Pierre-Louis-Joseph et de Placide-Joseph Coingny, prêtre, ses
» neveux.

» Cogez, prêtre, pasteur à Esquermes. P. L. Coingny. P. J. Coingny. »

» 1751. Le 24 8ᵇʳᵉ a six heures le soir est décédée administrée des
» sacremens a son refuge a Lille paroisse de Sᵗ André et fut inhumée
» dans le chœur de la paroisse de Los près dud. Lille, le 26, noble et

» puissante dame madame Marguerite Philippine Maximilienne de
» Thiennes de Jauche, âgée de 78 ans, veuve de haut et puissant
» seigneur messire Félix François de Thiennes, conte de Los, seigneur
» du Moulin, etc., en présence du s^r Jean-Bapt. de Faucompret,
» ballifs, et du s^r Jean-Baptiste Desrousseaux, greffier dudit Los,
» témoins a ce evoquez. »

Le 2 juin 1753, meurt un enfant trouvé nommé Mercredy.

« Le 21 septembre 1753 a six heures du soir est décédé messire
» Philipe Guislain, comte de Thiennes, seigneur de Los, etc^a et le
» 22 fut inhumé dans le chœur de l'église paroissiale dudit lieu, âgé
» de 50 ans ou environ, époux de dame madame Marie Adrienne Joseph
» de Houchin, en présence du s^r Jean Baptiste de Faucompret, baillifs, et
» du s^r Jean-Baptiste Desrousseaux, greffier dudit Los temoins à ce
» evoquez. »

« Le 20 d'aoust 1755 on a remabré l'autel et racommodez le tableau
» de cette ditte autel, et drapée le tabernacle qui avoit été fait
» par Me Dorchies, deserviteur a Los et moy son successeur ay fait
» la queste pour l'ornement de ce dit tabernal, decore, mabrure de
» l'autel et rideau de toille pinte dans cette ditte paroisse de Los.
» A coûté en tout ce que j'ay fait environ 40 écus de 48 patars. Fait
» par Admant Magrave, doreur et pintre de Lille. Messieurs les chanoines
» de Seclin ont donné six écus de 48 patar pour racomodé le tableau.
»   » J. Heren, p^{tre} vicaire et deserviteur de Los. »

« Pendant cette année 1758, il y eut 9 mariages, 9 baptêmes,
» 22 enfants de mort et 9 grandes personnes. »

« Nota que l'année 1758 on a repavé l'église de cette paroisse et
» on a fait faire un pavillon qui a coûté cinq cent livre, par la
» charité des fidèles, du temps de maître Heren, deserviteur, Marie-
» Jos. Labbe clercq, seigneur Marie Adrienne Joseph Douchin,
» douarier de Thienne, fait et acté à Los le 18 7bre 1758.
»   » J. Heren, deserviteur de Los. »

« L'an mil sept cent cinquante neuf messieurs les chanoines du
» chapitre de la colegiale de Saint Piat a Seclin, ont fait la visite du
» cœur de l'eglise de Los au mois de may de cette dite année, en
» conséquence l'on fait recouvrir d'escaille, comme aussi la sacristy
» de cette dite eglise. En foy de quoy j'ay signé ce dite acte le vingt
» juin de la dite anné, etant deserviteur de cette dite paroisse.
»   « Heren, deserviteur de Los. »

1751. *18 janvier*. — Vente d'arbres par Philippe-Guislain, comte de Loos.

A l'entour du plantis :

Charles du Bois, cabaretier faubourg Notre-Dame.	Jean-Joseph Beaucour, «carioteur», rue des Bouchers.
Jean Dathis, laboureur à Lomme.	François Dubois, laboureur à Loos.

Antoine Lepers, dit Vingt-cinq bougre.
Joseph Lespagnol, cabaretier, faubourg des Malades.

François Dumont, cabaretier.
Chevalier, cabaretier, Wazemmes.
Louis le Carton, charron.

Le long du petit bois La Haye de Charnelle et du fossé :

Jean Deswatines, dit Logeon.
Pierre Stavent, cabaretier à l'Aigle d'or, faubourg des Malades.
Charles du Bois, cabaretier à Wazemmes.
Guillaume Liagre, sergent de Faches
Jean-Baptiste Pontinny, cabaretier faubourg Notre-Dame.

Jean-Baptiste Desrousseaux.
Laurent Payen, blanchisseur à Wazemmes.
Pierre Pennel, dit Menblon, maçon,
Pierre-Ignace Choquet, cabaretier de la Court, rue Bandewitte.
François Thérache, maçon.

Dans le jardin :

Pierre Le Mesre, vacher, faubourg des Malades.
François Pollet, « quinqualier rue » de Prestre, » à Lille.
Jean des Biens, cabaretier à Loos.

Louis du Thoit, à Lille.
Jean-Baptiste Béghin, maçon à Loos.
Louis Legrand, brasseur à Saint-Luc, rue du Molinel.

Dans l'enclos :

Pierre Lespagnol.
Jean Monpays, couvreur.
Michel Lopez, maréchal, au pont de Canteleu.
François Lescaillet, laboureur à Loos.
Adrien Boucly, dit Chevalier, cabaretier à Wazemmes.

Joseph Beaucour, tourneur, rue des Bouchers.
Pierre Herbaut, manœuvre à Loos.
Charles Herbaut, couvreur.
Joseph Masinghien, laboureur à Sequedin.
Jean-Baptiste Rose, tourneur, rue Saint-Jacques, à Lille.

Le long du petit pavé :

M. Bonnier Mieusson, à Lille.
Hubert Gobert « le viel ».
Placide Dubois, manœuvre.
Joseph Lepers, maçon.
Antoine Duhem, couvreur.
Jean-Baptiste Béghin, maçon.
Vincent Cottignies.
Jean-Baptiste Pontinny, à Wazemmes.
Jean-Baptiste Franchomme.
Hubert Crespel, charron à Esquermes.
Antoine Baron, d'Haubourdin.
Sieur d'Athies, charpentier, marché aux Bêtes, Lille.
Louis Carton, charron.
Jacques Gillequin, dit Finlaue.
Vincent Goube, tourneur, rue des Dominicains.
Joseph Defives, fermier.

Jean-Baptiste Rogier, père, manœuvre.
Joseph Ochin, vacher, cour du Mulet, Lille.
Eugène Delory, boulanger, faubourg des Malades.
Pierre Stevens, cabaretier, faubourg des Malades.
Alphonse Duthoit, fermier.
François Dubois, dit Blanquart.
Jean-François Zinguedeau, laboureur.
Augustin Manger, laboureur.
André Deledicque, maréchal.
Louis Montagne, laboureur à Esquermes.
Bonaventure Franchomme, laboureur.
Louis Michel, cabaretier, rue des Hibernois.

26 octobre. — Marguerite-Philippine-Maximilienne de Thiennes,

veuve de Félix-François de Thiennes, comte de Loos, seigneur du Moulin, décédée à Saint-André, est conduite à Loos, où elle est inhumée au chœur de l'église.

Charles-Bauduin-Michel A la Truye et Marie-Françoise Reynnart, son épouse.

Michel-François Becquart, notaire à Lille.

Jean Bernard, fermier à Lesquin, et Elisabeth-Victoire Desrousseaux, sa femme.

Jean-Baptiste Carlier, sergent de Loos.

Denis Daynault, ouvrier maçon.

Jean-François Decarne, fermier à Loos.

Eugène de le Fosse, de Lille, et Marie d'Huleux.

Marie-Anne-Thérèse Deleporte, veuve de François Hairre.

Joseph Descamps, meunier au moulin de l'Arbrisseau, paroisse de Wattignies.

Jean-Baptiste Desrousseaux, notaire à Lille, et son fils, clerc.

Jean-Baptiste Desrousseaux, bailli de la seigneurie de Menin.

1752. — Jean-Baptiste Béghin.

Jean-Philippe Costenoble, domestique.

Jean-François Delefortrie, homme de fief de la salle de Lille.

Louis-François Duriez, notaire à Lille.

Philippe Gillequin, laboureur à Loos, et Marie-Anne Verbecq, sa femme.

Jean-Baptiste Lesaffre.

Pierre Desrousseaux, fermier, Pierre-Philippe, Catherine-Henriette, Marie, de Templemars.

Enfants de Pierre Dubois.

Enfants de Charles Duhem.

Marie-Claire Dusaultoir, veuve Decourchelles.

Jacques Lambelin, laboureur à Ennevelin.

Jacques Lambelin, fermier à Vendeville, et Marie-Anne-Joseph Desrousseaux, sa femme.

Jean-Baptiste Lemaire, homme de fief de la salle de Lille.

Jean-Pierre Le Roy.

Jean Mazingbien, praticien.

Prévost, boucher, rue Marais.

Paul Rostin.

Lambert Roussel.

Claude Wallart, homme de fief de la salle de Lille.

Pierre Waymel, praticien.

Marie-Marguerite Imbert Dessomez, veuve de messire Edme-Charles de Saint-Martin, seigneur de Villyles, maréchal, chevalier de l'ordre royal et militaire de Saint-Louis, demeurant à Lille.

Jean-Pierre Le Roy, homme de fief de la salle de Lille.

Adrien-François Suing.

Claude Wallart, homme de fief de la salle de Lille.

1753-1764. — Actes divers où sont mentionnés :

Demoiselle Batteur.

Michel-François Becquart, notaire à Lille.

Jean-François Béaghe, fils d'Etienne, laboureur à Martinsart, paroisse de Seclin.

Pierre-Antoine Brassart, journalier à Loos.

Charles Buisine.

Jacques-François Capron, marchand manufacturier de draps à Lille.

Jean-Baptiste Carlier, sergent.

Pierre Carlier, sergent.

Charles-Philippe Caron, notaire à Templeuve en Pévèle.

Gabriel-Valentin Carpentier, notaire à Haubourdin.

Charles Carton.

Pierre Chuffart, échevin de la seigneurie des Frennes.

Gilles Cloet, ouvrier de ferme à Loos.

Mlle Comer.

Joseph Cornillot, praticien à Lille.

Antoine-Joseph Courouble, laboureur à Lomme.

Louis-François Coustenoble, notaire à Lille.

Jean-Baptiste Crespin, laboureur à Emmerin.

Jean-François Dave.

Jean-François Decarne.

Jean-Baptiste Defaucompret, bailli de la seigneurie des Frennes.

Guilbert Delecour.

Charles Delepierre.

Catherine Delepoulle, de Tourcoing.

Anne-Rose Delerue, veuve de Charles-Joseph Deroulers, à Lille.

Mme de Lespaul.

Louis - François - Joseph Delmoitié, notaire à Lille.

Charles-Joseph Deroulers, prêtre à Lille.

Angélique Descamps.

Marie - Théodore et Marie - Jeanne Descamps.

Sieur Deslobbes.

Jean-François Desrousseaux.

Jean-Baptiste Desrousseaux, collecteur, homme de fief de la salle de Lille.

Jean-Baptiste Desrousseaux, notaire à Lille, et Marie - Pétronille Quennissé, son épouse.

Louis - Bernardin - Joseph Desrousseaux, praticien à Lille.

Pierre Deswatinnes.

Dlle Dhellin.

François Dubois.

Arnould Duflos, journalier à Loos, et Marie-Françoise Dubois, sa femme.

Antoine Duhem, tailleur de pierres blanches à Loos, et Albertine-Joseph Duquay, son épouse.

Rose Duhem.

Gérard-François Duponchelle, maçon à Loos.

Alphonse Duthoit, échevin de la seigneurie des Frennes.

Fille Charles Duthoit.

Louis-Joseph Finne, échevin de la seigneurie des Frennes.

Nicolas-Joseph Fissier, auditeur au souverain bailliage de Lille, curateur des biens de feu Charles Deligne.

Ferdinand Gobert, de Loos.

Séraphin-Joseph Fouque et Jeanne-Rose Duhem, sa femme, de Lille.

Jean-François Hallez, marchand à Cambrai. Il achète le Lion d'or en 1757.

Isbergue-Christine Hugeux, épouse de François - Joseph Cambecq, marchande à Lille, qui achète le Lion d'or en 1761.

Pierre-Joseph Isbled, cabaretier au faubourg Notre-Dame.

Simon-Joseph Lachery, notaire à Lille.

Philippe - François Le Clément, seigneur de Saint-Marc.

Pierre-François-de-Paule Lefebvre, marchand à Loos.

Pierre-François Lefranc, notaire à Lille.

Louis Legrand, notaire à Lille.

Pierre-Louis Legrand, homme de fief de la salle de Lille.

Antoine-Joseph Lemaire, à Prémesques.

Jean-Pierre Le Roy, homme de fief de la salle de Lille.

Dominique-François-Joseph Libert.

Nicolas Marissal, notaire à Lille.

Augustin Mangé.

Vve Jean Marlière.

Jean-Baptiste Masinghien, de Loos.

Jean-Félix Masinghien, praticien à Lille.

Joseph Mercier et Auguste Michel, domestique de Jean - Baptiste - Guillaume Vauzelles, écuyer, seigneur de Roders, Santes, Erquinghem-sur-Lys, demeurant à Lille.

Jean-Gilles Montagne, laboureur à Loos.

Jacques Morès, maçon à Loos.

Jean-François et Pierre Motte, de Tourcoing.

Michel-Fortunat Mulier, de Fives.

Nicolas-Dominique Nicole, notaire à Lille.

Jean-Baptiste Nollet, notaire à Tourcoing.

Veuve Pottier. Elle tient (1757), le Lion d'or, qui aboutit par-devant au chemin qui conduit du pavé de Lille à la chapelle, au sentier d'Ennequin à l'église, à Mme de Saint-Martin.

Sieur Renard.

Marie-Catherine Romon, veuve de René Lefebvre, et en premières noces de Gobert.	Marie-Anne-Joseph Vasseur, veuve de Jean-François Dubois, demeurant à Loos.
Catherine-Alexandrine et Marie Ronce.	Thomas Wiplier, d'Emmerin.
Louis-François-Joseph Sauvage.	Jean-François Zuingedau.

1753. 21 septembre. — Mort de Philippe-Guislain de Thiennes, chevalier, comte de Loos, vicomte de Boisdinghem, baron de Neuville-sur-Sambre et du Marais. Il est inhumé au chœur de l'église de Loos.

De son mariage avec Marie-Adrienne de Houchin, naquirent :
Louis-Gaétan-Philippe-Guislain, né en 1750.
Eugène-Guislain-Gaétan, né en 1752.

24 décembre. — Estimation de la ferme du château de Loos, Mme la comtesse de Loos cessant de l'occuper, et Philippe-François-Joseph Boutry, censier, y entrant. L'évaluation porte sur six vaches à lait, deux génisses, deux juments, 6300 gerbes d'avoine, 1700 gerbes d'hivernage, 5300 gerbes de blé, deux rateaux, un fléau, une vennoire, un grand van, deux petits vans, un havot, un chariot, une rondeloire, deux fourches, un hé, une faulx, une pelle de bois, un pétrin, des perches, neuf tonneaux, une charrue, des cuvelles, des seaux, des selles de bois, deux cochons, un coq, dix-huit poules, et des terres en pâture et en labour.

Les arbitres, Louis-Joseph Barrez, arpenteur et priseur-juré de la châtellenie de Lille, et André de le Dicque, maréchal-ferrant et laboureur à Loos, estiment le tout 2776 florins, 4 patars.

1756-1763. — Guerre de Sept ans.

1756. — Mort de dom Bernard Chevalier. — Dom Boniface Breton, de Courrières, près Douai, 40ᵉ abbé, le 3 octobre. La sévérité qu'il montra n'empêcha pas la dissipation des moines. Il se signala par le goût des constructions : il acheva l'église et fit bâtir un nouveau quartier abbatial, que l'on a transformé vers 1837, en bureaux à l'usage des employés de la maison centrale de détention. On lui doit également le beau portail de l'établissement[1] : il est entièrement en pierres blanches ; au frontispice sont placées, à droite, les armes de l'abbaye : d'azur à huit fleurs de lis d'or mises en l'orle, à l'écu d'or au lion de sable armé et lampassé de gueules ; à gauche, celles de l'abbé : de gueules à un chevron et trois feuilles de trèfle, 2 et 1. Au-dessous de l'écusson de l'abbé, en banderolle, on lit : *Nil leviter* ; au-dessous de l'écusson

---

1. De Rosny.

du couvent : *Magnificabo eum in laude*. Au-dessus, à droite, une crosse, à gauche, une mitre ; en cimier : une écaille.

Il administra vingt-cinq ans le monastère et reçut à la profession :

En 1761, Jean-Albert Bousez, de Valenciennes ; Jean Piérard, de Givet ; Pierre-Antoine Wauthier, d'Ham (Artois), chapelain à Flines ; Pierre-Antoine Cordier, d'Haspres, chantre.

En 1762, Jean Dormal, d'Ath.

En 1763, Magloire Decau, de Tournai ; Nivard Triboulet, de Douai ; Gérard Bouchez, d'Orsinval.

En 1765, Charles Vernier, de Lille ; Charles Verez, d'Oisy.

En 1767, Charles Plancq, de Courtrai ; Louis-Charles Buchelet, de Rache.

En 1771, François-Marie Le Vasseur et Jacques-Honoré Clippelere, de Tournai.

En 1772, Damase Raoult, de Cysoing ; Jean-Joseph Ducouvent, de Hamage, chapelain au Verger.

En 1775, Henri-Albert-Joseph Lefrère, de Douai ; Louis-Vincent Barbet, de Valenciennes.

En 1776, Charles-Auguste-César de Jouffroy, chapelain à Flines ; Hubert Schlim, de Luxembourg.

En 1778, Jean-Baptiste Herbo, d'Orchies ; Henri-Joseph Cachera, d'Escaudain ; Benoît-Joseph Crespel, de Beuvry (Artois).

En 1779, Jean Salengros, de Liessies.

En 1780, Gaspar Marteau, de Douai ; Louis-François Lecerf, de Maing.

En 1781, Louis-Joseph Waucquier, de Rumes ; Louis-Philippe du Frénoy, de Valenciennes.

1757. *22 août*. — « Nous, conseiller du roi, procureur pour Sa
» Majesté au siège de la gouvernance et souverain bailliage de Lille,
» certifions qu'en satisfaction à l'ordonnance de son Altesse M. le
» Prince de Soubise, du 11 février 1756, au sujet de la plaine réservée
» à titre de plaisirs du roi dans les environs dudit Lille , les enfants
» et heritiers du sr Charles Le Thierry, nous ont déclaré et justifié
» qu'il leur appartient le fief et seigneurie de la Haye d'Ennequin,
» dit Monnoyer, situé au village de Wattignies, relevant en justice
» vicomtière de la terre et seigneurie d'Hallennes sur les Marais,
» consistant en huit cens de gros, et en quarante-un bonniers quatre
» cens ou environ de mouvances, s'extendant audit Wattignies, Los
» et environ, sur lequel fief et seigneurie lesdits srs Le Thierry ont
» droit de chasse aux termes des Placcarts ou ordonnances.
» Fait à Lille le 22 aoust 1757.

» Du Bois des Cretons. »

Suivent plusieurs visas à différentes dates.

1758. *21 janvier*. — Mort de Charles Alegambe, fils de Philippe-Jacques, seigneur de Cysoing, et neveu d'Antoine, qui lui avait laissé sa terre d'Auweghem et ses autres propriétés. Il eut pour fils et héritier :

>Charles-Guillaume, comte d'Alegambe (1710-1771), seigneur du Basinghien. De sa troisième femme, Anne Van der Noot, il eut : Charles-Marie, né le 23 mai 1767, qui obtint pour l'aîné de ses descendants le titre de comte et pour les autres celui de baron d'Auweghem.

1760-1769. — M. Heren, qui fut vicaire de Loos pendant plusieurs années, avait l'habitude, comme on a pu le remarquer, d'ajouter à la fin de chaque registre, les faits de l'année qu'il croyait dignes d'être rappelés. Voici les quelques notes qu'il a signées en 1760 et 1761 :

« Le premier de juin mil sept cent soixante, je soussigné prêtre deserviteur de Los, certifie avoir choisis et nommé *inter missæ solemnia* les administrateurs et recheveur de la confrairie du venerable Saint Sacrement qui sont André Buisine, François Duponchel, Jean Baptiste Baillon, et recheveur Jean François Zinguedaux laquelle election et nomination appartient au curé seul, ou deserviteur, selon l'ancienne usage et coutume, du temps des sieurs curés Dorchies, Delannoy, Coingny et Samain lesquels ont nommés et toujours choisis les dits administrateurs et receveur de ladite confrairie. Faite, acté et signé ce premier juin de ladite année ici spécifié.

« Heren, deserviteur de Los. »

« Il y a eu cette année 1761 onze mariages, 27 baptêmes, 9 grandes personnes morts, des petits enfants 13, dont six étoient en pension en cette paroisse. »

« L'an mil sept cent soixante et un, les messieurs les abbé et religieux de l'abbaye de Los de cette paroisse ont fait racommoder et reparer la couverture de l'eglise de cette paroisse avec les chapelles de Saint-Nicolas et de la Vierge dudit eglise, comme aussi les murailles desdits batimens; l'obligation étant a eux seul et sans autre adjoint. Fait, acté et signé ce 20 octobre 1761.

« Heren, deserviteur de Los. »

» Le 29 8bre de cette ditte année 1761, lesdits messieurs les abbé et religieux on fait renouvelé et rajusté les vites et fenestres de cette eglise eux seul et sans aucun adjoint. En fait de quoy j'ai signé ce dite acte.

» Heren, deserviteur de Los. »

« Le 23 9bre 1761, madame de Thienne douariere a fait racommodé la couverture du clochet comme étant a sa charge en qualité de seigneur, l'obligation étant au ferme avec les papiers et comptes de cette eglise de Los. — En foy de quoy j'ay signé ce dite acte et fay ce 23 dudit mois et année ici spécifié.

« Heren, deserviteur de Los. »

On voit, par ces actes, et par ceux donnés au registre précédent, que les comtes de Thiennes, d'une part, et le chapitre de Saint-Piat, de l'autre, avaient à s'occuper de la partie de l'édifice dont la possession leur était transmise d'âge en âge. L'abbaye, de son côté, devait aussi entrer dans les dépenses ; il est à présumer que cette charge lui était imposée depuis que des seigneurs de Loos lui avaient vendu (1218) une partie de la dîme ; ainsi que le prouvent les lettres que nous donnons en 1768, les religieux prélevèrent la dîme pendant tout le temps que subsista le monastère.

M. Heren mourut en 1762 : « Le 12 de may 1762 maître Ignace Heren
» pretre desservant en cette paroisse décédé le dix dudit mois âgé
» d'environs 36 ans ad. ss. fut inhumé en cette église en présence des
» sieurs curés de Wattignies et d'Emmerin soussignés.

» Bostalle, Ferret, Lecat, doyen de xté de Lille. »

Dès le 13 avril, le père Augustin, carme, faisait le service du vicaire malade ; le 18 mai, M. Mortreux commence ses fonctions de desserviteur.

Depuis cette époque les mentions principales sont les suivantes :

30 septembre 1762. Naissance de Caroline-Françoise-Joseph Potié, fille de Jean-Jacques, censier, et de Marie-Françoise Decarne.

« Le 4 de janvier 1763, Monsieur Samain, curé de cette paroisse
» décédé le jour précédent administré de l'Extrême Onction âgé
» de .. ans a été inhumé dans le cimetiere de cette église, presens
» M. le curé d'Emmerin et M. Dubois chapelain de Wattignie lesquels
» ont signé ce present acte comme témoins.

» Ferret, curé d'Emmerin. Dubois.
» Bostalle, curé de Wattignies. »

Le 14 janvier 1763, « Marie Jacqueline Michelle Fis, servante de feu
» Monsieur Nicole, chapelain de N.-D. de Grâce », décédée la veille, âgée de 60 ans, est inhumée dans la chapelle de Notre-Dame de Grâce par permission du vicaire desserviteur et du « révérendissime
» abbé de Los ».

Le lendemain, « 15 janvier 1763, Me Joseph Nicole, prêtre bénéficier
» de la chapelle de Notre Dame de Grâce, fils de feu Antoine
» et de M. Jeanne Barbery natif de la ville de Lille paroisse St Etienne,
» décédé le 12 âgé de 58 ans et demie environ fut inhumé dans ladite
» chapelle presens le sieur Engelbert Joseph Letocart négociant en
» ladite ville de Lille son beau frère et Me Pierre Antoine Ignace Nicole
» son neveux, lesquels ont signé ce present acte comme temoins.

» Letocart. Nicole. »

A la suite, M. Mortreux déclare que, administrateur par intérim de la cure du village, il a donné un acte de non-préjudice à l'abbé de Loos, sur sa réquisition en date du 14 janvier 1763 et de l'avis de M. le doyen de chrétienté. Il y renouvelle les protestations et restrictions de M. Coingny, quand ce dernier a procédé, en 1733, à l'inhumation de M. Morel.

Le 26 février 1763, Philippe-François Herbaut, couvreur de paille, et Marie-Joseph Fourdinier ont trois enfants qui meurent le même jour.

« Le 28 x^bre 1766, dame Marie Adriene Joseph de Houchin
» douariere de feu messire Philipe Guislain de Thiennes de Los
» décédée le jour précédent âgée de 52 ans a été inhumée dans le
» chœur de cette église presens les sieurs Jean Baptiste Defaucompret
» et de Jacques Joseph Waymel, lesquels ont signé ce présent acte.
   » Defaucompret. Waymel. »

1763. *10 février*. — Traité de Paris, qui met fin à la guerre de Sept ans.

23 décembre. — Me Jean-Philippe-François Dubois, curé. Les vicaires furent MM. T. F. Discart (janvier 1764), C. F. S. Mas (1765), J.-B. Desmons (1776), frère Raoust, moine (1784).

15 janvier. — Mort de Me Joseph Nicole, chapelain de Notre-Dame de Grâce. Son successeur fut Me Nicolas Chevalier (octobre).

1764-1769. — Actes divers, d'où sont extraits les noms suivants :

Jean-Baptiste-Joseph Bailly, praticien à Lille.

Evrard Bargeois, à Loos.

Louis Bauvin, échevin de la seigneurie du Quint du Basenghien.

Théodore-Joseph Becquart, notaire à Lille.

François-Joseph Becquart, notaire à Lille.

Jean-Baptiste Becquart, praticien à Lille.

Félix-Albéric-Joseph Béhague, petit-fils et héritier de Roland Béhague, demeurant à Lille.

Jacques-François Bellenger, meunier et fermier à Loos.

Adrien-Joseph Braine, échevin de la seigneurie des Frennes.

Etienne Séraphin Bresou, bailli de la seigneurie du Quint du Basinghien.

Jean-Baptiste Carlier, sergent de Loos.

Gabriel-Valentin Carpentier, notaire à Haubourdin.

Jean-Baptiste Caullet, homme de fief de la salle de Lille.

François-Joseph Chivoré, praticien à Lille.

P.-J. Chocquet.

Pierre Chuffart, échevin des seigneuries des Frennes et du Marais.

Séraphin-Joseph Ciret, praticien à Lille.

Charles-Joseph Constant et Isabelle-Hélène Vanhengerghe.

Thérèse-Alexandrine Constant, fille d'Alexandre demeurant à Orchies.

François Cottignies.

Eugène Courouble, échevin des seigneuries des Frennes, du Marais et du Quint du Basinghien.

Hubert-François Crespel et Marie-Anne Pollet, sa femme.

Antoine Crespin, journalier.

Louis-Joseph Cuinguet, praticien à Lille.

Pierre-François Decarne, fils de Jean-François, de Wambrechies.

Jean-Baptiste-Joseph Decroix, praticien à Lille.

Jean-Baptiste Defaucompret, rue des Jésuites à Lille, bailli des seigneuries des Frennes et du Marais.

Pierre François Defives.

Antoine-Joseph Delefortrie, praticien à Lille.

Eugène Deleforge.

Louis-François Delattre, praticien à Lille.

M. de Madre.

M. de Saint-Marc.

Mlle de Saint-Martin.

Pierre Desmadril.

Catherine Deswatines et son mari Mathieu-Joseph Desprot, huillier à Lomme ; Guillaume Deswatines, charpentier ; Marc-Joseph Dubois, fermier et Marie-Anne Deswatines, sa femme ; Gérard-François Duponchel, maçon, et Marie-Thérèse Deswatines, sa femme, enfants de Pierre Deswatines.

Jean-François Desrousseaux.

Jean-Baptiste Desrousseaux, notaire à Lille.

Jean-Baptiste Desrousseaux, homme de fief de la salle de Lille, échevin de la seigneurie des Frennes.

Philippe Desurmont, seigneur de Bersée, et Marie-Françoise Discart, son épouse.

Auguste Devendeville, praticien.

Denis Dhaynault, maître-maçon.

Jacques d'Hénin, prêtre et vicaire de la paroisse de la Madeleine. Il achète, pour 1950 florins, une maison de campagne rue Marais.

Jean-Baptiste Nicolas d'Hennin, conseiller du roi et son procureur à la Monnaie de Lille.

François du Bot.

Emmanuel-François-Joseph Dupire, praticien à Lille.

Guillaume-François-Joseph Duretz, prêtre, et Agathe-Euphrosine Duretz.

Jean-Baptiste Duriez, marchand à Lille.

Louis-François-Joseph Duriez, notaire à Lille.

François Durot, cabaretier à Haubourdin. Il achète les Trois Rois et deux petites maisons contiguës pour 1600 florins (12 juillet 1769).

Alphonse Duthoit, échevin de la seigneurie des Frennes.

Pierre-Augustin Fiévet, praticien à Lille.

Louis-Joseph Finne, échevin de la seigneurie des Frennes.

Pierre-Adrien Flory, notaire à Lille.

Charles Gatte, curé d'Hollain en Tournaisis.

André Gatte, marchand à Tourcoing.

Jacques-Antoine Gilquin.

Pierre Gillequin, maître-maçon à Loos, et Marie-Madeleine Pennel, son épouse, fille de Jean-Baptiste et de Marie Desmadril.

François Godelart, fermier à Hantay

Félix Herbaut, charpentier à Loos. Il achète un lieu manoir nommé le Cocq, 3 cents 1/2 ou environ, tenu de la seigneurie des Frennes, aboutissant au pavé de Lille à Haubourdin, au sentier de Lille à Notre-Dame de Grâce et des deux autres bouts «aux Tromp Gailliets»; ce bien est occupé par Silvestre Carpentier.

Georges Joncquez, cordier à Lille.

Albert Labbe, marchand-boucher à Lille et Henriette Roland, son épouse.

Jean Labbe.

Joseph Labbe, clerc paroissial de Loos.

Simon-Joseph Lachery, notaire à Lille.

Paul-Jean-Nicaise Laden, laboureur à Loos.

Etienne Lamour, marchand à Loos, fils de feu Jean et de Jeanne Lecomte, d'Haubourdin, et Marie-Anne Pennel, fille de Jean-Baptiste et de Marie Desmadril.

Charles-François Le Clercq, sieur de Bellegarde, écuyer, conseiller du roi, maître particulier des eaux et forêts au département de Lille, y demeurant, et Marie-Thérèse-Alexandrine Petit, son épouse.

Pierre-François-de-Paule Lefebvre, marchand de bois, puis rentier à Loos.

Legrand, homme de fief de la salle de Lille.

Charles-Louis-Joseph Legrand, marchand filtier à Lille.

Louis-Joseph Legrand, notaire à Lille.

Pierre-Philippe et Albert-Joseph Lepers, de Lille, fils de Pierre-Paul.

Lesaffre.

Dominique-François-Joseph Libert, notaire à Lille.

Philippe-Joseph Macquart, seigneur de Terlines, Caudécure, Escague, Opove, Soissevalle, la Gauguerie, etc., contrôleur ordinaire des guerres, tabellion, garde-note héréditaire établi par le roi.

André-François Mallet, greffier de Mouchin, résidant à Orchies.

Sieur Martin, boucher à Douai.

Michel-François Martin, charpentier à Lille.

Théodore-Joseph Masinghien, fer- à Loos.

Jean-Baptiste Meurisse.

Louis-Joseph Milescamps, fils de Simon-Joseph, orfèvre à Lille.

Jean Montagne, à Loos.

Jacques Mores, de Don, paroisse d'Annœullin.

Demoiselle Nolf.

Théodore-Charles Norya et Marie-Joseph-Henriette Raoul, son épouse.

Pierre Pamart, domestique de Guillaume Duretz, prêtre.

Jean-François Pennel, maître-maçon, fils de Jean-Baptiste et de Marie Desmadril.

Alexandre Petit, marchand orfèvre et joaillier à Lille.

Jean-Jacques Potié, fermier, échevin et lieutenant du bailli des seigneuries des Frennes et du Marais.

Bonaventure-François Vanoye.

Florent-Joseph Platel, échevin des seigneuries des Frennes et du Marais.

Anne-Louise-Virginie Raoul, veuve d'Evrard Cordonnier, seigneur de la Motte.

Alexandre-Joseph Raoul, tapissier à Paris.

Eugène-Joseph Raoul, soldat à Bitche, en Lorraine.

Louis Rodiau, praticien à Lille.

Guillaume-Joseph Rouzé, praticien à Lille.

Louis-Joseph Vanoye, orfèvre à Gand.

Anne-Marie Vanoye.

Marguerite Vanoye.

Nicolas Vanoye, lieutenant des Invalides au service de Sa Majesté Catholique.

Jean-Baptiste-Guillaume Vauzelles, écuyer, seigneur de Rodez, Santes, etc., et Marie-Anne-Antoinette Havet, sa femme.

Jean Verdière.

Sieur Verghelles.

Dominique-François Viart, praticien à Lille.

Sieur Walcourt.

Jacques-Joseph Waymel, receveur du comte et du chevalier de Thiennes.

Antoine-François-Modeste Willocquez, notaire à Lille.

Calixte-Joseph Wattrelos, praticien à Lille.

1765. 21 janvier. — « Je nomme Robert du Toit, fils d'Alfonce du
» Thoit fermier de Mr le Maire, petit connétable de nostre conpagnie
» et confrerie de S. Sebastien en nostre vilage de Los pour
» mintenir le bon ordre, les regle et statut de la ditte confrerie
» conjointement avec Louis Bon Vin nostre grand conetable. Fait a
» nostre chateau de Los ce 21 janvier 1765. De Houchin comtesse
» de Thiennes ».

1766. 7 novembre. — Entre dame Marie-Adrienne-Joseph de Houchin, douairière de Philippe-Guislain, comte de Thiennes, seigneur de Loos, ayant la garde noble de ses deux enfants, et le sieur Jean-Jacques Pottier[1], censier entrant à la ferme du Mortier audit Loos,

---

[1]. Jean-Jacques Potié était originaire des environs d'Orchies. L'un de ses descendants est actuellement maire de Loos.

aux lieu et place de feu Jean-François Decarne, il est établi un acte fixant l'estimation des engrais. Les arbitres nommés sont, pour la comtesse, Louis-Joseph Finne ; pour Pottier, Jean-François Desrousseaux, tous deux censiers à Loos. Jacques-Joseph Waymel, receveur à Lille, leur est adjoint.

Pierre-François Decarne, fils de feu Jean-François, comparaît pour certifier les engrais qui ont été mis sur :

1. Le jardin et verger, où la ferme est bâtie, tenant de midi au pavé de Lille à La Bassée, de levant à Madame la comtesse, de septentrion et nord à la « carière » de l'église au cabaret des Trois Rois.

2. Des prairies, occupées par le sieur Fondeur.

3. Des terres labourables occupées par Pierre Chuffart, Paul Laden, Platel, Jean-Baptiste Delepierre, Mathias Roger, Antoine Dubo, François Defives, Louis-Joseph Finne, François Pennel, dit Menblond, Jean-François Desrousseaux, Augustin Mangez, Hubert Gobert, Paschal, Mlle Fondeur, Pierre-Ignace Masquelier, Guillaume Deswatines, M. Pajot et, à Haubourdin, veuve d'Halluin, Jean Montagne, Pierre Labbe.

L'évaluation est de 837 livres 14 sols.

27 décembre. — Mort de Marie-Adrienne de Houchin, comtesse de Loos.

On sonna la cloche durant six semaines, trois fois par jour ; les sonneurs, qui étaient sept, reçurent 84 florins [1].

1767. *28 février.* — Jacques-Dominique-Joseph Jacquerye, seigneur de la Croix, demeurant à Lille, tuteur des enfants de dame Marie-Adrienne-Joseph de Houchin, douairière de Philippe-Guislain, comte de Thiennes, se faisant fort d'Alexandre, marquis de Croix, comte de Bucquoy, son co-tuteur, accorde à titre de bail à messire Nicolas-Eugène Imbert, écuyer, seigneur de Séneschal, chevalier d'honneur au bureau des finances et domaines de la généralité de Lille :

1. Le château de Loos, avec écurie, remises, logement de concierge, jardin potager, cour, avant-cour, entouré de fossés, et l'avenue conduisant au pavé de Lille à Haubourdin, en tout deux bonniers huit cents ou environ.

2. La basse-cour, contenant 5 cents d'héritage et consistant en maison, chambres, granges, étable et un pigeonnier.

3. Un grand verger, contenant dix-sept cents ou environ.

4. Dix cents quatre-vingt-dix-sept verges de prairies derrière le château.

---

1. Spriet.

5. Le droit de pêche dans les fossés qui forment le contour du château, celui nommé la Riviérette aboutissant à la Haute-Deûle et celui communément appelé le Plat.

Le bailleur pourra faire enlever le « carroin ».

Le loyer est fixé à 640 florins.

Ce bail fut résilié, le 1er octobre 1771, par la veuve de M. de Séneschal.

10 avril. — Jacques-Dominique-Joseph Jacquerye, seigneur de la Croix, du magistrat de Lille, tuteur des enfants laissés par dame Marie-Adrienne de Houchin, douairière de Philippe-Guislain, comte de Thiennes, donne à Jacques-Joseph Waymel, marchand-épicier à Lille, pouvoir de receveur des biens des mineurs de Thiennes. Pierre-François Waymel, procureur à Lille, se porte caution pour son frère.

Vers cette date, une décision du chapitre de Seclin attribue au doyen la cure du Ploïch, au chantre celle du Maisnil, à l'écolâtre celle de Loos.

1768-1770. — Lettres concernant des différends survenus entre les habitants de Loos et l'abbaye.

I.

Los, le 24 9bre 1768.

A Monsieur Jacquerie de la Croix, rue du Nouveau-Siècle, Lille.

Monsieur,

Il pleut à l'église de Los depuis 6 mois de sorte que le lambris et le toit même d'une chapelle sont tombés dans l'église et mardy dernier seulement le pauvriseur du vilage vint nous avertir qu'il y a des réfections à faire au toit de l'église de Los. Est-il possible qu'un curé soit aussi négligent lui qui dit la messe tous les jours dans son église?

En qualité de décimateur nous ne devons venir que subsidiairement auxdittes reparations, est-il croiable que l'eglise n'ait aucun fond pour être appliqué dans une réparation aussi urgente? Je m'adresse à vous, M., dans l'espérance que vous nous rendrez justice; si j'en écris à M. Faucomprez, vous le connoissez, rien ne finira.

J'ay l'honneur d'être très parfaitement,

Monsieur,

Votre très humble et obeissant serviteur,

F. Billau, bailli de Los au nom de M. l'abbé.

Mémoire pour M. Jacquery, seigneur de la Croix, pour se souvenir des charges de M. l'abbé de Los, savoir : qu'il a refusé de payer la milice pour les domestiques ne portant point couleur ; — a refusé de faire monter la garde par lesdits domestiques ; — et finalement à faire refectionner l'église paroissiale dudit Los. — Labbe, par ordre.

II.

L'abbé de Loos prenait, au dire des habitants, une dîme trop élevée sur le lin :

Memoire qu'il paroit être due à Mrs les descimateurs de Los a cause de la disme scavoir deux fois la onzieme jarbe et une fois la douzieme ce qui fait, sur cent deux jarbes, neuf, qui doivent être reparti pour deux tiers à M. l'abbé de Los, deux neuvieme à Mrs de S. Piat et le dernier neuvieme à M. le Curé.

A Monsieur Jacquery Delacroix, rue du Nouveau-Siècle Lille.

Monsieur,

Il est surprenant que l'on veuille nous cottiser et nous forcer même pour les aumonements au village de Los sans notre consentement dans le temps que l'on sait que pour les xx^{mes}, messieurs du clergé et de la noblesse ne paient que suivant ce qu'ils ont consentis; il y a bien eu une lettre exhortative à messieurs du clergé et de la noblesse pour les aumonements, mais non compulsoire, j'ay consulté la dessus Mr Herts et voilà sa décision. Quand les habitants de Los nous ont suscité le proces pour la dixme, j'ay retiré les aumones publiques que nous faisions au village; mais j'ay continué les aumones secrettes qui sans reproches, vont au moins à cent écus par ans, si ces dits habitants ou plutôt le sieur Platel continuent à nous chagriner, je retireray le tout. Vous trouverez un mémoire inclus concernant le procès de la dixme.

J'ay l'honneur d'être très parfaitement, Monsieur, votre très humble et très obéissant serviteur,

F. Breton, abbé de Los.

Dom Breton cherche à prouver, par calculs, que pour 29 gerbes et 2/3 pour tous les habitants de Loos, les fermiers veulent soutenir un procès contre une transaction qui a déjà été décrétée deux fois ; leur entêtement prive les pauvres des aumônes que l'abbaye leur fait. De plus, il y a des forains qui occupent des terres du « terroir de Los » pour lesquels les habitants soutiennent le procès.

III.

3 décembre 1769.

A M. Lienard, bailly de Tressin, rue du Nouveau-Siècle, à Lille.

Monsieur,

Quoy que la Gouvernance nous ait autrefois adjugé de dismer suivant nos pretentions, nos dismeurs n'en ont jamais usé, ils ont toujours continué de marquer la dixme comme devant; je vous prie de le dire à Monsieur Jacquery de la Croix, afin d'éviter à ceux de Los les peines qu'ils se donnent de faire la recherche de tous les lins recueillis dans le village depuis le commencement du procès. Je crois même qu'il faut que M. l'avocat Duriez fasse incessamment un écrit pour certifier cela à ceux de Los.

Scrive et Charles sont en état de certifier la chose par serment. Ne tardez pas de dire cela à M. Delacroix, faites voir ma lettre à M. Duriez et engagez-le à faire un écrit pour certifier la chose.

Je suis très parfaitement, Monsieur, votre très humble serviteur.

F. Breton, abbé de Los.

IV.

14 octobre 1769. — Sentence prononcée sur le procès pendant entre dom Boniface Breton, abbé de Loos, poursuivant l'instance introduite en 1755 par les administrateurs de l'abbaye pendant la vacance, au nom de Jean-Baptiste Scrive et Jean-Baptiste Potier, commis dîmeurs, d'une part, et Florent-Joseph Platel, fermier, de concert avec le bailli et les gens de loi de Loos.

La dîme sur le lin n'est due qu'à la même quotité que sur les autres avestures décimables.

L'abbé est condamné à rembourser, aux dommages-intérêts et aux dépens.

V.

Los, le 11 aoust 1770.

Monsieur Jacquery Delacroix.

Monsieur,

L'interest que vous m'avez témoigné prendre à tout ce qui regarde le village de Los, m'engage à vous donner avis d'une difficulté naissante qui fera peut-être matière du plus grand procès que nous ayons encore soutenus contre laditte communauté. De tout temps, l'abbaye de Los a levé la dixme, et cela sur toutes les espèces décimables. La sentence de la gouvernance de Lille du 14 8bre dernier, loin de réformer cette façon de dixmer n'a fait qu'y assujettir la dixme de lin que par transaction nous dixmions toujours cy-devant en dedans du cent ; c'est à quoi j'ai ordonné nos dixmeurs de se conformer. Les habitants de Los qui n'ont sans doutte jamais vûs laditte sentence, ou qui n'ont point l'esprit d'en concevoir les termes, prétendent qu'elle regarde toutte espece de grains et s'opposent à la levée ordinaire de la dixme, soutenant qu'elle nous assujettit à ne lever ladite dime sur toutes avestures qu'en dehors du cent. Après une consultation que j'ai fait hier à Lille, je viens d'ordonner de dixmer comme ont l'a toujours fait ; s'ils nous attaquent, nous nous défendrons, et je crois que si une prétendue jouissance leur a fait donner gain de cause pour la dixme de lin (affaire cependant que nous allons évoquer au parlement parce qu'elle n'a point été bien instruite de notre part jusqu'à présent) une possession réelle et immemorialle nous donnera gain de cause pour le reste ; il sera pourtant toujours malheureux pour nous de toujours procéder contre un village à qui nous avons fait tant de bien, à qui nous pouvons tant en faire et à qui nous n'en ferons peut être jamais plus par l'entettement de certains esprits brouillons qui croient être instruits et qui ne le sont point. Ayez la bonté Monsieur de vous rappeler ce que j'ai eus l'honneur de vous dire chez vous et la personne qui s'y trouvoit, voilà le Bout-feu ; pour vous prouver donc que nous ne voulons point de procets, je vous envoie copie de la sentence, nous ne voulons d'autre juges que votre probité sur laquelle nous nous reposons entièrement; jugez Monsieur et nous nous conformerons a tout ce que vous aurez décidé, mais ne soyez point surpris si vous vous voiez contredit par un entêté qui semble avoir jurez la perte d'un village qui a tant besoin d'être ménagé.

J'ai l'honneur d'être avec beaucoup de considération, Monsieur, votre très obéissant serviteur.

F. Deltoure, receveur de Los.

1770-1779. — A mentionner dans le sixième recueil des registres de la paroisse, en dépôt à la mairie de Loos, l'acte d'inhumation dans l'église, le 16 juillet 1770, de M. Nicolas-Eugène Imbert de Sénéchal, chevalier d'honneur au bureau des finances de Lille, époux de dame Catherine-Thérèse-Joseph Imbert, décédé le 14. Assistaient à la cérémonie MM. Christophe-Antoine-Robert Imbert de la Phalecque, capitaine au corps royal de l'artillerie, et Joseph-Alexandre Imbert d'Ennevelin, prévôt général de la maréchaussée de Flandre et d'Artois, tous deux frères du défunt.

A la suite des instructions données au commencement des registres figure, en 1773 et les années suivantes, un tableau destiné à la statistique de l'année.

En comparant les chiffres, on peut suivre le mouvement de la population : le total des années 1773 à 1780, est de 238 naissances, 211 décès et 47 mariages ; la moyenne, par année, de 34 naissances, 30 décès, 6 mariages, est exacte pour les naissances et les mariages ; elle l'est moins pour les décès que l'on voit de 27 en 1775, s'élever à 40 et 43 les deux années suivantes, puis descendre à 29 et à 15 en 1778 et 1779.

1770. *14 juillet.* — Mort, à Loos, à l'âge de trente-six ans, de Nicolas-Eugène de Sénéchal, écuyer, chevalier d'honneur au bureau des finances. Il est inhumé dans l'église.

1771. *18 avril.* — Acte dans lequel il est constaté que Jacques-Dominique-Joseph Jacquerye, seigneur de la Croix, tuteur de messires Louis-Cajetan-Philippe-Guislain et Eugène-Cajetan-Guislain de Thiennes, seigneurs de Los et Neuville-sur-Sambre, tous deux officiers au régiment de Royal-Normandie-Cavalerie, a fait, entre les mains des président et trésorier de France, juges des domaines et grands voyers de la généralité de Lille, foi et hommage qu'il devait au roi, en sa dite qualité de tuteur, pour raison du fief et seigneurie des

Marets, tenu de Sa Majesté à cause de sa cour et halle de Phalempin, échu auxdits mineurs par trépas de Philippe-Guislain de Thiennes, leur père, à charge de rapporter en la cour, pour être enregistrées, les lettres patentes qui attribuent auxdits mineurs la qualité de comte ; et cela dans le délai d'un mois, ou bien leur qualité sera rayée avec défense de la prendre à l'avenir. De plus, le tuteur devra satisfaire à toutes les charges ordinaires, rapports, dénombrements, etc.

20 décembre. — Messire Louis-Cajetan-Philippe Guislain, comte de Thiennes, Loos, etc., capitaine au régiment de Royal-Normandie-Cavalerie, en ce moment à Lille, tant en son nom qu'en celui de son frère Eugène-Cajetan-Guislain, chevalier de Thiennes, officier au même régiment, du consentement de ses tuteurs, Alexandre-Louis-François, marquis de Croix, et Jacques-Dominique-Joseph Jacquerye, seigneur de la Croix, accorde à titre de bail et louage à Henry-Joseph Dubosquiel, écuyer, seigneur Delfaux, etc., demeurant à Lille :

1. Le château de Loos, avec écuries, remises et logement de concierge, jardin potager, cour, avant-cour, entouré de fossés, et l'avenue conduisant au pavé de Lille à Haubourdin, en tout deux bonniers huit cents ou environ d'héritages.

2. La basse-cour, comprenant maison, chambres, granges, étables et autres édifices, et un pigeonnier.

3. Le verger.

4. Les prairies derrière le château.

5. Le droit de pêche dans les fossés, la Riviérette, aboutissant à la Haute-Deûle, et le Plat. Le contrat est fait pour une durée de 6 années et au prix de 640 florins.

Le locataire devra tenir le tout en bon état. Il veillera à l'entretien des arbres et ne laissera se dépeupler ni la rivière, ni le pigeonnier. De plus, il devra livrer passage à Jean-Jacques Pottier, ou tout autre qui le remplacera, pour aller chercher et conduire ce dont il aura besoin sur les héritages à lui loués par le seigneur comte ; il laissera également jouir ledit Pottier de tous autres droits qu'il pourrait avoir.

Les témoins sont Ignace-François Bailliez et Pierre-Joseph Callaert, praticiens à Lille, et le notaire Deffrennes.

Le 9 février 1772, les tuteurs accordent le droit de chasse à Henry Dubosquiel.

1771-1786. — Pauvriseurs :

Pierre-François-Defives.
Pierre-Joseph Ghesquier.
François Zinguedau.
Pierre-Floris Deroullers.
Adrien Delecroix.

Pierre-Joseph Desruelles.
Eugène Courouble.
Paul-Jean-Nicaise Laden.
Pierre Wambre.

1771-1774. — Actes divers d'où sont extraits les noms qui suivent :

Abbaye des dames de Denain.

Ignace-François Bailliez, praticien à Lille.

Pierre-Antoine Bartier, praticien à Lille.

Louis Bauvin, échevin des seigneuries des Frennes, du Marais et de Menin.

Hubert Béhague.

Ignace Beaucourt, négociant à Lille.

Martin-Joseph Bernard, laboureur à Wattignies.

Jean-Dominique-Joseph Bernard, conseiller référendaire en la chancellerie près le conseil supérieur, et échevin de Douai.

Claude-Joseph Bernard, négociant à Lille.

Messire Jean-Baptiste-Joseph Bernard, chevalier, seigneur de Meurin, trésorier de France au bureau des finances et domaines de la généralité de Lille.

Pierre et François Blanquart, maçons à Loos.

Blondeau, négociant à Haubourdin.

Adrien Brane, échevin des seigneuries des Frennes, du Marais et de Menin.

Etienne-Séraphin-Joseph Bresou, avocat au Parlement, bailli des seigneuries des Frennes et du Marais.

Luc Bresout, praticien à Lille.

François Burette.

André-Antoine-Joseph Buisine.

Guillaume-Joseph Buisine, laboureur à Esquermes et Marie-Adrienne Martin, son épouse.

Pierre-Joseph Callaert, praticien à Lille.

Cambronne.

Jean-Baptiste Carlier, sergent de la seigneurie des Frennes et Loos.

Gabriel-Valentin Carpentier, notaire à Haubourdin.

Julie-Joseph Carpentier, religieuse au béguinage de Valenciennes, et Antoinette-Scholastique Carpentier, veuve de Charles Vermeille, demeurant également à Valenciennes.

Caullet, notaire à Lille.

Sieur Cazier.

Chartreux de la Boutillerie.

Philippe Chocquet, sergent d'Haubourdin.

Chuffart, fermier à Loos.

Cordonnier, brasseur à Haubourdin.

Martin Cottignies.

Eugène Courouble, échevin des seigneuries des Frennes, du Marais et de Menin.

Louis-Joseph Coustenoble, praticien à Lille.

Jacques-François d'Autel, notaire à Lille.

Jean-François Dave, marchand à Loos.

Jean-Baptiste Defaucompret, conseiller au mont-de-piété, et Marie-Catherine-Ernestine Pottier, son épouse.

Pierre-François Deffrennes, notaire à Lille.

Pierre-François Defives, fermier à Loos.

Philippe-Albert Delacourt.

M. de Lespaul.

M. de Madre de Monchy.

Joseph Desbiens, bûcheron à Loos, et Marie-Rose Le Viel, son épouse.

Joseph Descamps.

Sieur Deslobbes.

Jean-Baptiste Desreveaux, arpenteur à Lomme.

Jean-Baptiste Desrousseaux le jeune, notaire à Lille.

Pierre-Joseph Desruelles, fermier à Loos.

Veuve d'Halluin.

M. Dragon.

Augustin Dubayon, maçon à Loos.

Antoine Duhem.

Marie-Françoise Dumortier, veuve de Pierre-Jacques Nolf.

Laurent-Joseph Duriez, praticien à Lille.

Pierre-Antoine-Joseph Finne, fermier à Sequedin, et son oncle Barthélemy Finne.

Nicolas-Joseph Fissier, commis-juré au greffe de la gouvernance de Lille, curateur judiciaire des biens de Marie-Françoise Dumortier, veuve de Pierre-Jacques Nolf.

Flament.
Veuve Fondeur.
Philippe Fontaine. Il possède des terres à Loos et au hameau de Basinghien, paroisse d'Esquermes.
Laurent, Louis et François Franchomme, fils de Jean-Baptiste et de Marie-Marguerite Lefebvre.
Jean Godin, qui possède des terres à Ennequin.
Gilquin.
Heddebault, receveur des biens du comte de Thiennes.
Noel-Dominique Hu, praticien à Lille.
Charles-François Hullin, praticien à Lille.
J. Labbe, clerc paroissial, échevin de la seigneurie de Menin.
Pierre-François-de-Paule Lefebvre.
Elisabeth Legrain, veuve de Joseph Verdière.
Pierre-Joseph Le Leu, notaire à Lille.
Catherine-Thérèse Lernoud, veuve de Jacques Cuignet, fermière à Prémecques.
Dominique François Libert.
Joseph-Louis Loiseau, arpenteur à Seclin.
François-Joseph Louage, marchand à Lille.
Pierre-Augustin Luttun, praticien à Lille.
N. Mangé, d'Haubourdin.
Alexandre Marlière, maçon à Loos, et Thérèse Leblanc, son épouse. Ils demeurent rue de Croix.
Veuve Masquelier.

François-Joseph Martin, praticien à Lille.
Guillaume Mazenghien.
Jean-Baptiste Mazinghien.
Jean Montagne.
Pierre-Martin Mulier.
Sieur Nicole.
Louis-Joseph Nolf, brasseur au Pont de Canteleu, et Marie-Françoise Lefebvre, son épouse.
François-Dominique Pierret, praticien à Lille.
Florent-Joseph Platel, échevin de la seigneurie des Frennes, bailli de la seigneurie de Menin.
Jean-Jacques Potié, lieutenant-bailli de la seigneurie des Frennes et Loos, échevin du Marais et de Menin, fermier à Loos.
Jacques-Ignace Reinguiere, seigneur de Russilly, commissaire des guerres au département de Calais.
Pierre Renaud.
Mathias Roger, maître charpentier à Lille.
Louis-Joseph Rouzé, praticien à Lille.
Charles-Denis-Joseph Sauvage, notaire à Lille.
Nicolas-Joseph Testelin, notaire à Lille.
Pierre-Joseph Vas, fermier à Esquermes, qui meurt en 1772, et sa femme, Marie-Françoise Mazinghien.
François-Marie Watrelos, praticien à Lille.
Jean-Baptiste Wery, praticien à Lille.
Louis Willant, praticien à Lille.
François Zinguedau.

Lieux cités, entre autres :

Le plat chemin, allant du cabaret du Chou à Notre-Dame de Grâce.
La ruelle Plouquet, entre Loos et Ennequin.

Louis XVI (1774-1793).

Après le prince de Rohan-Soubise, mort en 1787, le gouverneur de la Flandre fut le marquis de Castries.

1774-1782. — Figurent dans les actes durant cette période :

Pierre-Joseph Balenghien, notaire à Lille.

Jean-Baptiste Becquart, notaire à Lille.

Louis Bauvin, échevin des seigneuries des Frennes, du Marais, et du Quint du Basinghien.

Hubert Béhague, praticien.

Martin Bernard, laboureur à Wattignies.

Pierre Bigo.

François-Théodore Billau, laboureur à Fretin.

Veuve Joseph Billau.

Pierre Blanquart.

Sieur Blondeau.

Eugène-François Bochart, huissier à verges d'échevins à Lille, fils de François-Joseph.

Louis-Joseph Bonnier, sieur de Layens.

Hubert Bonnier, ouvrier d'huillier au faubourg des Malades, et Marie-Rose Wambre, son épouse.

Guislain-Joseph Boulet, praticien à Lille.

François Bouquillon.

Henri-Vincent-Joseph Bourgeois, praticien à Lille.

Adrien Brame, échevin des seigneuries du Marais, de Menin, des Frennes, du Quint du Basinghien.

Floris-Joseph Brassart, fils de Pierre, maçon à Loos, et Marie-Madeleine Gombert, son épouse.

Etienne-Séraphin-Joseph Bresou, avocat au parlement, bailli des seigneuries des Frennes, du Marais et du Quint du Basinghien.

Jacques-Philippe Bricqueteur, sergent à Haubourdin.

Veuve Adrien Brocart, à Hellemmes.

Charles Buisine.

Pierre-Antoine Buisine, laboureur à Santes.

Guillaume Buisine, d'Esquermes.

Louis-Joseph Burette, laboureur à Santes, Timothée Burette, charpentier à Sainghin, héritiers de Jean-François, charpentier et laboureur à Santes.

Pierre-Joseph Callaert, praticien à Lille.

Jean-Baptiste Carlier, sergent de Loos.

François Caron, praticien à Lille.

Gabriel-Valentin Carpentier, notaire à Haubourdin.

Chuffart.

Marie-Joseph Carpentier, veuve de Nicolas Cordonnier, demeurant à Haubourdin.

Marie-Françoise Chuffart, épouse de Jean-Baptiste Montagne, fermière à Lambersart.

Eugène-Joseph, Jean-Baptiste, Henriette et Isabelle Cordonnier, demeurant à Haubourdin, Antoine-Joseph Petit, brasseur à Lille, et Marie-Madeleine Cordonnier, son épouse, enfants et héritiers de feu Nicolas (1774), marchand-brasseur et fermier à Haubourdin.

Eugène Courouble, échevin des seigneuries du Marais, des Frennes et du Quint du Basinghien.

Hubert-François Crespel, rentier à Esquermes, et Angélique Robert, sa femme.

Pierre-Joseph Crombet, marchand à Wazemmes, et N. Flament, son épouse.

Sieur Cuvelier, de Saint-Omer.

Jacques-François Dautel, notaire à Lille.

Alexandre-François-Louis Debayser, notaire à Lille.

Jean-Baptiste Decourcelle, épicier à Lille.

Pierre-François Deffrennes, notaire à Lille.

François Defives.

Joachim-Joseph Defosseux, arpenteur à Lille.

Ernest, Henriette, Amélie Delannoy, Clément Vandommele et Marie-Joseph Delannoy, son épouse, Pierre Deffrennes, notaire à Lille, et Marie-Elisabeth Delannoy, son épouse, Ignace Delannoy, commis à la manufacture royale de fil et coton de Govet, près Moulins, enfants de Pierre-Ignace-Gabriel Delannoy.

Jacques Delattre, d'Esquermes.

Philippe-Albert Delcourt.

Veuve André Deledicque.

Marie-Madeleine Deleforterie.

Marie-Barbe Deleforterie, veuve de Luc-Joseph Deroivre, à Lille.

Jean-Gervais-Stanislas Delefosse, marchand à Loos.

Jean-Baptiste Delepierre.

Pierre-Joseph-Delerue, laboureur à Loos.

Joseph Descamps.

Jean-Louis Deloiseau, arpenteur à Avelin.

Luc-Constant Deroivre, épicier à Lille.

Antoine-Joseph Desbiens, charron à Esquermes.

Deslobbes.

Michel Desmazières, fils de Philippe, frère d'Antoine, ancien échevin d'Houplines.

Marie-Anne Desmazières, épouse de Joseph-Michel Herbaut; Marie-Christine, épouse de Denis Desdamps; Charlotte-Christine, épouse de Zacharie Ducroquet; Anne-Marie, épouse de Nicolas-Joseph Floore; Marie-Antoinette, épouse de Pierre Viart; Marie-Catherine, épouse de Jean-Baptiste Vaneslandes, enfants de Jean-Philippe Desmazières, demeurant à Pérenchies, Wambrechies, Houplines, Erquinghem et Prémecques.

Jean-Baptiste Desprel, à Loos.

Jean-Philippe Desreveaux, notaire à Linselles.

Louis-Bernardin Desrousseaux, le cadet, notaire à Lille.

Pierre-Joseph Desruelles, laboureur à Loos.

Rose-Blanche Destieux, veuve de Philippe-Charles Dhellin, rentière à Lille.

Marie Catherine Deswert, veuve de Jacques-Gilles Louvet, marchand à Lille.

Pierre-Joseph d'Hennin, sieur de Pille, écuyer, ancien contrôleur ordinaire des guerres.

Dillies.

Discart.

Philippe-Albert Dorchies, notaire à Wambrechies.

Jean-Baptiste Doutreligne, à Lille.

Pierre-Joseph Dubois, journalier à Lesquin.

Albertine-Joseph Ducquet, veuve d'Antoine-Joseph Duhem, à Loos.

Félix Dugardin.

Augustin Duhayon et sa sœur Marie-Joseph.

François Duhem.

Rose Duhem.

Marie-Joseph Dumez, veuve de Pierre-Joseph Billau, à Loos.

Veuve Louis Dumont, à Loos.

Gérard Duponchel, maçon.

Jean-François Duriez, bailli et receveur des 4/5 de la seigneurie du Basinghien.

Jean-Baptiste Facq, marchand de grains à Lille.

Jean-Baptiste Fava, laboureur à Esquermes.

Pierre-Antoine-Joseph Finne, fils de feu Pierre-Antoine, lieutenant de Sequedin, censier, y demeurant.

Sieur Flamend.

Ignace Fondeur, demeurant à Marquette, frère d'Elisabeth.

Philippe Fontaine.

Amé-Joseph Gamot, praticien à Lille.

Jacques Gillequin, maçon à Loos.

François Gillou, journalier à Fournes.

Hubert Gobert.

Marie-Joseph Gobert.

Pierre-François Godelart, fermier à Hantay.

Jean-Baptiste Goubert, journalier maçon, à Esquermes, et Françoise Brassart, fille de Pierre-Antoine son épouse.

Joseph-Marie Placide Gossian, notaire à Lille.

Georges-Louis-Henri Heddebault, receveur des biens des mineurs de Thiennes.

Félix et Charles-Louis Herbaut.

Marie-Clémentine Hespel, douairière de François-Joseph du Sart, écuyer, seigneur de Bouland, lieutenant-général civil et criminel de la gouvernance.

Pierre-Joseph Hochart, praticien à Lille.

Noel-Dominique Hu, praticien à Lille.

Jacques-Dominique-Joseph Jacquerye, écuyer, seigneur de la Croix.

Joseph Labbe, greffier de Loos.

Séraphine-Eugénie Lachery, fille de Simon, notaire à Lille.

Paul Laden, laboureur à Loos. Il achète avec Pierre-François à Wastin, en 1781, le cabaret de Saint-Nicolas.

Pierre-François-de-Paule Lefebvre.

Pierre-Hippolyte Lefebvre.

Jean-Baptiste Le Long, praticien à Lille.

Antoine Lemaire.

Augustine Lemaire, épouse de Christian-Norbert Fiévet, seigneur de Chaumont, collectrice.

Le Mesre de Gruteghem.

Jean-Baptiste Le Mesre, arpenteur et greffier d'Houplines sur la Lys.

Alexandre Le Roy, notaire à Lille.

Denis Leuridan.

Dominique Libert, notaire à Lille.

Macquart, seigneur de Terline, Opove, etc.

Philippe-Joseph Mahieu, négociant à Lille.

Paul Manger, à Lille.

Augustin Mangez, laboureur à Loos.

Joseph-Dominique Marcotte, négociant à Lille, et Jeanne-Thérèse Hayman, son épouse.

Pierre-Ignace Masquelier, laboureur à Loos, et Jeanne-Rose Marlière, sa femme.

Jean-Baptiste Mazinghien.

Louis-Joseph Meigno, praticien à Lille.

Jean-Baptiste Milescamps, laboureur à Santes.

Montagne.

Pierre-François Mourmant, praticien à Lille.

Joseph-Emmanuel Nicolle, rentier à Loos.

Nolf.

Charles Ollivier, fils de feu Antoine et de Marie-Marguerite Charlet.

Pajot.

Placide Panckoucke, négociant à Lille.

J.-J. Potié, fermier, lieutenant-bailli de la seigneurie des Frennes, échevin des seigneuries du Marais, de Menin et du Quint du Basinghien.

F.-J. Platel, fermier, bailli de la seigneurie de Menin, échevin des seigneuries du Marais, des Frennes et du Quint du Basinghien.

Augustin Pronnier et Françoise Pronnier, son épouse.

Pierre-Joseph Pronnier, fermier à Vermelles.

Jean-François Pronnier, fermier et lieutenant de Noyelles-sous-Vermelles. Il achète, en 1774, le cabaret de Saint-Nicolas.

Louis Raoult, notaire à Seclin.

Louis-Joseph Raoult, praticien à Lille.

Louis Raoust, notaire à Ennetières-en-Weppes.

Philippe Rogie, fils de Jean-François, charron et laboureur à Loos, qui achète des propriétés, dont l'une tenue de la seigneurie du Grand-Ennequin, dit Noisette.

Antoine-Joseph Roussel, laboureur à Quesnoy.

Nicolas Testelin, notaire à Lille.

Jean-Baptiste Trachez.

Trésel.

Charles-Joseph Trinel, rentier à Fournes, et Isabelle-Victoire Mullet, son épouse.

Pierre-Ignace Villette, de Lille.

Louis-Joseph Wallart, praticien à Houplines.

Jean-Baptiste Vanhem, laboureur à Loos.

Jean-Baptiste Wartel, avocat au parlement, héritier de demoiselle Pollet.

François-Joseph Wastin, cabaretier à Loos. Il achète (16 septembre 1778) un cabaret tenant à la route de Lille à la Bassée et à la drève. C'est celui bâti pour Catherine Ricquet, veuve Laurent Cardon.

Pierre-François Wastin, laboureur à Loos. Il achète en 1781 le cabaret de Saint-Nicolas, avec Paul Laden.

Jean-Baptiste Wastin, laboureur à Loos.

François-Marie Watrelos, arpenteur à Lille.

Marie-Elisabeth Wattepatte, épouse d'André-François Herts, écuyer, seigneur des Mottes, demeurant à Lille.

Michel-François Waymel, collecteur.

Jean-François Zwinguedau.

Lieu cité, entre autres :

Le bois d'Avesnes, à Ennequin.

1777. *16 décembre.* — Par-devant Me Duriez, notaire à Lille, M. Marie-Clément-Joseph Delespaul, écuyer, seigneur de Fretin, demeurant à Lille, accorde à titre de bail et louage, à Florent-Joseph Platel, fermier à Loos, « toute une ferme et héritage appellée Basinghien, » située audit Los ».

1. Un lieu manoir, granges, portes, étables, bergerie, colombier, jardin, fossés, contenant huit cents, qui constituent le gros du fief de Basinghien, tenant par derrière au chemin d'Esquermes à l'église de Loos, aux terres du fief de la petite Anglée, au jardin de la cense.

2. Des terres, situées à Loos et Esquermes, tenues du domaine de Phalempin, de MM. de Saint-Piat et du fief d'Avesnes.

3. « Deux bonniers un cent ou environ de terres à labour, en une
» pièce, faisant la moitié du gros du fief de la seigneurie du petit
» Menin, tenans au chemin menant d'Ennequin a l'hôtel des Frennes
» et a la piedsente menant dudit Ennequin a Los et a l'autre moitié
» du petit Menin. »

Le tout comprend environ vingt-deux bonniers.

Le bail, fait pour neuf ans, commencera à la saint-Remy 1780 pour les terres, à mi-mars 1781 pour la ferme.

Le loyer, payable en deux termes, saint-Remy et mi-mars, sera de douze cents florins. Le premier terme sera payé à saint-Remy 1781.

Les tailles, dixièmes, vingtièmes et autres impositions, les rentes foncières, sous-rentes, rentes seigneuriales et anciennes redevances, seront supportées par l'occupeur. Celui-ci sera également tenu de bien fumer, labourer, cultiver les jardins et terres à labour, selon la coutume du pays ; il prendra soin des chemins, fossés, cours d'eaux, ponts, planches, « appuielles, frettes et carrières » ; il entretiendra les édifices de la ferme, « bien et suffisament de couverture, placage, soulage, » éteints de pluies et de soleil, mettra en œuvre sur lesd. couvertures » cent gluys[1] a neuves lattes de quatorze à quinze pausmes de grosseur » par chacun an et rapportera aussi chaque année le certificat du » couvreur qui les aura employé et ce, dans les endroits les plus » necessaires, et ce qui ne sera pas employé dans une année le sera dans » l'autre et les suivantes, de sorte qu'il sera fait compte a la fin du bail » du nombre desdits gluys qui auront été employés et de ce qui pourra » rester à employer et mettre en œuvre sur le pied que dessus » ; le preneur en paiera le prix au bailleur.

Le preneur ne pourra abattre aucun arbre sans le consentement du bailleur ; les arbres à fruits qu'il conviendra d'abattre, à cause de vieillesse ou caducité, produisant au-dessous de quinze « fachaux », appartiendront au fermier, qui en fera replanter à ses frais aux mêmes endroits. Celui-ci pourra couper et « epincher » aux haies, « hallots »,

---

1. Le glui est la grosse paille de seigle dont on couvrait les toits.

à bouche d'homme et non au-dessous ; aux autres bois montants, « si avant que happes et ferments ont accoutumés d'avoir cours ».

Le bailleur pourra faire planter tels arbres et bois que « bon luy » semblera, abbattre tous bois montans qu'il trouvera bon ».

A la fin du bail, le preneur devra laisser trois bonniers en jachère, avec faculté toutefois de planter des « naveaux » sur un bonnier. Il laissera également quarante « chartées de fumiers ».

Le seigneur bailleur réédifiera la ferme, si elle vient à être brûlée ou ruinée par la foudre ou la guerre, mais le preneur sera libre de faire fin de bail ; les pertes de même nature aux récoltes seront compensées par une diminution de paiement.

Enfin, le preneur fera quatre corvées avec ses chevaux et chariots où le seigneur lui indiquera.

« Les deux carins l'un sur la motte, l'autre vis-à-vis la porte de la » ferme appartiennent au prenneur, attendu qu'il les a fait faire a ses » depens. »

Le 16 décembre 1777, Florent Platel paie au seigneur bailleur 1200 livres de France à titre de pot-de-vin ; dans le courant du mois de mai suivant, pareille somme sera encore versée. Les domestiques de M. de Lespaul de Fretin recevront 96 florins de France [1].

1779. *26 mai*. — Par-devant Mᵉ Pierre-Joseph Ballenghien, notaire à Lille, Joseph-Auguste Fondeur, rentier à Lille, vend à Félix-Joseph Dugardin, négociant à Lille, un lieu manoir et des terres situées près de la drève qui conduit à la Haute-Deûle et tenant au sieur Malatiré.

1780-1792. — Septième recueil de registres.

Les recommandations pour une tenue sérieuse des registres deviennent de plus en plus pressantes. On y joint une ordonnance royale relative aux devoirs imposés aux curés et desserviteurs chargés de relater les actes principaux de la vie de leurs paroissiens. Les tableaux statistiques sont tous remplis, sauf celui de 1792. A l'examen, on constate que la population de Loos diminue d'année en année. Le total s'élève à 337 naissances, 380 décès, 96 mariages, soit en moyenne par année 28 naissances, 31 décès, 8 mariages. Le chiffre le plus élevé de décès est, en 1791, de 47, le plus bas, en 1781, de 22 ; en 1782, il y a 19 naissances, en 1791, 36 ; en 1780, on célèbre 3 mariages, en 1791, 14.

Le 2 décembre 1783, les Bigotte-Desruelles ont quatre jumeaux qui meurent le même jour.

« Le 26 décembre 1788, maître Jean-Philippe-François Dubois, curé » de la paroisse de Los, âgé de 72 ans, a été inhumé dans le cimetière

---

[1]. M. Anatole Platel, arrière-petit-fils de Florent Platel, nous a communiqué quelques documents relatifs aux fermes du Mortier et du Basinghien.

» de ladite paroisse, en présence de maître Desbonnet, curé
» d'Esquermes, et de frère Raoust, religieux de l'abbaie de Los,
» lesquels ont signé le present acte comme témoins.

» F. Raoust, rel. de Los. Desbonnet, curé d'Esquermes.
» Laílou, curé de Wazemmes, doyen de chrétienté. »

Le 7 février 1792, André Sauvage commence à signer les actes.

1782. *20 janvier*. — Mort de M. Jacques-Charles Le Thierry, fils de Charles-Simon, petit-fils de Charles. Il épousa Marie-Anne de Bonneval, dont il eut :

Charles-Marie-Désiré, seigneur d'Ennequin et de la Boutillerie, mort en 1858. Ses enfants furent :

Joseph-Désiré, maire de Lille, mort en 1834.

Urbain-Charles, mort en 1868.

Lucien-Marie, qui eut pour enfant :

Lucien-Joseph Le Thierry, époux de Mlle Bocquet.

La douairière et les enfants de M. Jacques-Charles Le Thierry héritaient de ses propriétés d'Ennequin-Monnoyer et d'Ennequin-Noisette.

22 janvier. — Mort de dom Boniface Breton. — Le 14 avril suivant lui succède dom Antoine Billau, 41e et dernier abbé.

Celui-ci reçut la même année :

Elie Deleplanque, de Capelle en Pévèle ; Jean-Baptiste-Chrysogone Caupin, de Fampoux ; Louis Langreau, de Hensies ; Pierre-René Maréchal, de Bergues-Saint-Winoc.

A cette époque, dans la seule châtellenie de Lille, l'abbaye possédait des biens à Annappes, Armentières, Attiches, Ascq, Chéreng, Ennevelin, Esquermes, Emmerin, Erquinghem-le-Sec, Ennetières-en-Weppes, Escobecques, Faches, Houplines, Houplin, Herlies, Loos, Lesquin, Lomme, Lezennes, Marcq-en-Pévèle, Marcq-en-Barœul, Nomain, Noyelles, Prémesques, Radinghem, Sailly-lez-Lannoy, Salomé, Sequedin, Seclin, Templeuve, Tressin, Verlinghem, enfin à Lille, sur les paroisses Sainte-Catherine, Saint-Etienne et Saint-Pierre.

1783. *3 septembre*. — Traité de Versailles, qui met fin à la guerre d'Amérique.

26 mai. — Rapport et dénombrement, fait par Marie-Anne-Françoise de Bonneval, veuve de Charles-Jacques-Joseph Le Thierry, mère et tutrice de Charles-Marie-Désiré et Marie-Aldegonde Le Thierry, du fief et seigneurie de la Haye d'Ennequin, dit Monnoyer, à messire Alexandre-Louis-François, marquis de Croix, comte de Bucquoy, seigneur d'Allennes sur les Marais et autres lieux :

1. Gros du fief : 8 cents de terre à labour, à Wattignies, tenant au chemin du Blanc Riez.

2. Un flégard, consistant en un touquet gisant au hamel d'Ennequin, paroisse de Loos.

3. La moitié de trois cents de terre à Wattignies.

4. Des rentes seigneuriales, sur trente bonniers ou environ d'héritages, tenus de cette seigneurie, et situés à Wattignies, Loos, Sequedin, Hallennes-lez-Haubourdin, Englos et environs.

5. Plusieurs fiefs : le fief et seigneurie de Lambel, à Loos, appartenant aux enfants de M. Le Clément de Saint-Marcq, demeurant à Tournai ; un fief à Ennequin appartenant aux héritiers de M. Petitpas de la Potennerie ; un fief au mont d'Emmerin, appartenant à Lambert Bonvin et Marie-Anne Thibault, sa femme ; un autre fief à Ennequin, appartenant aux héritiers de Bonaventure Franchomme.

6. Justice de vicomte.

Les occupeurs des terres sises à Loos sont :

Charles-Louis du Château de le Ville, trésorier de la ville de Lille;
Henriette-Albérique Castellin, épouse de Guillaume-Frédéric Bécuve.
Enfants de Denis-Joseph-Marie Potteau de la Chaussée.
Jean Descamps, de Wattignies.
Jean-Baptiste et François-Emmanuel Quecq.
M. de Surmont de Bersée, conseiller-secrétaire du roi.
Héritiers d'Alexandre Verdière.
Jean-Guilbert Dubéron.
M. le Mesre de Gruteghem.
Pierre-Antoine Pottier, de Laventie.
Fontaine, à cause de Monique des Mazures, sa femme.
Héritiers de Nicolas Charles.
Jean-Baptiste Lemoiné.
Hoirs de Thérèse Gombert, épouse d'Honoré-Etienne d'Obeignies.
Hoirs de Jean-Baptiste Gombert.
André Ficquet.
Marie Castellain, veuve de Philippe Goudeman.
Catherine Delecroix, épouse de Jean-Baptiste Cogniel, d'Escobecques.
Enfants de Pierre-Antoine Finne et Marie-Barbe Beudar.
Emmanuel Magloire.
Joseph-Marie Casier.
Abbé et religieux de Notre-Dame de Los.
Marguerite Potteau, veuve Desbuissons.
M. Wartel, avocat à Lille.
Marie-Madeleine Legrand, épouse de Philippe Dassonville, de Noyelle.
Bonaventure Franchomme.
Marie-Anne-Joseph Desrousseaux, épouse du sieur Cuvelier, receveur de l'hôpital-général.
Marie Delanée.

Catherine Denis.
Mlle Pajot, épouse de M. Verghelle, de Lille.
Mlle Rose Regnault, épouse de M. Bernier Dumetz.
Jeanne-Thérèse Finne, épouse d'Eugène Courouble.
Charles-Louis Delebecque, de Lille.
Dominique Delannoy et Marie Buisine, son épouse.
Pierre Guermonpré et sa femme Elisabeth Buisine.
Augustin Mangé et Elisabeth Desrousseaux, sa femme.
Guillaume Buisine.
François, Rufine et Victoire Boutry.
Enfants de Théodore Charles Hovin.
Robert, Jean-Baptiste, Pélagie et Marie-Rose Duthoit, épouse d'Auguste-Joseph Pennel, enfants de Marie-Joseph Deledicque, épouse d'Alphonse Duthoit.
Joseph-Chrétien, Thérèse-Geneviève et Henriette-Eugénie Massiet du Biest.
Marie-Joseph Legrand, femme de Jean-Baptiste Barbery.
Les pauvres de Loos.
Enfants d'André Deledicque et Marie-Elisabeth-Joseph Zinguedau.
Florent-Joseph Platel.
Sieur Bernard, raffineur de sucre à Lille.
Laurent-Joseph, Louis-Joseph-Marie et François-Joseph Franchomme et Louis-François-Ernest Bauvin, neveux et héritiers de Bonaventure Franchomme.

22 juillet. — Voici, à titre d'indications, la nature des débours nécessités pour devoirs de relief, foi et hommage d'un fief :

Aux sergents pour assemblée de loi et autres devoirs rendus ; aux bailli et hommes de fief pour leur assemblée extraordinaire ; auxdits pour « féauté » et hommage ; aux mêmes pour la connaissance du serment et continuation du responsible ; au greffier pour son assemblée et droit d'acte ; au même pour expédition des lettres de relief et insération de la procuration, compris seing et le scel, formation du rapport et dénombrement sur velin, expédition des lettres de récépissé dudit dénombrement et formation de cet état en double ; frais pour pain et vin présentés ; pour vacation, minute et passation de la procuration, vacations pour le paiement des droits et l'accomplissement des devoirs de relief, la remise de toutes les pièces à l'intéressée, enfin salaire du procureur spécial pour tous ses devoirs.

Le total est de 73 florins 6 patars.

L'acte qui nous fournit ces renseignements est le relevé des frais payés pour la seigneurie de la Boutillerie, à Wattrelos, à la mort (1782) de M. Jacques-Charles Le Thierry, par sa douairière, Mme de Bonueval.

Au XVIIIe siècle, l'on apposait dans les églises de Lille une affiche, dont la rédaction était celle-ci :

« Dimanche prochain.. du mois de Juillet, dans l'Octave de la Visitation
» de la Glorieuse Vierge Marie, à la Chapelle érigée au Village de Los,

» sous le Titre de Notre-Dame de Grace, on célébrera l'Anniversaire
» de la Dédicace de ladite Chapelle ; auquel jour il y aura Indulgence
» plénière pour tous les Fidèles Chrétiens qui, confessés et communiés,
» la visiteront et y prieront pour l'exaltation de Notre Mère la Sainte
» Eglise, l'union des Princes Chrétiens et l'extirpation des hérésies.

» Vers les neuf heures, Messieurs les Religieux de l'abbaye de Los
» viendront y chanter la Messe solemnelle, le Salut à trois heures, suivi
» de la Bénédiction du Très Saint Sacrement.

» Notre Saint Père le Pape a accordé cent jours d'indulgence à ceux
» et celles qui assisteront dévotement aux Litanies et autres Offices qui
» s'y chantent les Dimanches, Fêtes et autres jours de l'année.

» On prie le Peuple d'y assister avec dévotion »[1].

1783-1789. — Actes d'où sont extraits les noms qui suivent:

Jacques-François Abraham, huissier à Lille.

Louis Bacqueville, homme de fief de la salle de Lille.

Pierre-Joseph Ballenghien, notaire à Lille.

Louis Bauvin, échevin des seigneuries des Frennes, de Menin, du Marais.

Pierre-Joseph Beaucourt, orfèvre à Lille.

Théodore-Joseph Becquart, homme de fief de la salle de Lille.

Amand Béghin, sergent de Loos (1784).

Eugène-Joseph Béhagle, demeurant à Estaires.

Séraphine Béhagle, veuve de Jean-Baptiste Duriez, marchande à Lille.

Philippe-Joseph Béhagle.

Jacques-François Bellangez, d'Haubourdin.

Jean-Baptiste-Joseph Bernard, notaire à Lille.

Veuve Joseph Billau.

Louis-Joseph Boutry, praticien, Lille.

Pierre-François Buchet, maçon à Haubourdin.

Jean-Baptiste Carlier, sergent de Loos.

Gabriel-Valentin Carpentier, notaire à Haubourdin.

Pierre Chuffart et Rose Dupont, sa femme.

Me Come, notaire à Saint-Omer.

Eugène-Joseph Courouble, échevin des seigneuries des Frennes et de Menin.

Jean-Joseph Cramette, fermier à Noyelles, et Angélique Roger, son épouse.

Pierre-François-Joseph Cuvelier, inspecteur des fermes du roi à Saint-Omer, et Anne Desrousseaux, son épouse.

Charles-Louis Delannoy, fermier à Houplines, et Françoise-Alexandrine Laloy, son épouse.

Jacques-Joseph Delattre, fils de feu Jean-François, laboureur à Emmerin.

Marie-Madeleine Delefortrie, veuve de Charles Rohart, Wez-Macquart.

Jean-Baptiste Delepierre.

Mme Delespaul.

Charles-Antoine Denoyelle, fermier à Loos, qui achète le Champ cornu à Haubourdin.

---

1. De l'imprimerie de Léonard Danel, rue des Manneliers, à la Sorbonne. — Albert-Léonard Danel s'établit imprimeur rue des Manneliers en 1783, peut-être avec B. Brovellio (Brovellio avait pour enseigne à la Sorbonne et l'affiche que nous reproduisons donne la même enseigne pour L. Danel), pendant que son père, Paul-Liévin, conservait sa librairie sur la Grand'Place. A la mort de celui-ci (1780), Albert-Léonard rentra dans l'ancienne maison des Danel. — *Imprimeurs Lillois; Bibliographie des impressions lilloises (1595-1700)*, par J. Houdoy. Paris, 1879.

François-Marie de Renty, tabellion et garde-note héréditaire à Lille.

Jean-Baptiste Derveaux, arpenteur-juré à Comines.

Antoine-Joseph Desbiens, maître-charron à Esquermes.

Veuve Pierre Desmadrilles.

Louis-Bernardin-Joseph Desrousseaux, notaire à Lille.

François Destieux.

Benoit-Joseph Dubois, ménager à Loos, et Marie-Madeleine Lepers, sa femme.

Marc Dubois, fermier à Loos.

Joseph Dubureq, de Wazemmes.

François-Joseph Duez, ouvrier charpentier à Loos.

François Duhem.

Jean-Baptiste Dumont, cabaretier.

Pierre-Joseph Dupont, négociant à Lille, rue des Bonnes-Filles.

André-Joseph Dupont, notaire, Lille.

Guillaume-François-Joseph Duretz, prêtre à Lille, et sa sœur, dame Warembourg.

Louis-Joseph Duriez, notaire, Lille.

Jean-Baptiste et Catherine Facq, marchands à Lille.

Joseph Gilbert.

Placide Gillequin.

Adrien-Joseph Gobert, maçon, Lille.

Louis-Bauduin-Joseph Gruson, négociant à Lille.

Georges-Louis Heddebault, bailli des seigneuries des Frennes et du Marais.

Joseph Labbe, greffier.

Jean-Baptiste Laden, laboureur à Loos.

Louis-Joseph Laloix, meunier et fermier à Frelinghien.

Marie-Anne-Henriette Laloy, veuve de Pierre-Antoine-Ignace Nicole, conseiller du roi à la gouvernance de Lille, rue d'Angleterre, paroisse Saint-Pierre. Aimable-Isabelle-Antoinette, sa fille, et Joseph-Emmanuel Nicole, son beau-frère.

Paul-Antoine-François Lambert, praticien à Lille.

Joachim-Joseph Laurent, praticien à Lille.

Pierre-Joseph Lecat, cabaretier à Loos.

François-Célestin Lecocq, praticien à Lille.

Enfants Jean-Baptiste Lecocq.

André-Joseph Lefebvre, marchand sayeteur à Lille.

Veuve Charles Lemaire.

M. Le Mesre.

Me Leroulx, notaire à Saint-Omer.

Jean-Baptiste Lescaillez et Marie-Catherine, sa sœur.

Antoine-Joseph Liénart, praticien à Lille.

Sieur Louage.

Pierre-François-Félix-Augustin Marcotte, marchand à Lille ; Louis-Joseph-Dominique Marcotte, conseiller du roi au bailliage de Lille ; Jean-Charles Marcotte, marchand à Tournai ; Marie-Catherine-Marceline et Agnès-Norbertine Marcotte, frères et sœurs, enfants de feu Joseph et de Jeanne-Thérèse Heyman.

Alexandre-Joseph Marlière, maître-maçon à Loos.

Louis-Joseph Mauroy, bailli de la seigneurie de Lannoy, dite de la Haye, à Esquermes, Loos, Wazemmes.

Jean-Baptiste, Marie-Thérèse, Marie-Françoise, Amélie, Séraphin Mazinghien, laboureurs à Lesquin, Loos, Lille.

Jacques-François Mazinghien, rentier à Fives.

Pierre-Joseph Mazinghien, cabaretier à Templemars, et Jeanne-Catherine Leclercq, sa femme.

Joseph Mortelecque, arpenteur à Lille.

Moyeux.

Louis-Joseph Nolf, à Esquermes.

Alexis-Joseph Olivier, « carriéreur » à Loos.

Isabelle-Agathe Pajot, douairière de messire Jacques-Joseph-Marie de Verghelles, comte de Sainghin.

Marie-Anne Pamel, veuve Etienne Lamour.

Dorothée Picavet, veuve de Pierre-François Nolf, demeurant à Linselles, et son fils Amé-Antoine Nolf.

Florent Platel, fermier, bailli de la seigneurie de Menin, échevin des seigneuries des Frennes et du Marais.

Jean-Jacques Potié, fermier, lieutenant-bailli des seigneuries des Frennes, de Menin et du Marais.

Louis - Joseph Raoult, notaire à Ennetières-en-Weppes.

Marie - Agnès - Philippe Ringuière, épouse d'Antoine de Reaucourt, ancien substitut du procureur général du roi, demeurant à Douai.

Albertine-Pélagie Ringuière, épouse de Louis-Renard de Houchin, chevalier de Saint-Louis, demeurant à Lille.

Philippe Roger, charron à Loos.

Louis-Joseph Rouzé, homme de fief de la salle de Lille.

Charles-Emmanuel-Joseph Théry, notaire à Lille.

Louis-Liévin Wahez, teinturier à Lille.

Pierre-Joseph Wamble, laboureur et maçon à Loos.

François-Marie Watrelos, notaire à Lille.

Thomas - Marc Widehen, notaire à Lille.

François Zinguedau.

1784-1785. — Occupeurs de la seigneurie d'Ennequin, dit Noiset, possédée par la famille Le Thierry :

Louis Bauvin.
Ferdinand Blondel.
Pierre-Louis Castel.
Duthilloeul.
Jean-François Destieux.
Paul Delatre.
Veuve Delobel.
Jean Delangre.
Charles-Antoine Desnoyelle.
Philippe Duponchel.
Jean-Baptiste Delefosse.
Veuve André Delos.
Enfants d'André Deldicque.

Floris Deroulers.
Etienne Grave.
Jean-Baptiste Leuridan.
Veuve Adrien Pinte.
Veuve Charles Lépée.
Pierre Le Moisne.
Joseph Lenglin.
Veuve Pierre-François Madoux.
Philippe Raoust.
Pierre Roussel.
Pierre-François Thibaut.
François Valentin.
Pierre Vanaverbeke [1].

1784. — Les habitants ayant prié l'évêque de Tournai de leur donner un vicaire en titre, en raison de l'accroissement de population (884 grandes personnes), il est reconnu que les religieux de l'abbaye se prêtent volontiers au ministère et le frère Raoust est spécialement chargé de la vicairie.

1785. 10 mai. — Lettre par laquelle M. Desbiez, doyen du chapitre de Saint-Piat, de Seclin, prie le comte de Thiennes de vouloir bien reconnaître comme appartenant au chapitre des arbres croissant sur le chemin de l'Epinette, les terres qui confinent vers le nord à ce chemin étant sans contredit mouvantes de Saint-Piat.

1786. — D'après un « Chasserel pour Jean-Baptiste Trachez, égliseur

---

[1]. Les documents concernant les propriétés de la famille Le Thierry nous ont été communiqués par Mme Le Thierry-Bocquet.

» de Los des années 1785 et 1786 », les débiteurs de rentes pour les biens de l'église, situés à Lille, Loos, Esquermes, étaient :

Honoré.	François Blanquart.
Jean-Baptiste Wastin.	Antoine Le Mesre.
Wanzeler.	Joseph Desbiens.
Enfants Pierre Chuffart.	Arnould Duflos.
Pierre-Joseph Mazinghien.	Pauvres de Loos.
Hoirs Simon-Jude Brame.	Hubert Gobert.
Jean-François Zuingbedau.	Veuve Augustin Bacquera.
Jean-Jacques Potié.	Adrien de le Croix.
Pierre-Joseph Ghesquière.	Veuve André de le Dicq.
Philippe Rogez.	Sieur Heddebault, receveur du comte de Thiennes.
Philippe Fontaines.	
Pierre Lallemand.	Sieur Dehaut, receveur de la bourse commune des pauvres de Lille. — (Reçu de Labbe, clerc, par Vincent Trachez, au nom de son père.)
Jacques Lepers.	
François Duhem.	
Veuve Defives.	
	Eugène-Joseph Courouble.

Ces rentes ont produit pour les années 1785 et 1786 une somme de 351 livres 6 deniers. Il y a d'autres recettes : les herbes du cimetière, les « épinchures » des arbres, la « queste qu'on fait pour l'église », le « pourchat » des dimanches et fêtes, le produit des chaises (320 livres). Ces recettes montent en tout à 375 livres 2 sols.

Si l'on ajoute 9 livres 5 sols pour vente « d'un arbre qu'il a casse » du ven de la sementier », on arrive au revenu, pour les deux années, de 735 livres, 7 sols, 6 deniers.

Les dépenses — durant le même temps — pour honoraires au pasteur et au clerc, pour le vin, pour l'entretien et le blanchiement du linge, y compris la somme due au greffier pour formation du chasserel, s'élèvent à 435 livres 12 sols.

On célébrait des obits pour :

Florent et Renaud de Warenghien.	M. Segond. (Les messes se disent en carême avec distribution de six rasières de blé converti en pains aux pauvres y assistant, plus vingt pains de deux patars et vingt harengs.)
Maître Dorchies, vivant pasteur de Los.	
Bonaventure Hardempont.	
Jean Nouclercq.	
Le sieur de la Haye.	
Dame Hélène de Bonnières.	M. et Mme du Moulin et toute la famille.
Jeanne Plancques.	
Isabeau Le Maire.	Sieur d'Oignies.
Frère Jean Raoust.	Marguerite-Anne Vignoble.
Antoinette Lascelin.	Louis et Martine Grimbel et leurs père et mère.
Maitre Ant. Wilmez.	
Jeanne Messéant.	Marie Vignoble.
Antoine Le Cocq.	Jeanne Mordacq et Marie Deroubaix.
	Pierre Plantefève.

Des fondations étaient faites pour la messe de *Missus*, celle du

Saint-Nom de Jésus, les obits des trois jours des Rogations, les messes du Vénérable Saint-Sacrement.

Enfin, une certaine somme était affectée à l'achat des saintes-huiles et à la « visitation du doyen ».

1787. — Le château de Landas est possédé par Jean-Baptiste-Antoine Le Mesre, dont la fille épouse, le 17 avril, Casimir-Albéric-Marie Castellain, seigneur d'Escleps, fils du seigneur de Vendeville, Escleps et Lispré.

1788. — Une fièvre « putride, maligne et vermineuse » règne dans les environs de Lille ; la grippe sévit en même temps d'une manière très prononcée[1].

Les rigueurs de l'hiver, les doléances du commerce, les mécontentements, la propagation des doctrines dangereuses, tels étaient les symptômes particuliers, qui, dans la contrée, précédaient les catastrophes qui allaient affliger la France.

6 novembre-12 décembre. — Assemblée des notables, convoquée par Necker. On se contente d'élaborer une loi électorale, mais on ne réussit pas à calmer les esprits excités par les brochures et les clubs.

26 décembre. — Mort de Me Jean-Philippe Dubois, curé.

1789. *4, 11, 19 janvier*. — Les assemblées des députés du clergé et de la noblesse se tiennent au refuge de l'abbaye.

24 janvier. — Necker publie le règlement des élections. Des 1200 députés à élire, 300 représenteront le clergé, autant la noblesse et 600 le tiers-état.

Mars. — Aux assemblées préliminaires des trois ordres, figurent comme envoyés :

1° Pour le clergé : dom Antoine Billau, abbé de Loos.

2° Pour la noblesse : Louis-Gaétan-Philippe-Guislain, chevalier, seigneur de Loos, comte de Thiennes.

3° Pour le tiers-état : Florent Platel, Floris Deroullers.

---

1. Derode.

Chaque ordre devait rédiger ses cahiers et nommer ses députés aux États-Généraux.

Le tiers-état (J.-J. Potié et F.-J. Platel, pour Loos [1]) exposait ses revendications contre les grands baillis et demandait une administration exclusivement provinciale.

La noblesse de la châtellenie réclamait le principe de l'élection des magistrats, le maintien de la liberté individuelle, l'abolition des privilèges, la liberté indéfinie de la presse, la suppression absolue de la censure.

Quant au clergé, il demandait que l'on votât par ordre et non par tête. Il sollicitait des mesures sévères contre les blasphémateurs et les auteurs de pièces de théâtre; il réclamait le respect du secret des lettres, la liberté de la navigation, l'abolition des lettres de cachet, la liberté individuelle, la révocation de tout privilège exclusif.

2-5 mai. — Ouverture des États-Généraux.

17 juin. — Les députés du tiers se proclament Assemblée nationale.

LA CONSTITUANTE

1789. *9 juillet.* — L'Assemblée nationale prend le titre d'Assemblée nationale constituante.

12, 13, 14 juillet. — Le peuple de Paris, enflammé par les agitateurs des clubs, se soulève et s'empare de la Bastille, dont il tue le gouverneur.

23 juillet. — Louis de Thiennes est nommé commandant des milices bourgeoises de Lille, avec le chevalier de Bryant et M. Béghin de Buzelin : c'est l'origine de la garde nationale. Le 25, le comte de Thiennes demande à la municipalité de Lille, en raison de la gravité des évènements, de faire poser partout des réverbères et d'ordonner à tous les volontaires de se tenir prêts pour le premier signal. Il insiste pour que tous les bureaux soient concentrés à la maison commune ; d'après son conseil, une proclamation est adressée aux habitants de la ville et à ceux des campagnes, pour les instruire sur ce qu'ils ont à faire

---

[1] Spriet.

et les mettre en garde contre les frayeurs que des nouvelles mensongères ne manqueraient pas d'amener[1].

4 août. — Le clergé et la noblesse sacrifient leurs privilèges, le tiers-état abandonne les franchises des villes et des provinces et les droits des corporations.

Les différentes seigneuries de Loos sont dès lors supprimées.

5 septembre. — Déclaration des droits de l'homme.

6 octobre. — L'Assemblée nationale ordonne une contribution patriotique dont le versement sera fait avant le 1er avril 1792. Elle se transporte de Versailles à Paris.

La souscription de Loos (2 janvier 1790) porte les noms de Louis-Gaétan de Thiennes, comte de Loos, Antoine Billau, abbé, Nicolas Chevalier, chapelain de Notre-Dame de Grâce, Florent-Joseph Platel, Jean-Jacques Potié, Pierre Ghesquier, Eugène Courouble, Louis Bauvin, Paul Laden, Joseph Labbe, Jean-Baptiste Delahaye, curé (depuis le 9 août — son vicaire fut, à partir de mai 1790, Jean-Baptiste Salengros, religieux), Pierre-Floris Deroullers, Adrien-François Leroux, Philippe Gilquin, François Defives, Pierre Desruelles, François Wastin, Pierre-François Debuchy, François Deledicq, Jean-Baptiste Desprets[2].

2 novembre. — Les biens du clergé et des émigrés sont mis à la disposition de la Nation.

RÈGLEMENTS ADMINISTRATIFS DIVERS EN USAGE A LOOS VERS 1789.

I.

Un arrêté de la Cour du parlement de Douai, en date du 12 août 1785, ordonne à tous fermiers, laboureurs et autres personnes qui vendent et débitent des grains dans les villages ou fermes, de se servir à l'avenir des mesures étalonnées sur la mesure matrice, déposée dans le chef-lieu à l'usage duquel ils ont coutume de se conformer, à peine de vingt-cinq florins d'amende pour la première contravention et de cinquante pour la seconde et d'être, en outre, poursuivis extraordinairement.

---

1. Derode.
2. Spriet.

II.

« Règlement des bailli, lieutenant et échevins de la terre et seigneurie
» de Los, châtellenie de Lille.

» Etant important d'empêcher efficacement les dégradations aux
» chemins, Ponts et Chaussées de la paroisse de Los, causées par les
» charriots chargés d'un poids excessif de Pierre blanches, dites
» moëlons,

» Nous avons réglé et ordonné ce qui suit :

» ARTICLE PREMIER. — Les conducteurs de moëlons ne pourront à
» l'avenir et à compter du premier juin prochain, conduire des moëlons
» qu'à petites voitures dans les chemins de la Paroisse dudit Los,
» notamment celui des Olivaux, ceux d'Ennequin, d'Avennes, de
» l'Epinette et des Postes, avec deux chevaux dans les susdits chemins
» jusqu'au pavé de Lille conduisant à Haubourdin et un cheval par
» voiture depuis ledit pavé de Lille à Haubourdin pour traverser le
» restant des chemins jusqu'au canal de la haute-Deûle, lieu de leur
» déchargement.

» II. — Réglons que le poids de la voiture est fixé depuis le premier
» mai jusqu'au dernier octobre de chaque année, à deux mille cinq cens
» livres, et depuis le premier novembre jusqu'au dernier avril à quinze
» cens livres. Faisons défense à tous voituriers de conduire des moelons
» au-delà du poids ci-dessus désigné, avec un cheval, au-dessus dudit
» pavé de Lille conduisant à Haubourdin pour traverser le restant des
» chemins pavés ou non pavés, spécialement dans la rue Marais,
» conduisante audit canal de la haute-Deûle.

» III. — Faisons défense à tous chartiers de voiturer lesdits moëlons
» dans tous les chemins de la Paroisse dudit Los, sans avoir au préalable
» fait jauger leurs charriots, et avant que leurs dits charriots n'aient été
» marqués des armes du seigneur de Los, dans les endroits qui sont
» indiqués pour tous les charriots qui chargent lesdits moëlons pour les
» conduire au rivage de la Basse-Deûle.

» IV. — Déclarons que lesdites jauges soient vérifiées deux fois chaque
» année, savoir : le dernier avril, pour le travail de l'été, et le dernier
» octobre pour le travail de l'hiver.

» V. — Défendons que lesdites voitures puissent être chargées au-delà
» des planches de devant et de derrière de leur train, lesquelles
» devront toujours être placées dans lesdites armes, qui seront
» appliquées sur les deux côtés du charriot et dont la charge ne pourra
» surpasser la hauteur.

» VI. — Enjoignons aux sergens et autres préposés à la conservation
» des chemins, Ponts et Chaussées, d'arrêter les charriots des
» contrevenants au règlement ci-dessus et de mettre leurs chevaux en
» fourrière à leurs dépens jusqu'à ce qu'il en soit autrement ordonné.

» VII. — Que le présent Règlement soit exécuté en tous ses points,
» à péril de vingt-quatre florins d'amende, dont moitié au profit du
» Dénonciateur, et l'autre moitié contournable au soulagement des
» pauvres de la paroisse de Los, et de plus grande peine, le cas
» échéant, et les dépens.

» Fait en notre Chambre échevinale, étant assemblés, le neuf mai 1789.
» Etoient signés : J.-J. Potié, F.-J. Platel, E.-J. Courouble, L. Bauvin.
» — J. Labbe, greffier, par ordonnance. »

III.

D'après les arrêtés pris par les bailli et échevins de la seigneurie, les cabaretiers ne pouvaient, sans contravention, donner à la bière ou au vin une valeur supérieure à celle fixée par l'autorité municipale. La bière coûtait généralement deux sols de France la pinte ; le prix, certifié par le greffier, en était affiché dans les estaminets.

Elle devait être potable et au moins égale en qualité à celle qu'offraient les débitants des villages voisins. La vente n'en était permise qu'après dégustation officielle ; si l'épreuve n'était pas favorable, le cabaretier était tenu de répandre immédiatement sa marchandise. Les pots et bouteilles, de la contenance d'un lot, d'un demi-lot, d'une pinte, étaient, comme les rondelles, visités annuellement, jaugés et poinçonnés à une lettre chaque fois différente ou aux armes de la seigneurie. Les pots et bouteilles étaient munis les premiers d'un clou, les secondes d'un collier.

Les vérifications s'étendaient encore aux aunes des tailleurs et aux poids et balances des épiciers, graissiers, boulangers, marchands de tabac. Les aunes, à chaque extrémité, devaient être garnies d'os ; les poids et balances ne pouvaient être d'autre matière que de cuivre.

Les pauvres bénéficiaient de la moitié des sommes produites par les amendes.

IV.

a. — Lettre écrite par M. le procureur général du Parlement de Flandre à M. Denise, prêtre desserviteur de la paroisse de Noyelles, en date du 29 mai 1781.

« Les officiers de la terre et baronnie de Noyelles m'ont communiqué,
» Monsieur, un réquisitoire que leur a présenté le bailli, par lequel
» il se plaint de ce que vous voulez vous immicer dans le droit
» d'ordonner la sonnerie des cloches de cette paroisse et demande qu'il
» soit ordonné que, conformément à l'observé de tous temps en la dite
» Eglise et au règlement fait par les dits officiers, en exécution d'un
» arrêt du parlement de 1762, les cloches soient sonnées pour les
» offices, savoir depuis Pâques jusqu'au jour de S. Remy, le premier

» coup pour la messe des dimanches à sept heures et demie et le
» second à huit heures et demie, et depuis la saint Remy jusqu'à
» Pâques, le premier coup à huit heures et le second à neuf heures ;
» que pour les vêpres, le premier coup soit sonné à une heure et le
» second à deux heures, dans toutes les saisons de l'année : que
» pour les fêtes ordinaires, le premier coup pour la messe soit sonné
» à huit heures et le second à neuf heures, et que pour les grandes
» fêtes telles que Paques, Pentecôte, Fête-Dieu, la Dédicace de
» l'Eglise, la Toussaint, S. Martin, patron de la paroisse, Noel et
» l'Epiphanie, le premier coup soit sonné à neuf heures et le second
» à dix heures.

» Cette réquisition du s^r bailli de Noyelles présente une réclamation
» fondée sur les principes les plus certains du droit public et ecclésias-
» tique des provinces de Belgique, qu'il convient d'étudier avant de
» vouloir innover et des usages anciens fondés en droit.

» Le droit de régler tout ce qui est relatif à la sonnerie des
» cloches appartient sans contredit aux seuls marguilliers ; les s^{rs} Curés
» et autres éclésiastiques n'ont aucunement le droit de s'innisier dans
» cette partie de l'administration purement de police et qui n'a aucune
» relation avec le droit de fixer l'heure du service divin, ainsi, Monsieur,
» quelque soit l'heure à laquelle les statuts du diocèse ont réglé que
» serait fait le service divin, vous ne pouvez aucunement ordonner ou
» défendre de sonner les cloches de la paroisse et en voulant statuer
» sur cet objet, vous vous compromettez nécessairement parce que les
» marguilliers n'auraient pas égard à ce que vous tenteriez inutilement
» d'exiger tandis que vous vous exposeriez à une procédure qui vous
» deviendrait personnelle, si je laissais répondre le réquisitoire du
» s^r bailli de Noyelles, dont j'ai suspendu l'effet, afin d'éviter l'éclat
» qu'occasionnerait cette affaire et par ce qu'il sera toujours temps
» d'avoir recours à cette voie, si vous ne reconnaissez pas l'exactitude
» des principes que je vous développe.

» L'heure de la célébration des offices étant fixée par les statuts du
» diocèse, les curés ou deserviteurs ne peuvent y apporter du
» changement ; s'ils le faisaient les officiers seigneuriaux devraient
» d'abord s'adresser au doyen de chrétienneté pour qu'il fit usage de
» l'autorité qui lui est confiée et qu'il obligeat le curé ou deserviteur de
» se conformer a des statuts émanés d'une autorité compétente et qui
» doivent être la règle de sa conduite. Si le doyen de chrétienneté
» refusait d'user de son autorité dans cette occasion ou s'il l'employait
» sans succès, alors le seigneur ou ses officiers auraient recours au juge
» royal qui contraindrait le curé ou deserviteur par saisie du temporel à
» se conformer aux statuts du diocese, ce qui ne mettrait aucun obstacle
» à ce que l'évêque diocésain n'infligeat les peines canoniques

» qu'il estimerait encourues par la désobéissance de l'ecclésiastique
» récalcitrant.

» Vous trouverez, Monsieur, dans cette distinction entre le droit donné
» de la sonnerie des cloches et celui de fixer l'heure des offices, la
» règle de conduite que je vous conseille d'adopter ; cette distinction
» conserve aux deux puissances les droits qui leur appartiennent respec-
» tivement et si vous étiez troublé, Monsieur, dans l'exercice de vos
» droits légitimes j'aurais le même empressement à vous y maintenir que
» je montre aujourd'hui à conserver ceux des juges ordinaires.

» Je vous prie de me mander quelle est l'heure des différents offices
» des paroisses, telle qu'elle est fixée par les statuts du diocèse de Tournay.

» J'ai l'honneur d'être, etc.,

» De Casteele, procureur général du parlement de Flandre. »

b. — Lettre de M. le procureur général à MM. les bailli et échevins de Noyelles, en leur envoyant la copie de la lettre qu'il avait écrite au desserviteur le 29 mai 1781.

« Je vous renvoie, Messieurs, le réquisitoire que le S^r bailli de
» Noyelles nous a présenté à l'effet d'arrêter les entreprises que
» M. Denise, prêtre desserviteur de votre paroisse, forme sur l'adminis-
» tration temporelle de cette église.

» Quoique la réclamation du S^r bailli soit très fondée, j'ai pensé que
» des difficultés de la nature de celle qui en fait l'objet ne devraient être
» traitées judiciairement qu'autant que les voies de conciliation auraient
» été employées inutilement, parce qu'il arrive souvent qu'un excès de
» zèle ou l'ignorance des principes dont dérivent l'étendue et les bornes
» des différentes autorités est la cause des entreprises qui donnent
» lieu à l'un ou à l'autre de réclamer.

» Je me suis donc déterminé à écrire au S^r desserviteur la lettre dont je
» vous envoie copie et dans laquelle vous trouverez développés les
» principes qui doivent régler votre conduite; vous y remarquerez que
» vous ne pouvez pas exiger que le desserviteur célèbre les offices à
» d'autres heures que celles prescrites par les statuts du diocèse; que si
» l'usage à Noyelles n'était pas absolument conforme à ses statuts vous
» ne pourriez vous opposer à ce qu'il les suivit exactement, mais vous
» pouvez exiger qu'il ne s'en écarte pas et avoir recours aux voies que
» j'indique dans ma lettre s'il réglait arbitrairement l'heure des offices
» et n'avait pas d'égard aux représentations que vous lui feriez avec les
» honnêtetés dues à votre pasteur.

» Je suis bien véritablement, Messieurs, votre très humble et très
» obéissant serviteur.

» De Casteele, procureur général. »

Copié par M. de Thiennes sur la copie originale reposant au greffe de Noyelles, le 1er janvier 1787.

1790. Janvier-février. — Le temps est très doux. Les arbres fruitiers sont couverts de fleurs ; en mars, les colzas sont en pleine floraison [1].

15 janvier. — Création de 83 départements, divisés chacun en districts. Les districts étaient partagés en cantons et les cantons en communes.

L'institution des échevins était supprimée et les municipalités étaient constituées d'une manière uniforme dans toute la France : officiers municipaux ayant un maire à leur tête, procureur de la commune, notables en nombre double des officiers municipaux. Ces éléments réunis formaient le conseil général de la commune.

La garde nationale s'organise.

Isidore Dragon et Philippe Gilquin aménagent le corps de garde, qui se trouve dans une place de la maison de François Hennart. Vingt fusils sont réparés [2].

4 février. — Election de la municipalité par 57 électeurs.
Maire : Pierre-Floris Deroulers.
Officiers municipaux : Pierre-Joseph Desruelles ; Adrien-François Leroux ; François Defives ; Philippe Gilquin ; Pierre-Joseph Ghesquier.
Notables : Adrien Delecroix ; Jean-Baptiste Delepierre ; François Zwinguedaw ; François Debuchy ; Jean-Baptiste Desprets ; François Wastin ; Charles-Antoine Denoyelle ; Augustin Duhayon ; Félix Jacquart ; Philippe Rogez ; Pierre-Joseph Wambre ; Paul Laden.
Procureur de la commune : Joseph Labbe, clerc de la paroisse.
L'élection se fit dans l'église sous la présidence de M. Delahaye, curé, assisté de Joseph Labbe, comme secrétaire.
Les anciens échevins proclamèrent les nouveaux officiers municipaux et leur transmirent ainsi leurs pouvoirs [3].

15 février. — L'Assemblée nationale supprime les abbayes.
Le Gouvernement s'empara de leurs trésors ; mais à Loos, il n'y avait plus rien en caisse.

6 juin. — Le jour de la procession de Lille, des députations

---
1. Derode.
2. Spriet.
3. Id.

de toutes les villes du Nord, du Pas-de-Calais et de la Somme, se réunissent en cette ville pour assister à la fête de la fédération des gardes nationales.

Le cortège se rendit sur le Champ-de-Mars, où, devant l'autel de la Patrie, toutes les députations prêtèrent serment de fidélité à la nation, à la loi et au roi. Loos avait envoyé comme délégués Pierre Malfait et Benjamin.

Le 14 juillet suivant, avait lieu à Paris, la grande fédération des départements.

12 juillet. — Constitution civile du clergé.

25 novembre. — Elections complémentaires dans les communes.

Officiers municipaux nouveaux : Florent Platel et Jean-Baptiste Delepierre.

Notables nouveaux : Louis Thérin ; Jean-Baptiste Wastin ; Ignace Masquelier; François Deldic, pauvriseur ; François Vaillant ; Michel Carpentier.

Prud'hommes assesseurs : Pierre-Joseph Desruelles; J.-J. Potié ; Pierre-Joseph Ghesquiers ; Paul Laden [1].

A mentionner comme habitants du village : veuve Nicolas Dallennes; Joachim-Joseph Laurent, bailli d'Avesnes ; veuve Planque ; les deux Moniau, « bouquillons ».

L'Etat prend possession du canal de la Haute-Deûle.

Depuis longtemps déjà, une barque faisait le service de Lille à Douai. Par terre, on se rendait en diligence de Lille à Béthune.

1791. *3 février*. — Commencement de la vente des biens de l'abbaye, dits nationaux.

9 avril. — Vente de la cense d'Avesnes, qui appartenait à l'abbaye. Elle fut adjugée 88.000 florins [2].

La ferme d'Ennequin fut également mise en vente. Elle fut achetée par M. Leboucq et passa ensuite à sa fille, Mme Duverdyn, et à sa petite-fille, Mme Desprets-Duverdyn. Cette ferme a été occupée, depuis la Révolution, par les familles Derouliers et Ramon.

---

1. Spriet.
2. Id.

20 mars. — Décret ordonnant l'inventaire de l'argenterie, des bibliothèques et des biens mobiliers du clergé.

On versa l'argenterie du monastère au district de Lille, le 22 juin ; on transféra les orgues à Saint-Maurice, où elles demeurèrent jusqu'en 1878.

Une partie des archives fut conservée à Sequedin ; vers 1845, on les envoya aux Archives départementales.

29 mai. — En vertu de la Constitution civile du clergé, André-Marie Sauvage est nommé desserviteur de Loos.

André Sauvage n'exerça pas longtemps ; il se maria et s'établit à Fournes, où il fut épicier et maire. Dans le pays, on ne le nommait que « le curé de Loos ».

20-25 juin. — Fuite de Louis XVI et arrestation du roi à Varennes.

6 juillet. — Vente à Lille du refuge de la ci-devant abbaye de Loos, estimé 39.600 florins, occupé par M. Montrosier, lieutenant du roi, et d'une maison rue de l'Abbaye de Loos, estimée 4.600 florins, occupée par le sieur Joseph Paris, ci-devant chevalier de l'Espinard, et située près du refuge.

La vente totale atteignit 56.500 florins[1].

Septembre. — Constitution de 1791.

LA LÉGISLATIVE

1ᵉʳ octobre 1791 - 20 septembre 1792.

1791. *9 novembre.* — Décret contre les émigrés, lesquels devaient être poursuivis et punis de mort, s'ils ne se séparaient pas avant le 1ᵉʳ janvier 1792.

MM. de Thiennes s'étaient réfugiés en Belgique, où résidait une partie de leur famille.

Le comte de Loos mourut à Spa, en 1802. Son épitaphe est ainsi conçue : « Ici gist Louis-Gaettan-Phillippe-Gilin de Thiennes de Los, » agé de 52 ans. Décédé à Spa, le 16 septembre 1802. *R. I. P. Amen* »[2].

---

1. Spriet.
2. Ce détail nous a été donné par M. le comte de Limburg-Stirum. Nous lui devons également, ainsi qu'à M. le marquis de la Boëssière-Thiennes, — chacun pour ce qui les concerne — les dernières additions au tableau généalogique de leur famille.

Les registres de l'état-civil de Spa portent comme mention :
« Louis - Gaétan - Philippe - Gilin de Thiennes de Los, décédé le
» 17 septembre 1802, 52 ans, né à Saint-Omer, Pas-de-Calais, domicilié
» à Bruxelles, époux de Alexandrine - Elisabeth - Marie de Croix,
» présentement aux eaux de Spa. »

Décembre. — Les habitants des villages voisins de Lille interviennent pour l'on fasse écouler les eaux couvrant les fortifications de la ville, à cause des dégâts que leurs communes subissent de ce fait. Cette pétition ne put être prise en considération.

1792. — Mort de Romaine Le Mesre, épouse de Casimir-Albéric Castellain d'Escleps. Elle laisse :
1. Marie-Justine Castellain, née à Lille en 1788. Elle épousa M. Auguste de Madre de Norguet et en eut :
Marie-Justine-Elisabeth de Madre de Norguet. Celle-ci eut pour époux M. Ferdinand-Séraphin Lefebvre de Lattre d'Hailly.
2. Juvénal Castellain, né à Loos le 4 juin 1791.

L'Etat, impatient de jouir entièrement des biens-fonds occupés encore par les monastères, expulse les religieux des quartiers qu'on leur avait spécialement affectés, s'ils ne se retiraient pas ailleurs[1].

Les religieux se dispersèrent. L'abbé Billau émigra à Tournai, où il connut toutes sortes de privations et de misères, mais où il demeura fidèle à sa vocation. Il mourut vers 1834, et le gouvernement belge s'empara des papiers qu'il avait emportés.

Pierre Parmentier, chapelain de Wevelghem et du Verger, était mort le 18 avril de l'année précédente : Adrien des Baulx, économe de l'abbaye, Hubert Mathon, directeur de Flines, Louis Vinchent, Charles Brebion, Romain Verret, Jean-Joseph Ducouvent, chapelain au Verger, l'avaient précédé ou suivi de près dans la tombe. Ceux qui demeurèrent les témoins de la Révolution furent : Joseph de Boossche, Philippe Brousse, J.-B. Chevalier, Chrysostome Cazin, Célestin Deltour, Henri Waroquier, Boniface Blousez, Cajetan Wauthier, André Cordier, Bruno Dormal, Barthélemy Decau, Nivard Triboulet, Gérard Boucher, Ladislas Buchelet, Boniface Le Vasseur, Damase Raoust, Léon de Clippelere, Robert Le Frère, François Barbet, Placide de Jouffroy, Hubert Schlim, François Herbaut, J.-B. Salengros, Gaspard Marteau, Louis Lecerf, sous-prieur, Louis Wauquier, Hippolyte Dufresnoy, Elie Deleplanque, Clément

---

1. De Rosny.

Caupin, Henri Langreau, Pierre Maréchal. Quelques-uns d'entre eux remplirent un rôle actif dans l'administration des paroisses des environs.

Les ministres du culte dans la commune sont: André-Marie Sauvage, desserviteur; N.-J. Chevalier et J. Triboulet, prêtres. Joseph Vanhooft, remplit les fonctions de clerc et d'agent municipal. Le greffier est Adrien Gobert, le percepteur J.-J. Lippens, l'agent national J.-F. Dumon.

4 avril. — Le sanctuaire de Notre-Dame de Grâce ayant été mis en vente, un Anglais, M. Hunte, en fait l'acquisition pour 15100 florins.

Les sans-culottes se présentèrent à la chapelle, — ils n'y vinrent qu'une fois chanter et danser la Carmagnole, — mais le sanctuaire était laissé à l'abandon et la statue en avait été enlevée et mise en lieu sûr.

Devant partir en Amérique, M. Hunte loua la propriété, qui comprenait aussi la maison du chapelain, à Mme de Berne de Longvillers.

Un jour, la voûte du dôme s'écroula ; les matériaux servirent à la reconstruction de l'église de Wavrin.

De 1811 à 1820, l'ancien concierge de l'abbaye, Montagne, tint une petite ferme sur cet emplacement.

Vers 1820, la propriété fut achetée à M. Luizet par M. Raboisson, et la maison du chapelain fut habitée par M. Thémery, son beau-père, jusqu'en 1848. A cette date, M. Raboisson l'habita lui-même.

Une fabrique, qu'on avait construite en 1848, était occupée par Mme veuve Scrive ; elle fut incendiée et rebâtie en 1849.

Après Mme Scrive, la fabrique fut louée à MM. Wacrenier frères, puis à M. Van de Walle, à M. de Merssman et à M. Bastenaire. Mme veuve Raboisson vendit à M. Bastenaire toute la propriété vers 1862.

Après le départ de M. Bastenaire, des fouilles furent effectuées et, de 1885 à 1889, l'on remit au jour les fondations des chapelles de 1591 et de 1681, l'on réédifia la plus ancienne, et l'on reproduisit également la *Santa Casa* de Lorette.

Cette propriété est aujourd'hui occupée par une école apostolique de Lazaristes.

20 avril. — Déclaration de guerre à l'Autriche.

25 avril. — Des régiments de toutes armes arrivent à Lille, d'où on les dirige vers l'ennemi.

Le 6e régiment des chasseurs du Languedoc n'ayant pu trouver de place en ville est envoyé à la ci-devant abbaye de Loos et à Haubourdin.

7 juin. — Le premier bataillon du Béarn, venant de Béthune, passe à Loos, se rendant à Lille.

9 juin. — Le nombre de « patriotes brabançons » arrivant à Lille pour se joindre à l'armée, augmente tous les jours. On leur assigne pour casernement la ci-devant abbaye de Loos, le vaste couvent des ci-devant Augustins ne pouvant plus suffire à les loger.

29 juin. — Un détachement de soixante hommes « des troupes belgiques » cantonnés à l'abbaye en part vers midi pour tenter un coup de main sur Warneton et s'emparer des liqueurs et de la genièvrerie royale. Ils y passent la nuit ; mais on vient les avertir que les Autrichiens veulent leur couper la retraite. Ils s'échappent en ramenant « 16 chariots de 37 pipes de genièvre et quelqu'argent ».

5 juillet. — La patrie est en danger. La Deûle inonde Santes, Haubourdin, Loos, Esquermes, Wazemmes. On se prépare à repousser les attaques des Autrichiens.

La commune de Loos achète un drapeau pour sa garde nationale, qui, avec Esquermes, est incorporée au 8e bataillon des volontaires [1].

9 juillet. — « Les environs de Lille sont plus tranquilles, depuis que
» nos cultivateurs de l'extrême frontière sont armés et que de forts
» détachements de notre garnison ont été à leur secours. L'usage de
» l'ennemi étant de se mettre cent contre dix ou bien de venir dans un
» village sans défense, il n'approche plus dès le moment qu'il sait
» trouver à qui parler. Nos patrouilles n'ont amené hier qu'un
» prisonnier ; des déserteurs, suivant l'usage, sont arrivés successive-
» ment dans la même journée et sitôt que l'occasion se présentera,
» disent-ils, de gagner nos frontières avec sûreté, des légions entières
» se proposent de franchir le pas » [2].

14 juillet. — « La paix règne dans nos campagnes, le cultivateur
» travaille tranquillement dans son champ et les abondantes récoltes
» de colza et de foin sont très avancées. Nos patrouilles rentrent sans
» faire aucune rencontre fâcheuse. Si quelques patrouilles ennemies
» viennent se rafraîchir sur notre territoire, elles payent leurs dépenses
» argent comptant. Fasse le Ciel, au nom de l'humanité, que les choses
» puissent rester à ce point si désiré » [3].

---

1. Spriet.
2. *Gazette du département du Nord*.
3. Id.

25 juillet. — Manifeste du duc de Brunswick.

10 août. — Emeute à Paris, après laquelle tout le pouvoir appartient à la commune insurrectionnelle de Paris, dont Robespierre est le chef. Son premier acte est de faire transporter la famille royale au Temple.

Août-septembre. — Invasion des armées prussienne et autrichienne.

9 septembre. — A la suite des évènements dont le Nord est le théâtre et en prévision de ce qui pourrait arriver, l'attention des municipalités de Lille et des communes voisines ne cesse pas d'être attirée vers les questions militaires.

Une pièce[1] signée par Degland, maire de Wazemmes, par Gilquin, maire de Loos, et par nombre d'autres, relate les diverses mesures prises le 9 septembre, en vue de la défense de la place de Lille et notamment du recrutement des volontaires du canton d'Haubourdin, qui doivent se rendre à Lille au premier signal, soit pour se défendre en cas d'attaque, soit pour donner facilité à la garnison de courir sus aux Autrichiens. Ils seront munis de provisions de bouche pour quatre jours et auront leurs piques, leurs fourches et leurs arcs et flèches.

Il est décidé que le peuple sera rassemblé et que l'on prendra les noms de ceux qui veulent se mettre au service de la Patrie.

En cas d'alerte, le signal partira de Lille. Le faubourg des Malades le transmettra à Emmerin, le faubourg de la Barre à Lomme, celui de Notre-Dame à Esquermes, par des ordonnances de gardes nationales. Esquermes avertira Loos, qui avertira Haubourdin ; Haubourdin transmettra l'ordre à Santes et à Hallennes. Lomme avertira Sequedin et Ennetières ; Ennetières préviendra Englos et Escobecques ; Escobecques fera tenir l'ordre à Radinghem et au Maisnil. Hallennes enverra à Erquinghem-le-Sec et à Beaucamps ; Beaucamps à Ligny ; Santes à Wavrin[2].

13 septembre. — Les Autrichiens commencent à cerner Lille.

Les paysans du canton d'Haubourdin se forment en communautés et s'arment « de piques, de fléaux, de fourches

---

1. *Extrait du procès-verbal de la Commission de toutes les communes du canton d'Haubourdin, district de Lille, assemblée extraordinairement pour aviser aux moyens de porter des secours aux citoyens de la frontière contre les brigands ennemis*.
2. Spriet

» et autres instruments meurtriers pour courir sur un
» ennemi si atroce ».

Au tirage au sort des gardes nationaux sont désignés : Charles-Denis Platel ; Pierre Leclercq ; Cajetan Potié ; Pierre Malfait ; Pierre Duponchel ; François Franchomme ; Louis Rogez ; Jean-Baptiste Denoyelle [1].

15 septembre. — Le duc de Saxe, chef des Autrichiens, s'empare de Roubaix, Lannoy, Saint-Amand, Orchies, Tourcoing.

Ruault, commandant de la garnison de Lille, pour éclairer la marche des ennemis et maintenir libres les communications, envoie des détachements à Haubourdin et à l'abbaye, à Armentières, Wambrechies, Quesnoy et autres localités.

LA CONVENTION NATIONALE
21 septembre 1792 - 20 octobre 1795.

1792. *21 septembre.* — Proclamation de la République.

24 septembre. — Lettre de Dinet, habitant de Loos, au rédacteur de la *Gazette du Département du Nord* :

« De Beauprez, le 24 septembre 1792.

» Le 24 à 9^{hs} du matin, nous avons appris tout à coup que les hulans
» étoient à Noyelles et à Emmerin, ce dernier village distant de 400 pas
» de Beauprez N. D.

» Mon premier soin fut de faire atteler ma voiture et d'y faire monter
» bien vite ma femme, ma nièce et mon domestique, pour les conduire
» à Haubourdin ; je suivois à pied. Sur la route de Beauprez à Hau-
» bourdin, qui forme un demi-quart de lieue de distance, nous nous
» sommes trouvés enveloppés derrière et devant. Deux hulans sont
» venus, sabres et pistolets en mains, fouiller ma femme dans sa
» voiture. Elle avoit pris son portefeuille et le mien ainsi que son
» argent. Ils lui ont tout volé, le pistolet sur la gorge, et ont pris la
» fuite. La situation de ma femme fait frémir, celle de ma nièce est
» moins dangereuse. Cette scène a été vue de 20 personnes.

» J'ai l'honneur d'être, etc.
» Dinet, habitant de Los.

» Nota. Ma femme avoit aussi son argenterie ; ils ne l'ont pas
» voulu prendre. »

---

1. Spriet.

25 septembre. — Albert de Saxe fait parvenir à Ruault une lettre lui demandant d'ouvrir les portes de Lille. Ruault s'y refuse.

Le 29, le chef de l'armée autrichienne envoie pareille sommation à la municipalité et s'attire une fière réponse du maire André et des autres représentants de la commune.

Le bombardement commence aussitôt.

26 septembre. — Des uhlans viennent à Seclin au nombre de 800. 200 d'entre eux, par des chemins de traverse, se dirigent sur Haubourdin ; mais « le tocsin a sonné à leur » approche. Les intrépides et les braves habitants de » Santes, de Los, d'Emmerin, se sont levés, les uns avec » des fusils, les autres avec des instruments de labourage, » et ont donné la chasse aux brigands »[1].

1er octobre. — Trente-sept canonniers citoyens de Béthune passent à Loos, se rendant à Lille assiégée.

3 octobre. — La pompe de Béthune est envoyée à Lille. Trente voitures de grains arrivent chaque jour de la même ville.

8 octobre. — Levée du siège de Lille.

9 octobre. — Un grand nombre de bourgeois sont requis dans les communes voisines pour effectuer le travail de destruction et de déblaiement « des ouvrages immenses » à l'abri desquels les cannibales » avaient fait tant de mal à la ville de Lille.

Révolution.

(21 janvier 1793-18 brumaire an VIII, 9 nov. 1799).

1793. *21 janvier.* — Mort de Louis XVI.

1793-1796. — Les deux derniers registres déposés à la mairie n'offrent guère de documents intéressants.

Ils comprennent les années 1793 à 1796. Le 27 décembre 1792, Adrien

---

1. *Gazette du département du Nord.*

Gobert est élu pour enregistrer les actes des naissances, décès et mariages des citoyens ; son premier acte (9 janvier 1793) est l'acte de naissance de Julien-Joseph Monpays, fils de François-Joseph, bûcheron, et d'Amélie-Joseph Menu.

Le 17 nivôse an II de la République une et indivisible, on donne, à un enfant trouvé à la porte du citoyen Leduc, le nom de Philippe Enfant de la Patrie. Dix jours après, on enregistre son acte de décès.

Mentionnons encore les décès de volontaires à l'hôpital de Loos (abbaye). Ils s'élevèrent à 330 environ, du 3 prairial an II jusqu'après le 30 fructidor et les cinq jours des sans-culottides, c'est-à-dire jusqu'à la fin de l'an II. De 1794 à 1796, l'on en compte environ 400.

1793-1795. — M. Détrez et quelques prêtres dévoués évangélisent la contrée. Nous croyons utile de donner ici quelques notes sur la vie et les travaux de M. Détrez.

Louis-Adrien-Joseph Détrez naquit à Lille le 30 novembre 1769 ; il était l'aîné d'une famille nombreuse.

Dès l'âge de sept ans et demi, il fréquenta le collège de la ville ; il y fit des études solides, puis entra au séminaire du roi, à Douai, où il acquit des connaissances approfondies en mathématiques, en philosophie et en théologie Il y professa même les sciences pendant quelque temps.

La Révolution vint fermer les collèges et les séminaires et supprimer les universités ; ce fut M. Détrez qui soutint la dernière thèse de baccalauréat en théologie.

Mme Détrez mourut en 1790 ; cette circonstance détermina son fils à modifier le goût qu'il avait pour les missions étrangères et à rester en France, pour se charger de ses plus jeunes frères.

Mais, devant les graves évènements qui se passaient alors, M. Détrez se vit obligé de se rendre à Tournai, au séminaire épiscopal, pour se préparer aux ordres majeurs.

Le 22 septembre 1792, il recevait la prêtrise. Quelques semaines après, il revint à Lille.

En 1793, la Convention faisant exécuter le décret de déportation contre les prêtres fidèles à leur devoir, M. Détrez émigra ; arrivé à Tournai, il fut saisi de remords et revint se sacrifier à la cause de la religion.

Durant les années qui suivirent, il essuya toutes sortes de dangers, de tourments et de privations. M. Luizet lui offrit l'hospitalité dans la maison de campagne qu'il possédait à Esquermes et, de là, le zélé missionnaire chercha, au péril de sa vie, à porter les consolations de la foi aux populations des campagnes environnantes.

M. Détrez était secondé par d'autres apôtres, M. Probin, qui fut curé de Billy-Berclau, M. Saint-Jean, plus tard chanoine d'Arras, et M. Legrand, qui devint curé de Verlinghem.

Un jour, MM. Détrez et Legrand, en tournée, aperçoivent des gendarmes sur la route, entre Esquermes et Loos : la fuite précipitée de M. Legrand inspire des soupçons aux gendarmes qui s'élancent derrière les voyageurs. M. Legrand.

plus alerte que son compagnon, parvient à s'échapper ; mais M. Détrez est appréhendé et conduit devant le juge de paix du canton, à Haubourdin.

Le greffier du juge, étant venu voir le prisonnier et ayant reconnu, à sa grande surprise, un de ses compagnons d'études, n'eut plus qu'un désir, celui de le délivrer. Le procès-verbal d'arrestation fut rédigé d'une manière favorable à M. Détrez ; l'on tut sa qualité de prêtre — que l'on avait connue, car il avait laissé tomber son bréviaire — et on le désigna comme vagabond. Le lendemain on l'expédia à Lille, où ses amis, notamment M. Faucomprez, orfèvre, rue des Trois-Couronnes, se chargèrent des démarches pour le faire remettre en liberté.

La maison du boulanger Debuchy[1], située à Loos, près de l'ancienne chapelle de Notre-Dame de Grâce, fut souvent le lieu que choisit M. Détrez, pour rassembler les fidèles des villages voisins.

Sur ses conseils, dès 1796, d'anciennes religieuses réunirent quelques orphelines et commencèrent ainsi la maison du Bon-Pasteur, qui existe encore.

Des temps plus calmes avaient succédé à la tourmente révolutionnaire. M. Détrez, suivit à Marcq-en-Barœul M. Luizet, qui avait vendu sa maison d'Esquermes, et s'adonna plus que jamais à l'étude. Il possédait de vastes connaissances en médecine, en droit, en géométrie, en stratégie, et sa réputation d'homme universel lui valut des missions délicates qu'il sut mener à bien et des offres de postes importants qu'il ne voulut jamais accepter.

Aux Cent-jours, dénoncé comme ennemi du gouvernement, il fut arrêté et emprisonné à la tour Saint-Pierre, d'abord, puis à la citadelle. M. Faucomprez, qui l'avait déjà servi dans les mêmes circonstances, parvint encore à le sauver, à la condition qu'il demeurerait au séminaire de Cambrai. A la rentrée des Bourbons, M. Détrez reprit ses travaux ordinaires.

Cependant l'ancienne abbaye avait été convertie en maison centrale de détention ; on lui offrit les fonctions d'aumônier. Il quitta Marcq-en-Barœul et vint se fixer à Loos, chez ses orphelines.

Il se consacra à son devoir avec le zèle qu'il apportait dans tout ce qu'il faisait : il s'employait à instruire et à consoler les malheureux auxquels il s'était attaché, à fournir à leurs premiers besoins, à leur sortie de prison, ou à les aider à leurs derniers moments ; il se chargeait même de faire confectionner leur cercueil, — par le charpentier Mullet, — l'administration refusant d'entrer dans cette catégorie de dépenses.

Ces occupations avaient altéré sa santé et on le suppliait en vain de se soigner ; il n'en voulait rien faire. Le 17 juillet 1832, au monastère d'Esquermes, il ressentit les premières atteintes du mal qui devait l'emporter ; il demanda à être ramené dans sa maison de Loos, où il mourut le 8 août suivant.

M. Wicart, doyen de Sainte-Catherine, plus tard évêque de Fréjus, prononça son oraison funèbre, et on l'enterra, de manière qu'il se trouvât près du Calvaire, en face de la statue de Notre-Dame de Grâce et compris dans l'église, qu'on se proposait de rebâtir et d'agrandir, et dont le plan était alors tracé.

---

1. Actuellement l'école communale des garçons.

M. Détrez était robuste, de haute taille, et avait une très forte voix. Il affectionnait les enfants, auxquels, il donnait invariablement un sou ou un bonbon quand ils venaient le saluer.

Il est l'auteur d'un opuscule, la *Dévotion à Notre-Dame de Grâce* ; nous y avons fait quelques emprunts.

Son nom est inscrit sur une plaque de marbre blanc incrustée dans sa pierre tombale. Une autre plaque de marbre, posée sur l'un des côtés de la chapelle de Saint-Joseph, résume toute sa vie :

ICI REPOSE
Le corps de M. Louis-Adrien-Joseph Détrez, prêtre,
Né le 30 novembre 1766, décédé le 8 août 1832,
Jugé digne des emplois les plus éminents.
Il n'accepta d'autre titre que celui d'aumônier
De la maison centrale de détention de Loos.
A sa mort les prisonniers, perdirent un apôtre,
Les pauvres un consolateur,
Les orphelins un père,
Les riches un sage directeur,
Les âmes pieuses un guide sûr,
Les prêtres un conseil et un ami,
Sa famille et tous les chrétiens un modèle
Comme son divin Maître, il a passé
En faisant le bien.

Ces mémoriaux furent inaugurés après un obit solennel, le 18 mars 1878.

Outre le petit couvent, M. Détrez fonda la communauté de l'Enfant-Jésus, dont la première supérieure fut sœur Natalie [1]. Il aida de ses conseils trois anciennes religieuses bernardines, à leur retour de l'émigration, et les incita à former une maison d'éducation qui est devenue le monastère d'Esquermes. D'autres établissements encore lui doivent de la reconnaissance pour l'appui qu'il leur donna dans les circonstances difficiles qu'ils traversaient.

Enfin le pensionnat des dames de l'Education chrétienne à Loos se rattache à lui, car ce fut une de ses orphelines, Mlle Fourrure, ancienne sous-maîtresse à Esquermes, qui vint à Loos, vers 1826, en jeter les premières bases, à la ferme Destieux actuelle ; elle resta à la tête de l'établissement jusqu'en 1831 et se retira à Esquermes où elle mourut (1855). Mlle Lestocart, puis Mlle Legrand, directrice d'un pensionnat à Lille, lui succédèrent.

En 1834, Mlle Joséphine Delattre, de Linselles, sous-maîtresse chez M. Coche, où avait été également Mlle Legrand, étant venue se reposer chez son amie, M. Détrez lui confia la direction du pensionnat. En 1839, Mlle Delattre acheta un terrain situé sur la route de Béthune ; et, après la pose et la bénédiction de la première pierre par M. Le Mahieu, elle alla faire son noviciat avec Mlles Hortense Lohier, Hortense Trinelle et Delphine Ferret chez les dames d'Argentan, qu'elle introduisit dans le Nord.

Le 25 août 1843, Mlle Delattre faisait profession à Loos.

---

1. Ancienne cuisinière de M. Grnson, intendant militaire, qui habitait la campagne actuelle de M. Béghin. Napoléon Ier vint à ce château en 1802 et en 1810.

1793. *13 mars*. — Tirage au sort des citoyens devant faire partie d'une nouvelle levée de 300.000 hommes. Eugène Lorthiois, Cajetan Potié, Louis et Hubert Lemesre sont désignés[1].

20 *mars*. — Vente de la ferme de Basinghien.

VILLAGE DE LOS
UNE TRÈS-BELLE
FERME,
DITE DE BAZENGHIEN,
Contenant tant en manoirs, vergers, que terres à labour,
très-bien plantés de futaies, le nombre de
VINGT-DEUX BONNIERS
DEUX CENS ENVIRON,

La plupart réunis autour de la ferme, ou aboutante au pavé de Lille à Notre-Dame de Grâce, occupés par le citoyen Florent-Joseph Platelle, au rendage annuel de 1200 florins, outre la décharge des impositions, par bail commençant à la Saint Remy 1789,

A VENDRE.

LE MERCREDI 27 février 1793, l'an deuxième de la République Françoise, trois heures après-midi, au cabaret ayant enseigne la ville de Naples, rue des fossés, à Lille, on vendra par mise-à-prix et enchères, en la manière accoutumée, ou à main-ferme, en totalité ou par parties, la ferme et les terres énoncées au texte, et dont le détail suit.

1. Le lieu manoir amassé de maison, granges, portes, étables, bergerie, pigeonnier, et autres édifices, planté d'arbres fruitiers et montans, environné de fossés, contenant huit cens, aboutissant d'un côté au chemin menant d'Esquermes à l'église de Los, d'autres aux terres du ci-devant fief de la petite anglée, et de tiers sens au jardin de ladite ferme.
2. Vingt-deux cens, tant prairie que jardin plantés d'arbres, aboutissans aux terres du citoyen de Saint-Martin, à cause de son épouse, et au pavé de Lille à Haubourdin.
3. Cinq cens, au-devant de la ferme, aboutissans aux terres dudit de Saint-Martin, et à l'article 2.
4. Cinq bonniers de labour en une pièce, tenans au chemin menant d'Ennequin au château de Los, d'autre sens au sentier de Lille à Emmerin, et aux terres de la ci-devant abbaye de Los, la pied-sente menant d'Ennequin à N. D. de Grace, passant à travers.
5. Deux bonniers de labour, aboutissans d'un côte au chemin qui conduit de la ferme à Hallennes, et de deux autres côtés aux terres du S. de Mons-en-Barœul.
6. Douze cens, labour, tenans de deux côtés aux terres dudit S. de Mons en-Barœul, et à celles de la Maladrie.
7. Sept cens, aboutissans au petit chemin menant de Lille à N. D. de Grace, et de deux côtés aux héritiers du S. Duhem.
8. Trois bonniers quatorze cens, labour, situés à Esquermes, aboutissans au pavé de Lille, au chemin de la ferme et aux terres dudit S. de Mons-en-Barœul.
9. Un bonnier de labour, situé au-devant de la ferme, tenant au grand chemin de Los à Haubourdin, et au citoyen Lesaffre, architecte.
10. Quatre c. labour, tenans à l'art. suivant.
11. Douze cens de prairie, bien plantés d'arbres, qui forme le parfait du jardin de la ferme, tenans au chemin d'Esquermes à Los, audit Jardin, à la partie d'onze cens ci-après, et au courtil Fevrier, la pied-sente menant du chemin de Los au pavé de Lille passant au travers.
12. Onze cens, labour, tenans à l'article précédent, d'autre côté au champ Michel, et au chemin.
13. Quatre cent cinquante verges, tenantes aux terres du ci-devant fief d'Avesnes, au chemin menant du château de Los à Ennequin, compris ledit chemin, et aux terres de la veuve Vasse.
14. Neuf cens soixante-quinze verges de labour, tenantes au petit chemin de Lille à N. D de Grace, à la pied-sente menant de Lille à Emmerin, et à la partie de sept cens et demi ci-après.
15. Neuf cens de labour, aboutissans au grand chemin de Lille à Haubourdin, à la pied sente qui conduit de l'église de Los à Lille, et aux terres des dames de Flandre et de Saint-Marc.
16. Sept cent et demi de labour, tenans à l'article 14 ci-dessus, audit chemin de Lille à N. D. de Grace, et à . . .
17. Sept cens, labour, tenans au chemin de la cense d'Avesnes à Los, aux terres dudit citoyen Platelle, et à celles des pauvres de Los.
18. Treize cent deux verges, aboutissantes aux héritiers de Jacques Mazenghien à ladite dame de Saint-Marc, et au citoyen de Flandre.
19. Et finalement, deux bonniers un cent environ de labour, en une pièce, faisant la moitié du ci-devant fief du petit Menin, tenans au chemin d'Ennequin au château de Los, à la pied-sente d'Ennequin à Los, et à l'autre moitié dudit ci-devant fief.

Le notaire LEROY, marché au verjus, à Lille, est chargé de cette vente et des conditions.

---

1. Spriet.

L'adjudication définitive, par mise à prix en totalité, fut faite le mercredi 20 mars 1793, à midi.

Le 15 avril suivant, les notaires Alexandre-Antoine-Joseph Leroy et Jacques-François Dautel, en résidence à Lille, en passent l'acte de vente aux citoyens Jean-Baptiste Leboucq, négociant à Lille, et Florent-Joseph Platel, fermier à Loos, par le citoyen Marie-Clément-Joseph Delespaul, demeurant à Fretin, district de Lille.

Les conditions du marché portent 24 florins de denier à Dieu aux pauvres ; 19 florins 4 patars de gratification au clerc ; 189 florins 11 patars 7 deniers pour le huitième de la carité dépensée ; 3 deniers au florin au profit du vendeur, à cause des affiches, publications et devoirs rendus par le notaire ; pour le prix principal, compris sept huitièmes de la carité réservée et deux tiers des quinze enchères mises par le citoyen Platel, l'un des acquéreurs, 95327 florins, 1 patar, 9 deniers, sans compter les frais de grosse et d'enregistrement.

20 avril. — André-Marie Sauvage reçoit 45 livres pour le vin nécessaire au culte du 15 avril 1793 au 15 avril 1794. Vanhooft, clerc, reçoit 30 livres pour l'entretien du linge de l'église[1].

31 mai - 27 juillet 1794. — Chute des Girondins. La Terreur.

24 juin. — Constitution de 1793.

5 octobre. — Etablissement du calendrier républicain.

16 octobre. — Mort de Marie-Antoinette.

1793-1801. — Campagnes contre les Alliés.

12-18 juillet. — Prise de Condé et de Valenciennes par les Alliés.

8 septembre. — Victoire d'Hondschoote.

15 septembre. — Après avoir battu les Hollandais et les avoir chassés de Menin, l'armée de Houchard est prise de panique ; son général la ramène en désordre sous les murs de Lille.

15 octobre. — Victoire de Jourdan sur le prince de Cobourg à Wattignies, près Maubeuge.

---

[1] Spriet.

1794. — Casimir Castellain et Florent Plafel sont chargés de répartir les secours aux pauvres et aux familles des militaires[1].

13 janvier (24 nivôse an II). — Adjudication pour cent livres des travaux pour descendre les deux cloches de la tour[2].

22 janvier (1er pluviôse an II). — Vente des arbres du cimetière, des cordes, ferrailles et bois devant provenir de la descente des cloches. Dindin, la plus petite cloche sera placée à la chambre commune[3]. Cette cloche doit être celle de l'hôpital de Loos.

25 avril (6 floréal an II).

« Liberté, Egalité, République françoise.

» A l'agent national de Los.

» Tu es investi d'une grande confiance parce que tu as été jugé digne.
» Le moment d'y répondre et de justifier le choix de ta commune est
» toujours présent et toujours précieux. Mais il est des circonstances où
» le zèle et l'énergie doivent redoubler ; je compte sur toi et t'enjoins en
» conséquence de requérir, dans l'instant même où tu recevras la présente,
» ta municipalité, qu'elle fournisse à l'instant même toutes les voitures,
» avec les toiles, combles, traits et tous les chevaux de trait de ta
» commune en sorte que vos chevaux soient entrés à Lille avant qu'on
» ferme les portes.

» C'est à elle, c'est à toi de prouver si vous aimez vraiment et
» franchement la République et la cause sublime pour laquelle nos
» braves frères d'armes vont combattre et répandre jusqu'à la dernière
» goutte de leur sang. Tout retard, toute négligence retomberoit sur toi
» et dès demain des commissaires iront sur les lieux vérifier la conduite
» des officiers municipaux et la tienne. Salut et fraternité.

» Vantorhout.

» Chaque conducteur apportera des vivres pour lui et ses chevaux
» pour vingt-quatre heures. Ils leur seront payés.

» L'ordre ainsi formulé fut promptement exécuté. Requis les chevaux
» de la commune en état de convoi.

» Deroullers, président »[4].

26 avril (7 floréal an II). — L'agent national François Dumon étant malade, Philippe Gilquin le remplace[5].

---

1. Spriet.
2. Id.
3. Id.
4. Id.
5. Id.

14 mai (25 floréal an. II). — L'abbaye sert d'hôpital aux victimes de la guerre ; les volontaires sont soignés dans les salles des Vertus, de la ci-devant église, de Brutus, de Marat, de la Bibliothèque, des Sans-culottes, des Républicains, Jean-Jacques Rousseau, Le Pelletier, de la Montagne, de la Liberté, de l'Humanité.

Plus tard, on amena à l'ancien couvent des bestiaux pour l'alimentation des armées [1].

26 juin. — Victoire de Jourdan à Fleurus sur le prince de Cobourg. Les Anglais sont rejetés par Pichegru vers la Hollande, les Autrichiens par Jourdan derrière la Meuse. Condé, Valenciennes, Le Quesnoy, Namur, Liège, se rendent aux Français.

27 juillet (9 thermidor). — Chute et mort de Robespierre. Fin de la Terreur.

A Lille, pour hâter les exécutions, on se proposait de tuer en masse 3000 prisonniers dont on était embarrassé.

A la mort du tyran, on leur rendit la liberté.

Parmi eux se trouvaient Marie-Isabelle-Charlotte Van Cappel de la Nieppe, épouse en secondes noces de Gabriel-Ambroise de Berne de Longvillers [2], et sa fille. Elles revinrent à Loos habiter la maison de l'ancien chapelain de Notre-Dame de Grâce. Elles y pratiquaient leurs devoirs religieux et assistaient aux messes qui se disaient dans les caves.

Marie-Antoinette de Berne de Longvillers épousa Auguste Dragon, l'an 10 de la République.

Décembre-janvier 1795. — Hiver terrible. Le thermomètre marque — 17°. Conquête de la Hollande par Pichegru.

1795. 21 février. — Un décret de la Convention rend la liberté au culte catholique, mais on exige des prêtres l'acte de soumission aux lois de la République.

Mars-avril (germinal an III). — Lille est en proie à une affreuse disette.

---

1. Spriet.
2. En premières noces elle avait épousé M. d'Acarie de la Rivière. M. de Berne de Longvillers avait émigré ; sa femme n'avait pas voulu le suivre.

7 mai (18 floréal an III). — Le Conseil municipal fait connaître au district que Nicolas Chevalier, ci-devant bénéficiaire de Notre-Dame de Grâce, Jean-Baptiste Delobel, ci-devant curé d'Illies, Chrysostome Cazin, Jean-Baptiste Chevalier, Hubert Schlim, religieux de Loos, habitent la commune et qu'aucun culte n'est pratiqué dans l'église.

30 mai. — La Convention autorise les communes à se servir de leurs églises. Quelques jours après, Hubert Schlim, Nicolas et Jean-Baptiste Chevalier, Chrysostome Cazin, ayant fait savoir au Conseil municipal qu'ils désiraient reprendre les cérémonies du culte, il est décidé qu'Hubert Schlim dira sa messe à sept heures, N. Chevalier à neuf heures, les autres ministres à l'heure qu'il leur plaira d'adopter[1].

Juin (messidor an III). — Le pain de trois livres se vend à Loos 8 livres le pain ; le havot de farine 80 livres[2].

19 juillet (1er thermidor an III). — Jean-Baptiste Glorieux est nommé maire de Loos ; les citoyens Gilquin, Ghesquier, Franchomme, Desruelles, Dubot, officiers municipaux. Les notables sont Defives, Courouble, Duhem, Wastin, Debuchy, Trachez, Duhayon, Platel, Zinguedaw, Potié, Pierre Wambre. Labbe est procureur de la commune et Gobert secrétaire-greffier[3].

21 juillet. — Nicolas-Bernard Chevalier, Hubert Schlim, ministres du culte établi dans la commune, satisfont par serment aux lois civiles de la République. L'autorisation d'exercer leurs fonctions leur est accordée et signée par Glorieux, maire, Labbe, procureur[4].

26 juillet (6 thermidor an III). — Adjudication des chaises de l'église. On ne pourra demander plus de 20 sous par mois pour chaque chaise[5].

10 août. — Constitution de l'an III.

26 août (5 fructidor an III). — Institution dans chaque département d'une administration centrale composée de cinq membres, et dans chaque canton d'une administration municipale, immédiatement subordonnée au département, formée dans les campagnes par la réunion au chef-lieu de canton des agents municipaux élus dans chaque commune.

On retire aux municipalités, pour l'attribuer aux juges

---

1. Spriet.
2. Id.
3. Id.
4. Id.
5. Id.

de paix, le jugement des contraventions à leurs règlements de police.

Agent municipal de Loos : Vanhooft ; adjoint : Defives.
Jean-François Dumon fait les fonctions de secrétaire-greffier.
Présidents de l'administration municipale du canton : Lippens, puis Cél. Clarisse.
Commissaires du directoire exécutif : Degland, Aug. Wicart.
Juges municipes du canton : 1790, Albéric Blondeau ; 1794, Magret.

LE DIRECTOIRE

5 brumaire an IV, 27 oct. 1795 - 18 brumaire an VIII, 9 nov. 1799.

1796. Avril-mai. — Premiers succès de Bonaparte.

24 juin. — L'abbaye et son territoire sont vendus pour la somme de 674.298 livres.

23 novembre (3 frimaire an V). — Les biens du comte de Thiennes, terre, château, drèves, sont évalués, dans un acte du percepteur Lippens, signé aussi de P.-J. Vanhooft, à 4 liv. 10 sols le cent pour les 11 bonniers 1500 verges. Leur revenu est estimé 980 livres et l'imposition foncière sera de 345 livres, le sol additionnel de 108 livres [1].

1er décembre (11 frimaire an V). — Vente de terres avoisinant le château, soit 3 bonniers 143 verges, tant en labours qu'en pré, avec la drève. Ces terres tiennent de tous côtés « aux terres à labour, prés « et bois, dévolus à la nation par l'émigration dudit de Thiennes ». Leur revenu était, en 1790, de 228 livres, leur capital de 6556 livres. La valeur des arbres de haute futaie était estimée 910 livres [2].

1797. — Louis Carlier, sergent de Loos.

30 mars (10 germinal an V). — Vente du château (un étage), 27.316 livres avec le fonds contenant « parmi jardin, parterre, potagers, » entourés de fossés, ainsi que avant-cour, terrasse et labour, » 3 bonniers 6 cents, occupés par les citoyens Delannoy et Jean-» Baptiste Wastin » [3].

7 avril (18 germinal an V). — Jacques-François Fauvarque, ministre du culte, fait sa soumission aux lois de la République [4].

---

1. Spriet.
2. Id.
3. Id.
4. Id.

13 août. — Les citoyens Pierre Desruelles et Duhayon sont nommés distributeur des biens des pauvres et adjoint [1].

1798. 29 septembre (8 vendémiaire an VII). — Vente de la maison vicariale, occupée par Deneuville, couverte en chaume et pannes, tenant à l'occupation Boussemart, au chemin du cimetière conduisant à Lille, au citoyen Paul Laden et au jardin de la maison du curé. Elle est adjugée 27500 francs en assignats.

Dans la maison du vicaire étaient conservées les archives. Elles furent transférées dans la maison voisine, plus spacieuse, qui était celle du curé. On réserva également la maison curiale pour l'instituteur avec une place pour les séances du Conseil municipal [2].

1799. 10 février (22 pluviôse an VII). — Vente de l'église, non compris le terrain et la cloche, aux citoyens Pinart et Corrèze, pour 120.000 francs en assignats.

Elle avait 300 pieds de tour, 18 mètres de hauteur et était bâtie en briques et pierres blanches et couverte d'ardoises.

L'édifice était dans un grand état de délabrement [3]. Il datait du XIVe siècle et était du style gothique.

2 juillet. — L'église est rachetée par les habitants et rendue au culte.

9 novembre. — Coup d'État du 18 brumaire.

Consulat (1799-18 mai 1804)

1799. 15 décembre. — Constitution de l'an VIII. Bonaparte, premier consul, assisté de Sieyès et de Roger-Ducos. Centralisation administrative. Les maires et conseils municipaux seront nommés par les préfets.

1800. — Hubert Schlim, curé, puis Jean-Baptiste Chevalier.

Félix Jacquart, charpentier à Ennequin, remet à M. Schlim la statue de Notre-Dame de Grâce, qu'il avait sauvée pendant la tourmente révolutionnaire. Le curé la fit placer au-dessus du maître-autel de l'église paroissiale.

Juin. — Jean-Baptiste Laden, Eugène Courouble, François Duhem, Joseph Potié, Pierre-Joseph Desruelles, Florent Platel, L. Franchomme,

---

1. Spriet.
2. Id.
3. Id.

Augustin Duhayon, cultivateurs, sont nommés conseillers municipaux, ainsi que F. Debuchy, boulanger, et F. Deldicq, maréchal.

A leur tête, ils ont Casimir-Albéric Castellain, comme maire et Louis Defives, comme adjoint [1].

14 juillet (25 messidor an VIII). — Le 14 juin, Bonaparte avait battu les Autrichiens à Marengo. Scrive, sous-préfet de Lille, invite les communes à donner à la fête nationale tout l'éclat possible. Le maire, de son côté, avait pris l'arrêté suivant :

« Art. 1. — Le 24 messidor, à six heures du soir, la cloche communale
» sonnera pour annoncer la fête. Le lendemain, ladite cloche sonnera
» pour la même fête.

» A huit heures, la garde nationale sédentaire et l'école primaire
» suivie de l'instituteur, partiront de la maison commune, accompagnés
» du maire et de son adjoint, pour se rendre en cortège autour de
» l'arbre de la Liberté, où étant, le maire fera lecture de la lettre
» du sous-préfet relative à cette fête et invitera les citoyens à la
» concorde.

» Le présent arrêté sera affiché aux lieux ordinaires.

» Fait en la maison commune de Los, le 23 messidor an VIII de la
» République, une et indivisible [2]. »

Dimanche 9 octobre. — Tempête effroyable, — vers deux heures, un peu avant les vêpres — pendant laquelle la flèche en pierres blanches du clocher, désancrée par les premiers acquéreurs, tombe dans le jardin du curé ; des débris s'abattent sur le chœur.

On transféra le chœur et les chapelles à l'endroit du portail, et l'on fit une porte sous la tour pour permettre l'entrée de l'église de ce côté.

Le chœur fut remis adossé au clocher vers 1833.

En 1860, on donna à l'église ses dimensions actuelles et l'on bâtit un nouveau clocher.

Quatre cloches se trouvaient dans la tour, avant la Révolution. La plus grosse, qui avait été conservée, fut fêlée ; elle fut refondue par M. le curé Dufour, vers 1862.

24 décembre. — « Nous, soussignés, Jean-Baptiste Laden, Augustin
» Duhayon, François Wastin, Pierre-Joseph Desruelles et Louis-
» Albéric Defives, tous cinq cultivateurs, demeurans en la commune
» de Los, troisième arrondissement du département du Nord, et
» acquéreurs en commun de l'église dudit Los, par contrat passé
» devant le notaire Mourmant, de la résidence de Lille en date du

---

1. Spriet.
2. Id.

» quatorze messidor an sept (2 juillet 1799) [en présence] du citoyen
» Pierre-Joseph Duchatelet, tant en son nom que comme mandataire
» général et spécial du citoyen Remi Corege, demeurans tous deux
» audit Lille, lequel contrat a été duement enregistré au susdit Lille,
» le 18 messidor an sept, déclarons et reconnoissons, par ces
» présentes, que la somme de dix-sept cens francs, que nous avons
» payés pour prix principal de ladite acquisition, ainsy que les frais
» du contrat, proviennent d'une quette que nous avons faite dans
» ladite commune à laquelle ont contribué les personnes suivantes :

» Savoir :

	FR.	S.		FR.	S.
Louis-Joseph Castellain.	100		Le cit. Virnot 10.	24	
Casimir Castellain.	100		Le cit. Delannoy.	24	
Florent Platel 1.	100		Le cit. Gruson.	24	
La veuve Floris Deroullers 2.	50		La veuve Jacques Pottier 11.	20	
François Defives 3.	50		François Duhem 12.	12	
Philippe Gilquin 4.	50		N. Trachez.	12	
Jean Baptiste Laden 5.	50		J.-B. Cousille 13.	15	
Pierre Jacques Desruielles 6.	50		Les citens Coplo et Claro.	16	10
Agathe Herbaux.	39		Pierre-Joseph Requier.	18	
La veuve Vas 7.	36		François Deledique 14.	12	
Louis Francomme 8.	30		Sébastien Picavet 15.	15	
Charles Ante Denoyelles 9.	27	15	Joseph Pottier.	12	
Nicolas et J. B. Chevalier.	36		Honoré Prémesques 16.	12	

1. Un de ses descendants, M. Gustave Platel, est en possession de sa pierre tombale. En voici la rédaction : « Sépulture de Florent-Joseph Platel, fermier à Los, » décédé le 5 juin 1802, âgé de 71 ans, et d'Anne-Joseph Duhamel, son épouse, décédée » le 5 juillet 1770, âgée de 31 ans, et de leurs enfants : Aimée-Henriette-Joseph, d. c. d. » le   , âgée de   ans ; de Charles-Denis-Joseph, d. c. d. le   , âgé de   ans, » et trois enfants morts en bas-âge. *Requiescant in pace.* »

2. Fermière à Ennequin.
3. Fermier à la ferme Dillies actuelle.
4. Fermier, briquetier, chaufournier, meunier. Possédait le moulin du Chou à Esquermes.
5. Fermier près de l'église.
6. Fermier sur la place, près du Dragon Vert.
7. Fermière cour du Gros Louis actuelle.
8. Fermier à Ennequin, près de la ferme Denoyelles.
9. Fermier à Ennequin, marchand de moellons. C'est lui qui, en 1830, fit bâtir la chapelle de Notre-Dame de Paix, en remplacement d'une autre chapelle, dédiée à Notre-Dame, qui se trouvait de l'autre côté du chemin et qui avait été détruite à la Révolution.
10. Propriétaire de terrains à Ennequin.
11. Fermière.
12. Fermier rue Saint-Vincent de Paul actuelle.
13. Jardinier près du Calvaire actuel de Loos.
14. Maréchal.
15. Cabaretier du Dragon Vert.
16. Fermier à Ennequin, chemin d'Emmerin. Garda avec Félix Jacquart, son voisin, la statue de Notre-Dame de Grâce pendant la Révolution.

	FR.	S.		FR.	S.
Pierre Wambre 1.	10		Alexis Zuinghedeaux 15.	6	
Ciprien Obin 2.	12		Le citoyen Foudeur.	6	
Louis Thérin 3.	12		Charles Crombette 16.	6	
Hilarion Guilbert 4.	9		Augustin Duhayon 17.	9	
Louis Gilquin 5.	6		Pierre-Jos. Dullu.	15	
Jean-Baptiste Billau 6.	6		J.-Bte Delebassez 18.	5	
François Dubot 7.	6		Charles Duponchelle et Frero.	4	10
Jean-Baptiste Duponchelle 8.	8		Jean Baptiste Trachez 19.	8	10
Charles Fouret 9.	6		Pierre Joseph Duthoit.	5	
Louis Lemaire 10.	6		Julien Dubot 20.	4	
Pierre François Dalluin.	6		Isidore Dragon 21.	3	
Eugène Couroublez 11.	6		Maurice Defives.	3	
Joseph Deleval.	6		Placide Lestienne.	3	
La ve Baratte 12.	6		François Lesaffre 22.	4	
Robert Duthoit.	6		François Collette 23.	4	
Joseph Mullet 13.	7		Charles Louis Boussemart 24.	3	
Catherine Destieux 14.	6		Auguste Gombert.	3	

1. Fermier grand'route, à l'emplacement de l'estaminet de la Mairie.
2. Fermier près du Cabaret Rond actuel.
3. Fermier ferme Barbe actuelle.
4. Fermier à la cense du Mortier.
5. Maitre-maçon et cabaretier sur la place.
6. Epicier au coin de l'avenue Kuhlmann actuelle. Longtemps pauvriseur.
7. Fermier à brouette.
8. Charpentier rue de Croix.
9. Prédécesseur d'Hilarion Guilbert.
10. Scieur de long et fraudeur. Il allait à Mons et à la Festingue, près Launoy. Il mourut en 1833, le 30 septembre, et fut le premier mort qui entra dans l'église rebâtie. Etant au cabaret du Dragon Vert, il avait dit à ses camarades : « Sandale de Dieu, si tous veulent » faire comme moi, nous rachèterons l'église. Je donne le tiers de ma fortune ; j'ai 18 francs, » j'en donne 6. » S'était emparé du Christ du calvaire du cimetière, dont les bras avaient été brisés, avait mis le tout dans un sac et l'avait caché en son grenier. Celui qui avait cassé les bras fut affligé le reste de sa vie d'un tremblement nerveux qui lui rendait l'usage des bras impossible. Ce Christ est au calvaire du cimetière actuel.
11. Fermier en face du cimetière actuel, qui était une de ses prairies.
12. Fermière au pavé de l'abbaye. La moitié de sa ferme était sur Loos.
13. Charpentier près de la chapelle de Notre-Dame de Grâce.
14. Demeurait grand'route.
15. Fermier rue de Croix, à la ferme Lepers actuelle.
16. Fermier rue Marais.
17. Pauvriseur et fermier rue Marais. Il paya la souscription de plusieurs qui ne le remboursèrent point.
18. Fermier en face de l'hôpital actuel.
19. Boucher.
20. Tenait le cabaret Saint-Jacques, près la chapelle de Notre-Dame de Grâce.
21. Tisserand.
22. Un de ses fils, Louis, était dit Ducossin, parce qu'il faisait souvent du feu de colza.
23. Petit fermier, rue du Sentier, près du Coq-Saint-Nicolas.
24. « Carriéreur » ; faisait la quête à l'église.

		FR.	S.			FR.	S.
Louis Duponchelle.		3	15	Noel Masquelier.			12
Jean Baptiste Poulle	1.	4		Pierre Dodrumez.			16
Charles Mazinghien	2.	3	15	Constant Bigotte	15.	2	2
Rose Dubot.		3		Henry Bauchemin	10.	1	17
Bazile Planquelle	3.	6		Henry Trachez.			10
François Duflo	4.	3		Augustin Trachez.		1	10
Eugène Lorthioir	5.	3		V° Prévost.			10
Pierre Baillon	6.	3		André Dumon.			15
Pierre Ante Leroux	7.	3		Joseph Dumon	17.		10
Eugène Monpays	8.	3		Veuve Leblanc.		1	
La veuve Lepontre.		3		Jean-B‍te Delevalle.		1	
François Allouchery	9.	3		Louis Joso	18.	1	10
Louis Lesaffre.		3		Louis Favier fils	19.	1	
Louis Favier	10.	3		Pétronille Lesaffre.		1	
Dieu Donné Marquette	11.	3		Pierre Roy.		1	
Gabriel Menu	12.	3		Désiré Dave	20.	2	
Botelle	13.	3		Lemaire dit Joli.		1	
Saint-Jean.		3		Severin Wambre.		1	
Floris Dumez.		12		La femme Lafleur	21.		10
Eléonore Duponchelle.		1	10	Veuve Poissonnier.			10
Pierre Joseph Honoré.			12	Pierre Joseph Duponchelle	22.		10
Pierre-Joseph Masquelier	14.	1	10	Antoine Duhamel	23.	2	

---

1. Avait des terres près de la cure.
2. Possédait des maisons rue du Basinghien.
3. Jardinier, place de l'église.
4. Maçon.
5. Cabaretier, « olient », sur la place.
6. Maçon.
7. Fermier, rue Marais, au château Valdelièvre actuel.
8. Bûcheron.
9. Cabaretier aux Trois Rois.
10. Demeurait au petit chemin.
11. Jardinier.
12. Journalier.
13. Jardinier. Son fils Désiré mourut assassiné près de la Citadelle.
14. Charpentier, rue Marais, campagne Bigo actuelle.
15. Scieur de long, mort à Esquermes.
16. « Poulallier ».
17. Maçon.
18. Manœuvre de maçon ; bûcheron en hiver.
19. Ouvrier, rue Marais.
20. Fileur de coutil. Propriétaire de terrains en face de la fabrique Bonte actuelle.
21. Son mari était maçon.
22. Dit Cho Margot, rentier, rue du Basinghien, en face du château de Loos.
23. Boulanger.

	FR.	S.		FR.	S.
Catherine, religieuse 1.		12	François Dhainaut.	1	
Louis Gheslem.	1		Ve Lesaffre.		12
François Masquelier.	1		Ve Despretz 9.	1	
Ve Gilquin.	1		Nicolas Dhallennes 10.	1	
Géry Warcoing.	1	10	Jean Bte Marchand.		12
Dominique Dallenne 2.		10	Lefebvre dit Mastico 11.	1	5
Ve Delefosse.		6	Marie-Anne Potier.	1	
Ve Fremaux.	1		Pierre Gilquin.	1	17
François Dubot, dit Longate	1	10	Pierre Planquelle.	1	4
Théodore Duflo.	2		Pierre Boussemart 12.	1	
Joseph Desbiens 3.	1	10	François Lesaffre.	1	10
J. Bte Buché.		15	Louis Marchand 13.		15
Nicolas Martinage 4.	2		François Mulier 14.	1	
Germain Dewez.	1	4	Joseph Droulers.	2	
Germain Havez.	2		Benjamin Tranchez.	2	10
Alexandre Marlière 5.	1		Philippe Rogez 15.	5	
François Zuinghedeaux.	2		Ve Dubot.	1	
Nicolas Clermont.	1		Louis Corsin.	1	10
Bon d'Hainaut.	1	10	Ve Delepierre 16.	1	
Pierre Trédez.		10	Joseph Pottier.	2	
Alexandre Quenette 6.	1	5	Dominique Delannoy.	1	10
Antoine Dubot.	1		Jean Louis Fremaux.	2	
Auguste Lallemant.		16	Phe Herbaux.	1	
Adrien Delerue.		10	François Bouquillon 17.	3	
Brigitte Plancq 7.		10	Louis Fonteny 18.	1	
Ve Vaillant.	1	10	Pierre Lallemand 19.	1	
Louis Lamblin 8.	1		Ve Buchez.	1	

1. Celle qui fonda le petit couvent.
2. Couvreur.
3. Rentier, grand'route.
4. Marchand de paille, mort à Esquermes.
5. Blanchisseur, mort à Wazemmes.
6. Fermier en face d'Honoré Prémesques.
7. Epouse d'Auguste Dave.
8. « Bouquillon ».
9. Son fils Pierre occupa la ferme dont la grand'porte existe encore, près de la poste. Le cardinal Despretz, archevêque de Toulouse, était de sa famille.
10. Ouvrier de ferme.
11. Perruquier, rue de Croix.
12. Maçon.
13. Maçon, rue de Croix.
14. Blanchisseur de fil, rue de Croix.
15. Charron, grand'route, en face de la rue de Croix.
16. Fermière à bandet. Elle passait pour sorcière. Son successeur fut Pierre Despretz.
17. Ouvrier de ferme, à la place du cabaret Desrumaux.
18. Menuisier.
19. Journalier, cour Desrumaux actuelle.

	FR.	S.		FR.	S.
Joseph Wattrelos.	1		Catherine Lorthioir.		17
Jean Baptiste Gombert père.	1		J. Bte Trachez père.	3	
Jean Baptiste Gombert fils.	1		Pierre Lesaffre.	1	
François Boussemart.	2		Philippe Charon.		10
Joseph Castelle.	1	10	J. Bte Olivier.	3	
Vᵉ Dumont.	1	10	Delannoy.	1	
Marie Gobert 1.		12	Alexis Collette 8.	24	
Dominique Desrumaux.	2	10	Antoine Baillon.		15
Michel Héquenne 2.	1		Amélie Cloistre.		15
Alexis Boussemart 3.	1	10	Arnould Duflo.	1	10
Liévin Bauchemin.	1		Caroline Heddebault.		10
Constant Leva 4.	1	15	François Billau 9.	6	
François Lisse 5.	1	15	Pierre Joseph Dubot.	3	
Pierre-Joseph Malfait.	2	10	Pierre Jos. Desrumaux.	1	
Louis Rogez 6.	1	10	Le citoyen Dusart 10.	60	
André Gilquin 7.	1		François Wastin 11.	51	
J. Bte Lepers.	1				

» Le surplus provenant des pourchats de l'église et d'autres individus
» qui ont bien voulu y contribuer sans être connu.

» Déclarons, en outre, qu'en passant sur nous la propriété de ladite
» église, nous avons eu l'intention de le faire au nom de tous les
» individus de la commune, ci-dessus dénommés, qui y ont contribués,
» que nous déclarons et reconnoissons par ces présentes propriétaires
» de ladite église, dans l'intention où ils sont de la laisser subsister,
» promettans d'en passer acte en forme toute et quant fois nous en
» serons requis par les ayans droits.

» Fait à Los le trois nivose l'an neuvieme de la République françoise.
» P.-J. Desruielles, Defives, A. Duhayon, F. Wastin, J.-B. Laden. »

---

1. Chaisière, demeurait près de la poste actuelle.
2. Fermier à broucttе au château Kuhlmann actuel ; il avait quelques vaches.
3. Ouvrier de carrière.
4. Fut sonneur. Il demeurait avenue Kuhlmann actuelle.
5. Fabriquait des cercles pour tonneaux.
6. Frère de Philippe.
7. Fermier.
8. Fermier, piedsente Notre-Dame de Grâce.
9. Racheta l'école 400 francs et la revendit 1200 francs à la commune. Boulanger à l'ancienne mairie et marguillier ; il donna son bien an Hôd-Pasteur. Il mourut à la grand'messe en 1828.
10. Il acheta le château.
11. Sa ferme était au Canon d'or actuel.

ANNEXES

I.

LES POSSESSEURS DE FIEFS

AVESNES

1201. — Jacques d'Avesnes.

1212. — Jean Brisart d'Avesnes et Anastase d'Avesnes cèdent leur part de fief à l'abbaye.

1576. — Jacques de Souastre, seigneur des Frennes et d'Avesnes.

1682. — Jean-François d'Avesnes, écuyer, seigneur dudit lieu, possède une partie du fief par indivis avec le seigneur de Préseau. Ce fief est tenu de la seigneurie des Frennes.

1704. — Jean-François Lemahieu.

1709. — Charles-Adrien, comte de Croix, seigneur de Préseau, Pottes, etc., frère et héritier de Pierre de Croix, baron de Pottes, seigneur de Germignies [1].

1737. — Christophe-Louis de Beauffort, comte de Beauffort et de Croix, tuteur de Caroline de Beauffremez, fille de Charles-Alexandre, marquis de Beauffremez, et de Françoise-Louise de Croix. Celle-ci était fille de Charles-Adrien, comte de Croix.

---

1. CROIX : d'argent à une croix d'azur.

BASINGHIEN

A.
1097 ? Robert de Basinghien — 1350. Robert, chevalier, seigneur de Basinghien

Hubert Bra... (1350 ?)

Laurence (.....1393?) — épouse Bauduin Gomez

Hubert Gomez, qui épous... — 1496, Jeanne de Tenremonde

Guillaume Gomez (1450)

Ses héritiers vendent le fief qui se d... pendant la seconde moitié du 15ᵉ siècle

A.

Jean de Harchies, chevalier, seigneur de Milomez, époux d'Alix de Cuinghien (1494)

Arnould de Harchies, époux d'Antoinette de Thieulaine (morte en 1577)

Michelle de Harchies, dame de Lauglée — Arnould de Harchies, seigneur de Milomez, Hallennes, Erquinghem-le-Sec, époux de Guillemette de Clèves-Ravenst... (.....1580)

Gérard de Harchies, seigneur du Basinghien (1593) — Léon de Harchies (m. 1614)

Jean de Harchies de Ville, dit d'Estrepy, d... Drinckwaert, seigneur de Milomez, Hallennes, Erquinghem, Avelin, Basinghien et M... (1615), épouse Marie-Antoinette de Griboval d... Sweveghem

Anne-Thérèse, épouse du comte de Cruyshoutem — Louis-Joseph de Harchies (.....1697) épouse Marie-Brigitte de Créquy ?

Michel Sénéchal achète le fief en 1700. Sa fille, Marie-Anne, lui succède.

Mme de Lespaul achète le fief en 1716.

Marie-Clément de Lespaul, seigneur de Fretin, possède le fief en 1777.

B.

... de la Cambe, dit Ganthois (1481), époux de Jeanne de Bosquiel, dame de la Haye en Loos

Bauduin de le Cambe, époux de Jeanne du Bois

Roger de le Cambe, seigneur de la Haye et du Basinghien, époux de Marie Reguier (1504)

Bertrand de le Cambe (.....1550) époux de Jeanne d'Ollehain et de Marie de Launoy

Denis de le Cambe, seigneur de la Haye à Loos et Esquermes, époux en secondes noces d'Anne de Masaiet (.....1503) — Mathieu de le Cambe, seigneur du Basinghien, abbé de Marchiennes laisse le fief à son neveu Louis Alegambe (1563) — Arnould de le Cambe (1563) — Marie de le Cambe, épouse de Quentin Alegambe (1541)

Louis Alegambe auquel son oncle Mathieu cède le Basinghien (.....1617)

Marie, dame de la Haye à Loos et Esquermes, épouse Jean de la Haye à Flers

Charles Alegambe, seigneur du Basinghien et héritier d'Ennequin par Antoine de la Haye, épouse Marie de Cambry

Arnould, seigneur de la Haye, seigneur d'Ennequin, époux de Marie Bernard de Jolain — Antoine de la Haye, laisse son fief à Charles Alegambe — Antoine Alegambe, seigneur du Basinghien et d'Ennequin (1672) qui laisse sa terre d'Auweghem et les autres à son neveu Charles Alegambe — Philippe-Jacques seigneur de Cysoing

Charles de la Haye, seigneur d'Ennequin (1645), épouse d'Anne de Kessel

Charles Alegambe mort en 1758

Charles-Guillaume comte d'Alegambe, seigneur du Basinghien (1710-1771)

Philippe-Charles de la Haye (1666), seigneur d'Ennequin, époux de Marie de Cassine

Charles-Marie né en 1767

Robert-Rein de la Haye né en 1666 — Jean-André-François né en 1667 — Ernestine-Isabelle née en 1670

En 1788, Cajetan de Thiennes achète le « Quint du Basinghien » de François-Joseph Deliot de la Croix.

---

1. Gomez : de sable, parsemé de 25 billettes d'or, chargé de 4 aigles de gueules rangés. Le seul porte en p... une étoile à cinq rales, placée en chef du tiers de l'écu. Légende : B. Hubert Gormez. Cimier : un col de bouc.
2. Harchies : Ecartelé aux 1 et 4 d'or à cinq cotices de gueules, au franc canton d'azur, chargé d'une étoile d'or ; aux 2 et 3 échiqueté de gueules et or. Cimier : une tête et col de biche au naturel. Cri : Strépy ?
3. De la Cambe : de gueules au chevron d'or.
4. Alegambe : de gueules, à trois croix alaisées d'argent ; chargé au cœur d'un écu : d'or à l'aigle éployée ... sable.
5. Harchies-Créquy : d'or à cinq bandes de gueules, accolé d'or à un créquier de gueules.

ENNEQUIN.

Plusieurs fiefs étaient nommés d'Ennequin :

I. — Les fiefs cédés à l'abbaye par Bernard d'Ennequin en 1147, par Everard de Botteri, Wicardin d'Ennequin et Walcer de Lesquin avant 1229.

Le fief de l'abbaye était tenu de la salle de Lille, en toute justice, haute, moyenne et basse, à 10 livres de relief. Il comprenait : 1º les deux censes d'Avesnes et d'Ennequin avec les marais de Durmort et 196 bonniers 9 cents, à Loos, Esquermes, Wazemmes, Lesquin, Noyelles, Houplin, Santes, Haubourdin, Hallennes, Sequedin, Lomme, Ennetières-en-Weppes, Radinghem, et environs ; 2º des rentes sur 57 bonniers 2 cents, chargés de tymaux ou plaids généraux trois fois l'an, à peine de deux sols d'amende ; 3º les marais de Bargues contenant 26 bonniers où les manants de Wattignies font paître leurs bêtes et doivent pour ce deux deniers par an, 60 sous de relief, tymaux ou plaids généraux ; 4º bailli, hommes de fief, sergent et bancs plaidoyables ; 5º un hommage.

II. — Le fief acheté par Jean de le Cambe, divisé plus tard en deux parties possédées par la famille de la Haye, fief vicomtier tenu de la seigneurie d'Allennes-les-Marais, à 10 livres de relief, ayant pour hommage la Hugerie. Il comprenait 13 bonniers 1110 verges. (*Voir Basinghien B.*)

III. — Un autre fief tenu de la salle de Lille, à justice de vicomte, au relief de 10 livres. C'est le Grand-Ennequin, — dont une partie serait le fief de Noisette, — tenant au chemin d'Ennequin à l'église et au chemin de Lille à Emmerin.

Guillaume de Landas, écuyer, l'achète (1614) de Marguerite Morel.

Il prend le titre de seigneur du Grand-Ennequin et du Brœucq. (*Voir Landas.*)

IV. — Le fief d'Ennequin, dit Monnoyer, acheté par Jeanne Delyot de Louis de Hénin-Liétard, baron de Fosseux — qui le tenait de Jean de Hénin, seigneur de Cuvillers, époux de Jeanne Le Prévôt de Basserode, — possédé ensuite par la famille Fourmestraux des Waziers et acheté en 1711 par Charles Le Thierry.

Famille Delyot

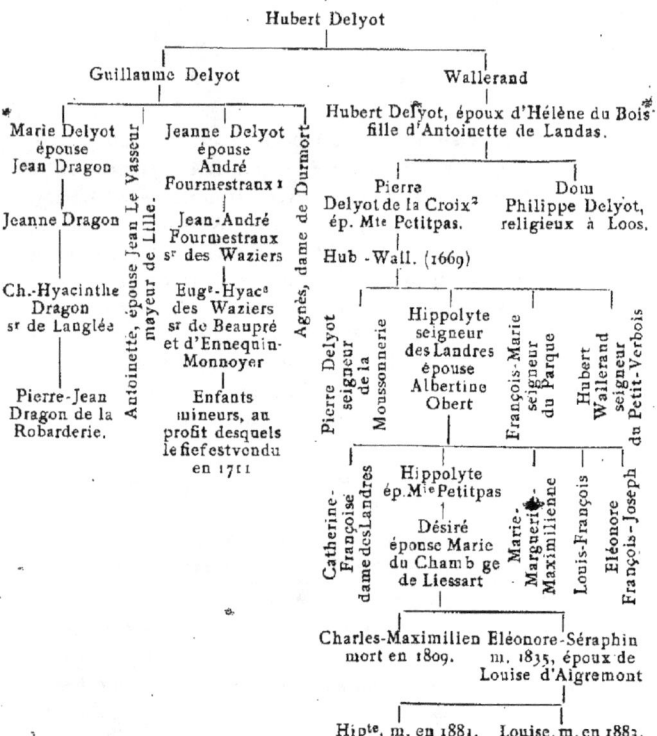

1. FOURMESTRAUX : Ecartelé au 1 et 4 d'or, à une aigle éployée de gueules ; au 2 et 3 d'or, à un ours posé debout au naturel, tenant en ses pattes une branche d'arbre courbée et émondée de gueules.
2. DELYOT DE LA CROIX : d'azur à deux haches d'argent adossées, les manches d'or.

Famille Le Thierry

Charles Le Thierry, fils de François (1711).

Charles-Simon Le Thierry.

Jacques-Charles Le Thierry (....-1782) épouse Marie-Anne de Bonneval.

Charles-Marie-Désiré Le Thierry   Marie-Aldegonde Le Thierry.
seig.r d'Ennequin et de la Boutillerie, m. en 1858 [1].
époux de Catherine Virnot

Joseph-Désiré Le Thierry   Urbain-Charles   Lucien-Marie Le Thierry
maire de Lille, (1794-1834).   Le Thierry   (1799-1883)
épouse   m. en 1868, sans enfant.   épouse
Apolline-Zoé Barrois   M.lle Delebecque (m. 1868)
(1799-1885)
                                                        Lucien-Franç. Le Thierry
                                                             (1830-1894)
                                                         épouse M.lle Bocquet

Claire-Charlotte Le Thierry   Louise-Anna   Lucien-Marie
épouse en 1894 M. Auguste Barrois

---

1. Le Thierry : d'or au chevron de sable et une étoile à chaque quartier. Cimier : un casque surmonté d'une étoile.

FRENNES ET LOOS

1147. Hugues de Loos; son fils Lambert. Derbald, frère d'Hugues. — 1153. Guillaume de Loos, moine. — 1168. Sarah de Loos, épouse de Gérard de Faches. Walter de Loos. — 1169. Clarbaut de Loos. — 1201. Thierry et Guillaume de Loos. — 1218. Alard et Hughes de Loos. — 1235. Hughes des Frennes et Loos. — 1280. Jean, châtelain de Loos.

Jean de Warenghien 1 (1302)

Isabelle ép. H. de Landas (1306) — Marie ép. Jean de Landas (Voir Landas) — Gérard (1298 ?-1364 ?)

Jean — Florent (....-1394) — Le Bègue (....+1378 ?) — Jaquemon — Mathilde

Gérard de Warenghien ép. Cath. Le Preud'homme — Mahaut — Jean, sr des Frennes

Renaut (....-1414 ?) — Florent (....-1415) — Gérard (....-1415) — N..., religieuse

Louis d'Isque 2 (1447), sr des Frennes et de la Haye de Lannoy, à Esquermes.

Lotart Fremault

Philippe Fremault, seigneur des Frennes (1448), époux de Péronne de Croix.

Marguerite Fremault 3 (1457) épouse de Philippe de Bonnières 4, seigneur de Souastre 5, et de la Thieuloye.

Jacques de Souastre, ép. Marie de Bailleul — Pierre de Souastre — 15 enfants

Charles de Souastre de Bonnières (1530)

Jacques de Bonnières, ép. de Barbe de Landas (1560)

Hélène de Bonnières, dame des Frennes, ép. en premières noces Hugues de la Tramerie, sr de Maisnil, en secondes Claude de Lannoy, sr du Moulin à Loos.

Hélène de Lannoy, dame du Moulin et des Frennes ép. (1608) J.-B. de Thiennes 6

Jean-Baptiste de Thiennes, ép. Marie de Thiennes, sa cousine.

Félix-François, ép. de Phil.-Marg.-Max. de Thiennes de Warelles

Gaétan, ép. de Louise de Thiennes sr du Basinghien (1738), des Marets (1738), seigneur du Moulin et des Frennes. — Phil.-Guislain, seigneur de Menin (1742) du Moulin, des Frennes, du Basinghien, des Marets, ép. Marie-Adr. de Houchin 7.

Louis-Gaétan, comte de Thiennes — Eug.-Guislain-Gaétan, chevr de Thiennes

Le château est actuellement possédé par Madame Crespel-Tilloy.

---

1. WARENGHIEN : d'or à trois lions rampants de sable, armés et lampassés de gueules.
2. ISQUE : d'or à la croix ancrée de gueules.
3. FREMAULT : de gueules à trois fermaux d'or, 2 et 1.
4. BONNIÈRES : vairé d'or et d'argent.
5. SOUASTRE : d'or fretté de gueules.
6. THIENNES : d'or a un écusson d'argent bordé d'azur et chargé d'un lion, la queue nouée et passée deux fois en sautoir de gueules. écartelé d'argent à trois lions de sinople, couronnés d'or, lampassés et armés de gueules. Devise : Tienne quoi qu'advienne.
7. HOUCHIN : d'abord, d'argent à trois losanges de sable, puis d'azur au chevron d'or, à trois quintefeuilles du même 2 et 1 et au chef d'or à l'aigle de sable.

LA HAYE EN LOOS ET A ESQUERMES.

LA HAYE EN LOOS. Non loin de la chaussée d'Haubourdin, de la piedsente menant d'Haubourdin à Lille, par le Poncel rentier et du champ de Regnaultfosse.

LA HAYE A ESQUERMES OU DE LANNOY : Le fief se trouvait près de la Deûle, en face de l'hôpital actuel de Loos. Du XVe au XVIIe siècle, les possesseurs en furent les de le Cambe et les de la Haye. Jean Stappaert [1], puis sa fille Marie-Thérèse, épouse de Pierre de Lespaul, le possédèrent ensuite. Il passa au fils de ces derniers Jean-Baptiste de Lespaul. Joseph-Clément y séjourna de 1704 à 1708.

1201. — L'abbaye.
1282, 1284, 1285, 1296. Jean de la Haye.
1308. Pierre de la Haye.
1317. Jean de la Haye.

Catherine de Bays, dame de la Haye de Lannoy à Esquermes.
épouse Jean, seigneur d'Isque et d'Arquebronne, vers 1420.
|
Louis d'Isque, seigneur de la Haye et des Frennes.

Jeanne du Bosquiel, dame de la Haye en Loos, épouse Jean de le Cambe, dit Ganthois. *(Voir Basinghien.)*

STAPPAERT : d'azur semé de flammes d'or et une bande de même.

LANDAS[1]

A l'époque de Jean de le Cambe, dit Ganthois, Landas comprenait : le lieu et basse-cour de Landas, 5 c., et le jardin, 8 c., aboutissant au chemin menant à la Planche à Quesnoy ; d'autre au haut jardin tenu des Frenues ; vers le rietz aux héritages tenus de Seclin ; 19 c. de bois mis en la pâture dite des Peupliers, tenant à « la navie » d'Haubourdin, aux héritages de l'abbaye de Loos et de l'hôpital Saint-Jean-l'Evangéliste à Saint-Sauveur ; un petit bois ; la Haute-Chaingle à l'endroit de la Brasserie ; le camp de la Briqueterie ; le grand pré de Landas (2 bonniers 8 c.) ; la pâture à Coulons, tenant vers E. aux prés de la Haye en Loos.

1096. — Amaury, Gérard, Étienne de Landas. — 1171. Almaric de Landast, Gérard de Landast. — 1201. Gilles de Landas. — 1214. Arnould de Landas.
1274. Jean de Landas, seigneur de Warlain et de Sainghin.

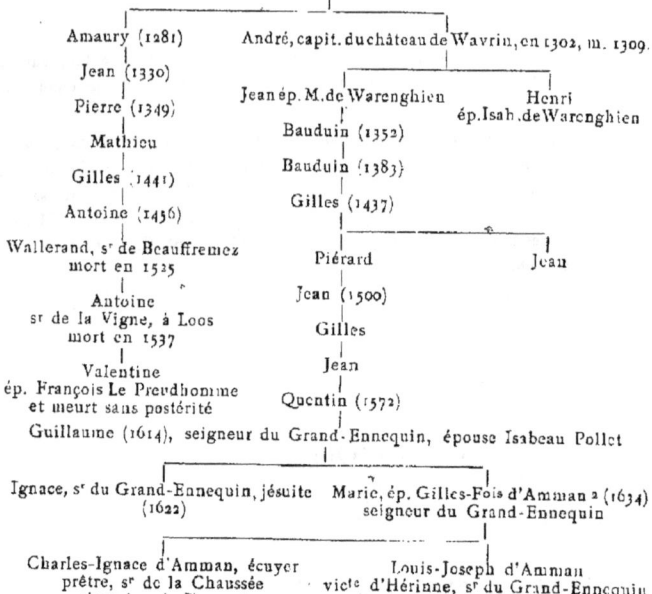

1560. Barbe de Landas épouse Jacques de Bonnières. — 1612. Hubert Miroul, sr de Monchy et de Landas. — XVII° s., le château est habité par la famille de la Haye, puis par la famille Delyot. — 1737. Pierre-Jean-Joseph Le Mesre, sr de Landas. — En 1787, le château est habité par J.-B-Ant. Le Mesre de Grutegheim, dont la fille épouse Casimir Castellain d'Escleps[3]. Leur fille, Marie-Justine, épouse M. de Madre de Norguet. En 1843, M. Ferd. Lefebvre de Lattre d'Hailly épouse leur héritière Marie-Just.-Elisab. — Après la famille d'Hailly, le château passe à M. Renard-Mareska, puis en 1896, à M. Albert Crespel.

---

1. LANDAS : Timbré d'un casque d'argent paré de profil, grillé de cinq grilles d'or, couronné, liseré et colleté du même, fourré d'azur, les courroies d'azur, bordées d'or et les lambrequins d'argent semés d'hermines de sable. Cimier : un bouc naissant d'hermines entre un vol de sable. Cri : Landas !
2. D'AMMAN : d'argent à la tour de gueules posée sur deux marches du même, ouverte d'argent, et hersée de sable. Cimier : un bouc de gueules accorné d'argent issant de la couronne d'or du casque ; alias : un bœuf issant d'hermines accorné d'or.
3. CASTELLAIN D'ESCLEPS : de sable, chargé d'une fleur de lis d'argent accostée de deux étoiles à 6 raies d'or, au chef cousu de gueules chargé d'un château d'argent.

LANGLÉE

Fief indivisible de 4 bonniers 2 cents de terre.

1252. Robert de Langlée. — 1262. Gauwain de Langlée.
1286. Simon de Langlée, probablement de la maison de Wavrin.
1343-1349. Antoine de Langlée, dit du MolIniel, et Gauwain de Langlée, bailli et lieutenant-bailli du chapitre de Saint-Pierre.

Antoine de Langlée (1359-1384)

- Robert de Langlée (....-1426) ép. Laurence de Rocques (....-1441)
  - Pierre de Langlée (1454) achète un fief à Ennequin de Martin de Thieffries
    - Roland de Raisse sr de Bailleul-le-Val (1474)
    - Jean de Langlée (1474)
      - Gérard de Langlée (1500-1522) époux d'Eléonore de Wulfsberghe
        - Jean de Langlée époux de Gabrielle d'Oignies
          - Jacques de Langlée [1]
            - Alexandrine de Langlée épouse de Charles de Lallaing [2] (1607) comte de Hoogstraeten
              - Antoine-Paul de Lallaing comte de Hoogstraeten (....-1644)
              - Albert-François de Lallaing seigneur de Langlée et de Menin
                - Marie-Gabrielle de Lallaing de Hoogstraeten épouse M. de Rengrave de Salm
                  - Comte de Salm
- Hue de Langlée
- Baud. de Langlée époux de Jeanne d'Oignies
  - Saincte de Langlée épouse Renault de Haverskerque, chevalier, seigr de Bailleul le Val
    - Antoine de Haverskerque
      - Wallerand de Haverskerque (1536)
      - Antoinette dame de Langlée épouse Jacques de Thieulaine
        - Antoinette de Thieulaine épouse Arnould de Harchies
          - Michelle de Harchies qui vend Langlée à Guillaume Delyot (voir Ennequin)
          - Arnould ép. Guillemette de Clèves (voir Basinghien)

---

1. LANGLÉE : un écu d'argent au santoir de gueules, accompagné en chef de l'écusson de Wavrin, qui est d'azur à l'écusson d'argent. Heaume d'argent grillé et liseré d'or. Cimier : un lion issant entre un vol. Supports : deux lions portant chacun une banderolle armoyée au blason de l'écu.

2. LALLAING : de gueules à dix losanges d'argent, 3, 3, 3 et 1, l'écu timbré d'une couronne de comte, sommé d'un casque d'or couronné de même et posé sur un manteau comtal, doublé d'hermines et armoyé sur le repli des pièces du blason. Supports : deux griffons d'or.

MARETS

1275. Pierre des Marets.
1402. Jacquemart du Mares.
1440. Claude Muissart.
1442. Agnès du Bus, veuve d'Hubert le Bateur.
1498. Jean Le Bateur, trésorier et chanoine de Saint-Pierre.

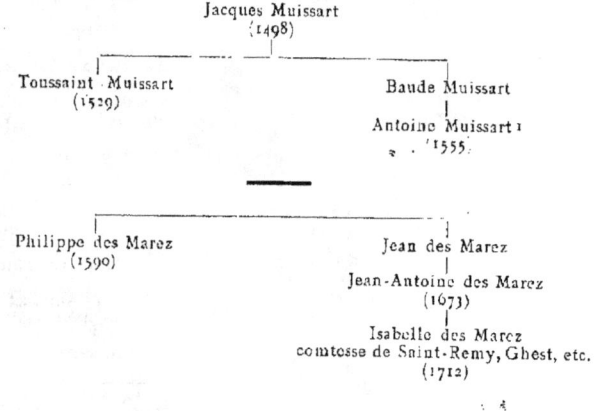

Philippe-François Baert de Berentrode reçoit le fief (1712).

Gaétan de Thiennes achète le fief (1738).

Dom Ignace Delefosse rappelle que la rue Marais prend son nom du château et de la seigneurie, « et parce que presque tout un côté de cette rue » est tenu de ladite seigneurie ; elle n'a pas été ainsi nommée parce qu'elle » conduisait au marais ou plutôt au vivier que le comte Philippe d'Alsace » nous donna et qui fait partie de notre enclos de ce côté-là. Ce marais n'a » jamais appartenu à la commune de Los, mais à Philippe, et c'est fort mal » à propos que les gens de Los disent que nous nous sommes emparés de » leurs marais et que pour cela nous sommes obligés aux aumônes. »

---

1. Muissart : d'azur à trois coquilles de Saint-Jacques d'or, posées 2 et 1.

MENIN

1272. — Jean de Menin, chevalier.

1300. — Héritiers de Menin.

1336. — Florent de Menin.

1619. — Charles de Lallaing et Gérard de Harchies, seigneur de Milomez, tiennent le fief par indivis de la seigneurie des Frennes.

1702. — Mme la comtesse de Cruyshouthem vend le fief à Marc-Antoine Sénéchal.

1716. — Marc-Antoine Sénéchal, tuteur de Marie-Anne Sénéchal, fille de Michel, seigneur du Basinghien, vend le fief à Mme de Lespaul.

1720. — Marie-Thérèse Stappaert, veuve de Pierre de Lespaul [1], tient en 1720 le fief par indivis avec les héritiers d'Henri Reingrave, comte de Salm.

1742. — Philippe-Guislain, comte de Thiennes, achète la moitié du fief, qu'il tient dès lors par indivis avec Mme de Lespaul.

De Lespaul ; d'azur à une bande d'argent, accompagné de deux boucs de même, un en chef et l'autre en pointe.

MOULIN

1436. Jean Abbonnel, maître de la Chambre des Comptes.
|
Philippote Abbonnel
épouse Antoine de Lannoy
seigneur de la Motterie, à Leers.
|
Antoine de Lannoy
épouse Jacqueline du Bois de Hoves.
|
Louis de Lannoy
épouse Michelle d'Ongnies.
|
―――――――――――――――――――――――――

Jacques de Lannoy (m. en 1587) seigneur de la Motterie à Leers épouse Suzanne de Noyelle (m. en 1590).
|
―――――――――――――
Adrien de Lannoy.

Claude chevalier de la Toison d'or gouverneur de Maestricht et de Namur créé comte de la Motterie en 1628, m. en 1643.

Valentin.

Claude de Lannoy seigneur du Moulin et des Plantis, Lestocquoy, à Leers, etc. épouse Hélène de Bonnières de Souastre dame des Frennes et Loos.
|
Hélène de Lannoy dame du Moulin et des Frennes épouse Jean-Baptiste de Thiennes
(*Voir Frennes et Loos.*)

Marie de Lannoy épouse Jean de Hénin baron de Fosseux seigneur de Cuvillers.

Famille de THIENNES-LUXEMBOURG

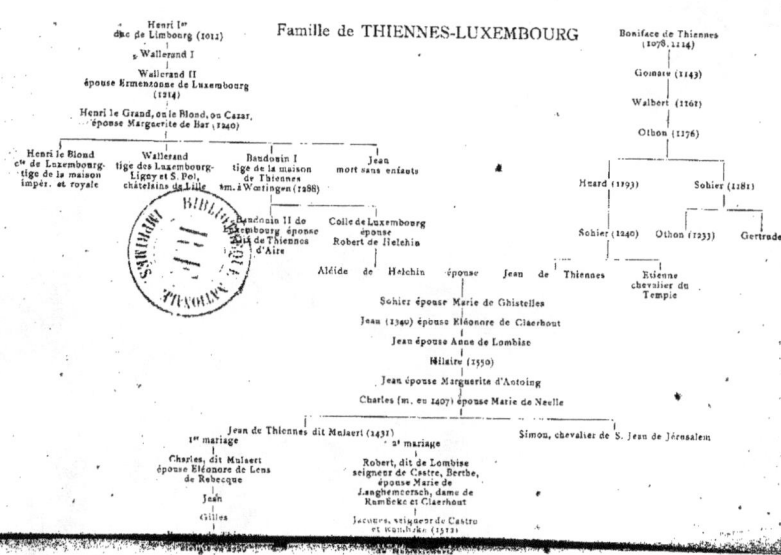

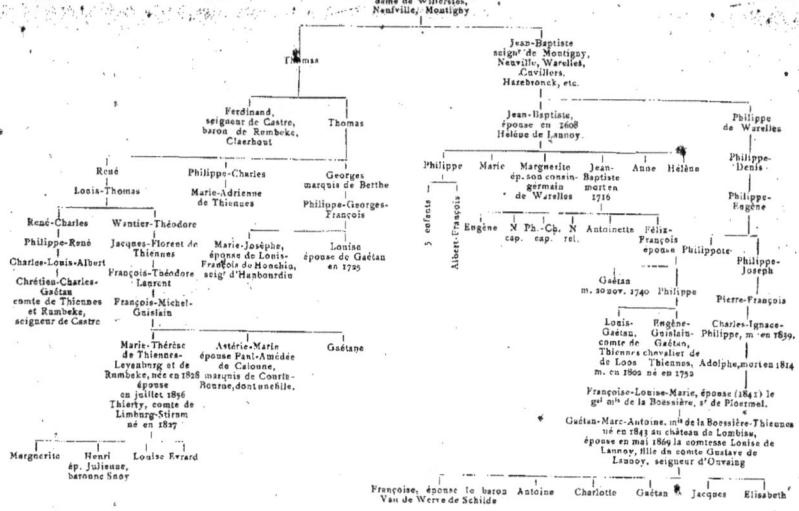

THIENE

Afin de donner sur la famille de Thiennes un aperçu aussi complet que possible, aux documents concernant les seigneurs de Thiennes des Pays-Bas, nous ajoutons des extraits d'ouvrages relatifs à la branche de Thiene venue d'Italie en France ; nous les faisons suivre de la généalogie de cette maison.

THIENNE

Quoy que la tradition domestique fasse sortir cette famille de l'ancienne Athènes, c'est toutesfois la ville de Vicence, et toute la marche Trevizane, qui ont particulierement fourny de matiere à la valeur des premiers seigneurs de ce nom. L'Historien Marzario, parlant du chevalier Meliorantius, fils de Vincent de Thienne, dit, que ce fut par la force de ses armes, que la ville de Vicence se soûmit au pouvoir des Princes de Verronne, *cujus ope* (dit-il), *Scaligeri Vicentiæ imperio potiti sunt*. Son frère le Cardinal Hugetion de Thienne, fut employé par le S. Siege, pour appaiser les differens survenus entre la Republique de Venise, le duc de Ferrare et Louys Roy de Hongrie. Les Empereurs Ferdinand I. et Maximilian II. ont aussi honoré Caetan de Thienne de la charge de Lieutenant General de leurs armées ; et c'est sous la protection d'un autre bien-heureux Caetan de Thienne, que la ville de Naples s'est n'aguere deffenduë contre l'impureté de l'air, et le venin d'une peste qui menaçoit tous ses habitants d'une prompte et commune mort, si ses devotes intercessio[u]s n'eussent appaisé le courroux celeste. Simon Pierre, fils de Meliorantius, fut Senateur de la Republique de Venise, et pere de Jean de Thienne surnommé le Taureau. Ce Seigneur Ministre d'Etat, sous le règne de Charles III. Roy de Naples, fut par Ladislas nommé, Vice-Roy de Naples, et depuis Gouverneur de Milan, durant la minorité du Prince Philippes Marie Vis-comte ; c'est ainsi qu'en parle nostre mesme historien Marzario, *Joannes, Consiliorum Caroli III. Andegavensis Conscius, particepsque, et primarius administer fuit: ipse multorum ab eo opidum, urbiumque dominio auctus, a Ladislao Rege, Caroli filio, in Turcos ituro, Neapoli prorex constituitur. Neque ea dignitas postrema illi obtigit, nam paucis post annis Mediolanum accersitus, Insubriæ excelsa cum dignitate præficitur, donec Philippus Maria Vicecomes, cujus tunc pueri tutela ipsi delata fuerat, adolesceret.* Le Duc de la Guardia, en son discours des familles nobles de Naples, parle aussi de ce mesme Jean de Thienne, dans la genealogie des Carraciols, et dit qu'il fut envoyé Ambassadeur vers la Republique de Florence, l'an 1390, avec Francischello Carraciol, Mareschal du Royaume. *Hebe*, dit-il, *per Collega Gio. Da Thienne Vice[n]tino, anch' egli del consiglio di Re Carlo.* Ce grand personnage eut pour femme, Mabilia de Rampazze, qui luy porta en mariage les fiefs et dismes despendans dudit Rampazze, dont il fit hommage aux Evesques de Vicence, et en eut l'investiture par acte passé l'an 1410. Les enfans de ce mariage furent, Valerian, Odoard et Simeon de Thienne. Le dernier fut pere de plusieurs fils, entre lesquels, Valerian, pere de Gaspard et de Louys : le dernier a formé la branche des Thiennes de France, comme je diray ci-apres. Le Comte Gaspard de Thienne, s'allia avec Marie Porto, de maison tres-noble et tres-affectio[n]née à la Couronne de France, de laquelle estoit le comte Gioseppe Porto, gentil-homme ordinaire de la Chambre du Roy, et pensionnaire de France. Il eut de ce mariage le bien-heureux Gaetan de Thienne, fondateur de l'ordre des Clercs Réguliers appellez Theatins. Le nom de Gaetan luy fut donné à cause qu'il nasquit en la ville de Gaete ; il a eu le don des miracles par la pratique des vertus Evangeliques, sur lesquelles il a fondé sa regle. Sa vie est amplement et doctement descrite par Monsieur l'abbé de Sainte Croix [1]; et je ne puis rien adjouster aux Eloges que ce Bien-heureux reçoit de toutes les bouches devotes, et reconnoissantes des graces que le Ciel depart a ceux qui ont recours à ses prieres. La ville de Naples qui couronne son Tombeau de plus de deux cens Lampes d'argent, luy a aussi eslevé des statuës sur ses portes, et dans les principales places de son enceinte ; depuis que ce victorieux et puissant Patron, a preservé le reste de ses habitans de cette maladie contagieuse, dont ils furent affligez les années dernieres. J'ay remarqué les paroles suivantes qui sont gravées dans le pied d'estail qui soustient sa statuë, posée en la place de l'Archevesché de la mesme ville. *B. C. Thieneo Clericorum Regularium fundatori, ut non tam sanctisimi viri vultus quam collata effuze in Neapolitanam urbem, flagrante præsertim lue beneficia, simulacrum isthuc posteritati representet, ejusdem urbis septemviri publicum grati animi monimentum plaudente nobili ordine ac populo D. D. ann. à virg. part. 1657.*

Les Marquis de Scandiano, et autres seigneurs du mesme nom et sang de Thienne, continuent de perpetuer cette illustre souche dans l'Estat de Venise, tandis qu'un de ses rameaux refleurit en la Province de Touraine, par les descendants de Nicolas, fils de Louys de Thienne, oncle de nostre bien-heureux fondateur des Theatins. Ce Nicolas duquel parlent les Duc de Sully et President de Thou, passa en France sous le regne de François I. et presque dans les temps que le Comte Sertorio de Thienne son parent, combattoit genereusement pour la liberté des Siennois, et sous nos Generaux, les Mareschaux de Termes et Strossy : il estoit Gouverneur de Monte-Felonio, pour cette Republique selon l'Historien Paradin. qui le nomme gentil-homme Vincentin, et dit qu'il fut forcé dans cette place, et demeura prisonnier de nos ennemis apres avoir fait

---

1. Charpi de Sainte-Croix. Paris, 1657 et 1671, in-4.

en combattant, dit-il, devoir de bon et vertueux chevalier. Nicolas de Thienne apres avoir esté page du Roy François I. fut homme d'armes d'une Compagnie d'ordonnance, soûs son parent Adrian de Thienne. Le Roy Charles IX. luy donna des lettres de naturalité, et depuis il fut l'un des Escuyers du duc d'Anjou, aussi Roy Henry III. qui eut ce seigneur en particuliere ostime, comme il paroist par plusieurs lettres de Sa Majesté ; entre lesquelles, l'une du 4 juin 1576. escrite au Cardinal de Pellevé, comprotecteur des affaires de France en Cour de Rome, et l'autre de mesme datte, au Seigneur Dabin, Ambassadeur en ladite Cour ; par lesquelles Sa Majesté leur commende de prendre soin des Procez que ledit Nicolas de Thienne, Seigneur de Razé, avoit en Italie. Son merite et sa naissance le firent entrer dans l'alliance de l'Admiral Honorat de Savoye, duquel il espousa la fille le 13. Avril de l'an 1569. De ce mariage sont sortis Honorat, Edme, Anne, Claude et Gabriel de Thienne, lesquels tous ont laissé de glorieuses marques de leur valeur et fidélité au service des Roys Henry le Grand et Louys le Juste : dans les occasions de Picardie, Languedoc, Provence et Guienne. Edme qui a survescu ses freres, a aussi continué la branche par les enfans qu'il a eu de son mariage avec Bonne de Burgat, Dame de Charnailles en Bourgongne, qu'il espousa l'an 1597. Ses bonnes qualitez l'avancerent aussi près du Roy, qui l'honora du Collier de son Ordre, de la Charge de Gentil-homme ordinaire de la Chambre de sa Majesté, et le fit son Lieutenant au gouvernement des Villes et Chastaux de Chauny et Coucy, seneschal du Chasteleraudois, et commendant au Château Trompette. Ce seigneur deceda l'an 1641, laissant pour héritiers de sa vertu, Henry de Thienne, mort l'an 1652. Edme de Thienne, seigneur de la Mardeile, Sigongné, Fontenay, etc., Capitaine au Regiment de la Marine.

Georges de Thienne Cornette dans le Regiment de Comty.

François et Claude, l'un Capitaine, et l'autre Enseigne au Regiment de Rambure ; lesquels par plusieurs Campagnes passées dans nos Armées, se sont acquis la reputation de braves autant que fidelles serviteurs de cette couronne.

La maison de Thienne porte pour armes, de gueule au pal vivré d'argent : Cimier un levrier issant d'argent, supports deux levriers de mesme, colletez de gueule, cloüez d'or.

> Extrait de *l'Italie françoise ou les Eloges genealogiques et Historiques des Princes, Seigneurs et grands Capitaines de ce pays, affectionnez à la Couronne de France : Et des François qui ont suivy le party de nos Princes de la Maison d'Anjou et qui ont fait branche au Royaume de Naples.*
>
> *Ensemble leurs armes gravées et blasonnées en taille-douce, avec les Cimiers, Couronnes, Manteaux, Colliers, Timbres et autres Ornemens.*
>
> *Par Messire Jean-Baptiste L'Hermite (dit Tristan), chevalier, seigneur de Soliers, et l'un des gentilshommes de la Maison du Roy.*
>
> *Dediée à Monseigneur le Duc de Saint-Aignan.*
>
> *A Paris, chez Jean Henault, Libraire-juré, ruë Sainct-Jacques, à l'Ange-Gardien, et Jean-Baptiste Coignard, ruë Sainct-Jacques, proche l'Escu d'Argent.*
>
> M.D.C.LXIV. *Avec Privilege du Roy.*

THIENNES

...... De même que tous les mots usités au moyen-âge, avant la formation des règles positives, le nom de Thiennes est écrit, dans les actes les plus anciens, selon la manière de prononcer adoptée par leurs rédacteurs ou leurs témoins : il varie souvent : il est écrit quelquefois Thiene ou Thienes, et d'autres fois Thienne ou Thiennes.

Un ancien manuscrit de la famille nous apprend même que les personnages de ce nom qui ont paru dans les temps les plus reculés, écrivaient Thiene: en effet Espinoy, dans ses *Recherches des Antiquités et Noblesse de Flandres*, en citant Jacques de Thiennes, souverain-bailli de Flandre, qui vivait en 1500, l'écrit de cette manière. Cependant d'anciens documents généalogiques antérieurs à cette époque nous présentent ce nom avec les deux nn, et presque toutes les signatures des actes qui nous sont restés depuis le XIVe siècle, offrent la même orthographe.

Au reste, Thiennes était une terre et seigneurie située dans le comté d'Artois, à une lieue d'Aire, aujourd'hui village du département du Pas-de-Calais.

Ces réflexions nous conduisent naturellement à l'examen d'une autre question, qui, sans rien ôter à la vérité de ce qui précède, mérite cependant d'être ici mentionnée : Quelle est l'origine de l'ancienne et illustre famille du nom de Thiene, de Vicence ?

« Un manuscrit italien, dont nous devons la traduction française à M. le professeur Stefano Bertora, Génois, nous apprend que toutes les traditions historiques assignent à cette famille une origine très ancienne, et considèrent ses ancêtres comme une race d'hommes très distingués et illustres dans les armes, les arts, les sciences et dans l'église, par leurs travaux ou leur foi.

« Certains historiens d'Italie, et entre autres Macca, dans son *Histoire ecclésiastique de Vicence*, lit-on dans ce mémoire, fait dériver le nom de cette famille du domaine ou de la contrée qui avait nom Thiene, près de Vicence.

« Mais, au contraire, selon le manuscrit italien, deux fils d'un Vincent Thiene, venus d'Athènes, capitale de la Grèce, se sont fixés vers l'an 1080, en Italie, près de Vicence, en un lieu auquel ils donnèrent leur nom de Thiene.

« Un autre historien, Pagliarino, émet l'opinion que cette famille est arrivée en Italie venant d'Allemagne, vers l'an 1150, combattant sous les ordres de

Frédéric Ier, empereur d'Allemagne, surnommé Barbe-Rousse, et que ce souverain la dota de plusieurs fiefs dans le Vicentin.

« Plus loin, nous voyons Uguccione, Miglioranza IV et Marc Thiene, frères, fonder en 1333, à Thiene, une chapelle en l'honneur de saint Vincent, probablement en commémoration de leur premier aïeul, Vincent de Thiene ; cette fondation est constatée par des inscriptions et des peintures anciennes qui ont été découvertes, il y a peu d'années, au-dessus du chœur de ladite chapelle, et mieux encore par une vieille charte manuscrite en parchemin, par laquelle l'autorité ecclésiastique de Padoue céda aux fondateurs, ainsi qu'à leurs descendants mâles, le droit d'investiture ou patronat de la même chapelle. »

Boniface de Thiennes, le chef de la branche d'Artois et des Pays-Bas, vivait en 1078, alors que les deux frères Uguccione I et Miglioranza I, enfants de Vincent Thiene, se fixent, de leur côté, en Italie, près de Vicence, et donnent leur nom au lieu de leur résidence. Quel que soit le lieu de leur départ, soit de Grèce, soit d'Allemagne, leur nom est Thiene. Vincent était-il le frère ou le père, ou seulement un parent de Boniface ? C'était une époque de guerres incessantes, de migrations lointaines ; bien des familles belges peuvent se glorifier, avec quelque apparence historique, d'avoir eu leur berceau en Italie.

Lors des invasions des Barbares, la cour de Rome qui était à la tête de la civilisation dans les contrées les plus éloignées, et par conséquent les plus exposées, n'envoya-t-elle point des capitaines instruits dans l'art de construire et de fortifier ? Avant d'aborder l'histoire généalogique des Thiennes des Pays-Bas, qui est le but principal de la tâche que nous nous sommes imposée, nous signalerons quelques faits historiques qui se trouvent cités parmi beaucoup d'autres, dans le manuscrit italien, sur l'illustre maison de Thiene d'Italie.

« Uguccione Thiene, continue le mémoire susdit, reçut du pape Innocent III le titre de légat apostolique dans la marche d'Ancône, où il se signala contre le tyran Valdus Marcus qui opprimait cette province ; et comme nous l'enseigne Natalis Alexandre, il fut ensuite (en 1191) nommé cardinal par Célestin III.

« On trouve encore maintenant à Vicence, à Thiene, à Padoue, à Rome et à Parme, des monuments sépulcraux de cette famille, ornés d'une échelle, représentant les armoiries de la famille Scala, l'une des plus distinguées de l'Italie, avec laquelle les Thiene avaient contracté des alliances. Ceux-ci appartenaient à la noblesse du pays ; plusieurs d'entre eux reçurent le titre de chevalier ; en effet, ils étaient membres de la Fzaglia, ou collège de Nodari. Cette distinction, d'après les statuts vicentins ou donnait la noblesse ou la confirmait à celui qui l'avait reçue, ainsi qu'à ses descendants. Tous les Thiene ont toujours formé le Conseil noble civique ; beaucoup d'autres se sont volontairement prêtés aux charges municipales, qu'ils ont remplies avec honneur, ou se sont distingués dans la carrière des armes.

« En 1404, la ville de Vicence était assiégée par les Carraresiens ; elle se décida à passer sous la domination vénitienne. Jacques-Cavo Thiene fut envoyé comme député à Venise pour y porter les clefs de la ville. Il reçut en cette circonstance une pension du Sénat de Venise, qui lui décerna en outre une médaille en or, frappée à son effigie.

« Les Thiene combattirent vaillamment sous Frédéric III, empereur d'Allemagne, et lui rendirent des services si signalés, que par diplôme daté de Venise le 11 février 1469, ce monarque conféra à Clément, à Léonard, à Jacques et à François Thiene, chevaliers, ainsi qu'à leurs héritiers à perpétuité, le titre de comtes palatins et celui de comtes de leur domaine de Thiene, consistant en treize districts, avec tous les droits, honneurs, juridictions et prérogatives y attachés.

« Ce diplôme, remarquable par les témoignages les plus éclatants de la gratitude de l'empereur pour les services rendus par ces nobles chevaliers, autant que par leurs ancêtres, leur permet d'ajouter à leurs armes l'aigle impériale à une tête. Il donna aussi à Marc Thiene, ainsi qu'à sa postérité la même aigle, avec le titre de comtes de Quinto.

« Jacques-Cavo Thiene fut envoyé, en 1509, comme ambassadeur à l'empereur Maximilien Ier.

« Octave, fils de Marc-Antoine, fut capitaine en Picardie sous Henri II, roi de France. Il accompagna le duc de Ferrare à la guerre de Hongrie contre Soliman, et le duc, en 1566, lui donna en fief le comté de Scandiano, dans le duché de Reggio.

« Jules, fils d'Octave Thiene, modèle des vertus héroïques et chevaleresques, fut admis à la noblesse romaine par Grégoire XIII. Il reçut aussi, après son père, le titre de marquis de Scandiano, vers l'an 1573. Il épousa dame Éléonore, fille de Gibert Santivali. C'est l'une des trois Éléonores immortalisées par Le Tasse.

« Contessa, fille de Clément Thiene, fut fondatrice et abbesse perpétuelle du monastère de Saint-Sylvestre, à Vicence, et mourut en odeur de sainteté ; elle fut ensuite béatifiée.

« Jean, son frère, fut général d'armée de la République, et fut tué en 1495, en faisant des prodiges de valeur dans un combat livré sur les rives du Taro. On voit dans la vie de Christophe Colomb, écrite par son fils Ferdinand, que Jacques et Diego, fils dudit Jean Thiene, ont découvert les Florides et Arsille.

« Jean-Baptiste Thiene, fut créé par Pie IV protonotaire apostolique et comte du palais de Latran à Rome.

« Antoine Thiene fut conseiller de Maximilien Ier, général de cavalerie du capitanat de Vicence, et créé chef civil et criminel du comté de Thiene, par le même empereur, qui le dota de plusieurs biens dans le Colognais en 1510.

« Jules, frère d'Antoine, auquel l'empereur Maximilien II, par décret du 21 mai 1566, confirma les mêmes titres et privilèges, passa en France. Ses fils, Tiso et Antoine Thiene, furent nommés seigneurs de Celles, de Torane et de Saint-Martin ; ils furent naturalisés en Dauphiné en 1583.

« Jean-Baptiste Thiene, un des neveux de Jules, fut fait mestre de camp général et colonel de deux mille fantassins, par le roi Catholique.

« Un autre neveu, aussi nommé Jules comme son oncle, fut un célèbre capitaine ; il défendit pour Pierre Strozzi Crevoli en 1554 ; il fit retirer de

Radicofani l'armée impériale et celle du duc de Florence. C'est par cette action qu'il obtint un palais à Sienne, avec le titre de citoyen, ainsi qu'un étendard et sa nomination de lieutenant de l'armée française en Toscane, en 1557. Il défendit pour le duc de Ferrare Castel-Nuovo de Carfagnana, et fut nommé en 1565, mestre de camp général, colonel et conseiller du duc d'Urbino. Il mourut au service de Venise, après s'être distingué par plusieurs faits d'armes de la plus grande bravoure.

« Laure Thiene, fille d'Adrien, mourut en odeur de sainteté le 7 octobre 1631, au monastère de Saint-Sylvestre où elle était religieuse, et fut aussi béatifiée.

« Alexandre Thiene fut plusieurs fois consul et ambassadeur de Vicence à la cour du prince de Venise, qui le nomma chevalier en 1698.

« Marc Thiene, colonel au service de S. M. Très Chrétienne, fut très estimé à la cour de France ainsi qu'à celle de Rome comme savant d'un mérite distingué.

« Louis-Cavo Thiene, illustre capitaine au service de François 1er, roi de France, se signala à la bataille de Bicocca, reçut l'ordre de Saint-Michel et l'autorisation de placer le lis de France au milieu de ses armoiries. Il mourut le 20 novembre 1562.

« Un des derniers descendants de cette branche, nommé Léonard Thiene, fils d'Antoine, fut, dans ces derniers temps, préfet de Vicence, ensuite sénateur à Milan, chevalier de l'ordre de la Couronne de fer, etc.; il décéda en 1823. Un autre occupa plusieurs fonctions municipales des plus élevées, et se distingua, entre autres, comme maire de Vicence, en 1805, charge honorable et qu'on lui renouvela plusieurs fois.

« Il s'était encore formé dans les premiers temps une autre branche de la même famille, d'où était issu un autre Miglioranza qui laissa un fils nommé Simon Thiene, lequel reçut du chancelier de la Scala l'investiture de cinquante-deux villages dans le Vicentin, avec la permission d'ajouter à ses armoiries les chiens della Scala, c'est-à-dire un chien sortant d'une échelle. La famille Scala, l'une des plus puissantes et des plus considérées de l'Italie, avait fait alliance avec celle de Thiene.

« Uguccione, fils de Simon, fut auditeur de la Chambre apostolique, nonce extraordinaire en Allemagne en 1375, et mourut à Vienne peu après avoir reçu le chapeau de cardinal ; il fut lié d'amitié avec Pétrarque, avec lequel il eut des relations suivies.

« Jean Thiene, jurisconsulte, conseiller intime de Charles III, roi de Naples, duquel il reçut le fief de Castro-Pettorana en 1382, fut créé ensuite par le même monarque, chancelier et vice-roi de Naples. Sa tombe, à Vicence, est ornée d'une couronne et d'autres emblèmes royaux.

« Gaëtan de Thiene, philosophe et théologien, chanoine de Padoue, natif de Gaete, ville d'Italie, fut célèbre par sa piété autant que par ses connaissances et l'un des plus savants hommes de son siècle ; les commentaires qu'il composa sur Aristote furent imprimés en 1476, in-folio, à Padoue, sous le titre suivant: *Thiennis, Vicentini, philosophi clarissimi, in IV Aristotelis metrorum libros expositio.* Voici la traduction de l'inscription qui se lit encore aujourd'hui en

latin sur son tombeau, dans l'église cathédrale de Padoue : « Ce lieu a été
» consacré à la mémoire de Gaétan, de l'illustre maison de Thiene, chanoine
» de Padoue, homme irréprochable, l'un des plus grands théologiens de son
» temps, et très excellent philosophe, dont la doctrine a été la lumière de toutes les
» écoles du monde. » Saint Gaétan de Thiene, né à Vicence en 1480, reçut le
prénom de Gaétan en mémoire de son grand oncle. Après s'être distingué dans
ses études, et avoir reçu le bonnet de docteur de la faculté de droit à Padoue,
il exerça à Vicence les fonctions de jurisconsulte ; puis il se retira à Rome, pour
s'y livrer sans distraction à l'étude des livres saints ; plus tard, il se consacra à
la prédication. Il fonda, de concert avec trois autres religieux de la confrérie
de l'Amour divin, un nouvel ordre désigné d'abord sous le nom de Clercs
réguliers, du titre de l'archevêque de Chieti, ou Theate, Berardino Carrafa, leur
premier supérieur. Lors du siège de Rome par l'armée impériale, sous les ordres
du connétable de Bourbon, Gaétan se réfugia à Venise où le Gouvernement
lui offrit un établissement pour son ordre. Il fut nommé supérieur-général à la
place de Carrafa, qui s'était démis de cet emploi. Les Théatins ne tardèrent pas
à se répandre dans toute l'Italie, en Espagne, en Pologne et même en Orient.
Saint Gaétan, mort à Naples en 1547, fut béatifié en 1629, et canonisé par
Clément V en 1675. On a de lui seize lettres qui ont été publiées par l'abbé
Barral, en 1786. Sa vie, par Antoine Caraccioli, se trouve dans le recueil des
Bollandistes ; elle a été écrite par plusieurs autres auteurs. Le père Silos a
donné en latin les *Annales de l'Ordre des Théatins*, Rome, 1650-1666, 3 vol.
in-folio ; et le père Vezzozi a publié l'*Histoire littéraire* du même ordre en
italien, Rome, 1781, 2 vol. in-4.

« Un descendant de cette même branche, nommé Nicolas de Thiene, passa
en France en 1550, d'abord comme page du roi, et fut ensuite écuyer de
Henri III. Il fit entre autres l'acquisition de la terre de Razay, et s'établit près
de Loches, dans la Touraine. Un autre nommé Claude de Thiene passa comme
officier à la Nouvelle-France, et se distingua dans les colonies, au service de
Louis XIV, en 1679.

« Nous avons déjà dit plus haut qu'une autre branche de la même famille
s'était fixée en France vers le milieu du XVIe siècle, sous Charles IX, et avait
été naturalisée en Dauphiné en 1583.

« Les documents de famille nous révèlent encore que les descendants de la
branche de Clément de Thiene passèrent en Suisse et s'y établirent vers 1560.
Ils ne nous apprennent pas s'ils ont laissé quelque postérité.

« Voilà trois branches de la maison de Thiene d'Italie formées à peu près
à la même époque. »

Que conjecturer de là ? Les Thiene d'Italie ne seraient-ils point dérivés des
Pays-Bas ? Ou tout au moins y auraient-ils formé une branche ? Se sont-ils
expatriés à la suite des guerres et des migrations qui en étaient la conséquence ?
Et s'étant signalés dans des expéditions militaires, les chefs et les souverains
qu'ils ont suivis n'ont-ils pu récompenser leur bravoure et leurs services par
des dotations qui ont pris le nom de Thiene en Italie ?

S'il n'y a pas certitude, du moins l'examen sérieux que nous avons fait des documents que se sont communiqués les Thiene d'Italie et les Thiennes de Belgique, et les anciens rapports qui ont existé entre ces deux maisons, nous portent à partager l'opinion des membres de ces deux familles, relativement à leur origine ; l'identité, l'orthographe du nom, la coïncidence d'époque à laquelle ont paru les premiers personnages qui ont porté le nom de Thiene ou Thiennes : toutes ces circonstances viennent à l'appui de cette opinion....

Extrait du tome IV du *Dictionnaire généalogique et héraldique des familles nobles du royaume de Belgique, par M. Félix-Victor Goethals, bibliothécaire de l'ancienne Bibliothèque publique de Bruxelles.* — Bruxelles, imprimerie de Polack-Duvivier, place du Grand-Sablon, n⁰ 5, 1852. — 4 vol. in-4.

THIENNE

La maison de Thienne, illustre par l'ancienneté de sa noblesse, par les alliances et par les charges militaires, subsiste toujours à Vicence. Deux branches de cette maison se sont établies en France : l'une dans le Dauphiné en 1563, sous Charles IX, et l'autre près de Loches en Touraine, selon le P. Giry. Nicolas de Thienne, dit le même auteur, fut page de François I*, capitaine d'une compagnie d'ordonnance sous Henri II, et fort considéré sous les trois règnes suivants et sous celui de Henri IV. Il épousa Jeanne de Villars, fille d'Honorat de Savoie, marquis de Villars et grand amiral de France. Mais ces deux branches de la maison de Thienne, quoique originaires de Vicence, ne descendent point de Gaspard de Thienne, père de saint Gaétan ; Jean-Baptiste, frère unique du saint, n'eut qu'une fille, nommée Elisabeth, dans laquelle s'éteignit la branche de Gaspard de Thienne.

On donna au saint le nom de Gaétan à cause du célèbre Gaétan de Thienne, son oncle, qui fut chanoine de Padoue et regardé comme l'un des plus grands philosophes de son temps. On a de lui un ouvrage in-folio, qui fut imprimé à Padoue en 1476, sous le titre suivant : *Gaetani de Thiennis Vicentini philosophi clarissimi in IV Aristotelis metrorum libros expositio*. Cette édition est rare et recherchée selon l'auteur de la *Bibliographie instructive*, n. 1277.

Sponde s'est trompé en prétendant que saint Gaétan avait eu le nom de Marcel. Fleury est tombé dans la même faute.

Baillet dit que saint Gaétan naquit à Vicence ou à Thienne ; mais il est le seul qui ait admis cette alternative. Tous les historiens de sa vie s'accordent à dire qu'il naquit à Vicence. On ne sait cependant pas précisément l'année de sa naissance. La plupart des auteurs la mettent au plus tard en 1480.

Extrait du tome III des *Vies des Saints*, d'*Alban Butler et de Godescard*, avec le *martyrologe romain*, etc., édition augmentée de notes nouvelles, etc., et entièrement revue par M. *Le Glay*, chevalier de l'ordre de S. Grégoire-le-Grand, correspondant de l'Institut, des académies de Belgique, de Turin, etc., etc., auteur du *Cameracum christianum*, etc. — Lille, L. Lefort, imprimeur-libraire, 1855, 6 volumes.

THIENE

Vincent Tiene ou di Tiene

- Meliorantius (1080)
- Huguetin, cardinal (1080)

Simon-Pierre, sénateur de Venise

- Jean, le Taureau
  épouse Mabilia de Rampazzo
- Ugucciones ou Huguetin (1375),
  cardinal, ami de Pétrarque

Valeriano — Odoardo — Simon — Gaétan, chanoine de Padoue

Valérian

Gaspard ép. Marie Porta — Adriano — Louis, épouse Agnès de Monza

- Gaétan, lieut' gén' des arm. impér.
- Saint Gaétan né en 1480
- J. Baptiste Elisabeth
- Nicolas, né en 1526, m. 1598, ép. Jeanne de Savoie-Villars, fille d'Honorat de Savoie, comte de Tende et Villars, baron du Grand Pressigny en Touraine
- Hector
- Antonio
- Valeriano
- Egano, mort en 1570, contre les Turcs, épouse Ottavia Tussina, dont postérité

Honorat — Edme ép. Bonne de Broyal ou Borgat, le 7 déc. 1599 — Claude et Gabriel — Anne religieux a Soissons — Louis — Honorée ép. Claude l Odart, s' de la Faye-Marigny. (1602) — Marie — Charlotte — Marguerite religieuse a Soissons

- Henri épouse Jacqueline Crnoset (1633)
- Françoise épouse Antoine de Préaux
- Edme ép. Jeanne Drouet (1596) — Gaétan ép. Marie du Condray (1626)
- Henry né en 1603
- Claude tige des Odart, marquis de Rilly et d'Oysonville
- Aimée épouse Louis de Peuquineau
- Catherine épouse Aimé Bonin de la Bonnemère dont descendent les marquis de Beaumont

Edme — Georges ép. Marie Lejart en 1659

Louis-Gaétan de Thiene de Rasay ép. Victoire des Granges

Edme — Bonne-Monique — Alexandre comte de Thiene de Marolles, ép. Marie de Tripsé (1723) — Louise-Victoire — Louis-Gaétan ép. Adélaïde de Vigny (1767) — Gaétan brigadier des armées navales

Henriette-Victoire ép. Georges, baron de St-Chamans en 1789

Madeleine-Bonne, dame de Bagueux — Alexandre-Gaétan ép. Marie-Anne-Radegonde de Caux (1769)

- Césaire-Gaétan-Eulalie colonel, chev. de S. Louis né en 1768, mort sans enfants
- Marie ép. comte de Mondion Pas de postérité
- Marina ép. marquis de la Bonnetière Pas de postérité
- Félicité-Blaise ép. Georges de Lespagneul de la Plante

Félicité — Émilie de la Plante ép. (25 nov. 1830) Ludovic Mabile du Chêne

Alfred — Georges — Félicité — Gaétan Mabille du Chêne, comte de Thiene
officier aux zouaves pontificaux,
chevalier de la Légion d'Honneur et de Pie IX
épouse (25 avril 1878)
Chariclée-Marie-Antoinette Louis-Gudin,
fille du baron Gudin et de Margaret Louis-Hay

Gaétan-Ludovic, né en 1879.

II.

LES CURÉS

- 640. Un des prêtres de Seclin.
- 1235. Mᵉ Nicolas.
- 1448. Mᵉ Jehan DIDIER.
- 1498. Mᶜ Hoste BUFFIN.
- 1512. Mᵉ Philippe PENNEL.
- 1553. Mᵉ Gilles LEFÉBURE.
- 1562. Mᵉ Jacques BACQUEVILLE.
- 1602. Mᵉ Jean DOUTRELEAINE.
- 1644. Mᶜ B. GAHIDE.
- 1645. Mᵉ Bauduin SOHIER.
- 1670. Mᵉ Pierre CUVELIER.
- 1686. Mᵉ François DORCHIES.
- 1706. Mᵉ Romain DELANNOY.
- 1726. Mᵉ Guillaume COINGNY.
- 1750. Mᶜ Pierre-François SAMAIN.
- 1763. Mᵉ Jean-Philippe-François DUBOIS.
- 1789. Mᵒ J.-B. Delahaye.
- 1792. André-Marie SAUVAGE, curé constitutionnel.
- 1795. Nicolas CHEVALIER, J.-B. CHEVALIER, Hubert SCHLIM, ministres du culte.
- 1797. Jacques-François FAUVARQUE, ministre du culte.
- 1800. Mᵉ Hubert SCHLIM.

III.

LES ABBÉS

I.	Jean 1er	(1149-1161)
II.	Samuel	(1161-1187)
III.	Simon	(1187-1204)
IV.	Etienne	(1204-1207)
V.	Jean II DE WARNESTON .	(1207-1223)
VI.	Guillaume DE CARNIN . . .	(1223-1251)
VII.	Laurent DE THORALT . . .	(1252-1269)
VIII.	Jean III DE FRESNOY . . .	(1269-1280)
IX.	Nicolas D'AUCHY	(1280-1289)
X.	Robert D'ENGLOS	(1289-1304)
XI.	Eustache	(1304-1305)
XII.	Jean IV	(1306-1310)
XIII.	Hugues LI PERS	(1312-1332)
XIV.	Guillaume II LE TOILIER .	(1332-1333)
XV.	Jean V LI CUVILLIER . . .	(1333-1351)
XVI.	THIBAULT	(1351-1355)
XVII.	Gilles DE GAMANS	(1355-1374)
XVIII.	Nicolas II MALOEN	(1374-1387)
XIX.	Jacques DE CRISSEMBIEN .	(1387-1433)
XX.	Olivier LE MICQUIEL . . .	(1433-1445)
XXI.	Jacques II SIX	(1445-1460)
XXII.	Liévin LEMESRE	(1460-1464)
XXIII.	Pierre I DU BOIS	(1464-1490)
XXIV.	Michel REQUILLATRE . .	(1490-1511)
XXV.	Denis DE BAUVIN . . .	(1511-1546)
XXVI.	Denis WATRELOS	(1540-1546)
XXVII.	Jean VI MARIAGE	(1547-1557)
XXVIII.	François VAN ABEEL . . .	(1557-1565)
XXIX.	François MOMAL	(1565-1575)
XXX.	Pierre II CARPENTIER . . .	(1575-1606)
XXXI.	Vincent LONGUESPÉE .	(1606-1619)
XXXII.	Jean VII FOUCART . . .	(1619-1640)
XXXIII.	Jean VIII FOUCART	(1640-1654)
XXXIV.	Antoine DUQUESNE . . .	(1654-1669)
XXXV.	Gaspard TAVERNE	(1670-1684)
XXXVI.	Albéric BOULIT	(1684-1704)
XXXVII.	Ignace DELEFOSSE	(1704-1727)
XXXVIII.	Nicolas DU BÉRON	(1727-1746)
XXXIX.	Bernard CHEVALIER . . .	(1746-1756)
XL.	Boniface BRETON	(1756-1782)
XLI.	Antoine BILLAU	(1782-1791)

IV.

VALEUR MOYENNE DE LA LIVRE TOURNOIS EN FRANCS.

DATES	VALEUR
1200-1300	19.25
1300-1400	9.86
1400-1500	5.80
1500-1600	3.16
1600-1650	2.03
1650-1700	1.55
1700-1750	1.08
1750-1790	0.92

ANCIENNES CHAPELLES
de
NOTRE-DAME DE GRACE

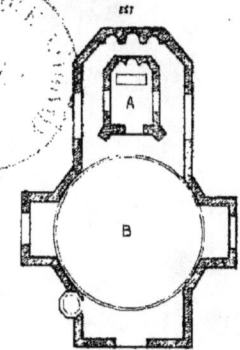

A. *Chapelle de 1590.* | B. *Chapelle de 1681.*

ABBAYE

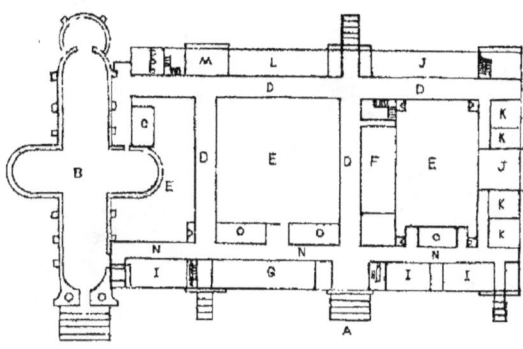

A. *Entrée.*
B. *Église orientée.*
C. *Sacristie.*
D. *Cloîtres.*
E. *Cours.*
F. *Réfectoire.*
G. *Cuisine.*
H. *Portier.*

I. *Parloirs.*
J. *Salons.*
K. *Appartements pour les étrangers.*
L. *Chapitre.*
M. *Chauffoir.*
N. *Corridor.*
O. *Réfectoires pour étrangers.*

TABLE DES MATIÈRES

Introduction	V
Domination romaine	1
Les Francs.	3
Les Carlovingiens	5
Les comtes de Flandre.	6
Les rois de France	34
Louis de Male, les ducs de Bourgogne, la maison d'Autriche et les rois d'Espagne	42
Domination française	128
Domination hollandaise et des Alliés	169
Domination française	175
Annexes	281

Impression terminée le 19 mai 1897.

LILLE. — IMPRIMERIE L. LEFEBVRE-DUCROCQ.

www.ingramcontent.com/pod-product-compliance
Lightning Source LLC
Chambersburg PA
CBHW060642170426
43199CB00012B/1637